THE BEHAVIOR OF FEDERAL JUDGES

A Theoretical and Empirical Study of Rational Choice

法官如何行为

理性选择的理论和经验研究

李·爱泼斯坦　威廉·M. 兰德斯
理查德·A. 波斯纳 | 著

黄　韬 | 译

法律出版社
LAW PRESS · CHINA

THE BEHAVIOR OF FEDERAL JUDGES: A Theoretical and Empirical Study of Rational Choice
by Lee Epstein, William M. Landes and Richard A. Posner

Published by arrangement with Harvard University Press
through Bardon-Chinese Media Agency

著作权合同登记号
图字：01-2014-0174

我常常说，如果你可以量度你所说的问题并且用数字来表达的话，那么可以说你把这个问题搞懂了；但是如果你不能量度你所说的问题，不能用数字来表达的话，那么可以说你所掌握的知识是有限的，还不能令人满意，尽管这可以看作是初步获得的知识，但是无论如何你还没有让思想进入科学的状态。

——开尔文男爵威廉姆·汤姆森：《度量的电学单位》(1883年5月3日)，载开尔文：《物质宪章》[《大众讲座和演说》(第1卷)，第73～74页(1889年)(着重部分为原文所加)]

对于法律的理性研究工作来说，现在当红的可能是那些熟稔于白纸黑字的人，但未来一定是属于那些精通统计学和经济学的人。

——O. W. 霍姆斯：《法律的道路》，载《哈佛法律评论》第10卷第457页起，第469页(1897年)。

中文版序言

值此《法官如何行为》一书的中译本出版之际，我很乐意为这本由政治学家李·爱泼斯坦、经济学家威廉·M. 兰德斯与我共同合作完成的著作撰写序言。这本书是基于法律、经济学和政治学的进路对美国法官所作的研究。尽管在美国的法律体系中，法官扮演了核心的角色（较之其他的法律体系更是如此），但是法官的行为，尤其是影响法官行为决策的因素并没有很好地被律师、法学教授甚至法官自身所理解。部分原因在于，在我们的体制下，法官被允许以神秘的方式存在，而大多数法官也的确非常神秘。① 为了理解他们的行为，我们因此必须采用间接的方式。

社会科学家（尤其是政治学家，另外还有经济学家、心理学家以及越来越多的精通社会科学知识的法律学术界人士）开始使用更为复杂的理论概念和量化工具来洞悉司法者的自利取向，超越法官对自身行为有限的理解，进而把对司法行为的研究建立在了科学的基础之上。这一现象产生于半个多世纪之前并在近几十年间得到了强化。然而，这些研究却并不为法律界所很好地了解，以至于许多传统法律学者发展出了一套并不符合实际，却有着十分强大影响力的关于法官行为的理论，并且，这套理论得到了法官群体的支持。在他们的理论中，对名利的追求以及意识形态在司法决策中并不产生影响；与此同时，某些社会科学家和新闻记者则持有另一种对立的观点，即法官只不过是穿着长袍的政客，这一观念同样也是不符合实际的。

本书将借助于劳动经济学的概念，把法官模型化为某个劳动力市场（即司法劳动力市场）的参与者，进而反驳法律条文主义者对该模型的批评。我们将会解释之所以要把一个法官看成是劳动力市场的参与者，是因为法官和其他类型的劳动者一样，会受到成本和收益的激励和约束。这里

① 当然，这一定是有例外的。比如，可以参见 William Domnarski, *Federal Judges Revealed* (2009)，这项研究是基于大量联邦地区法院和联邦上诉法院法官的口述历史而完成的。

的成本和收益既有货币的因素也有非货币的因素，不过主要是后者。非货币的成本包括付出的努力、外界的批评、同事关系的紧张等，而非货币的收益则有闲暇、来自他人的尊重、社会影响力、自我表现、名声（也就是成为公众人物）、被任命为更高层级法院法官的机会。法官的约束还会来源于职业规范和制度规则、公众的预期以及“生产函数”（production function）。“生产函数”指的是劳动者在工作中使用的工具和方法以及如何使用这些工具和方法。

本书第二章回顾了和我们这一关于法官的模型相关的经验研究的历史，并将其分为四个维度，分别是：关于单一个体决策的研究（法官的意识形态、生活经历、个性特征等因素对他表决行为的影响）；关于同事和其他群体影响的研究（例如陪审团的结构、异议规避以及首席法官对判决书撰写工作的分配）；关于审级影响的研究（较低层级法院和较高层级法院之间的关系）；关于司法部门与政府其他分支之间关系的研究。

本书第三章至第五章列出了针对联邦法院体系三个主要层级（美国联邦最高法院、联邦上诉法院以及联邦地方法院）中的法官的研究发现。我们比较关注的一个问题是，不同层级法官在进行决策时，意识形态因素和法律条文分析因素的相对权重关系。不过，我们还会量度一些尽管看起来比较俗气，但在我们看来却非常重要的影响法官行为的因素，比如惰怠（包括但不限于对闲暇的追求），这可以从我们关于司法激励和约束的劳动经济学模型中推导出来。

在对联邦司法体系的所有三个层级进行了考查之后，我们将探究与组织理论中“例外管理”（management by exception）概念相关的选择效应（select effect）。在例外管理活动中，那些简单的问题在决策层级的最低端就可以被解决掉了，而只有那些最为复杂的问题要留待最高决策层级去解决。就联邦司法体系而言，这就意味着，当案件的审理层级逐步由地区法院上升至最高法院的时候，意识形态在司法决策中扮演的角色就越来越重要。

我们也将关注联邦最高法院和联邦上诉法院法官发表不同意见的现象。我们所要强调的是“避免发表不同意见”现象的存在以及它的重要性。这一现象指的是一些法官会不大愿意公开地表达不同意见，即便他们不认同同事们的决定。我们发现，法官避免分歧出现的现象显著地存在于联邦上诉法院层面，但是在联邦最高法院层面，这一现象并不明显。我们把这种差异一方面归因于审理上诉案件法庭的人数规模，另一方面的原因则是工作量，因为联邦最高法院的工作量相对较轻。我们的研究表明，法庭的组成和司法工作量成为影响法官发表不同意见行为的成本和收益的因素。

在许多职业领域中，对职位晋升的渴望是一个非常重要的激励因素。联邦地区法官经常（但不必然）有机会到联邦上诉法院任职，而联邦上诉法院法官则很少（尽管也会有）有机会晋升为联邦最高法院大法官。我们要检验的是，法官是否会因为心存职位晋升的渴望而改变他们的行为以增大晋升的可能性。换句话说，他们是否会为了被任命为较高层级法院的法官而成为“海选竞争者”（auditioner）。一方面通过比较联邦上诉法院法官正属于可能获得晋升的人选范围之内时的行为与他们在随着年龄增大之后晋升机会减少时的行为，另一方面通过比较他们与那些从未有机会获得晋升的联邦上诉法院法官的行为，结果发现那些可能的海选竞争者确实会为了增大被提名为联邦最高法院大法官的机会而改变他们的行为（这是在平均意义上的结果，并不是每个个例都是如此）。这就很好地说明了利己主义在法官效用函数中的角色地位。

我们希望本书能在以下几个方面对法官行为的研究作出贡献。其一，我们以实证的方式提出并检验了一个法官行为理论，这个理论比起传统的法条主义理论或者主流的政治学理论都要更加符合现实状况。其二，我们更正了**美国联邦最高法院数据库**（覆盖了1946年至2010年这一期间）以及**美国联邦上诉法院数据库**（覆盖了1925年至2002年这一期间）中关于联邦最高法院和联邦上诉法院裁决的意识形态分类的错误。其三，我们大量使用了回归分析的方法，而不只是简单相关分析，这是因为我们的模型预期影响法官行为的变量并非是单一的，因此需要通过回归分析来区分每一个单独变量所产生的影响。

此外，我们的分析范围比现有大多数的研究要来得广泛，这与我们这一法官行为模型的全面性是相关的。以往的研究几乎都是关注于联邦最高法院大法官个体的表决情况或者案件的裁判结果；在某些时候也关注联邦上诉法院的问题。我们的研究也会检验与上述法院法官表决行为相关的假设，不过同时我们也研究联邦地区法院的法官行为。并且，我们对于法官行为的观察视角还会延伸至司法意见书的篇幅长度、被引用的情况、不同意见的发表以及联邦最高法院大法官在言词辩论环节的发问等。例如，我们假设存在以下情况：联邦地区法院法官的决策行为反映了他们对闲暇的偏好,反映了他们更希望收获好的名声,而不是影响公共政策。为了检验这一假设,我们观察了联邦地区法院法官所作的4000项驳回动议的裁决。这些都是初审法官们最常作出的裁决,但在很大程度上被社会科学家们忽略了。(要知道,Ph. D. 项目中并不包含关于民事诉讼程序的知识!)

理查德·A. 波斯纳
2016年11月5日

目　　录

图 目 录

表　目　录

引　论

> 在美国法律这部连续剧中,法官始终于聚光灯前占据着主角的位置……而我们中间许多最具智慧的人则致力于研究法官们说了些什么、做了些什么,以及猜想他们的内心在想什么。
>
> ——约翰·P. 道森(John P. Dawson)[①]

比起其他大多数国家的情况,美国的法官的的确确在法律体系中扮演了更为核心的角色。然而,美国法官的行为,尤其是影响法官行为决策的决定性因素并没有很好地被律师、法学教授以及法官自身(我们会在适当的时候解释这一悖论)所理解。部分的原因在于,在我们的体制下,法官被允许以神秘的方式存在,而大多数法官也的确非常神秘。[②] 为了理解他们的行为,我们因此必须采用间接的方式。社会科学家(尤其是政治学家,另外还有经济学家、心理学家以及越来越多的精通社会科学知识的法律学术界人士)开始使用更为复杂的理论概念和量化工具来洞悉司法者的自利取向,试图超越法官对自身行为有局限的理解,进而把对司法行为的研究 1
建立在科学的基础之上。这一现象产生于半个多世纪之前并在近几十年间得到了强化。然而,这些研究却并不为法律界所很好地了解,[③]除了有时

---

① *The Oracles of the Law xi* (1968). 尽管已经过去半个世纪,但这些说法仍然成立。

② 当然,这一定是有例外的。比如,可参见 William Domnarski, *Federal Judges Revealed* (2009),这项研究是基于大量联邦地区法院和联邦上诉法院法官的口述历史而完成的。另外可参见基于联邦最高法院大法官私人文件而撰写的书籍,例如 Lee Epstein and Jack Knight, *The Choices Justices Make* (1998); Forrest Malzman, James F. Spriggs II, and Paul J. Wahlbeck, *Crafting Law on the Supreme Court* (2000) 以及 Walter F. Murphy, *Elements of Judicial Strategy* (1964)。

③ Frank B. Cross, "Political Science and the New Legal Realism: A Case of Unfortunate Interdisciplinary Ignorance," 92 *Northwestern University Law Review* 251 (1997); Gerald Rosenberg, "Across the Great Divide (Between Law and Political Science)," 3 *Green Bag* (second series) 267 (2000).

候法律界只是出于同情或批判的需要而对社会科学家说了哪些关于法官的话表示了兴趣。[4] 这样的一种观念分立不是一件幸事,原因在于许多传统法律学者关于法官行为的理论并不符合实际,却有着十分强大的影响力,并且得到了法官群体的支持。在他们的理论中,对名利的追求以及意识形态在司法决策中并不产生影响;与此同时,某些社会科学家和新闻记者则持有另一种对立的观点,即法官只不过是穿着长袍的政客,这一观念同样也是不符合实际的。

我们把那种认为对名利的追求以及意识形态在司法决策中并不产生影响的法官行为理论称为"法律条文主义"(legalism),尽管更常用的术语是"形式主义"(formalism)。[5] 从这类理论中的最简易版本看来,法官只是将给到他们手里的法律规则适用于案件事实,他们所要完成的任务是机械化的,至多是一种形式上的工程操作(还不是"社会工程"),并且不需要行使自由裁量权力。在一个稍微复杂的理论版本中,法官(尤其是联邦最高法院的大法官)是在政治中立的基础之上将一种智能系统(方法论)适用于案件从而导出客观的司法决策结果。在这里,各种不同的智能系统包括了"原旨主义"(originalism)"文本主义"(textualism)"被流放的宪法"(the Constitution in exile)"作为普通法的宪法"(the Constitution as common law)"活的宪法"(the living Constitution)"积极自由"(active liberty)等。如果要全部列出来的话,这个单子可以很长。

一些法律学者则持与之对立的观点,即法官假装扮演成为法律条文主义者(legalist),而实际上这只是一种伪装,目的是掩饰司法裁判背后的政治色彩。至于上述智能系统,这些持批判态度的学者也许会像克尔凯郭尔(Kierkegaard)那样说道:"大多数完成系统化工作的人与这些系统的关系就好比一个人建造了一个巨大的宫殿,但他自己却只是住在宫殿旁边的谷
2 仓里;他们并不身处在这个庞大的系统大厦之中。"[6]把这种质疑法官行为的理论发展到极端的就是耶鲁大学弗瑞德·罗德尔(Fred Rodell)式的"现实主义者"(realists)以及"批判法学"(critical legal studies)的众多信徒。繁

---

④ 最近一个很好的例子,可参见 Charles Gardner Geyh,"Can the Rules of Law Survive Judicial Politics?" 97 *Cornell Law Review* 191 (2012)。

⑤ 关于法律条文主义(形式主义)的一个有启发意义的讨论可参见 Paul N. Cox,"An Interpretation and (Partial) Defense of Legal Formalism," 36 *Indiana Law Review* 57 (2003)。

⑥ Søren Kierkegaard,*Papers and Journals*:*A Selection* 212 (Alastair Hannay trans. 1996).

荣于20世纪70年代的批判法学复兴了弗瑞德·罗德尔式的极端法律现实主义，但其在眼下却是早已覆灭了，尽管它的一些替代品，比如女性主义法学(feminist legal theory)和批判种族理论(critical race theory)还流行于一些法律学者中间。

对法律现实主义(legal realism)的正确理解应当是我们要直面现实的司法行为，就好像那些法界先贤们(包括杰里米·边沁、奥利弗·温德尔·霍姆斯、本杰明·卡多佐、勒恩德·汉德以及卡尔·卢埃林这样的温和法律现实主义者和其他杰出人物⑦)所做的事情一样。然而法律现实主义学派既缺乏缜密的模型来解释法官的行为，同时也没有运用数据和实证方法去验证他们的模型。而我们现在拥有了这些分析工具，并会将它们用于本书的分析中，希望由此扩展既有的关于法官行为的社会科学研究。传统的法律现实主义和构成我们分析基础的现实主义理念这两者之间是存在重大差异的。传统的现实主义和法律条文主义一样，是一种法理学的理论，一种关于合理性(legitimacy)判断以及特定司法案件结果性质的理论。这种理论并不能解释法官的行为在激励和约束条件下是如何形成的。法律现实主义者——最典型的如杰罗姆·弗兰克(Jerome Frank)——所提供的是关于法官心理的揣测，这样的分析在很大程度上被局限于法官的意识形态或者是与之相关的社会阶层因素对于法官表决行为的影响。比起社会阶层和意识形态，其实有更多的因素影响着一个法官的行为。此处“更多的因素”包含了但并不限于(这一点很重要)法律形式主义的推理。关于这一点，卢埃林这位法律现实主义的学术先驱在其一段重要的表述中就提到了，即

> 塑造个体习惯以及群体制度的人类特性包含了以下诸多方面……要处理一个曾经处理过的问题时所表现出来的惰性；为了节省时间和精力而按部就班，尤其是当存在商业压力的情形下；把因循旧例赋予防止专断的功能，并视之为对弱者、经验缺乏者和不稳定群体的支持；强调可预见性的社会价值；给予任何可产
> 生预期以及将预期转化为常规的事物以权威的地位。还有其他 3
> 的因素提升了法律中先例的力量，即：要求所有的人在同样的情

⑦　例如安布罗斯·比尔斯(Ambrose Bierce)，他在1911年出版的《魔鬼词典》中将“合法的”(lawful)一词定义为“与作出裁决的法官的意志保持一致”。

> 境下得到相同的合理对待，这一点很奇怪，却几乎是一个普遍的正义理念。社会系统是多变的，因此当我们要去界定何谓“同样”的人、“同样”的对待或者“同样”的情境时会遇到无限的变化，不过我们仍然被要求接受这一时空观念。[8]

这些都是非常敏锐的洞察。与之呼应的有来自法律职业界外部对我们的评论（我们略微进行了编辑），这就是经济学家安德鲁·施莱弗（Andrei Shleifer）所说的：

> 让我们来观察一下那些在普通法系中并没有多少晋升机会的法官，他们并不处于比较高的司法层级，因此没有多大机会创制法律，同时他们也不能被解雇或者因为选举失利而下台。对于这些法官来说，几乎不存在什么激励。他们需要解决个案的纠纷，还不能任意地行为以避免太多的案件裁决被推翻。不过这些都不是非常严格的约束。那么随之而来的结果是什么呢？我认为在这种背景下，任何外部或内部的激励因素都会起到决定性的作用。当然，一个激励因素可能是法官试图辨析清楚法律到底是什么并将其适用，不过这只是激励因素之一。司法政治（judicial politics）是法律文献所关注的一个因素；除此之外还有滥用权力，让律师逢迎自己。不过我们需要拓展视野，在激励机制如此弱的情况下，去看看那些任何可能影响法官的因素。
>
> 右或者左的政治倾向只是司法偏见产生的来源之一。而其他的来源也许重要得多。一个法官可能喜欢狗，也可能讨厌狗。由此，更重要的是，法官可能和政府站在同一立场，也可能反对政府。如果很多法官之前都担任过检察官，或者他们都相信“检察官不会错抓好人”，这可能就是比右或者左的政治倾向更为重要的一个影响因素了。换句话说，法官在对待各类事务时可能有其自身的哲学。在司法部门和媒体之间可能存在着非常重要的相互作用的关系。如果法官们的确没有受到特别的限制，那么我们

---

[8] K. N. Llewellyn, “Case Law,” in *Encyclopedia of the Social Sciences*, Vol. 3, p. 249 (E. R. A. Seligman ed., 1930).

> 可以假定他们会试图被关注、被喜欢，以及变得知名。既然大量 4
> 信息是通过媒体而传播出去的，那么法官就有可能选择按照媒体的喜好来行事。

基于这样的思考，我们打算在本书中展示并检验一个关于法官行为的现实模型，这个模型会足够简单和明确，从而保证其能够接受实证检验。

本书的第一章将给出这一模型。我们借助了劳动经济学的概念，把法官模型化为某个劳动力市场（司法劳动力市场）的参与者，并进而反驳法律条文主义者对该模型的批评。我们将会解释为什么要把一个法官看成是劳动力市场的参与者，这可以理解为法官和其他类型的劳动者一样，会受到成本和收益的激励和约束。这里的成本和收益既有货币的因素也有非货币的因素，不过主要是后者。非货币的成本包括付出的努力、外界的批评、同事关系是否紧张等，而非货币的收益则有闲暇、来自他人的尊重、社会影响力、自我表现、名声（也就是成为公众人物）、被任命为更高层级法院法官的机会。法官的约束还会来源于职业规范和制度规则、公众的预期以及“生产函数”（production function）。“生产函数”指的是劳动者在工作中使用的工具和方法以及如何使用这些工具和方法。美国哥伦比亚特区联邦巡回上诉法院法官哈里·爱德华兹（Harry Edwards）对法官行为研究的现实主义进路发起了猛烈的挑战，对此我们将予以反驳。

我们把自己的研究方法称为“特定的”现实主义进路，尽管在其他一些学术文献中我们也可以发现这种进路的存在，而这些进路主要是强调那些对于司法裁判构成影响的个人特质，包括种族和性别、宗教教育、性格气质、认知局限、教育背景，甚至是在法学院就读时的成绩。[⑨] 尽管进路丰富，不过为了便于操作，我们采用了更加简化的模型，但是我们仍会不时地提及个人身份特征，因为这些特征会通过影响意识形态因素来对司法结果产生影响。

我们所做的研究是严格的实证分析。我们不会问，法官应当如何针对
案件作出裁决；我们会问，法官是怎么作出决定的。从更宽泛的意义上来 5

⑨ 关于这些研究进路的讨论可参见波斯纳的著作。See Richard A. Posner, *How Judges Think*, ch. 1 (2008)。Also see Lawrence Baum, *The Puzzle of Judicial Behavior* (1997); Eileen Braman, *Law, Politics, and Perception* (2009); Frank B. Cross, *Decision Making in the U. S. Courts of Appeals* (2007).

说，我们要问的是，法官是如何从事司法工作的（这就不仅限于在个案中进行表决了）。这并不是说我们写这本书纯粹出于学术兴趣。如果我们能够更好地理解法官，那么法律人在从事案件诉讼和预测案件结果方面将变得更有效率。对案件结果的预测同样是非常重要的，因为这样可以避免诉讼的发生或者让争议在初始阶段就得到解决。如果一个法官能够理解自身和其他法官的行为动机，那么他的工作也可能变得更有效率。对法官的现实主义理解也会起到改进法律教育的作用，并有助于针对既有的司法教育以及司法改革提出有现实意义的设计方案。因此，我们希望努力做到使这一有着大量统计分析的著作可以让那些对于这种分析方式并不熟悉的律师和法官也可以理解。基于这样的想法，我们在引论之后专门安排了一章介绍研究技术的内容，在这一章里我们将界定统计术语并对本书中所采用的统计方法进行解释。我们非常看重的一点是，对统计分析并不熟悉的律师和法官也能够理解整本书的内容，原因在于比起其他的受众，本书所要揭示的内容对律师和法官有着更大的潜在价值。

本书第二章试图将包括法学教授和法官在内的法律职业引入到关于法官的社会科学实质性研究中去，这些研究往往忽略了不少类型的法律职业。我们所展示的这些研究往往表现为数据丰富于理论，并且主要集中于美国联邦最高法院，而对低层级的联邦法院关注较少，尽管近来对州法院和外国法院的关注有所增加。我们会回顾这一与法官的模型相关的经验研究的历史，并将其分为四个维度，分别是：关于单一个体决策的研究（法官的意识形态、生活经历、个性特征等因素对他表决行为的影响）；关于同事和其他群体影响的研究（例如法庭的人员组成、避免发表不同意见的行为倾向以及首席法官对判决书撰写工作的分配）；关于审级影响的研究（较低层级法院和较高层级法院之间的关系）；关于司法部门与政府其他分支之间关系的研究。不过这最后一个维度的研究对我们的分析来说没什么用处。

第二章特别关注的一个问题就是关于法官行为的经验研究所遇到的以及所要克服的方法论问题。这些问题主要涉及如何界定法官的意识形
6 态以及司法表决过程中的意识形态因素。尤为复杂的是，一个法官在其获得提名时的意识形态（我们称为事前意识形态）与他在进行司法表决时表现出来的意识形态（我们称为事后意识形态）可能是不一样的。两者皆重要，并且界定事前意识形态的方法不一定适用于界定事后意识形态，反之

亦然。我们需要解释的是,所有的方法都有其自身的长处和不足,且都会被我们或多或少、不同程度地使用。

之后的章节将原原本本地展示我们通过实证研究所得出的结论。考虑到数据的可获得性以及为了避免本书过于冗长,我们的分析将被限定于联邦法官,也就是美国《宪法》第三条所界定的法官,其中包括了联邦最高法院的大法官、联邦上诉法院法官以及联邦地区法院法官。在美国,还有其他的联邦司法官员,主要包括了联邦治安法官(magistrate judges)和破产法官(所有破产法官都隶属于联邦体系),不过他们的任职并不经由总统提名或者参议院的确认,并且他们的职位是任期制的,而非终身制的。这些司法官员的任命是基于《宪法》第一条,而非《宪法》第三条,后者适用于那些由总统提名、参议院确认的终身任职的联邦法官。

本书第三章到第八章的内容提出了大量关于法官行为的假设,并对这些假设进行了检验。我们比较关注的一个问题就是,不同层级法官在进行决策时,意识形态因素和法律条文分析因素的相对权重关系。不过,我们还会量度一些尽管看起来比较俗气,但在我们看来却非常重要的影响法官行为的因素,比如惰怠(包括但不限于对闲暇的追求),这可以从我们关于司法激励和约束的劳动经济学模型中推导出来。所谓法官的惰怠,它既是指法官不愿意“太”努力工作,即追求闲暇的生活,也包含了法官不愿意和同事争论(规避冲突)的情形。这两种情况都反映了从事某项工作却没有多大晋升机会的那些人所特别中意的“平静生活”。对于他们来说,除非辞职,否则没有什么可能性来增加自己的货币收入。至于联邦法官,被降职的可能性基本没有;而要想增加货币收入的话,那就只能选择辞职之后去私人执业。

在那些以上诉案件为受案来源的法院(联邦最高法院和联邦上诉法院)
层面,我们还额外地考察了各种可能影响司法表决的社会影响因素或者同 7
侪影响因素,例如,从众效应(这是避免冲突的一种形式,即希望“和别人保持一致”)、群体极化(指的是群体内增长较快的派系相对其他派系会表现得更加极端,这是和从众效应对立的一种因素)以及政治极化(和群体极化不同,它指的是随着规模的增长,一个群体内的不同派系共同导致群体的决策极端化)。同事之间的关系是影响职场行为(workplace behavior)的一个重要因素,而我们恰恰就是把法庭看成是一个职场,请记住这一点。

在对联邦最高法院的研究中(本书第三章),我们通过各种方法研究了1937年至2009年任职的大法官,结果发现我们对意识形态因素的评估和

“众人皆知”的意识形态因素对联邦最高法院大法官行为的影响是基本接近的。我们发现,被共和党总统提名的大法官在表决时较之那些由民主党总统提名的大法官更趋于保守。这种差异最为明显地体现在人权案件之中,但在主要涉及联邦体制、隐私权和司法权力的案件中最不明显。这一点和其他的许多研究结论是一致的。这些发现契合了现实主义者所认为的,即进入到联邦最高法院的案件都是倾向于高度政治性的,并且从一个法律条文主义者的视角来看,案件本身就是模棱两可的。这就使得大法官们必然要凭着先知先觉来判案,而这其中就会渗入意识形态的成分。

我们发现,一些大法官在法庭上表现出来的意识形态会随着时间流逝而发生改变。他们可能比刚被提名时变得更为自由主义或更为保守主义。和以往的文献一样,我们称这种现象为“意识形态转变”(ideological drift)。第二种现象是,大法官较之提名他们任职的总统的意识形态会变得更为自由主义或更为保守主义。我们把第二种现象命名为“意识形态偏离”(ideological divergence),这反映了大法官们不是简单地扮演提名他们任职的总统的代理人角色。这一点毫不奇怪,因为一旦被任命之后,没有人能够控制得了大法官的行为。

这一章还包含了一个单独的分析,针对的是法庭一致意见裁决的现象,而这个问题在很大程度上被既有的文献给忽略了。有人认为,在一个意识形态并不一致的法庭中(比如联邦最高法院)出现了一致意见裁决,这就可以证明那种认为法庭的裁决是受到意识形态影响的理论观点是站不住脚的。我
8 们对相当数量比例(超过30%)的一致意见裁决进行了解释,然后想要说的是,在许多案件中意识形态的成分极小,以至于那些温和的大法官们因为希望避免不同意见的出现而没有让意识形态的因素凸显出来;不过我们也发现在这些裁决中还是有明显地反映了意识形态因素的痕迹。

我们试图去发现法院的群体效应,不过没有任何结果。如果多数意见的支持者人数增加,作为法院少数派的自由主义者或者保守主义者并不会去附和。也就是说,在这里,从众效应是不存在的。但是,在许多职场中从众效应是非常常见的,如果其中一个人非要和大家意见不一的话,那他会受到排挤。在法庭上,之所以不存在从众效应,我们认为是因为法院并不带有很强的规避分歧的倾向,何况大法官是终身任职的,也没有担任更高职务的野心(关于这一点有例外,但不是近来的事情),这就使得他们较之普通职场的工作者有更大的独立性。我们也没有发现群体极化和政治极化现象,这可能也要归因于大法官的终身职位保障。

本书第四章分析了联邦上诉法院的情况。我们发现,较之于联邦最高法院的大法官,意识形态因素对联邦上诉法院法官行为的影响在平均意义上显得重要性减弱;但这并不是说,对于联邦上诉法院的决策来说,意识形态因素就可以忽略不计了。因为联邦最高法院判决中的意识形态成分会多于联邦上诉法院(联邦上诉法院所受理的案件是强制性的,这就使得他们不只是面对意识形态色彩浓厚的案件,并且对于这类案件,他们也不是最终说了算的;如果败诉一方提出调卷令申请的话,联邦最高法院是有可能决定受理这类案件的),也因为联邦上诉法院的工作量较之联邦最高法院更大,我们预计惰怠的因素会对法官的行为产生更多的影响。惰怠的因素进而会降低意识形态的影响力,因为一致意见裁决会带来溢价(premium),也就是说它降低了法官工作的辛劳程度(没有不同的意见,也不需要为了回应不同意见而修改多数意见),减少了工作的时间,也避免了法官彼此之间的关系紧张。我们因此将法庭组成效应(有充分证据表明在法庭内部,联邦上诉法院法官的投票会受到与之意识形态对立的其他一个或多个法官的影响)部分地归因于法官希望避免意见不一致情形的出现,本书第六章将对此详细说明。

在对联邦上诉法院的研究中,我们还发现了另一种从众效应的情形,这其实是法官规避不同意见的另一种表现形式。当某个政党的总统提名的法官被另一个政党总统提名的法官所取代时(提名法官的总统所属政党 9
是被提名法官意识形态的代理变量),并且新任命的法官属于法庭上的多数派一员,那么就会产生双重效应。比方说,现在法庭上的法官大多数是由共和党总统提名的,而当有一个更加保守的法官取代了一个相对没有那么保守的法官的位置时,法庭的多数派在表决时会表现得更为保守,不过少数派这时也会表现得更为保守。

在第四章中,我们采用了一种新方法来评估联邦法官的事前意识形态(法官到法院任职之前就有的意识形态),并比较其与事后意识形态(直接影响法官在案件中表决行为的意识形态)的差异。我们将这一研究方法运用于对联邦上诉法院法官的研究;同时为了保险起见,我们也将其运用于对联邦最高法院法官的研究。我们发现,较之于联邦最高法院法官,联邦上诉法院法官有着更大的事前和事后的意识形态差异,主要原因在于,基于法律条文本身的考量对于联邦上诉法院法官的影响更大。这种考量的比重越大,一个保守派的法官越是没有办法在表决的时候依然坚持保守主义的立场;对于自由派法官来说也是同样的道理。

本书第五章的主题是关于联邦地区法院的研究。联邦地区法院是联邦法院系统中的初审层级,尽管如今大多数案件的裁决并非经由开庭审理,而是在诉讼程序的早期就已被解决了或终止了。联邦地区法院所审理的案件是未经过滤的,而联邦上诉法院审理一项案件的前提是在联邦地区法院败诉的当事一方提起了上诉。[10] 因此,较之联邦上诉法院,联邦地区法院所审理的案件中有更高的比例是只需要通过法条主义的分析方法就能轻易解决掉的。实际上,联邦地区法院所审理的案件中有相当比例的案件其实是不存在什么争议点的。

此外,一些诸如起诉资格(standing)、成熟性原则(ripeness)、诉由消失(mootness)这样的法条主义概念以及提前终止审理无意义案件(weak cases)的原则都可以部分地起到减少法院工作量的功能(原因在于这些概念在很大程度上是由法官们创制的);而初审法院的工作量是要大于上诉
10 法院的。所以,我们的预期是,较之联邦上诉法院和联邦最高法院,这些法条主义概念在联邦地区法院的决策中所起到的作用会更大。因此我们发现,联邦地区法院决策过程中的意识形态因素要少于联邦司法系统中更高层级的那些法院,这就是我们的结论。

我们用组织理论中的“例外管理”(management by exception)方法来解释这一现象。按照这一方法,那些简单的问题在决策层级的最低端就可以被解决掉了,而只有那些最为复杂的问题要留待最高决策层级去解决。就联邦司法体系而言,这意味着,当案件的审理层级逐步由地区法院上升至最高法院的时候,意识形态在司法决策中扮演的角色就越来越重要。由于地区法院和上诉法院的管辖职责是强制性的,而非基于自由裁量的,因此它们(尤其是地区法院)处理了大量“一边倒”的案件。比起上诉法院,最高法院所审理的案件中当事双方更为势均力敌,特别是由于这些案件在条文适用上较为模棱两可。究其原因在于,联邦最高法院审理的案件数量有限,仅限于其他联邦法院或者州法院曾作出裁决,而败诉方向美国联邦最高法院提出了上诉的案件,且案件涉及了联邦事务。此外,在条文适用上模棱两可的案件也更容易导致不同上诉法院之间的观点分歧,这时就只有

[10] 联邦上诉法院也审理由行政机构处理的案件。对于这类案件(例如移民案件和劳工案件),当事人可直接向联邦上诉法院提出上诉申请,从而跳过了联邦地区法院。

最高法院能出面解决这些分歧了。

不同层级的联邦法院之间的情况对比尤为明显地反映在刑事案件上。大多数刑事案件的上诉都是由被告方，而非政府提起的，而多数情况下是被告方接受了法律援助并且案件裁决本身实在是无可辩驳，以至于联邦上诉法院中的自由派法官通常也会在表决时支持维持下级法院作出的裁决。只有当一项刑事案件的上诉具有相当重要的法律争议事项的时候，联邦最高法院才会决定审理该案件。这样一来，我们预期并且之后也验证了，联邦上诉法院的保守主义投票比重（我们把对较低层级法院有罪判决的维持视为保守主义投票）要远高于联邦最高法院，即便在联邦上诉法院的法官是由共和党总统提名而任职的情况下也是如此。

不过，这里提到的刑事案件可能暗示了以下的命题无法成立，即意识形态因素对司法决定的影响是随着司法层级的上升而增大的。传统上来说，量刑问题对于联邦地区法院法官来说几乎是一个可以任意行使自由裁量权的
领域。1984 年《量刑改革法案》剥夺了联邦地区法院法官的这一自由裁量 11
权，不过联邦最高法院之后又恢复了先前的状态。针对联邦地区法院所作出的许多其他类型的裁决，上诉审查意见也是倾向于维持原审裁决的结果。

就联邦上诉法院法官对联邦地区法院的裁决给予认可的程度而言，我们可能会认为联邦地区法院的法官有空间和偏好来作出意识形态化的裁决。在第五章中，我们检验了这一假设，不过并没有得到很多事实的支持，即便在关于量刑这一联邦地区法院法官可将裁判自由度发挥到最高的问题上亦是如此。之所以出现这样的情况，我们认为，这是因为实际上许多联邦上诉法院法官只认可了联邦地区法院在裁决过程中非常有限的自由裁量权，这就反过来导致了联邦地区法院法官的反向规避行为，因为他们不确定联邦上诉法院是否会认可一份基于自由裁量权而作出的带有强烈意识形态色彩的裁决书。

和第五章所讨论的关于司法层级的话题一样，本书最后三章的研究主题将直奔联邦司法体系中的两个甚至全部三个层级，尽管数据的局限，使得我们的分析将集中于联邦最高法院层面（第七章）。

本书第六章将分析联邦最高法院和联邦上诉法院法官发表不同意见的现象。我们要提请读者注意的是存在这样一种重要的情形，即一些法官会不大愿意公开地表达不同意见，即便他们不认同同事们的决定。从法理学意义上来说，避免发表不同意见的行为不是法条主义或者法律现实主

义可以解释的。但是,我们关于司法激励和约束的深化模型可以解释这一现象,原因在于我们强调了惰怠这一因素。

我们发现,法官避免分歧出现的现象显著地存在于联邦上诉法院层面,但是在联邦最高法院层面,这一现象并不明显。我们把这种差异一方面归因于审理上诉案件法庭的人数规模。除非存在职位空缺或者回避的情形,否则联邦最高法院的法庭就是由 9 位大法官组成;而在联邦上诉法院,除非出现满席审理(en banc)这一特殊情形,否则都是由 3 位法官审理一个案件。审理案件法庭的人数规模越大,出现不同意见的可能性也就越大。另外一个原因则是工作量,联邦最高法院的工作量相对较轻。我们的研究表明,法庭的组成和司法工作量(以及由此引致的遵循先例的做法)成为影响法官行为的成本和收益因素,并最终决定了法官是否愿意发表不同意见。在假定年龄越大的法官越有可能惰怠的基础上,我们还探究了法官的资深程度(65 岁至
12 70 岁的联邦法官——具体年龄取决于他们已经服务的年限——享有在不降低报酬的前提下减少自己工作量的资格)和年龄是否对其发表不同意见的偏好存在影响,不过我们没能够得出明确的结论。

本书第七章研究了联邦最高法院大法官们在言词辩论环节对律师进行发问的目的。我们认为,大法官们这样做的目的是带有策略性的,而非仅仅为了试图探明案件真相,从而有助于依照法律条文的分析来作出案件裁决。我们把大法官向律师发问的行为模式与司法审议的不完整性、法官的性格以及对闲暇的偏好(这似乎违背直觉)联系在一起。就法官性格因素而言,我们认为外向的性格会驱使大法官在言词辩论环节提出更多的疑问,并且/或者参与到许多公共事务中去。

本书的第八章研究了那些拥有现实晋升机会的联邦法官的行为。在许多职业领域中,对职位晋升的渴望是一个非常重要的激励因素。联邦地区法官经常(但不必然)有机会到联邦上诉法院任职,而联邦上诉法院法官则很少(尽管也会)有机会晋升为联邦最高法院大法官。我们撰写本书时任职于联邦最高法院的 9 位大法官中有 8 位在此前担任了联邦上诉法院法官,不过这些人只占了联邦上诉法院法官中的极小比例。我们要问的是,法官是否会因为心存职位晋升的渴望而改变他们的行为以增大晋升的可能性。换句话说,他们是否会为了被任命为较高层级法院的法官而“参与海选竞争”(audition)。我们比较了当联邦上诉法院法官正属于可能获得晋升的人选范围之内时的行为与他们在随着年龄增大之后晋升机会减少

时的行为，以及那些从未有机会获得晋升的联邦上诉法院法官的行为，结果发现那些可能的海选竞争者确实会(不过是在平均意义上)为了增大被提名为联邦最高法院大法官的机会而改变他们的行为。类似地，我们还针对可能被晋升为联邦上诉法院法官的联邦地区法院法官进行了分析，结论是类似的，尽管确定性稍弱。法官会为了晋升而改变其行为，这就很好地说明了利己主义在法官效用函数中的角色地位。

这些结论总结起来其实很简单，同时也给我们或者其他人在未来的研究中提出了大量颇具意义的课题。

我们希望本书能在四个方面作出贡献。其一，我们以实证的方式提出并检验了一个法官行为理论，这个理论比起传统的法条主义理论或者主 13
流的政治学理论都要更加符合现实状况。法条主义理论仍然受到法学学者的推崇，司法部门在处理与公众的关系时也持这一理论观点。而主流的政治学理论则夸大了意识形态因素对于法官行为的影响。尽管我们通过统计分析的方法使研究中包含了大量的假设检验(hypothesis testing)，但是这些假设本身来自可能的法官行为在理论上的反映。为此，本书的内容中还包含了不少拾遗补阙的定性分析。

其二，我们修订了美国联邦最高法院以及(特别是)美国联邦最高法院所作的针对联邦法院裁判的上诉裁决的编码(覆盖了 1946 年—2010 年这一期间)[11]；我们还修订了美国联邦上诉法院数据库的编码(覆盖了 1925 年—2002 年这一期间)。[12] 在以往的研究中，研究者主要是利用了这些数据库，我们也同样大范围地使用了它们。桑斯坦(Sunstein)和他的同事们曾经收集了关于审理上诉案件的法官对意识形态敏感案件进行表决情况的数据，[13]我们在研究中使用并更新了这些数据，从而制作了一个关于司法量刑的数据库(参见第五章)；另外我们还自己制作了四个数据库，分别是关于事前意识形态量度的数据库(我们在第三章和第四章中会用到)、关于推翻原审案件裁决的数据库(我们在第五章中会用到)、关于单个联邦上诉

---

⑪ 参见 http://supremecourtdatabase. org (visited Dec. 9, 2011)这一数据库通常被称为“斯佩思”数据库。管理人员在联邦最高法院的每个开庭期结束之后会对这个数据库进行更新操作。

⑫ 参见 www. cas. sc. edu/poli/juri/appct. htm (visited Dec. 9, 2011)。这个数据库通常被称为“桑格(Songer)数据库”。

⑬ 参见 Cass R. Sunstein, etal ., *Are Judges Political? An Empirical Analysis of the Federal Judiciary* (2006)。

法院法官发表不同意见比例的数据库(参见第六章)以及法官背景资料数据库(我们在第八章中会用到)。

其三,我们大量使用了回归分析的方法,而不只是简单相关分析(尽管我们也大量用到了简单相关分析),这是因为我们的模型预期影响法官行为的变量并非是单一的,因此需要通过回归分析来区分每一个单独变量所产生的影响。基于简单相关分析而对法官行为作出的判断常常见于法学杂志和媒体报道,但是如果不像回归分析那样去控制各种潜在的相关变量的话,那得到的结果往往是不可靠的。[14]

14 联邦司法体系的结构使得我们很容易就可以进行横断面的统计分析。在联邦上诉法院和联邦地区法院(不包括联邦最高法院)层面,司法体系的结构是按照地区来划分的(除了美国联邦巡回上诉法院,这家法院受理的案件类型同其他的联邦上诉法院都不一样,因此我们将其排除在研究范围之外)。各家联邦上诉法院和联邦地区法院尽管在案件数量、法官数量以及意识形态色彩上不尽相同,但是在减少数据噪声方面表现得高度相同(例如法官任命的方式和任职的期限)。并且,由于联邦法官的工作成果都记录于公共文件之中,其中大多数都已经被上传至互联网了,因此现代电子检索技术使得我们很容易就建立起大规模的数据库并用其分析法官的活动。[15]

在本书的引论之后有专门的研究技术介绍,用来解释回归分析的基本原理。同时,这部分内容还将列出一些本书中所使用的专门术语,所以即便是精通统计学的读者也有必要阅读一下(内容不长)。

其四,我们的分析范围比现有大多数的研究要来得广泛,这同我们这一法官行为模型的全面性是相关的。以往的研究几乎都是关注于联邦最高法院大法官个体的表决情况或者案件的裁判结果;在某些时候也关注联邦上诉法院的问题。我们的研究也会检验与上述法院法官表决行为相关的假设,不过我们同时也研究联邦地区法院的法官行为。并且,我们对于法官行为的观察视角还会延伸至司法意见书的篇幅长度,被引用的情况,不同意见的发表,联邦最高法院大法官在言词辩论环节的发问等。
15

---

[14] See Lee Epstein and Gary King, "The Rules of Inference," 69 *University of Chicago Law Review* 1 (2002).

[15] 我们所作的统计分析中用到的数据都可以在以下网站中查询到:http://widefeetdesigns.com/client/epsteinBook/。

研究技术介绍

本书所进行的分析绝大多数都是基于统计学的方法。我们认为有必要在刚开始就介绍一下一些统计研究技术的概念和术语，这可能对很多读者来说是有帮助的。① 正如我们在引论部分所强调的，我们希望本书能够很好地被法官、律师、法学教授、法科学生以及其他不擅长统计分析技术的读者、法律界人士和社会科学家所接受。我们还会解释一些约定俗成术语的含义，这样可以使得我们的分析清晰易懂、简明扼要。

我们进行大量的分析是为了检验一个因变量与一个或多个自变量之间关系的假设，例如我们会试图解释司法表决中的意识形态成分与法官的意识形态偏好、法官的工作量以及与同事互动之间的关系。有时候，我们采用相关系数(r)这一统计学术语来表述这一关系的强弱程度。更常见的 17
表述方式是 r 的平方，也就是 r 乘以 r，在我们的书里用 R^2 来表示。若法官的意识形态与其表决行为这两者关系的 r 值为 0.5，或者 R^2 的值为 0.25 的时候，意思就是说法官的表决行为差异中有 25% 的因素是来自意识形态方面的原因。

我们在书中大量使用了多元回归分析，这一方法使我们可以估算出每一个自变量对因变量的单独影响。例如，我们就可以分析法官的意识形态对其表决行为的影响是否独立于其他变量(如工作量)的影响。

线性回归

回归模型有不同的形式，其中之一是线性回归。根据线性回归方程式画出的一条直线是可以穿过所有分析数据的最佳拟合(best fit)线。如果回归模型可以精确地估算出因变量的值的话，那么 R^2 的值就为 1，也就是说所

① 读者如果要了解关于统计方法在法律中的应用，可参见 David Cope, *Fundamentals of Statistical Analysis* (2005)。这本书的内容不错，且篇幅不长(尽管比一份术语表要长一些)。

有的观测值都恰好落在回归线上。不过这种情况非常罕见,因为数据会有误差,而且在绝大多数回归分析中,并不是所有的自变量都被识别了或者都被考虑到了,再加上由于各种原因,有一些观测值是有特质性的(idiosyncratic)。

回归分析中的“最佳拟合”是一条使得其与每一个数据点距离的平方之和最小化的直线(这一距离被称为残差)。为什么在这里用的是平方值而非绝对值呢?对此问题的一个回答是,最小二乘回归法(least-squaresregression)是对真实的回归线所进行的无偏估计(unbiased estimate),因此当样本规模增加的时候,针对自变量的回归系数会朝着它们的实际值收敛。另外,在回归估算中取平方数扩大了极端值(outlier)的影响,从而可以确保一个比较有限的估计偏差。

如果数据是二维的,那么回归结果将是比较直观的,例如图中的散点。这时候回归线是一条与各个点距离最近的直线。图 0.1 显示的就是收入(因变量)对工作经验(自变量)的回归结果。截距(intercept),即回归线与纵轴交叉点的值是 29.9,这表明当工作经验为零时的收入水平(在本书的各个表格中,“常数”这一术语指的就是因变量的截距数值)。回归线的斜率是 3.3,这意味着工作经验每增加一年,收入的预期增长为 3300 美元(纵

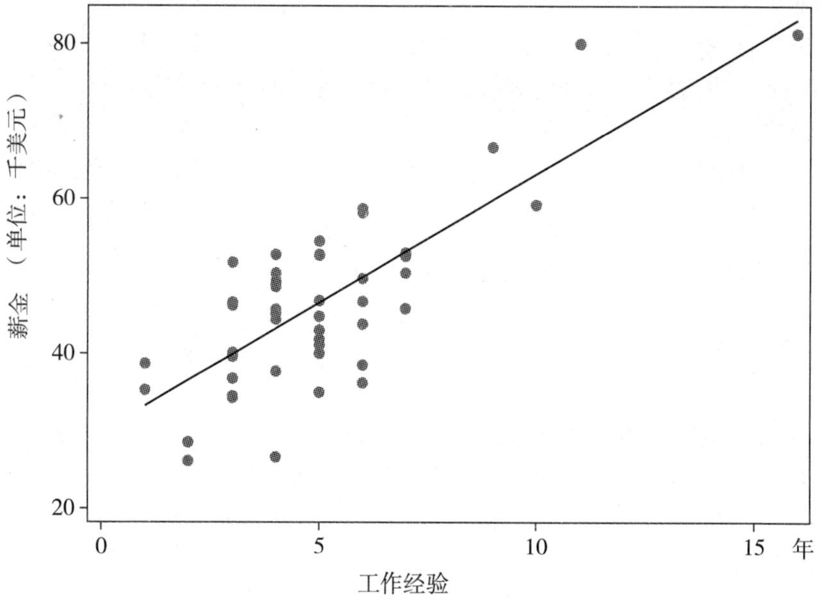

图 0.1 线性回归

轴的收入单位为“千美元”)。R^2的值为0.60,相关性在统计学意义上的显 18
著性水平为0.05。显著性水平这个问题我们之后会予以解释。

如果散点是三维的,回归线同样可以是直观的。读者可以想象一下一条穿过试管的直线。人类无法把超过三维的空间进行直观化的描述,不过线性回归可以在多维的数据散点图中找到那条最小化残差平方值(数据点与回归线之间距离的平方值)之和的直线。

我们可以写下这么一个方程式:$Y = a + b_1X_1 + b_2X_2 + B_3X_3 + \cdots + B_tX_t + u$。其中 Y 是因变量,a 是截距,X's 是自变量,b's 是自变量的回归系数(这个数值反映的是一个因变量与一个自变量之间的关系)。u 是
回归残差,来源于一系列自变量所无法解释或预期的因变量,所以 $u =$ 19
$Y - a + b_1X_1 + b_2X_2 + B_3X_3 + \cdots + B_tX_t$。换句话说,回归残差就是因变量中没有被自变量所解释的变异量。

前文所述的线性回归只有一种形式。在本书中,我们经常把回归方程式用一种更加通用的方式写出来,例如 $Y = f(X_1, X_2, X_3, u)$,以表示因变量是自变量 X_1,X_2和 X_3以及残差 u 的函数,或者因变量的值取决于自变量 X_1,X_2和 X_3以及残差 u,在这里我们并不给出特定函数的结构。

在大多数回归分析中,一个自变量的回归系数代表了自变量每变化一个单位,因变量相应的变化数值。不过,如果自变量是对数形式②的话,那代表的是自变量的数值每变化1%的情况下因变量的变化数值。如果因变量和自变量都是对数形式的话,那回归系数就等于自变量的数值每变化1%的情况下因变量的变化百分数。在任何一种情况下,相关系数的绝对值(所谓“绝对值”就是说不考虑相关系数是正值还是负值)越大,自变量的变化对因变量的影响就越大。

回归系数在统计学上的显著性(也就是指在纯属偶然的情况下,回归系数没有被观测到的概率)就其作用而言是非常重要的。我们这里要交代两种使用最为广泛的统计显著性的检验。一种是0.01的显著水平,在表格中我们用两颗星来标记;一种是0.05的显著水平,在表格中我们用一颗

② 对数是一种把指数数值转化为非指数(线性)数值的数学工具。例如,$1000 = 10^3$,那么1000的对数 $= \log_{10} = 3$,这是因为10增长为1000的指数是3。本书中的对数把指数项转换为自然对数(底数约等于2.71828),区别于我们之前例子中提到的以10为底数的对数。1000的自然对数是6.91。

星来标记。当我们说回归结果的显著性水平是0.05,那意思(大约)就是说被观测到的结果是纯属偶然而发生的概率是5%或者更小;如果显著性
20 水平是0.01,那意思就是说,这样的概率为1%或者更小。通常地,当我们说一个变量具有统计学上的显著性或者直接说它是有显著性的,那意思就是说这个变量的统计显著性水平至少达到了0.05。

为了更加精确地估量显著性,我们通常会在每个自变量系数下面的括号里注明“t统计量”(在我们之后要讨论的逻辑回归中则被称为“z统计量”)。t统计量是系数除以标准误(standard error)的比率,用来衡量所估算的回归系数与实际的回归系数之间的差异程度。

在一个正态分布(指的是可以用钟形曲线描绘出来的分布,横轴代表某些特征的全距,比如智商和血压,纵轴代表每一个特征在全距中的观测值)中,对于95%的数据来说,所估算的分布均值的标准误是在1.96以内。所以,如果t统计量大于1.96的话,那就是说所估算的回归系数为零的可能性低于5%。例如,当系数为4而标准误为2的时候,95%的估计回归系数是在0.08至7.92,我们就可以说(尽管不是完全确定)实际的系数为正值。[③] 在一些表格中,文中会标明我们已经计算了“稳健”标准误,这是用来调整可能使得标准误的通常估算失效的统计问题。

即便回归分析结果不具有统计学上的显著性,表格中还是会列明该统计分析的结果,这是因为尽管没有能够通过回归分析获得统计显著的结果,但这个结果还是具有分析价值的,可用以说明没有足够的数据来支持该回归分析所要验证的假设是能够成立的。有时候会出现这样的情况,两个或多个自变量本身都不具有显著性,但联合在一起却具有了显著性,这
21 反映的是只有这些变量同时起作用的时候,他们才与因变量产生因果联系。

逻辑回归

当我们希望解释的一个因变量是两分的(dichotomous),比方说上诉法

---

③ 为了计算95%的置信区间(confidence interval),我们首先减去均值1.96乘以标准误,从而得到下限值。所以4 −(1.96)(2) = 0.08。为了得到上限值,我们加上均值乘以标准误,得到4 +(1.96)(2) = 7.92。

院法官是否会维持或推翻较低层级法院所作的裁决，这时候线性回归就没法使用了，我们需要用逻辑回归来替代。尽管逻辑回归也有方法来估算 R^2 的值，但它们都是“伪似然”（pseudo）的，并不能如同在线性回归模型中那样被用来作为解释的工具，所以我们不会再提及这一数据。这并不算是一个大的问题，因为在回归分析中，我们更加感兴趣的是单个自变量对因变量的影响（这可以用回归系数来衡量）以及自变量是否具有统计学上的显著性，而非回归方程式所解释的数据在整体上有多大的偏离性。

在逻辑回归分析中，一个自变量的系数是让步比（odds ratio）对数中的百分比变化数值。由于要解释这些系数的含义不像在普通线性回归分析中那么容易，所以我们把它们转换为边际效应（marginal effects），即一个单位自变量的变化所导致的因变量变化数值。我们在研究中的处理方案是把除了这一自变量之外的其他自变量都设定为该自变量的平均值。鉴于我们在每一次报告逻辑回归系数时都是这么操作的，因此我们就不再每次都重复说明了。用于 Logit 回归分析的边际效应数值可以被用来和线性回归系数在数量和规模上进行比较。

在逻辑回归分析中，常数项的含义是十分模糊的，而且当我们给出边际效应的时候，无论如何它是消失了的。当常数项发生变化的时候，因变量可能是没有任何变化的，这是因为常数项按照它的定义就是不会发生改变的，这一点不同于自变量（这就是“常数”的含义）。

在估算一个逻辑回归的时候，我们感兴趣的是两个可能的结果中出现某一个结果的可能性。例如，当我们把某个联邦上诉法院法官的性格作为一个自变量输入到回归方程式中去之后，我们要看他获得或者没能获得联邦最高法院大法官职位提名的概率分别有多大。如果和我们的研究相关，我们会给出这些概率数值（由于是基于回归方程式而得出的预期，它们被
称作“预期概率”），不过在表格中并不体现出来。 22

其他要点

1. 在线性回归分析中，有时候我们会将其他自变量固定在他们平均值水平的前提下，通过改变一个自变量来计算出一个因变量的预期值。同样的，我们每次这么做的时候，不会再特意去重复这样的限制性前提（“将其他自变量固定在他们平均值水平上”）。

2. 我们所使用的不少自变量都是所谓的“虚拟”(dummy)变量,也就是说它们是两分的(dichotomous),因此可以被赋予1或者0的代码。例如,1可以指代保守主义的,而0则指代自由主义的,即并非保守主义的。这时候回归系数就等于自变量从0变为1(一个单位的改变)的情况下因变量的变化数值。

当一个变量被分割成一组虚拟变量的时候,正如每一个不同地区的联邦上诉法院都可以被视为一个独立的虚拟变量(例如,1 = 联邦第二巡回上诉法院,0 = 非联邦第二巡回上诉法院,对于联邦第三巡回上诉法院来说也可以这样设置,依次类推),而其中的一个变量不在回归方程中,它和其他变量的关系就体现为由此计算出来的其他变量的系数(我们会告诉读者一组虚拟变量中哪一个是缺省项)。有时候,在一系列这样的变量中,一个或多个虚拟变量(例如关于上诉法院的虚拟变量)的效应不具有统计学上的显著性,但这些作为整体的虚拟变量群或者子群可以形成对因变量有统计显著性的影响。在这种情况下,群或者子群中的虚拟变量是联合显著的(jointly significant)。

3. 有时候我们会对数据进行集合(aggregate),即把一组数据看成是一个单独的数据。比方说,如果我们对某个法官的意识形态在不同时期的一致性问题感兴趣,那么把他每一次的表决情况作为单独的观测值就是有问题的,因为这样一来会发现,从时间顺序上看,他的每一次表决情况都是近似的,这样得出的关于表决一致性的结论就会比较夸张。正确的做法是,将一段法庭审理时期内该法官的表决情况进行平均处理,并把得到的各个平均数作为单一的观测值。

与之相关的一项研究技术是聚类(clustering)。我们会把法官的每一次表决情况看成是一个隔离的因变量,而不是把它们集合为一个变量,不过在估算回归系数的标准误的时候把针对不同法官的观测值进行聚类(这
23 样也就是说,集合的操作是在对回归进行估算之前,而聚类则本身就是估算的一部分)。在计算标准误的时候,通过减少单个观测值的数量,聚类的方法会产生更大的标准误,进而降低了估算值的统计显著性。这么做是理所当然的,因为如果不是这样的话,我们会愚蠢地自以为我们有许多比实际情况更为独立的观测值。

4. 我们试图避免在概率水平和此概率的变化这两者之间发生可能的混淆。假定被共和党总统提名的法官投票同意某个特定结果的概率为

40%。之后发生了一些事情,概率随之上升为45%。从某种意义上来讲,概率上升了5个百分点;而从另外一个更有意义的角度上来讲,概率上升了12.5个百分点,即0.05/0.40。这里的百分比增加数是针对基础概率而言的。为了避免混淆,在表述的时候我们会采用分数而非百分数来对应概率的变化。所以在上述举例中,我们会说概率上升了0.05,代表上升了12.5%。

5.在表格中的分数通常保留了三位小数,而在正文中则通常四舍五入 24
保留两位小数。

第一章　法官行为的现实主义理论

法官的职责……就是不断地选择某一种政策而舍弃另外一种政策。

——罗杰·J. 特雷诺(Roger J. Traynor)①

法院在某些情况下不得不处理社会政策问题,这并不是因为人们特别希望他们这么做,而是因为通常情况下法院没有别的选择。

——亨利·J. 弗兰德里(Henry J. Friendly)②

我们中间的一位作者(波斯纳)在近期的一本书中列举并总结了法官行为的九种理论,③不过紧接着就把这些理论整合为一项,即把法官看成是一个劳动力市场参与者的理论。④ 我们这本书就采用这一理论进路,在此基础上构建法官行为的模型,这一模型能够生成诸多可被数据验证的种种假设。

法官属于何种类型的劳动者? 他不是自由撰稿人,不是业主,不是作曲家或者其他的独立艺术家,也不是企业家,他是政府的雇员。用经济学的术语来说的话,他是一个代理人(agent),而政府则是委托人(principal)。要理解代理人的行为,我们需要知道他的激励和约束。这些激励和约束有
25 些是来自代理人自身,有些则来自委托人。

---

① "The Limits of Judicial Creativity," 63 *Iowa Law Review* 1,12 (1977).

② "The Courts and Social Policy:Substance and Procedure," 33 *University of Miami Law Review* 21 (1978).

③ Richard A. Posner,*How Judges Think*,ch. 1 (2008).

④ Id.,ch. 2.

经验研究无法在真空中进行,研究者需要知道相关问题的哪些事实是令人感兴趣的,而理论则可以帮助研究者去确定这些事实。在我们看来,在法官行为的经验研究领域,最有效的理论就是自利行为理论,这一理论在劳动力市场的语境中已被广泛应用。我们的理论前提是,法官(至少是那些以英格兰法为源头,以判例法为法律制度特征的国家的法官)不是计算机。在一个给予法官(特指联邦法官)终身任职资格但同时又不向其提供能够机械地将法律规则适用于所有案件事实的裁判准则,进而留下极大自由裁量空间的法律体系内,我们很容易就能得出这样的结论:对于如此分散的委托人群体来说,法官并非完美的代理人。

法律现实主义的三种概念

长期以来,人们都认同的一个说法是,美国法官行使着一种立法和政策制定的职权。法官们至少时不时地扮演着这样的角色,而联邦最高法院的大法官们则经常性地扮演了这样的角色。本章开头引语的两位作者罗杰·J. 特雷诺和亨利·J. 弗兰德里就持这样的看法。这两位都是现代美国最为杰出的法官,而我们所引用的片段反映的是他们写作的那个年代的正统想法。说过类似话的还有亨利·J. 弗兰德里和罗杰·J. 特雷诺之前的杰出前辈们,例如奥利弗·温德尔·霍姆斯、路易斯·布兰代斯、本杰明·卡多佐、勒恩德·汉德、罗伯特·杰克逊以及优秀的法学学者和法律实践人士,另外还有富兰克林·罗斯福总统以及哲学家约翰·杜威。我们还可以追溯至《柏拉图对话录》,而在那个年代甚至法律职业还没有出现。苏格拉底在《申辩篇》(*Apology*)中提到,每一个法官(实际上是指陪审团成员,因为那个时候还没有职业法官)"已经宣誓他将根据法律而不是随心所欲地来作出判决",但是苏格拉底在《高尔吉亚》(*Gorgias*)一书中预言,对于他的审判就好比在一个由孩童组成的陪审团面前审判一个受到厨师指控的医生。在《理想国》中,特拉西马库斯(Thrasymachus)掷地有声地宣称,正义只不过是强者的利益罢了。这是关于立法程序的通常观点(也因此被用来描述行使了立法权力的法官)。霍姆斯接受这一观点并明确地说过:"我们可以从现代化的进步措施中期待的一切东西就是立法活动应当简易而迅速地(不过也不能过于迅速)自我调整以适应这个社会事实上的 26
最高权力的意志……立法必须或多或少地反映更为强大的利益。和人类与动物世界的其他所有设计一样，这个更为强大的利益从长远来看必须有利于适者生存法则的延续”。⑤

关于司法领域中现实主义观念的完整阐述最早可见于杰里米·边沁的《道德与立法原理导论》(1780 年)。一个世纪之后，霍姆斯在其所作的《普通法》(1881 年)一书的第一页里面给出了一个标签式的论断：“法律的生命不在于逻辑，而在于经验”。持有相同观点的还有本杰明·卡多佐、罗斯科·庞德以及 20 世纪 20 年代和 20 世纪 30 年代那些自我定义为法律现实主义者的人，比如杰罗姆·弗兰克和卡尔·卢埃林。这一观点后来又得到了政治学家、经济学家、心理学家、社会学家以及应用社会科学方法的法律人(越来越多的法学教授不只拥有法学的学位)的进一步凝练。

任何一个合格的观察者都知道，在上诉审层面的美国法官们创制着法律规则，这可能表现为普通法领域中的一种明示权力，也可能是通过对宪法规则和成文法规则的解释来默示行使的权力。考虑到美国政体的本身属性，法官拥有这一权力是必然的结果。在美国，不仅是宪法(这个很显然)，而且反垄断法、劳动法、证券法、刑法等领域的法律规则很大程度上来自法官在裁决中所行使的自由裁量权力。这也就解释了为什么联邦法庭的审理过程中会有这么多的争议点，为什么法官的选举活动(通常是在州法官层面)会吸引到大量的竞选捐款，以及为什么将州法官的选举制改为任命制会招致如此强烈的反对。法官们总是喜欢把国会和总统称作美国政府的“政治分支”，其暗含的意思就是说，法官自身是政治中立的。如果把“政治”等同于党派政治的话，那么这一说法基本上就是对的，然而我们对“政治”的理解不应局限于此。受到某种政治意识形态影响而作出的决定就是一种政治属性的表现，而许多司法决定正是在受到这种影响的情况下而作出的。

“法律现实主义”(legal realism)这一术语有时候会被用来作为一种法理学的进路，而不是用来描述法官的行为。这种法理学的进路所关注的仅
27 仅是法庭所审理案件的裁判结果对当事方的影响，而非关注这一裁判结果的制度性影响，比如当法官作出裁决时并没有适用先例，没有依照明确的成文法规则或者其他常规意义上的法律规范文本，那么该裁决的法律效力

⑤ Anonymous [Oliver Wendell Holmes, Jr.], “The Gas-Stokers’ Strike,” 7 *American Law Review* 582, 583 (1873).

应当如何认定。这一层面上的法律现实主义可以被看作是一种目光短浅的实用主义，即认为案件中当事方的结局决定于法官的政治偏好和个人情绪。很自然地，这个意义上的法律现实主义极大地影响了那些研究法官行为的政治学家们的进路。政治学家是政治的学生，他们在研究中把政府部门和官员视为政治单位和政治行动者，而法官在他们看来就是政府官员的一种。

与之对应的就是另外一种可靠的现实主义理论，它把法官看成是一个行使自由裁量权力的人类个体。作为一种法学理论，这种理论所强调的是法官的立法和政策制定功能，而不是像那种不可靠的现实主义司法理论那样，假定美国所有法官的行为完全是受政治、宗教、情感或者其他个人主观因素的支配。当法官需要行使自由裁量权去裁判案件的时候，也就意味着他没有办法在所有案件中仅仅机械地将法律规则适用于案件事实从而获得最终的裁判结果（这里我们甚至还脱离实际地假定了法官发现案件事实是可以通过机械的方式而准确无误地实现的），他有时候会不得不求助于自身对于政策的直觉，而这种直觉又通常产生于法官的意识形态。法官不能以狭义的"法律"没有告诉他如何判决为由来两手一摊、拒绝裁判。

在一些问题上，我们没有办法事前就给定法官可以机械适用的规则，而必须由其来创制规则，对于法官在这种情况下的决策，我们更加准确地描述应当是称其为主观的，而非意识形态化的，这是因为除了意识形态因素之外，还有很多非意识形态的因素会影响法官的决策，这些因素包括法官的心情、精力、⑥对当事人及其律师的不寻常反应、对案件缺乏兴趣等。对于社会来说，法官的意识形态（或者在更加宽泛意义上说是"价值观"）是最重要的主观影响因素，不过其他的主观因素也不应当被忽略。我们不仅不会忽略这些因素，还会使用经济学的分析方法来帮助自身理解这些 28
因素。

经济学所要强调的是，法官在标准的经济学意义上是一个理性的行动者，是理性选择的主体，这一点已经为法官行为的现实主义理论发展作出

⑥　一项关于以色列法官进行假释决定的研究表明了，法官在一天较早的时候以及吃了饭之后的时间里会更加倾向于通过假释申请。显然这是因为，和其他所有的劳动者一样，法官会在一天的时间里面逐步变得疲惫。See Shai Danziger, Jonathan Levav, and Liora Avnaim, "Extraneous Factors in Judicial Decisions," 108 *Proceedings of the National Academy of Sciences* 6889 (2011).

了贡献。[7] 在这一理论下，法官基于意识形态或者基于法条主义的进路去裁判案件并非只是一种假设，而是来自法官的效用函数。这一模型的内容是关于法官对各种偏好和厌恶的事物（不限于法条主义和意识形态）所作出的理性反应。本书将一进步精练和扩展这一进路。

关于法官行为的社会科学研究往往是基于脱离现实的理论经验；换句话说，这样的研究缺乏“微观基础”，它不是希望从法官的效用函数中得出结论，而总是试图假设一个法官的效用函数，例如认为联邦最高法院大法官的行为目标就是使得判决结果与其意识形态偏好保持一致，而大法官们之所以可以这么行事，那是因为他们可以决定挑选出哪些案件来进行审理，因为他们是终身任职的，因为不存在一个更高层级的法院来推翻他们的裁判，因为他们并无职位晋升的需要，所以在受到极少约束的情况下，大法官们可以根据他们的意识形态偏好来进行表决。[8] 这样一种对大法官行为的解释过于简单化了，因为有一些因素被忽略了，而这些因素的存在使得法官不可能百分之百地去实现他们的行为目标。

29 有一类文献讨论了更为复杂的问题，即强调法官（包括联邦最高法院大法官）彼此之间存在策略性互动（strategic interaction）的关系，这些法官彼此之间要么是同事关系（比如在同一个法庭或者上诉庭审理案件），要么是上下层级关系（比如较低层级法院法官和较高层级法院法官之间）。我

---

⑦ See Matthew C. Stephenson, "Legal Realism for Economists," *Journal of Economic Perspectives* 191 (Spring 2009); Posner, *How Judges Think*, note 3 above; Gilat Levy, "Careerist Judges and the Appeals Process," 36 *RAND Journal of Economics* 275 (2005); Ahmed E. Taha, "Publish or Paris? Evidence of How Judges Allocate Their Time," 6 *American Law and Economics Review* 1 (2004); Gordon R. Foxall, "What Judges Maximize: Toward an Economic Psychology of the Judicial Utility Function," 25 *Liverpool Law Review* 177 (2004); Andrew F. Daughety and Jennifer F. Reinganum, "Stampede to Judgment: Persuasive Influence and Herding Behavior by Courts," 1 *American Law and Economics Review* 158, 165 – 167 (1999); Christopher R. Drahozal, "Judicial Incentives and the Appeals Process," 51 *SMU Law Review* 469 (1998); Thomas J. Miceli and Metin M. Co gel, "Reputation and Judicial Decision-Making," 23 *Journal of Economic Behavior and Organization* 31 (1994); Richard A. Posner, "What Do Judges and Justices Maximize? (The Same Thing Everybody Else Does)," 3 *Supreme Court Economic Review* 1 (1993); Richard S. Higgins and Paul H. Rubin, "Judicial Discretion," 9 *Journal of Legal Studies* 129 (1980). Cf. Frederick Schauer, "Incentives, Reputation, and the Inglorious Determinants of Judicial Behavior," 68 *University of Cincinnati Law Review* 615 (2000).

⑧ 这一关于法官行为的“态度”（attitudinal）模型中存在一些基本的前提条件，这方面的有力论述可以参见 Jeffrey A. Segal and Harold J. Spaeth, *The Supreme Court and the Attitudinal Model Revisited* 92 – 94 (2002)。在下一章中我们将会讨论这一模型。

们会在本书中考察这些问题，不过也暂时将其他类似的问题放在一边不予考虑，例如“策略性退休”问题，即为了尽最大的可能保证继任者与自己有着类似的意识形态，法官会提前或者延迟自己的退休计划。[9] 同样的，我们也会把法院（尤其是美国联邦最高法院）与其他政府分支之间的策略性互动关系问题放在一边不予讨论。美国宪法创设了一套政府不同分支之间的制衡与约束机制，法院这一分支既约束和制衡其他分支，同时也被其他分支所约束和制衡。为了保证本书的篇幅处于可控的范围内，我们不会专门讨论这一形式的司法策略行为，不过在下一章里面我们会引用一些这方面的相关文献。

最早研究法官行为问题的是政治学家，而经济学家以及受到经济学家影响的法律学人则是后来者。尽管现在很多的政治学文献要从经济学中汲取养分，但我们还是能够看到，之所以经济学能够进一步深化政治学的研究，这是因为通过基于对理性行为的分析，经济学把法官的政治性行为与他们所受到的激励和约束相联系起来。这样做的好处有不少，其中之一就是可以帮助我们更加准确地理解意识形态在美国法官行为过程中的作用和特点。

法官行为的劳动力市场理论

我们来看一下，对于一个劳动者来说，工作的成本和收益是什么。通常情况下，我们需要考虑的不只是金钱上的收益和成本。劳动者当然会关心他的工作报酬，但是薪水并不能完全衡量一个劳动者的实际“收入”水
平。从字面含义上来说，“收入”这一概念是不同于金钱报酬的，也不是简 30
单地加上各种可用货币衡量的福利就能够囊括的，诸如健康保险和企业年金等福利只是劳动者除工资之外收入的一部分。许多的工作收益是没有

---

[9] 关于这一主题，有一些尚无定论的学术文献，例如可参见以下论文。Albert Yoon, “Pensions, Politics, and Judicial Tenure,” 8 *American Law and Economics Review* 143 (2006); David C. Nixon and J. David Haskin, “Judicial Retirement Strategies—The Judge's Role in Influencing Party Control of the Appellate Courts,” 28 *American Politics Quarterly* 458 (2000); Deborah J. Barrow and Gary Zuk, “An Institutional Analysis of Turnover in the Lower Federal Courts, 1900 – 1987,” 52 *Journal of Politics* 457 (1990); Peveril Squire, “Politics and Personal Factors in Retirement from the United States Supreme Court,” 10 *Political Behavior* 180 (1988).

办法折算成货币的，例如工作任期的承诺或者其他形式的就业保障。工作任期的承诺会影响到劳动者的预期工资收入，与之不同的是，有些工作收益根本和金钱无关。那些无法用金钱衡量的收益对于一份职业来说也是非常重要的，例如法官的职位会对很多人有吸引力，而这些人如果从事其他法律职业，所获得的金钱收入会更高，这是因为他们可以从法官的工作中感受到内在价值，获得权力和尊重以及骄傲和自尊（例如从事社会公益工作而获得的自我满足感）。在工作过程中形成的社会交往也是工作乐趣的一部分来源，当然它也是工作负担的一部分。这种社会交往包括了与同事、行政人员（例如法官助理）以及顾客（在司法工作中，律师和诉讼当事人可以大致地被看作是法官的顾客，尽管这些人没法引用“顾客永远是对的”这一箴言）之间的互动。职位晋升的预期可能也是一个重要的工作收益来源。对于一个劳动者来说，职位本身的价值还包括了在晋升之后获得更高收入或者更加舒适工作条件的前景。对于法官以及其他政府雇员阶层来说，获得“旋转门”（revolving door）的机会也是一个需要考虑到的因素。

那工作的成本又是什么呢？其中就包括了失去工作的风险（还有找到一份新工作的相对难度）以及遭遇工资削减的风险。这项成本的对立面就是消除或者减少上述风险的就业保障收益。其他的成本还包括对于闲暇的放弃、工作中的精力耗费以及各种不利的工作条件——例如长途通勤或者高负荷的交通状况（这里不考虑一些覆盖广大地理区域的司法巡回区的上诉法官）、无聊的、耗费体力的，甚至是有危险性的工作内容以及来自更高层级的法官或者社会公众的批评。劳动者对闲暇的偏好会提高参加工作的机会成本（就是为了工作而放弃的闲暇收益），这就构成了在非货币意义上的劳动者成本付出。同样的，劳动者的惰怠（即希望保持“安静生活”）也构成了参加工作的成本付出。惰怠是一个非常宽泛的概念，它不仅受到工作时间的影响，也受到工作强度（工作中需要投入的努力）的影响，还要加上各种可能影响工作舒适程度的因素，例如体力上或心理上的压力。如同通过工作而获得非金钱性质的满足感一样，对于一个有职位保障的劳动者（例如联邦法官）来说，他不会因为偷懒而受到严格的惩罚，所以
31 在他的效用函数中，追求惰怠的因素会扮演尤为重要的角色。

同事之间融洽关系的另一面就是彼此之间关系的紧张，充满了竞争，甚至敌视。在联邦上诉法院层面，这些情况不常出现，上诉法院法官们彼此之间的关系被比喻为互相之间结成了不带离婚选项的婚姻关系。在联

邦上诉法院的内部设置了一些关于权力结构的有效治理规则，从而使得这样的情况被降到了最低的程度。这些治理规则中的一项就是在权力分配过程中由资深法官所扮演的角色。法院的首席法官既非选举产生，也非基于任命。这个职位是由在任（也就是说要排除那些未全职工作的资深法官[10]）年限最长，但不超过65岁的法官来担任，规则就是这么简单（法官可以拒绝这一职位，如果这样的话，就由在任年限第二长的法官接任）。这样一来，法官们就没有必要觊觎或者竞争首席法官这一职位，而导致彼此之间关系不睦。[11] 此外，在由哪个法官来主持言词辩论程序，进而行使权力来决定谁负责根据多数意见来撰写司法意见书（这样他就相对于其他法官拥有了一份不大不小的权力）这一问题上，规则也同样很简单，那就是由组成审判庭的法官中服务年限最长的在任法官来负责（除非法院的首席法官也担任了审判庭的法官，这时候就由他来主持开庭）。

严格地以年资为依据来决定首席法官的人选，这就意味着出任首席法官的人可能并不是这一职位的最合适人选。解决这一问题的方案就是把首席法官的任期限定为7年，且不得连任（不过这个时限看起来应该再短一点）。如此设计的制度就是在保证首席法官履职能力和避免内部争斗这两个目标之间进行权衡的结果。对于一个内部成员必须共同工作，但他们却是由不同政治权威（即不同的总统，而这些总统则很可能是来自不同的党派并具有不同的意识形态）基于不同标准而任命的团体来说，成员之间的争斗是非常致命的。更何况，这些成员将会长期任职，且很少受到纪律约束。霍姆斯就把联邦最高法院的大法官们比作一只玻璃瓶中的九头蝎子。

一个理性的劳动者会期望从工作中获得更多的剩余（surplus），即收益 32
与成本的差值。这有可能会令其处于艰难的抉择之中。比方说，一方面他希望从一份需要较长工作时间和较高失败风险的工作中获得金钱与满足感；另一方面他又想拥有闲暇，避免太大的压力。或者另一种情况是，他需要在两份工作之间选择，其中一份工作可以让他富有，但需要忍受默默无

⑩　那些年龄达到65岁且拥有至少15年的服务年限或者年龄达到70岁且拥有至少10年服务年限的联邦法官可以选择进入“资深状态”（senoior status），他不必全职工作，但仍然享受全额的薪金，以作为退休状态的替代（即便退休了他也可享受全额薪金）。

⑪　任命联邦地区法院首席法官的方式也是相同的。但是，美国的首席大法官（他当然也就是联邦最高法院的首席大法官，不过他还需要对整个联邦司法体系负有行政管理上的职责）是由总统在该职位空缺时提名的，而不是简单地根据资深程度自然产生的。

闻;另一份工作报酬不高,却可以给他带来权力和一定程度上的社会声望。雇主的目标则是不同的,他所希望的是最大化雇员对雇主产出价值的净贡献。雇员对雇主的贡献程度与其在工作中所做的成本付出(例如雇员工作的勤劳程度)呈正相关关系,而与雇主支付给雇员的费用呈负相关关系,这样一来就产生了利益上的冲突。雇主希望通过实施规章制度来使得雇员与其保持激励上的一致性。雇员会对此进行抵制,并且有时候会获得成功,一种情况是形成了工会组织,另一种情况则发生在管理者与所有者相分离的大型上市公司中,在这些公司里,高管获得了过多的薪酬,而如果公司的股东能够决定人事聘用和薪酬水平的话,这些高管所能提供的服务在市场上可用更加便宜的价格购买到。

在包括法官职业在内的所有工作领域中,这样一种紧张的委托人—代理人关系都会出现。在联邦司法体系中,这样的一种紧张关系似乎会更加尖锐,而事实情况正是如此,原因在于,为了要保证法官相对于其他政府分支的独立性和法官彼此之间的独立性,委托人为了使代理人与其保持行为激励上的一致性而在传统上会采取的许多方法在这里就无法适用了。联邦法官[12]是不能被解雇的,也不能被强制要求退休,除非出现严重的不当行为或者完全无法胜任工作的情形。法官也不能被降职或者扣发薪水,同样,他们也不会因为优异的工作而获得奖金。对于法官来说,唯一增加薪
33 金的可能性是来自同一层级所有法官薪金水平的统一提升。[13]

尽管较高层级的法院可以推翻较低层级法院的裁决,但前者对后者的人事、预算以及其他管理事项是没有控制权的。因此,联邦地区法院和联邦上诉法院的法官们并非是在为联邦最高法院“打工”,尽管这些法官是联邦最高法院之下各层级法院的法官。这就好比在一家私人公司里面,某人的上司的唯一权力就是纠正这个人工作中的错误。正如前文所述,联邦法院内部的权力分配是建立在法官年资基础之上的,并非由上

---

[12] 我们只关注《宪法》第三条所界定的法官,即那些由参议院确认提名的终身任职的法官。这也就排除了其他类型的联邦司法官员,具体包括:破产法官、治安法官、包括移民法官在内的行政法官(administrative law judges),以及对行政法官裁决行使复核权力的委员会的成员。

[13] 《宪法》第三条所适用的法官一共分为四个层次,即联邦地区法院法官、巡回法官(即联邦上诉法院法官)、联邦最高法院大法官(Associate Justice of the Supreme Court)和美国首席大法官(Chief Justice of the United States)。上诉法院和地区法院的首席法官并非一个单独的层级,这和首席大法官不同。首席大法官较之其他联邦最高法院大法官会享受更高的薪酬待遇。

级所决定的。

从上述对法官的描述中，我们似乎可以发现，司法体系中的“代理人”（也就是法官）是一个完全自治的群体，所以似乎也被称为真正的委托人。但实际上并非如此。委托人还是对法官们施加了一些行为约束机制的。在这里，委托人是一个集体，其中就有提名法官的政治家和法官的司法上级，在某种程度上法官的同事们也是他的委托人，此外还有立法机构的成员、政府的行政分支，甚至还有社会公众，他们是民主政体中的最终委托人（富兰克林·罗斯福那并不成功的法院填塞计划时常被拿出来举例说明联邦最高法院、国会、总统以及普罗大众共同卷入的权力斗争[14]）。对于法官来说，即便我们视他们为委托人（实际上是半委托人）而非代理人，但还是有一些行为约束机制可以作用在他们身上的。我们曾提及职业批评的现象，而这些批评来自其他法官（他们有可能是，也有可能不是被批评法官的上级法官）、律师、法学教授以及媒体记者。可能受到的批评以及其他我们曾经讨论过的约束条件都会影响法官在工作与闲暇之间进行权衡。法官可以选择悠闲地工作，也可以选择紧张地工作。如果法官选择悠闲地工作，那么工作量的减少和工作质量的下降就可能会令其招致批评，为此法官就会移动“努力工作—闲暇生活”的边界线，使其更靠近光谱中“努力工作”的这一端。

组织理论学家在讨论“高承诺”（high commitment）文化现象时是将其看作一种当常规激励和约束机制不起作用时用来刺激代理人的手段，采用
这种手段的目的是让代理人认同其肩负的使命。[15] 职业军队就是一种高承 34
诺文化。长期以来，人们就渴望司法体系成为一种高承诺文化（或者如嘲讽者所说的，司法体系假装自己是一种高承诺文化）。英格兰的法官用貂皮点缀他们的长袍以示纯洁，这一做法取自一个神话，说的是貂宁可死去也不愿意让它心爱的白色皮毛受到玷污。

为了在联邦司法体系中塑造出一种高承诺文化，白宫通常会试图（尽

⑭ 这方面的一个上佳评论可参见 Jeff Shesol, *Supreme Power*: *Franklin Roosevelt vs. the Supreme Court* (2010)。关于公众对于法院填塞计划反应的一个经验研究则可参见 Gregory A. Caldeira, “Public Opinion and the U. S. Supreme Court: FDR's Court-Packing Plan,” 81 *American Political Science Review* 1139 (1987)。

⑮ 例如，可参见约翰·罗伯茨的论文。John Roberts, *The Modern Firm*: *Organizational Design for Performance and Growth* 173 – 176 (2004).

管有来自政治上的制约)挑选出那些具有高度责任感的人去担任司法工作。联邦司法职位的候选人要经历非常复杂的甄选程序,这种做法和一项经济学的原理是相契合的,即当买家很难评判生产者所生产产品的质量的时候,他必然会去详细检查生产者生产产品时所投入的原材料。当一个人要去选择一位外科医生或者一位律师时,他同样也是采取的这一方法。这也就是为什么联邦司法职业采用的是一种“横向进入”(lateral-entry)的模式。正如我们会在第八章中讨论的,很少有联邦法官是在他四十岁之前获得任命的,通常情况下这一任命发生在他五十几岁的时候,有时候甚至是在他六十岁出头的时候。这时候他已经在其他的法律职业领域开展了实质性的工作并且因此掌握了司法工作的规律,同时也展示了他所具有的性格特征,而这一性格特征又表明了他将有能力胜任司法工作赋予他的职责。

对于法官来说,裁决可能被更高层级法院推翻的威胁以及在极端情形下可能受到的惩戒(通常的形式是谴责;不过,当存在犯罪行为或者背离职责的情形时,经过参议院的弹劾以及众议院的定罪程序,法官将被免职;若出现丧失工作能力的情形,则巡回区的司法委员会可将法官免职)构成了一种约束。其他的约束还有职业批评和公众的观感。如果解雇或者降职这样的严格约束没法适用的话,那么来自舆论的批评尽管是相对较轻的约束,但事实上的分量会很重,拥有终身教职的学者都能够体会这一点。

对于法官来说,他们还面临着晋升的诱惑,例如从联邦地区法院法官晋升为联邦上诉法院法官,或从联邦上诉法院法官晋升为联邦最高法院大法官。大约有11%的地区法院法官得以晋升为上诉法院的法官,这个比例
35 是非常高的,对于一个希望去上诉法院工作的地区法院法官而言,这足以影响他的行为。尽管上诉法院法官的薪金要稍微丰厚一点,辅助人员数量要稍微多一点,职业声望要稍微高一点(原因是上诉法院法官的数量要远少于地区法院法官的数量),受到诉讼当事方的威胁要少一些,工作压力也没有那么大,但并不是所有的地区法官都希望晋升为上诉法院法官。

尽管看上去一个上诉法院法官被提名最高法院大法官的概率极小,但这是一种误解。对于绝大多数上诉法院法官来说,无论是因为年龄太大,还是由于其他因素使其条件不够格,他们并没有任何机会获得这样的提名。只有一小部分法官有实际的可能性去联邦最高法院任职。对于这些人来说,尽管晋升的概率不是很高,但也不能说机会渺茫。至少在近几十

年间，大多数联邦最高法院大法官之前曾任职于联邦上诉法院。同样的道理，11%的地区法院法官得以晋升为上诉法院法官这一数据低估了那部分有实际晋升可能的地区法院法官进入到上诉法院任职的前景。在本书第八章中，我们将检验晋升的前景对于法官行为的影响。我们将分析他们究竟是会坐等好运从天而降，还是为了获得万众瞩目的司法职位而参与海选竞争。

由于法官是终身任职的，并且他的薪金与他的工作业绩是不挂钩的，所以我们的判断是，司法职业较之其他的职业会对闲暇有更多的偏好。在21世纪初期，第二至第九联邦司法巡回区的上诉法院的大量工作被移民案件所占据，原因是美国司法部希望尽快清理掉堆积在行政部门那里的该类案件。在那段时间里，较之其他法院，这些上诉法院推翻地区法院民事裁判的比例出现了下降，对此读者应当不会觉得惊奇。⑯ 对于上诉法院法官来说，比起推翻一项地区法院或者行政机构（比如移民上诉委员会）的裁决，维持该份裁决要更为省时省力。尤其是，当法官年事已高其精力不济或者开始对工作厌烦起来，或者是当他们意识到再怎么努力工作都不会提升他们的职业成就和社会声望的时候，那我们就完全可以预料到，他们会 36
把更多的工作委派给法官助理去做，同时还可能更少地发表不同意见（参见本书第六章的最后部分），原因是发表不同意见会导致工作量的增加，而法官又不会因为撰写不同意见书而获得额外的声誉。

有一个例子可以很好地说明了法官对于闲暇的偏好，即联邦最高法院大法官参加司法工作以外的公共活动是在不断增加的。全世界的法院都要做这么一些事情：公告法院的裁判，发布新闻讯息，维护用于公开司法程序、判决内容和本院法官个人简历的网站。⑰ 但是对于美国联邦最高法院的大法官来说，还有一些活动是新近才出现的，包括新书的宣传，对虚构人物或历史人物进行模拟审判，爱国主义教育活动，出版自传和回忆录，授权他人撰写法官传记，与高中学生交流，参与电视辩论活动，在全世界巡回演

---

⑯ Bert I. Huang, "Lightened Scrutiny," 124 *Harvard Law Review* 1109 (2011). 关于法官惰怠的其他经验证据，可参见 Eric Helland and Jonathan Klick, "The Effect of Judicial Expedience on Attorney Fees in Class Actions," 36 *Journal of Legal Studies* 171 (2007)。

⑰ Jeffrey K. Staton, *Judicial Power and Strategic Communication* (2010).

讲，甚至还针对有争议的法律或者政治议题草率地公开发表意见。[18]“最高法院的人不会被冷落。”[19]即便是举止高贵、行为保守的鲁思·巴德·金斯伯格大法官都同意穿上美国内战时期的制服，主持对卡斯特将军的模拟公共军事法庭审判［卡斯特将军对小大角（Little Big Horn）战役的失利负有责任］。[20] 在以往，只有当大法官们受到攻击和指责时，我们才会在媒体上看到他们，而现在的情形不是这样了，这是从里根总统时代起发生的改变
37 （不过那时候只是轻微的改变）。[21] 现在不再是这样了。“似乎你在任何地方都能看到大法官们的身影：演讲、签售、主持研讨、在慈善活动中摆姿势拍照。这些就是法学教授们口中所谓的‘非司法活动’（extrajudicial activity），并且近来有泛滥之势，这些活动不仅发生在大法官们可以逃离法院大理石牢笼的夏季休会期，而且持续地存在于去年 10 月一直到这周的期间内”。[22] 在一篇关于索托马约尔大法官的文章里，我们读到这么一段话：“她所说的内容和她所支持的立场对于我们来说可能是耳熟能详的，然而她在传递这些内容和立场时的个人风格似乎使之具有了新的魅力。法庭上的自由派一直以来都期待能够有效地对外发声以让他们的观点为普通公众所接受，而索托马约尔大法官的风格则预示着这种结果的出现。自

---

⑱ See Richard Davis, *Justices and Journalists: The U. S. Supreme Court and the Media* (2011). Also see Lawrence Baum, *Judges and Their Audiences: A Perspective on Judicial Behavior* (2006); Elliot Slotnick and Jennifer A. Segal, *Television News and the Supreme Court* (1998); William Haltom, *Reporting on the Courts: How the Mass Media Covers Judicial Actions* (1998); Adam Liptak, "Justice Stevens Is off the Bench But Not out of Opinions," *New York Times*, May 31, 2011, p. A14; Liptak, "$1.175 Million to Sotomayor for Memoir, Forms Reveal," *New York Times*, May 28, 2011, p. A14; Jess Bravin, "An Ideal Trial?" *Washington Wire*, Apr. 12, 2011, http://blogs.wsj.com/washwire/2011/04/12/an-ideal-trial/ (visited Dec. 9, 2011). 此外，还可参见本书第七章中关于最高法院大法官吸引注意力行为（attention-seeking behavior）的讨论。

⑲ Richard A. Posner, "The Court of Celebrity," *New Republic*, May 26, 2011, pp. 23, 25. 这是对上述引注⑱中 Davis 一书的评论。

⑳ Jess Bravin, "Supreme Night Court: Judges Relax by Trying the Fictitious and the Dead," *Wall Street Journal*, Mar. 14, 2011, p. A1.

㉑ 有些人可能会提到 2000 年布什诉戈尔一案的裁决，尽管最终支持布什的裁决结果受到了很多的批评，但公众对法院的信心并未因此降低。See James L. Gibson, Gregory A. Caldeira, and Lester Kenyatta Spence, "The Supreme Court and the U. S. Presidential Election of 2000: Wounds, Self-Inflictedor Otherwise?" 33 *British Journal of Political Science* 535 (2003).

㉒ Jeff Shesol, "Should Justices Keep Their Opinions to Themselves?" *New York Times*, June 29, 2011, p. A21.

由派终于找到了一个有持久力的声音,这给他们带来了憧憬”。㉓

与大法官们非司法活动日益增加的情形相伴随的是他们工作量的减少,这源于大法官全体会议所审议的案件数量减少以及大法官所拥有的辅助人员数量和质量的提升。在此背景下,大法官们就有更多的时间去参加非司法活动;或者换一种说法就是,他们参加这类非司法活动的成本降低了。

我们根据可公开获得的大法官们个人财务信息披露的内容而制成了表格 1.1 至表格 1.3,这可以帮助我们大致看一下他们参加非司法活动的数量情况。

表 1.1 大法官每年参加非司法活动的平均次数(2002—2009)

大法官(在 2002—2009 年服务于联邦最高法院的年份数)	每年参加非司法活动的平均次数	总次数
斯卡利亚 (8)	23.13	185
布雷耶 (8)	16.50	132
奥康纳 (4)	15.75	63
肯尼迪 (8)	15.00	120
金斯伯格 (8)	12.25	98
托马斯 (8)	8.38	67
罗伯茨 (4)	8.00	32
阿利托 (4)	7.25	29
伦奎斯特 (3)	2.50	5
史蒂文斯 (8)	2.25	18
苏特 (8)	0.38	3

说明:我们把索托马约尔排除在外,因为对她的提名是在 2009 年 8 月才获得确认的。

㉓ David Fontana,“Sonia Sotomayor: How She Became the Public Face of the Supreme Court's Liberal Wing,” *New Republic Online*, June 29, 2011, www. tnr. com/article/politics/91013/sonia – sotomayor – supreme – court – liberal – voice? page = 0,1&utm_source = The%20New%20Republic&utm_campaign = 89d7b35af8 – TNR_Daily_062911&utm_medium = email (visited Dec. 9,2011)(文中着重部分)。索托马约尔还在《芝麻街》剧集中出现过。See “Sesame Street: Sonia Sotomayor: The Justice Hears a Case,” *YouTube*, www. youtube. com/watch? feature = player_embedded&v = FizspmIJbAw (visited Feb. 7,2012);“In the Case of Baby Bear v. Goldilocks,” *Daily Report*, *ATLaw*, Jan. 29,2012, www. atlawblog. com/2012/01/in – the – case – of – baby – bear – v – goldilocks/(visited Jan. 30, 2012).

表 1.2　大法官所参加的各种类型公众活动的次数(2002—2009)

类型	参加活动的次数	比例
美国法学院的活动	311	41.4
美国公共部门的活动	38	5.1
美国私人部门的活动	270	35.9
国际性活动	133	17.7
总计	752	100

说明:"美国法学院的活动"指的是由美国国内的法学院组织的各项活动,包括模拟法庭竞赛、演讲和授课等。"美国公共部门的活动"指的是由政府组织的各项活动,其中最多的就是向司法体系中的其他成员发表演讲。"美国私人部门的活动"指的是由美国私人机构组织的各类活动,这些私人机构包括律师协会、利益团体等。"国际性活动"指的是外国政府、大学或者其他机构组织的各项活动。

表 1.3　在不同年份中大法官参加各项公众活动的次数(2002—2009)

大法官	2002	2003	2004	2005	2006	2007	2008	2009
伦奎斯特	0	2	3	—	—	—	—	—
史蒂文斯	4	1	2	5	2	0	3	1
奥康纳	16	19	28	0	—	—	—	—
斯卡利亚	15	21	15	24	25	33	30	22
肯尼迪	15	16	11	16	20	12	19	11
苏特	1	0	0	1	0	0	1	0
托马斯	10	8	8	3	6	16	9	7
金斯伯格	14	14	13	10	10	12	16	9
布雷耶	14	13	12	14	22	21	23	12
罗伯茨	—	—	—	—	6	10	7	9
阿利托	—	—	—	—	2	11	11	5
索托马约尔	—	—	—	—	—	—	1	
总计	89	94	92	73	93	115	119	77

正因为存在对闲暇的偏好,法官们创造了某些可以减少司法工作量的制度,并对此欣然接受。这些制度诸如:司法裁判中存在"无害错误"

(harmless error),律师辩护的弃权与失权(waiver and forfeiture),将争议事项界定为政治问题,按照通常含义来解释成文法,采用规则而非标准,上诉审 38
查程序中尊重原审裁判的标准(deferential standards),辩诉交易(plea bargaining),尤其是关于起诉资格的要求(联邦法院可能不会对为实际发生的案件进行裁判,可能不会出具咨询意见等)和遵循先例原则(*stare decisis*)以及与之关联的区分先例的司法实践(而不是要么对先例盲从,要么推翻先例之后重新制定规则),目的是让法律规则的内容更加明晰,从而令其在适用的时候更加可靠。㉔ 这些司法实践都可以大大地节省时间！例如,如果一个案件的内容在实质上与之前的某个案件(后者的裁判可能是为了对法律进行微调而有别于之前更早的一个先例)相同的话,那么较之处理一个全新的案件,法官作出裁决就容易得多了。还要注意的是,如果上诉法官并不遵从先例的话,这会导致法律的确定性下降,进而导致更多的上诉,也因此上诉法官得干更多的活。在本书第五章中,我们检验了这样的一个假设:对于近来联邦最高法院邀请原告进行更加深入的诉前调查(precomplaint investigation),以对抗被告所提出的驳回起诉动议[参见第五章讨论的托姆布雷(Twombly)案和伊克巴尔(Iqbal)案的判决]的做法,工作任务繁重的地区法院法官更有可能接受。我们称之为“邀请”(invitation)而非“指令” 39
(directive),原因在于如果法官决定不驳回案件起诉的话,被告方不大有机会对此裁定提出上诉,这样案件就会继续审理直至法官作出最终裁判或者当事人达成和解。

我们列出的上述法律制度并非只有为法官节省时间的作用。这也就是为什么这些制度不能直接被归类为法官偏好闲暇生活,厌恶努力工作的产物。它们的存在对于维持联邦司法体系的可管理性(manageability)来说是至关重要的。由于整个司法体系呈现为金字塔结构,因此通过增加法官的人数来应对司法工作量的增长并不是很可行的。如果金字塔的底端实现了扩张,那么处于金字塔顶端的法官(联邦最高法院大法官)无论多么辛苦地工作都会应接不暇,除非他们的人数也相应增加(这会影响法律适用的连贯性),或者他们以草率的方式处理案件(这会导致司法裁判的质量下降),抑 40
或缩短他们的司法意见书长度。

㉔ Nicola Gennaioli and Andrei Shleifer, “The Evolution of Common Law,” 115 *Journal of Political Economy* 43 (2007).

有些时候，我们所列出来的这些有助于减少法官工作量的司法规则之所以受到支持，一个原因是这些司法规则可以减少法官的自由裁量空间，进而削弱了意识形态在司法程序中所发挥的作用。[25] 不过这些司法规则的效应在实质上并非是中性的。提高联邦法院的门槛会让那些力争扩展法律权利的人们郁闷不已，而这样的一种法律权利的扩展通常是有符合自由派的政治主张的。我们这里可以举出的例子包括反歧视、囚犯权利、移民权利、消费者保护以及环境诉讼。

此外，有助于减少司法工作量的程序性规则在抑制司法裁决的意识形态化方面只具有短期的效果。当联邦最高法院针对一个新案件而作出了裁决，那其下各级法院都会与其保持立场上的一致，持不同意见的大法官或者后来继任的大法官可能也会这样做。不过这并不妨碍法官在某个案件的裁判上推陈出新，只要这个裁决本身不是基于对既有规则的机械适用而作出的，那这个裁决就可以创制新的规则并因此带有了某种类似立法的意义。读者只需要比较一下我们现有的宪法规则与非常简短的宪法文本就能体会到这一点了。尽管联邦最高法院对那些既减少了其自身以及较低层级法院工作量，又限制了大法官自由裁量空间的司法规则持欢迎的态度，但联邦最高法院毕竟还是创制了宪法规则。

与之相关的一点是，法官在程序规则（不只限于那些有助于减少法官工作量或者限制司法自由裁量空间的程序规则）在有的时候未必是持中立的立场。一个原告如果希望从法院获得一个符合自由主义理念的裁决，那么保守派的法官可能会拒绝承认他的诉讼资格，而自由派法官则会反其道而
41 行之。[26] 在那些意识形态多元化的司法巡回区，上诉法院的法官更有可能去

㉕ 这里有证据可以证明这些司法规则的的确确减少了法官自由裁量空间并且因此削弱了意识形态的作用。See Adam B. Cox and Thomas J. Miles, "Judicial Ideology and the Transformation of Voting Rights Jurisprudence," 75 *University of Chicago Law Review* 1493, 1516 (2008).

㉖ See Nancy Staudt, "Modeling Taxpayer Standing," 79 *New York University Law Review* 612 (2004); Richard J. Pierce, Jr., "Is Standing Law or Politics?" 77 *North Carolina Law Review* 1741 (1999); C. K. Rowland and Bridget Jeffery Todd, "Where You Stand Depends on Who Sits: Platform Promises and Judicial Gatekeeping in the Federal District Courts," 53 *Journal of Politics* 175 (1991); Gregory J. Rathjen and Harold J. Spaeth, "Denial of Access and Ideological Preferences: An Analysis of the Voting Behavior of the Burger Court Justices, 1969 – 1976," in *Studies in U. S. Supreme Court Behavior* 24 (Harold J. Spaeth and Saul Brenner eds., 1990).

援引程序性限制规则来避免对争议的实体问题作出裁决。[27] 在本书第五章中，读者将会看到，即便我们控制了联邦最高法院先例、地区法院工作量、该地区法院所在司法巡回区上诉法官的意识形态倾向等变量的影响，地区法院法官的意识形态偏好还是很有可能影响其裁判结果，令其支持或者否决一项驳回案件的动议，而这项动议通常是由站在保守派利益一边的被告方提出的。

在私人雇佣关系中，雇员要负担多大的工作量，这是由雇主来决定的。而在司法体系中，这个工作量是由"雇主"（即由民选产生的政府机构，它们可以决定法官的数量）和"雇员"（即法官）共同来决定的。法官可以通过创制程序性和实体性的规则来限定案件的规模和复杂程度，进而决定了每一个法官的工作量。我们在上文中所列出的所有有助于减少法官工作量的规则都是由法官自身创制出来的。

一个可以用来说明上诉法院法官选择努力工作还是闲暇生活的例子就是其是否愿意撰写不同意见书。当一个法官被分派到撰写多数意见书的任务时，他有责任完成这项工作（对于负责分配撰写任务的法官来说，平均分配原则要求他必须分给自己与其他法官以同等数量的撰写任务）。然而，是否撰写不同意见书则是法官自己看着办了。因为这项工作需要法官付出辛苦劳动，因此我们的判断是，一个法官撰写的不同意见书的数量与其辛勤工作的成本呈负相关的关系（参见本书第六章）。

法官的惰怠会以一种重要的形式体现出来，那就是尽量避免遭受其他法官同事的敌视。与同事发生争论总是会让工作的开展增加难度，这较之同事之间的和谐相处会给法官带来更多的工作付出。发表不同意见之所以会招致同事的敌视，是因为对于撰写多数意见书的法官来说，为了保证他的观点仍然是被多数法官所接受的，他必然要修改他所撰写的意见书以回应 42
不同意见书中包含的论点，这就给他带来了额外的工作负担。持不同意见的法官认为其他多数法官的观点是错误的，这无异于一种批评。一个案件中，无论是站在多数立场上的法官还是可能的异见者都不会太喜欢别人的反对，因此我们可以推断，不同意见书出现的频率实际上并没有很好地反

---

[27] Shelley Murphey, "Going Procedural: Conflict Avoidance in the U. S. Courts of Appeals" (Northwestern University School of Law, Oct. 2010), www. law. northwestern. edu/searlecenter/papers/MurpheyPPT. pdf. (visited Dec. 9, 2011).

映法官们彼此之间在如何正确处理案件问题上的观点分歧程度。

法官渴望有好的名声,而又不希望听到批评的声音(对于法官来说,两者恰好是彼此对立的),这影响了他如何在努力工作和闲暇生活之间进行权衡抉择。不过,这也影响着法官另一个方面的权衡,即选择创造性的工作,还是选择萧规曹随。通常人们的预计是,法官在进行裁判时会非常重视立法文本和在先的司法判决,因而可以在相当程度上维持法律规则的稳定性。不过,法官也可以在尊重法律规则的延续性的基础之上,适当加入些许创造性,这样法官就能收获更大的名声。法官在司法体系里的位阶越高,创新性工作给他带来的声誉就越大。这不仅是因为层级越高的法官会有越大的权力来改变法律规则,还在于越高层级的法官遇到的新型案件的比重也会越大。对于一个没有创造性的法官来说,顾名思义,那他也不可能公正地处理这些新型案件。因为,在评价一个法官的时候,我们会看重他工作中的创造性,或者说能否在适用成文规则的时候利用其中的空白之处和模糊之处,而不只是看他是否有能力将那些内容清楚、便于适用的既有成文规则和司法先例适用于与之前案件并无本质区别的新案件。我们在本章开头提到的特雷诺和弗兰德里就是典型的因为工作中的创造性而获得较好名声的法官。不过,对于法官来说,要保证工作中的创造性,这就意味着他要付出放弃闲暇的代价,因为他必须表达出自身特有的观点,而不是简单地在法官助理所撰写的意见书草稿上稍作修改。

伴随着创造性而来的就是法官权力的扩张。当无法依靠成文规则和先例来作出裁判时,法官就有机会去实施他心目中理想的公共政策,此时他就好像一位立法者,他所作出的裁决会影响法庭之外整个世界的行为方式(先例和成文法一样,都会约束人的行为)。法官因此会在扩展的权力、闲暇的生活以及其他影响声誉获得的因素之间进行权衡抉择。对于某个政策议题,法官可能会有非常强烈的感受,不过他也会忌惮于被别人指责为"司法能动主义"(judicial activism),担心裁决被更高层级的法庭或者立法机构或者在极端情形下被宪法修正案所推翻,这都会使得他没有办法通过手头这个案子的裁决来实现其政策目标。

43 法官从权力扩张和创造性工作中获得的满足感会影响他发表不同意见的倾向性。对于一份不大可能最终导致法律规则发生变化的不同意见书来说,它给发表不同意见的法官带来的收益是非常稀少的。而且,法院工作越是繁忙,重新评价先例的合理性的可能性就越小,因为基于先例进行判案可以为法官节省很多的时间；同样地，法院工作越是繁忙，法官的不同意见书越是不可能引发规则在未来的变化。此外，法庭所审理的案件越是呆板枯燥，作出合理裁判的意见分歧就会越少，进而法官发表不同意见的情形就越不可能出现。我们可以预料的是，联邦最高法院出现不同意见书的频率要高于联邦上诉法院，这既是因为法官工作量的原因，也是由于案件本身新颖性的缘故。正如我们前面所提到的，法官的工作压力会使得不同意见书出现的频率在事实上并没有真实地反映不同法官之间的意见分歧程度。不过随着法官位阶的提升，这样的工作压力会趋于消失。

我们在考虑法官行为所受到的影响时，一定不能只限于法官的外部因素，例如裁决被推翻的可能性或者同事们的反应。还有一些内部因素也很重要。一个因素就是关于人的头脑如何处理信息；另一个因素就是个体的性格，我们称之为“心理”影响。两者都是认知和情感因素。

对于那些在事实上或者法律适用上（也可能是两者皆有）具有很大不确定性的案件来说，我们判断法官在处理它们的时候会在相当程度上受到他带到案子里的先入之见（preconception）的影响。[28] 而反过来，这些先入之见也可能受到大量背景事实因素的影响，包括各种个人身份特征，例如种族和性别，之前的职业和人生经历，受教育的情况，来自父母的影响，个性或者脾气，以及道德和宗教信念，再加上政治意识形态。人们认为，法官在对案件进行裁判时应当把他的这些先入之见放到一边。通常法官的确是想去这么做的，因为这既是人们对法官所扮演角色的期许，同时也是一个有志于法官职业的人对自身品格的要求，或者是提名法官的政治权威之所以选择该人出任法官的原因。然而，当法官要在充满不确定性的条件下对案件进行裁判的时候，他没有办法摒弃先入之见，除非他决定用抛硬币的方式来判案， 44
或者他可以一直将案件拖着不判，直到这样的不确定性消失。而事实上法官是不可能这么做的。

当出现了一个新型的案件，也就是说法官没有办法通过参考权威立法文本和先例这样的正统法律资料来作出裁判，那么基于法官的个人历史、身份和心理活动而形成的信念和直觉在这个案件中就将是起到决定性作

---

[28] 法官们不愿意承认他们的先入之见会影响案件的裁判。一个知之甚广的例外可以参见亨利·弗兰德里的文章。See Henry J. Friendly, "Reactions of a Lawyer-Newly-Become-Judge," in Friendly, *Benchmarks* 1, 14 – 21 (1967).

用的。

贝叶斯决策理论(Bayesian Decision Theory)告诉我们,一个好的推理者在进行调查之初会带有他自己对可能出现结果的判断,不过这样的判断会随着证据的累积而不断更新。[29] 对于一个面对新型案件的法官而言,他的先验判断很可能带有许多的意识形态成分,这是因为意识形态是帮助人们形成对新事物最初看法的一种世界观(如果一个案件并非是新型的,那么法官的先验判断可能更多的是基于法律,而非意识形态)。所以,自由派法官会对警察的职权生疑,在2001年美国"9·11"事件发生之前,他们反对大多数的窃听侦察行为。不过发生了恐怖袭击之后,他们更新了观点。尽管比起保守派法官,他们还是对警察职权有更多的怀疑,但比起从前,现在这种疑虑要少一些。

即便是对于那些新颖性不是那么强的案件,法官有时候(也许是经常性地)会采用"动机性推理"(motivated reasoning)的方法,即法官会无意识地挑选出那些可以支持他内心已有观点(无论这个观点因何而产生)的事实、先例或者其他的权威文本或者二手文献,而忽略那些不支持先入为主见解的材料。[30] 这种行为倾向也被叫作"验证性偏差"(confirmation bias)。这是一种常见的现象,先入为主的人(人几乎总是这样)会去寻找能够支持他观点的证据,而不会去寻找反对他这一观点的证据。受过训练之后,科学家会去寻找可以驳倒先前假设的证据;然而,律师和法官不会这么做。"一个律师如果把他的客户利益当成科学研究中的假设,那他的职业资格就危险了;而一个从事科学研究的博士如果像律师维护客户利益那样去坚持一个假设,那他是会受到鄙视的。"[31]

想象一下,有以下两个关于法官决策的极端模型。在第一个模型中,法
45 官完全放弃推理,而是通过抛硬币来决定案件的结果[参考拉伯雷(Rabelais)所著《巨人传》中的布列德古斯法官(Bridlegoose)]。在另一个模型中,法官利用逻辑推理工具和科学方法来决定案件的结果。现实中,法官不是靠抛硬币或者其他随性的方法来处理案件的,并且通常他们有能力,也

---

[29] See Richard A. Posner, *Frontiers of Legal Theory* 343 – 345 (2001).

[30] See Eileen Braman, *Law, Politics & Perception* (2009).

[31] Lee Epstein and Gary King, "The Rules of Inference," 69 *University of Chicago Law Review* 1, 9 (2002).

有动力去借助类似科学或逻辑的方法来裁判案件。不过有些时候，他们必然会进行一些折中，这个过程中法官所使用的“方法”（如果能被称为“方法”的话）在别的语境中被描述为“认知的‘巧妙’（ingenious）模式与认知的‘必然’（apodeictic）模式之间张力。前者的特点在于一个人自身对世界认知的偶然性和不稳定性，以及自身倾向于通过语言来‘构造’意义，乐于更换风格并把本质转化为隐喻。后者的特点则在于把自身附着在基于个人对世界的认知而产生的虚幻的确定性和结论之上。”[32]

就本书所讨论的问题而言，我们很容易就可以发现，一个并不拥有标准“自由派”或者标准“保守派”意识形态的法官是如何表现出他的意识形态的。事实上，对于什么叫标准化的“自由派”或者“保守派”的意识形态，我们是不清楚的。[33] 较之经济自由，大多数自由派人士（liberal）更为看重个人自由，不过通常被归类为保守派的自由主义者（libertarian）同时看重这两种自由，并基于自由放任的经济学观点而支持同性恋婚姻和卖淫合法化，并主张废除禁毒法律。不过，较之自由派人士，他们对穷人、罪犯（除了一些白领罪犯）和少数族群成员则不会有那么多的同情。自由主义者是个人主义者（individualist），常常还是社会达尔文主义者（Social Darwinist），坚信成败全靠自己（另一种说法叫适者生存）。不过，大多数保守派人士并非自由主义者，因为他们认同扩张行政权力，尤其是在国家安全事务上，他们还会呈现出社会保守主义化和宗教化的趋势，而如今在自由派身上是看不到这些特征的。

如果人们忽略了意识形态的多样化，如果没有意识到影响法官决策的
因素并不限于意识形态，还包括了性格、憎恶、仇恨、野心等，这会导致我们 46
低估法官决策过程中的主观因素。这些主观因素是法律之外的，至少是在狭义的、文本意义上的“法律”之外的。这就告诉我们，如果仅仅是依据一个法官是自由派总统提名的还是保守派总统提名的这一标准来对其进行分类的话，那也未免过于简单了。不过读者看完本书之后会发现，这一标准可以被视为一种代理变量，尽管我们同时也使用其他的代理变量。保守主义可

㉜ Lorna Hutson, "One Thousand Times a Day," *Times Literary Supplement*, May 27, 2011, pp. 22 – 23.

㉝ See, for example Jeffrey Rosen, "Disorder in the Court: Legal Conservatism Goes to War with Itself," *New Republic*, July 13, 2011, p. 7.

以分为很多种(就目前的联邦最高法院而言,罗伯茨、斯卡利亚、肯尼迪、托马斯和阿利托是互不相同的保守派),这些大法官之间还是有很大的交集,足以使他们构成一个保守派的阵营,尽管比起自由派阵营,他们之间的密切联系程度要略逊一筹。[34]

更进一步地,如果一个法官的投票被所有的观察者视为保守性的投票(比如,表决支持死刑),那我们要问的是,什么样的法官会这样投票?一种情况是,一个保守派的法官基于其保守的意识形态立场进行了投票;另一种情况是,一个自由派的法官在个案中基于实用主义的考量,在权衡了自由主义性质裁决可能导致的系统性不良后果与个案公正诉求之后,决定投出带有保守主义性质的一票;还有一种情况是,一个有心机的自由派法官不想因为自己发表不同意见而令他的同事们反感(或者这个法官正在竞争更高层级法院法官的职位);甚至有一种情况是,这个自由派法官之所以这样投票,是因为他太懒了。只有当上述第一种情况实际发生的条件下,我们才能说法官的表决行为是意识形态的产物。在法官的效用函数中,构成偏好因素的有意识形态、法条主义、实用主义、策略行为,以及惰怠。这些因素的比重大小取决于法官自身(他的性格、脾气、生活和职业经历等)以及个案的特点。一些法官(以及更多的法学教授)创造出来许多复杂的理论,包括作为法律的本义理论、法律的积极自由理论、法律的自由主义理论、法律的整体性理论等。这些理论并非缺乏逻辑和数据,而是缺乏我们前面提到的各种法官偏好因素。在现实主义者看来,这些理论是对某种行为倾向的合理性
47 解释,而不是可以被用来实际性地引导法官的决策行为。

法官的效用函数

把前文中我们所讨论内容中的主干部分进行简化,我们就能给出法官的效用函数公式(U),即

[34] 在联邦最高法院2010年开庭期内,出现了14个表决结果为5:4的案件。除了两个案件,在其他的案件中,四位自由派大法官立场一致,四位保守派大法官(第九位法官肯尼迪也是保守派的,不过不像其他四位那样保守)也持一致的反对意见。要说这一现象是偶然出现的,这种概率是很低的。See Adam Liptak,"A Significant Term,with Bigger Cases Ahead," *New York Times*,June 28,2011,p. A12.

$$U = U(S(t_j), EXT(t_j, t_{nj}), L(t_l), W, Y(t_{nj}), Z)$$

这个公式的含义是,法官在时间约束条件($T = t_j + t_{nj} + t_l$)之下追求其效用的最大化。其中变量 T 是法官所有可支配的时间(一天 24 小时),t_j 是法官投入到司法工作中去的时间,t_{nj} 是他投入到非司法工作(例如写作和授课)中去的时间,t_l 是法官的闲暇时间。

变量 S 代表法官在工作中获得的满足感,它应该是法官投入司法工作时间的正函数。S 包括了一个人因从事称心的工作而获得的内在满足感,获得司法体系内晋升的机会,以及法官职业带来的社会关系。这种社会关系对于法官效用来说既可能是一个正值,也可能是负值。与法院同事、法官助理、其他行政人员以及律师之间保持良好的工作关系,这会增加法官的效用;而如果工作中存在敌意关系,那就会减损法官的效用。这种敌意往往既来自其他法官,也由其施加于他的同事,多是因为意见不一致而引发的。

EXT 代表的是成为一名法官而获得的外部满足感,包括声望、尊严、权威、影响力以及名誉,它和法官的司法工作时间和非司法工作时间均呈正相关关系。L 指的是闲暇,它是投入休闲活动时间的函数(所以 $t_l = T - t_j - t_{nj}$)。W 是司法工作的薪酬,而 $Y(t_{nj})$ 是法官的其他收入,后者与法官投入非司法工作的时间是相关联的。Z 是所有其他变量的综合效应,而其他变量则包含了为增加成功地被挑选至更高司法层级任职(我们称之为参与海选竞争)的可能性而付出的成本。

贯穿本书的始终,我们将会检验影响法官效用函数中各种参数并因此改变法官行为的因素。法官的工作量是一个显而易见的例子,它对于 S、L 以及 $Y(t_{nj})$ 来说可能是一种负效应。另一个例子是发表不同意见的成本,其中又包括了时间成本(例如所放弃的闲暇时间和非司法工作时间)以及同事关系成本,这一成本因素对于 S、L 以及 $Y(t_{nj})$ 来说也可能是一种负效应。

一个可能影响、也可能不影响法官行为的因素是其所作的裁决会被推 48
翻。在联邦地区法院层面,裁决被推翻意味着法官要承担更多的工作量,这是因为在通常情况下,在原审裁决被推翻的同时,地区法院还需要进一步审理该案件,这就增加了 t_j 并减少了法官从事非司法活动(包括闲暇和非司法工作)的预期时间。裁决被推翻导致了 EXT 和 L 的减少,正因为这样,所以法官会不希望裁决被推翻的情况出现。由此,地区法院法官会尽量避免他的裁决被推翻,这也是为了避免重新审理案件或者反驳伴随着案件裁决被推翻而来的较高层级法院的批评性意见，这些工作都会导致法官 t_j 投入的增加。

我们可以预计的是，在联邦上诉法院层面，法官避免案件裁决被推翻的心态会少一些，甚至不会存在。这是因为联邦最高法院只会审查（进而推翻）相当一小部分的上诉法院裁决。而在联邦最高法院层面，法官避免案件裁决被推翻的心态则完全不存在。联邦最高法院的判决是不能被推翻的，尽管基于不同于宪法判例的成文立法，国会可以决定从今以后废除法院所宣告的规则或原则。然而，为了废除法院所创制的一项宪法规则，国会需要正式地通过一项宪法修正案，这几乎是不可能完成的任务。对于国会来说，它可以采取一些办法（一些情况下它已经采取了这些办法）去敦促法院改变一项宪法性决定，这样的办法包括管辖权剥离（jurisdiction stripping）、威胁行使弹劾权以及威胁削减法院的预算。[35]

似乎看起来，在上诉法院层面和地区法院层面，由于案件裁决被推翻可能会对 *S* 和 *EXT* 有影响，其中就包括了对晋升产生的负效应，为此法官会希望避免案件裁决被推翻。不过，人们很少关注案件裁决被推翻的比率，即便是在讨论法官晋升问题的时候，而这可能是比较奇怪的一件事。举例而言，上诉法院法官罗伯特·伯克（Robert Bork）曾经保持着一个完美的记录——其所作裁决被推翻的案件数量为零，然而对他任职联邦最高法院大法官的提名并未获得参议院的确认；而阿利托和索托马约尔作出的裁决经常被推翻，对他们的提名却很容易地被参议院通过了。有时候甚至还会出现巴比·鲁斯效应（Babe Ruth effect）。在鲁斯的职业生涯中，他打出的本垒打超过了其他的所有棒球手，不过他有更多的三振出局记录，而且平均安打率要低于一些水平可能并不如他的选手，诸如泰·柯布（Ty Cobb）。如果鲁斯愿
49 意减少以全垒打为目标的击球次数的话，那他完全可以提高安打率并减少三振出局的次数，但这样的话他就不会有这么大的名声了（想一下与柯布相比，鲁斯的名气要大多少）。类似的，胆大的法官可能希望看到案件裁决被推翻的结果，这是因为如此导致的声誉损失和影响要小于胆大的裁决没有被推翻而给他们带来的声誉收益以及影响。

---

[35] See James Meernik and Joseph Ignagni, "Judicial Review and Coordinate Construction of the Constitution," 41 *American Journal of Political Science* 447 (1997); Gerald N. Rosenberg, "Judicial Independence and the Reality of Political Power," 54 *Review of Politics* 369 (1992).

法官行为的反法条主义理论

到目前为止我们所勾勒出来的法官行为理论在经济学意义上是以理性人为基础的，这就区别于传统的法官行为理论。在那些理论中，法官严格地基于正统的司法决策标准来裁判案件。在那样的理论框架下，我们看不到法官的闲暇偏好，看不到法官对于晋升的渴望，看不到法官会担心因为直率地表达观点而招致同事的反感。事实上，这些情况的存在会使得政策偏好对法官决策产生影响，使得意识形态或其他的主观先入之见让法官无法不偏不倚地适用给定的法律规则和法律原则，从而使之让位于法官当下所创制的规则和原则。于是，按照传统的法官行为理论，法律推理是完全客观的，甚至被看成是一种计算的过程，法官也就变得跟计算机一样了。很久之前有一个比喻，法官就好比神媒(oracle)，他们的工作就是把包含于正统法律渊源(例如成文法或宪法文本、具有判例地位的司法判决以及这些判决所建构的法律学说)中的法律规则适用于新案件的事实。法官就像德尔菲的神媒那样，扮演阿波罗预言的传声筒角色。把法官类比为圣人是布莱克斯通的创造，布莱克斯通甚至说普通法法官也是像神媒那样工作，他们并非在创制法律规则，只不过是把古老的习俗当作法律规则来适用而已。[36]

今天，没有人再把司法程序完全等同于神媒的工作。然而，法律人和法官(尤其是法官和法学教授)还是抱着这样的一种观念(尽管值得怀疑的是他们实际上在多大程度上还相信这一点)，认为法官是基于分析，而非基于意识形态或情感来作出裁判的，这样的裁判过程是一种“客观的”活动，至少主要是一种“客观的”活动。把法官看作一个分析员的观点与那种把法官看作一个神媒的观点一样，都是假设任何的法律问题总是可以找到一个正确 50
的答案，这个正确的答案由权威的法律渊源传递而来，只不过就现代的观点看起来，这样的传递不是直接的，而是要通过分析而得到的。法官的个人特征不被考虑在内，这么说起来，他们还是扮演神媒的角色。就传递预言这项工作而言，德尔菲神媒的个人特征并不比一根电缆线有更为重要的意义。

约翰·罗伯茨在参议院审议其首席大法官提名的听证会上所说的话赋予了法条主义理论现代版的权威解释。罗伯茨说道，他承诺将忠实履行的

[36] William Blackstone, *Commentaries on the Laws of England*, Vol. 1, p. 69 (1765).

联邦最高法院大法官的职务可以被类比为棒球比赛中的裁判员角色。裁判员会作出好球还是坏球的判罚,但他本身不担任投手、击球手或者外野手,[37]也并不制定或者改变棒球比赛的规则。四年之后,索尼娅·索托马约尔在听证会上的发言呼应了罗伯茨所说的这些话。[38] 然而,有鉴别能力的司法观察者绝对不会认为我们体制中所有的法官,或者甚至是大多数的法官,一直是法条主义者,或者在这一问题上一直是现实主义者。大多数案件的裁决更加符合法条主义的理论,而不是符合现实主义的理论(尤其是那些不附有公开意见书的上诉案件裁决,这些案件的裁决现在多数由联邦上诉法院作出),不过对那些重要案件,即形成法律规则的案件来说,绝大多数的裁决是符合现实主义理论,而非法条主义理论的。

罗伯茨一定不会把他所说的当一回事。这并不代表我们指责他为人虚伪。法官提名的听证会就是一场闹剧,如果你要展现你的诚实,那就无异于自杀(当埃琳娜·卡根在听证会上被要求更加诚实的时候,[39]她就是这么承
51 认的[40])。这就是哲学家所谓的“范畴错误”(category mistake),这就好比一个莎士比亚戏剧演员在朗诵哈姆雷特独白“生存还是毁灭”的时候,还多此一举地说他实际上并不认为死亡是“我们虔诚地希望看到的结果”。演员只说“生存还是毁灭”,那是因为脚本让他这么说。法官提名的听证会就是一出戏而已。

而且,这必须是一出戏。想象一下,假如一个被提名的候选人承认说,联邦最高法院审理的绝大多数案件是无法基于法律条文的分析而得到判决结果的,因此大法官们势必要依靠他们的直觉来判案,而政治意识形态则会掺杂在法官的直觉之中。如果是这样的话,那么被提名人会被要求回答关

---

[37] 原话是“我会记得我的工作是判定好球或者坏球,而不是去投球或击球。”See *Confirmation Hearing on the Nomination of John G. Roberts, Jr. to Be Chief Justice of the United States: Hearing before the S. Comm. on the Judiciary*, 109th Cong., S. Hearing 158, p. 56 (2005).

[38] 原话是“法官的职责不是创制法律,而是适用法律。”See *Confirmation Hearingon the Nomination of Sonia Sotomayor to Be an Associate Justice of the Supreme Court of the United States: Hearing before the S. Comm. on the Judiciary*, 111th Cong., S. Hearing 503, p. 1344 (2009).

[39] Elena Kagan, “Confirmation Messes, Old and New,” 62 *University of Chicago Law Review* 919 (1995).

[40] See “Senate Committee on the Judiciary Holds a Hearing on the Elena Kagan Nomination,” June 29, 2010, www. washingtonpost. com/wp - srv/politics/documents/KAGANHEARINGSDAY2. pdf (visited Dec. 9, 2011).

于他的意识形态的问题(而他可能没有意识到,这在以后会给他带来尴尬,因为人们会用意识形态来解释他所撰写的司法意见书内容)。而如果他回答了这样的问题,那么他所认同的意识形态将成为参议员决定是否投赞成票的一块自然而又合法的试金石,这是因为被提名人等于公开承认了:在联邦最高法院层面,意识形态**就是**法律。而如果被提名人将问题范围纯粹限定于技术性事项,那么他就可以让参议院在审议提名时只考虑他在技术上是否胜任大法官的职务要求。

司法领域中某一种法条主义理论的支持者会在外部压力的情况下承认,法条主义与其说是现实主义的对立面,不如说他是一种规范性的理论,这种理论表达了法律界和政界中一部分有影响力人群的诉求,同时这种诉求也会得到来自普罗大众对于司法程序质朴观念的共鸣。对于法官所扮演的"官方"角色,人们已经明确地给出了定义。因此,如果法官向自己承认,他们在许多案件(并且是最重要的案件)中所扮演的角色与人们的定义并不相同,这就使得他们中间不少人产生一种认知失调。很多法官并没有意识到这一点,或者虽然意识到了,但自我压制了这一想法。

从本书第三章开始,我们会给出统计学上的证据,以验证实用主义进路与法条主义进路之间的差别。这些统计学上的证据不仅可以被用来验证法官的行为,通过比较法官的裁决与律师陈辩书、庭审记录以及其他构成了(或者应当构成,或者预期会构成)法官判决基础的材料,我们还可以从中学到不少东西。[41] 如果读者不是那么有耐心了解学术研究的内容,那么只要读 52
一下参议院对联邦最高法院大法官和联邦上诉法院法官提名的审议听证会记录,就会了解到意识形态在司法程序中的作用。参议院不那么关心一个被提名人是否具备担任法官职务所需要的法律技能或者专业资格,而是更看重被提名人的意识形态。那是不是说参议员们被欺骗了,以至于会认为意识形态会影响法官的工作?难道说当初奥巴马投票反对约翰·罗伯茨担任首席大法官是因为他错误地认为罗伯茨会按照他个人的保守主义意识形

---

[41] See Gerald Caplan, "Legal Autopsies: Assessing the Performance of Judges and Lawyers through the Window of Leading Contract Cases," 73 *Albany Law Review* 1 (2009)。另可参见 Richard A. Posner, *Cardozo: A Study in Reputation*, chs. 3, 6 (1990).

态来判案?[42] 当里根总统和他的智囊们试图通过挑战"参议员礼遇"规则* 并提名保守派的法学教授来改变联邦上诉法院法官群体的意识形态结构的时候,他们难道是受到欺骗了?[43]

我们有宣告罗斯福新政时期成文立法无效的法院裁决,而后来又有推翻这些裁决的裁决;我们有沃伦法院的裁决,而后来又有推翻或者限制这些裁决的裁决;我们有保守能动主义的伦奎斯特法院,而后来又有更多的罗伯茨法院的裁决。当年在法学院里,法官们学到的是同样的法律推理工具,他们在法律执业过程中,是在同样的宪法语境和司法判例的环境中成长起来的,那么,为什么还会出现差异如此巨大的判决结果呢?[44]

反现实主义理论的化身:哈里·爱德华兹法官

为法条主义辩护的人士往往会忽略经验研究方面的文献,不过一个重要的例外是美国哥伦比亚特区巡回上诉法院哈里·爱德华兹(Harry Edwards)法官所撰写的一篇长文。[45] 对于作为法官行为实证理论的法律现
53 实主义,爱德华兹法官是当下最执拗的批判者,[46]他与利弗莫尔(Livermore)合著的论文最充分地阐释了他的立场。为了更好地帮助读者理解我们的进路,我们会指出我们在哪些方面不能同意爱德华兹法官对现实主义理论的批

---

[42] See Editorial, "Why Obama Voted against Roberts," *Wall Street Journal*, June 2, 2009, at A21.

* "参议员礼遇"规则(senatorial courtesy)指的是对于联邦上诉法院的法官来说,如果被提名人遭到来自被提名人所居住的州同时又是总统所属党派的一位参议员的反对的话,那么该提名就不能被确认。这条规则可追溯至1789年华盛顿总统任期内的不成文规定。——译者注

[43] See David M. O'Brien, "Federal Judgeships in Retrospect," in *The Reagan Presidency: Pragmatic Conservatism and Its Legacies* 330 – 336 (W. Elliot Brownlee and Hugh Davis Graham eds. 2003).

[44] See Robert Justin Lipkin, "We Are All Judicial Activists Now," 77 *University of Cincinnati Law Review* 181 (2008).

[45] Harry T. Edwards and Michael A. Livermore, "Pitfalls of Empirical Studies That Attempt to Understand the Factors Affecting Appellate Decisionmaking," 58 *Duke Law Journal* 1895 (2009). 这篇文章是与纽约大学法学院政策健全研究中心(Institute for Policy Integrity)执行主任迈克尔·利弗莫尔所合著的,不过文章的主体部分是爱德华兹法官独立完成的;为了简化起见,我们把这篇文章看作是爱德华兹法官的个人作品,不过这并不代表我们贬低利弗莫尔对文章的贡献。

[46] 参见他的论文"Collegiality and Decision Making on the D. C. Circuit," 84 *Virginia Law Review* 1335 (1998), and "Public Misperceptions Concerning the 'Politics' of Judging: Dispelling Some Myths about the D. C. Circuit," 56 *University of Colorado Law Review* 619 (1985)。

判。如果他的批评意见是具有代表性的,那我们所有人现在都是现实主义者,甚至爱德华兹法官本人就是,尽管我们中的一些人并没有意识到这一点。[47]

无法通过**法条分析解决的案件创造了法律**。爱德华兹认为,现实主义者夸大了法官无法通过案件评议活动来排除意识形态差异或者其他异见从而实现判决在客观上正确的程度。他的主要依据在于,在联邦最高法院,即便大法官们之间存在着意识形态的差异,但仍有1/3的案件是以一致同意的方式来作出裁决的。而一致同意案件的比例在联邦上诉法院层面则更加高。

这个算不上什么依据。现实主义者并不否认**大多数**的司法裁判是基于法条分析而作出的,除了联邦最高法院外。在我们关于法官行为的劳动力市场模型中,法条主义也是法官现实主义司法裁判的一种类型。这一模型强调的是法官的工作压力。诸如根据通常含义进行解释(一种可推翻的假设,假设成文法和宪法条文的含义就是它们的字面意思)和遵循先例(法官根据之前的司法判例来作出裁决)这样的制度规则不仅可以使法官节省时间和精力,而且可以避免法院与其他政府分支之间发生争议,因为在这个过程中,法官看起来扮演了温和的"职业人士"角色(意思就是这一职业领域的成员因为真正具有了或者看起来具有了专业的知识而获得外行的尊重),并且产出了具有社会价值的产品(可以被合理预期的法律),进而使得法官有充分的理由来捍卫自身的独立性以及其他特权。

大多数联邦上诉法院的裁决是以一致同意的方式作出的(读者在本书第六章会看到,大约98%的案件裁决是以一致同意的方式作出的,这和联邦 54
最高法院的情形截然不同),这就成了反驳关于司法的现实主义理念的最常见理由,正如同法官发表不同意见的事实会成为反驳法条主义理念的一个最常见理由之一。但事实上并不如看起来那样有很大的差别。一致意见裁决的比例夸大了法官之间的共识,而不同意见的数量也掩盖了法官之间的实际分歧。

那些不会引发法官之间不同观点的案件在总体上不具备法律规则创制的条件。联邦最高法院从1946年至2009年共裁决了7183起案件,其中38%的案件是以一致同意的方式作出裁决的,但其中只有9%的案件在宣判之后出现在了《纽约时报》的头版上。而在4488个并非以一致同意方式作

[47] Also see Brian Z. Tamanaha, *Beyond the Formalist – Realist Divide: The Role of Politics in Judging* (2010).

出的裁决中,被《纽约时报》头版报道的相应比例要翻了一倍。今天,法律产生于司法裁决,而司法裁决的作出更像在黑暗中乱戳,而非确定性法律的适用。只有少数创制法律规则的案件是以一致同意的方式作出裁决的,例如布朗诉教育委员会(Brown v. Board of Education)一案,并且这个案件的裁决不是也不可能是经由法条分析而作出的。这个案件的裁决是大法官们之间就意识形态问题达成一致的结果,反映了精英阶层的观点,即开明的美国人对种族隔离越来越反感,视之为美国价值观发展的障碍。

爱德华兹法官抱怨,主要的联邦上诉法院数据库(其中包括了本书所使用的桑格数据库和桑斯坦数据库)的内容只限于公开的上诉法院裁决,而大多数的上诉法院裁决如今仍是未经公开的,如果这些未公开的裁决也包含在分母内的话,那么法官发表不同意见的比例就会非常低。绝大多数未公开的上诉审裁决是对原审裁决的维持,正如我们在本书第五章中会提到的,这说明了大多数在联邦地区法院提起的诉讼案件并无充分的法律依据。提起诉讼花不了多少钱;诉讼费用本身很低,并且原告也没有被要求一定要请一位代表律师。还有许多不称职的律师、诉讼成本极低的潜在原告(例如监狱在押人员)以及许多情绪激动的原告,他们深信自己是被冤枉的,因此即便没有什么实质性的法律依据,他们还是会提起诉讼。这些案件没有什么意义,未公开的上诉审裁决维持了驳回起诉的裁决,这对法律的形成来说没什么影响,特别是大多数这类案件是没有办法被当作先例来援引的。

诗人T·S·艾略特年轻的时候,他白天在银行工作,而他花在这份工作上的时间可能要超过他在晚上和周末花在写诗上的时间。对于一个演员来
55 说,他花在阅读剧本、试镜、商谈合同以及等待下一次演出工作的时间要多于他参与演出的时间。那我们是不是就可以说T·S·艾略特和劳伦斯·奥利弗不属于富有创造力的艺术家,而只是干苦力活的?如果要回答是的话,那就相当于愚蠢地认为上诉法院法官的主要工作就是把确定的法律适用于没有争议的案件事实。在一些繁忙的司法巡回区,法官的大部分时间可能是花在这些工作上,但这并非法官最主要的工作。

据爱德华兹法官的估计,他所在法院中5%到15%的案件是不能基于法条主义者的立场而作出裁决的。[48] 并且,他所在的法院只是一个中间层级的

---

[48] Edwards and Livermore, note 45 above, at 1898.

上诉法院，而非终审法院。如果我们累积多年间很多法院的数据来一起观察的话，我们就会轻易地发现大量案件是没有办法通过法条分析来作出裁决的，其中就包括了构成如今法律规则的案件裁决。

爱德华兹法官所在的美国哥伦比亚特区巡回上诉法院很少有刑事和民事的案件，而在其他的联邦上诉法院，这些案件则占了大头，并且其中只有很少的案件有法律上的重要意义。所以，在这些法院里，具有不确定性的案件比例要低于爱德华兹法官所在的法院，要是算上联邦最高法院裁决的话，那结果更是明显。

针对爱德华兹法官所估计的具有不确定性的案件所占到的 5% 至 15% 这一比例，爱德华·鲁宾提到了，法官“通常会说……他们觉得大约提交到他们面前的案件中，90% 是可以通过适用（既有的）法律来解决的”[49]，爱德华·鲁宾认为这“听起来像一个都市传奇（urban legend）”。在对法官的工作进行评估时，我们会发现“在 90% 的案件中，他们几乎永远是会给出正确裁决的，因为这些案件不会引发争论”，但是“这可能只是意味着几乎所有的联邦法官在对这 90% 的案件进行裁决时不存在意识形态的分歧……进一步地说……（10% 的案件）代表了新出现的法律问题，这些法律问题涉及的事项决定了法律制度未来的蓝图。如果两个国家在他们的边境线上交战，我们一定不会说，这两个国家之间还存在 90% 的和平状态；相反，我们会说他 56
们已经全面处于交战状态了，尽管战争只是发生在 10% 的国土面积上。”[50]更何况，我们还需要考虑联邦最高法院的情况。联邦最高法院“所受理的案件几乎都是会变革（法律）的案件”，而“一旦联邦最高法院变革了法律，那较低层级的法院就会严重地受到其裁判行为的影响。这样一来，联邦最高法院的大法官们就可以像伊索寓言中的那头母狮子那样，当兔子问她有几个小孩的时候，她回答道：‘只有一个，但它是一只狮子’”。[51]

代理变量问题。爱德华兹法官认为，在关于法官行为的经验研究中，现实主义者最常用的一个变量就是提名那个在争议案件中进行投票的法官的总统所属的党派，但是这个变量只能一部分地解释法官的投票行为。这个

---

[49] Edward Rubin, “The Real Formalists, the Real Realists, and What They Tell Us about Judicial Decision Making and Legal Education,” 109 *Michigan Law Review* 863, 873 (2011).

[50] Id. at 873 – 874.

[51] Id. at 875.

说法是正确的。一个原因是,正如我们之前已经分析的,用行使法官提名权的总统所属的党派来衡量法官的意识形态偏好,是非常粗糙的一种做法。

尽管非常粗糙,但是在很多的研究中(参见下一章的内容,其中包括了本书作者所进行的许多研究以及本书提到的其他一些研究),这一代理变量还是可以发挥重要的解释性作用的,即便此后又被其他可能影响法官表决行为的变量所纠正。由于这一变量的粗糙性,其与按照意识形态分类的法官表决行为之间的关联性被大大增强了。原因在于,可能存在这样的情况(事实上毫无疑问这样的情况就是存在的):许多法官的表决行为是受到了提名他任职的总统所属党派的意识形态的影响,但不仅仅是受到了意识形态因素的影响。关于法官的意识形态,我们和其他研究法官行为的学者找到了一些不那么粗糙的代理变量,并且发现它们可以发挥我们所预期的作用。

法官的自述。爱德华兹法官非常看重法官对于其如何进行表决的自我陈述;实际上,爱德华兹法官是把他的自述看得非常重要。[52] 这里就会有一个前提条件,即法官的内省(introspection)对于我们来说是一个有效的信息来源。只有当法官真的具有内省精神时,只有当这种内省可以使得法官从自身大量的无意识行为中发觉所有对其自由裁量权力会产生影响的因素
57 时,且只有当法官的自述是完全坦诚的时候,这一前提才会成立。这些假设都不可靠。人们期待法官可以在其公开的表述中谈论一下他们在裁判过程中所蕴含的创新性因素或者立法因素,只要不让人看起来像是在和其他的政府分支争夺政策制定的权力。但是,对于许多法官,我们可以援用高纳里尔(Goneril)谈及李尔王(King Lear)时所说的话:“他应该知道自己,但他对自己知之甚少。”

爱德华兹法官从司法审议过程的秘密性这一角度来强调,要从外部判断法官在表决时候的动机因素,除了他们的自述之外,没有别的选择了,他说道:“案件的审议过程被转化成为了案件的裁判结果,因此外界对其已经无法进行观察了”。[53] 然而,秘密性不仅是司法审议的特点,同样也是政治审议和商业审议的特点,但是爱德华兹法官却毫无疑问地深信他自己也会对政治决策和商业决策的情况了如指掌。

藻饰行为是否可以被用来说明法官是如何裁判案件的? 大多数司法裁

---

[52] Edwards and Livermore, note 45 above, at 1950 – 1958.

[53] Id. at 1903.

决在形式上都是法条主义的。它们援引先前的判决，就好像这些先例真的是有拘束力一样；它们通过类比的方式来进行推理；它们看上去非常强调成文立法和宪法所陈述的内容；它们钻研历史以求得可以推知法律本义的细节；等等。如果大多数法官认为他们自己是法条主义者的话，或者他们希望掩盖司法裁判中的创造性（通常是意识形态的）因素的话，那么这就是人们对法官的期待；或者另一种情况是，大多数司法裁决是由法官助理写成的（事实上的确如此），而这些法官助理是地道的法条主义者，因为他们缺乏经验和信心，也不拥有像约翰·马歇尔、奥利弗·温德尔·霍姆斯、路易斯·布兰代斯、本杰明·卡多佐、罗伯特·杰克逊、勒恩德·汉德、罗杰·J. 特雷诺以及亨利·J. 弗兰德里这些法官那样的“话语权”（voice），可以让他们写出有立法意义的司法意见书。

法官们会掩盖其行为动机，这一点值得我们特别关注。法官有政治上的理由去把工作中的创造性描绘成法律适用上的一致性，把工作中的变革因素表现为受到约束而使然。正因为法官没有明确的义务要在司法意见书的撰写过程中保持坦诚，所以我们不能指责法官是以虚伪的心态来撰写（或者让法官助理来撰写）司法意见书的，即便这些法官已经意识到司法意见书的内容撰写和他们的实际决策进程不总是相符合的。

泛政治化的法律。法条主义者最夸张的举动就是给法条主义的进路贴上“法律”的标签，而给现实主义的进路贴上“政治”的标签。这是一种有效 58
的修辞手法，因为这样一来，那些作为现实主义者的法官就好像在故意嘲讽他们的司法誓言，背离了维护法律的承诺，而成了一群僭越者。爱德华兹法官说道：“（社会科学研究的文献）所提供的分析内容并没有驳倒如下的假设，即在大多数的案件中，法律会实质性地影响案件的结果。”[54]事实上，并没有人说过社会科学文献可以有这样的功能。不过，令人感兴趣的是爱德华兹法官所暗含的观点“在**大多数**案件中，法律**实质性地**影响了案件结果”。换句话说，在一些案件中，法律对案件的结果完全不产生影响；而在其他的一些案件中，法律只是影响了，而不是决定了案件的结果。如果从字面意义上来解读这种说法的话，那它可以被看成是对法律现实主义观点的一种在形式上最彻底的支持；而对它最好的理解其实是反映了一种法律观念上的贫困。在爱德华兹法官看来，对于那些“法律”根本不影响裁判结果的案件，

---

[54] Edwards and Livermore, note 45 above, at 1942.

法官在其中做了些什么呢？而对于其他那些“法律”影响了裁判结果的案件，难道这么说不是多余的吗？

对上述爱德华兹法官话语的一个更加清晰的解读应该是，只要法官还在他的管辖权力范围内行事，那他的工作就是适用“法律”。[55] 法官的职责是裁判案件。如果在一个特定的个案中，指引案件裁判的那些正统法律渊源没有给出应当这样裁决或者应当那样裁决的方向，那么法官是不是可以两手一摊说：“因为没有可以被适用的法律，所以我今天可以提早下班回家了”？爱德华兹法官以充满赞赏的态度援引了布雷恩·塔玛纳哈(Brian Tamanaha)所说的一段话：“虽然法官们承认法律是有开放性的，也承认他们自身作为人具有的软弱性，但是法官们还是坚定地认为，这样的一种现实并不妨碍他们竭尽所能依照法律的规定来承担工作职责。”[56]当我们承认法律是有“开放性”的时候，“法律”又指的是什么呢？如果开放的法律会受到意识形态的影响，并且事实上可能就是如此(正如上述话语所暗示的)，那么较之现实主义，法条主义到底是什么东西呢？紧接着，爱德华兹法官还是以充满赞赏的态度援引
59 了布雷恩·塔玛纳哈所说的另外一段话：法官们会说“在绝大多数案件中，法律适用的结果是很清楚的，因此法官会遵循法律的规定”。[57] 那么，我们要再一次地问，在除此之外的**其他**案件中，法官们做了些什么呢？

斯卡利亚大法官曾经在一份司法意见书中说道：“陪审团所遵循的无罪推定规则其实是非常实用主义的，这并不是因为人们对于推定内容的真实性深信不疑，而是因为人们相信这一规则可以在刑事司法程序中有效地起到协调国家利益和被告人利益的作用。”[58]当斯卡利亚大法官说这些话的时候，他并没有逾越他的法官身份。对于这一司法问题的判断，他是完全正当的，正如法条主义者所断言的，他把“法治”(rule of law)解释为“规则之法”(law of rules)，这么说也是毫无问题的。并且，正是这种说法使斯卡利亚大法官获得了更大的名声。

---

[55] See Hans Kelsen, *Pure Theory of Law* (Max Knight trans. 1967); Richard A. Posner, *Law, Pragmatism, and Democracy*, ch. 7 (2003).

[56] Edwards and Livermore, note 45 above, at 1950 - 1958, at 1915, quoting Brian Z. Tamanaha, “The Realism of Judges Past and Present,” 57 *Cleveland State Law Review* 77, 91 (2009). 是不是因为人存在着“软弱性”，就导致一个法官没有办法成为一个完完全全的法条主义者？而法官们所“坚定地认为”的东西是不是就可以被拿来作为很好的证明？

[57] Id. at 89, quoted in Edwards and Livermore, note 45 above, at 1943.

[58] Richardson v. Marsh, 481 U. S. 200, 211 (1987).

爱德华兹法官认为意识形态是存在于法律外部的(external),这一点他并没有说错。而当他说“经验研究……假设……意识形态总是从法律之外(extrinsic)而来”[59]的时候,他错了。不过这句话的重点在于,他认为意识形态是法律**固有的**(intrinsic)内容。这种说法是正确的,并且现实主义者就是这么认为的。接着,在这种情况下,爱德华兹法官承认了“一些有内在争议的政治性裁决被融入了法律,并且使得我们认为这是良好裁判的一部分”[60]以及美国人的法律观念“至少在某些情况下包含了一定形式的道德和政治推理”[61](尽管这与他在同一篇文章里所称的“实质性影响”以及他对我们前面所援引的塔玛纳哈的论断表示赞同的态度存在着矛盾)。前者让他露出了马脚,而后者则假定了司法过程中对道德和政治因素的考量是一种“推理”行为,不过事实上这种道德或者政治上的信念基本上不会是推理过程的产物,而是来自个人性情、成长环境、宗教信仰、个人与职业经历以及诸如种族和性别这样的个人身份特征。[62]

在现实主义观点面前,爱德华兹法官还作了其他的让步。他说,法律包 60
括了那些“像法律一样的意识形态”[63];他还说,“有些情况下,意识形态或者政治的问题是法律固有的内容”[64]。不过,他没有指出这些情况出现的频率,他的文章里面也没有举出任何一个案例来说明意识形态或者政治因素对裁判结果的影响。对他的文章的一种解读方式就是,爱德华兹法官宣称**所有的**司法裁判都是适当的,因为在疑难案件中,意识形态和政治是适当的影响因素,至少在美国的司法体制中是这样的,然而法官行为的经验研究者否认这一点,把法律限定为法律条文,并因此把所有影响了司法裁判的意识形态与政治因素看成是反映了法官在大多数时候并没有适用“法律”;他们只不过是穿着法袍的政客。这是对早期关于法官行为的经验研究的一种可能解读方式,不过就近期的研究而言,这种解读是不准确的。

司法审议的重要性。爱德华兹法官承认,从法条主义的视角来看的话,

---

[59] Edwards and Livermore, note 45 above, at 1948.

[60] Id. at 1946.

[61] Id. at 1900. 另外参见 Id. at 1898 – 1901。

[62] Richard A. Posner, *The Problematics of Moral and Legal Theory* (1999).《道德和法律理论的疑问》一书给出了对道德推理的质疑理由。

[63] Edwards and Livermore, note 45 above, at 1947.

[64] Id. at 1943.

法律中存在大量具有不确定性的问题领域，因此他有了这样的观点：司法审议可以被当作克服法律不确定性的一种方式。[65] 在本书第八章中，读者会了解这一想法夸大了司法审议的重要性。这里我们只需要提及的是，直到不久之前，英国的法官还根本不需要参加司法审议活动。基于“言词”(orality)规则，他们被禁止开展这样的活动，因为法官所做的任何事情必须是公开的，这样公众才能对法官的行为进行监督。[66] 但是，这些不需要参加司法审议的法官所产出的司法产品却得到了高度的评价；我们也没有感觉到英格兰法律体系中言词规则的弱化（这种弱化的出现是由于法官工作量的增加）有助于英格兰法律体系的进步。不过，公平地讲，我们注意到英国上诉司法程序的缓慢节奏可能是提供了一种司法审议活动的替代品。比起他们的美国同行，作为上诉庭成员的英国法官有着更多的时间来思索他正在审理的案件。

由于法官的多样性，这就导致了美国的司法审议活动是有缺陷的。法
61 官们并不能够选择他们的同事或者继任者，组成法庭的法官都是基于不同的原因和不同的标准而被遴选出来的。即便所有的法官都是由同一位总统提名而任职的（不过这很罕见），这个总统在提名的时候所考虑的因素和被提名的法官们是否会形成一个意见一致的司法审议单位是没有关系的，他会考虑参议员的推荐，民族、种族、性别或者其他形式的多样性，以及另外的一些政治因素。

再来思考一下司法审议所具有的那种令人感到好奇的僵化特征。司法审议活动通常被局限于言词辩论程序之后的案件讨论和投票（如果案件是需要开庭审理，而不只是要求律师提交陈辩书）。在庭审之后的会议中，法官们公开说出自己的意见，通常在最后他会表明投票的选择。法官们发言的顺序要么是按照职业年资从高到低，或者反过来从低到高，这取决于各个法院的规定。如果打断一位正在发言的法官，这将是严重违背礼节的行为。这样一种拘束性很强的会议讨论模式表明，如果讨论过程是放任自由的话，那可能会引发尴尬的场面，因为参与讨论的法官如果与他人互相争辩的话，那可能会令人感到不适，原因在于这些法官之所以被遴选出来，并不是为了

---

[65] Edwards and Livermore, note 45 above, at 1949.

[66] Robert J. Martineau, *Appellate Justice in England and the United States: A Comparative Analysis* 101 - 103 (1990).

去组建一个有效率的委员会；并且，由于在司法提名过程中考虑了各种不同的因素，因此法庭的组成是多元化的，这就使得有的法官可能会对讨论中涉及种族、性别、宗教、罪犯权利、移民权利或者其他可能引发强调情绪的议题十分敏感。如果所讨论的议题在本质上是一个技术性的问题，无涉意识形态或者情感，那么司法审议活动就可能是十分有成效的，这不同于那些带有道德或者意识形态色彩的议题。若对后者进行开诚布公的讨论，那会招致彼此之间的敌视。然而，如果对于一个案件，所有法官都同意其涉及的议题只是技术性的，那么这一案件不会具有法律创制方面的重要性。

我们应该期待法官成为法条主义者吗？包括学者在内，任何研究过职业行为的人都知道，在许多领域中（包括法律领域），自利取向和个性特征以及政治偏好会对人们的行为起到某种作用。那我们有什么理由不期待这样的作用发生在法官身上？法官是天生的圣人还是永不停歇的祈祷者？当他们被提名担任法官职务的时候，他们就成为圣人了？一个政治化的程序是为了挑选圣人而设计的？法条主义的理论家们并没有给出解释来说明为什
么法官可以被视为棒球裁判。即便这样，人们还是会对法官的角色有所期 62
待；成为法官在某种程度上是一种自我选择，任何人如果对于扮演这一角色感到不自在的话，他是不可能寻求成为法官或者继续担任法官职务的；对法律价值的崇尚已经在他们接受法律训练时被反复灌输，并且在作为律师执业时得到了强化。所以说，法官*不只是*和其他人一样，也不是像国会成员那样扮演一个“立法的”角色。但是，我们要记得，爱德华兹法官已经承认了，相当比例的上诉案件是无法通过法条主义的方法来作出裁判的，而需要用到他所称的道德和政治推理。在那些案件里，法官是没有办法做一个法条主义者的，即便他想做或者自认为就是。关于这一点，总统知道，参议院知道，相当一部分公众知道，作为法条主义者的爱德华兹法官也并不例外地知道，只不过他部分地出于司法体系公众形象的考虑，不愿意在理解法官行为
的时候直面这一事实。 63

第二章　以往的经验研究文献

历史

《纽约时报》在1944年刊登过一篇由阿瑟·克罗克(Arthur Krock)撰写的文章,文章的内容是关于一位年轻的政治学研究者C. 赫尔曼·普里切特(C. Herman Pritchett)所作的研究,他通过制作"成绩表"(boxs cores)来记录联邦最高法院大法官的表决行为和司法意见。[1] 普里切特希望通过获取客观的实证资料来证明大法官的司法决策是受到意识形态影响的结果。罗斯福总统提名的两位大法官雨果·布莱克和威廉·道格拉斯几乎总是彼此附和对方的意见(都是自由派的观点),并且在表决的时候几乎从不和极端保守派大法官麦克雷诺持有相同的意见。普里切特认为这并不是巧合。

克罗克指出,普里切特的实证资料"并不会使得法庭成员获得更多的尊敬,无论他是作为法官,还是作为法律人"。不过,潜在的来自法律
65 人群体的反对声音并没有阻碍普里切特的数量化研究被广为接受。最初对他这项研究的认可来自政治学的同行们,后来拓展至更为广泛的社会科学家群体,再到后来一些法律学人也加入了其中。自从普里切特开辟了这一条研究道路之后,涌现出了数以百计的经验研究成果,来

---

① 最初的文章见于"Alignments and Disputes in the Supreme Court," *New York Times*, Jan. 14, 1944, p. 18。"成绩表"(box scores)这一术语出现在克罗克之后的一篇文章"The Supreme Court's Dissent Record Grows," *New York Times*, Feb. 22, 1946, p. 24。普里切特在他的文章中公开了他制作的"成绩表"。See "Divisions of Opinion among Justices of the U. S. Supreme Court, 1939 – 1941," 35 *American Political Science Review* 890 (1941). 在 *The Roosevelt Court* (1948)一书中,普里切特又扩展了他在这个问题上的分析。

解释法官为什么会这样作出决策。② 研究的对象包括联邦最高法院的大法官和其他的联邦法官;另外也出现越来越多的针对州法官和外国法官的研究。不过,考虑到数据的充足性和统一性,我们这本书的研究对象限定于联邦法官。在这一章的附录中,我们列出了这方面已有的大量研究文献。

这些学术性文献支持了普里切特的观点,即意识形态对法官的行为产生了重要的影响。不过,以往的研究所展示的实证资料也给出了这一结论的约束条件,包括先例的作用以及避免裁决被推翻(当然这一点不适用于联邦最高法院的大法官们)或者招致其他政府分支的报复,这使得法官无法随心所欲地完全根据意识形态来裁判案件。在这些研究文献看来,法官主要是按照他们自己的政策偏好来适用法律,不过同时也会受到各种因素和力量的制约。不过,即便如此,这些研究还是没有能够提供一个关于法官行为的完整模型。在本书第一章中,我们给出了这样的模型,在其后的章节中,我们将对这一模型进行检验。

普里切特当然不是第一个法律现实主义者,甚至也不是第一个用定量的方法研究法官行为的学者。③ 然而,他的研究所覆盖的范围是前所未有的,

② 关于这方面的文献,可以参见以下论文。Richard A. Posner, *How Judges Think* (2008); Gregory C. Sisk, "The Quantitative Moment and the Qualitative Opportunity: Legal Studies of Judicial Decision Making," 93 *Cornell Law Review* 873 (2008); Frank B. Cross, "What Do Judges Want?" 87 *Texas Law Review* 183 (2008); Michael Heise, "The Past, Present, and Future of Empirical Legal Scholarship: Judicial Decision Making and the New Empiricism," 2002 *University of Illinois Law Review* 819 (2002); Lawrence Baum, *The Puzzle of Judicial Behavior* (1997)。另外可以参见最近的一本论文集(其中包含了非常有价值的参考文献列表): *What's Law Got to Do with It? What Judges Do, Why They Do It, and What's at Stake* (Charles Gardner Geyh ed. 2011)。

③ Charles Grove Haines, "General Observations on the Effects of Personal, Political, and Economic Influences in the Decisions of Judges," 17 *University of Illinois Law Review* 96 (1922)一文就已经对纽约市的17,000宗指控"公共场合酗酒"(public intoxication)的案件处理结果进行了研究。研究发现,一共有41位治安法官处理了这些案件,但不同治安法官处理案件的结果却是大相径庭。一位法官审讯了566个被告人,仅释放了其中的1个;另一位法官却释放了54%的被告人。只有很少的社会科学研究者尝试延续海恩斯(Haines)的研究进路,直到联邦最高法院对罗斯福新政提出挑战之后,普里切特扛起了这面研究的大旗。

66 他也理所当然地被认为是关于法官行为的定量社会科学研究的奠基人。[4] 我们对学术文献的回顾将集中于普里切特所开启的主流研究领域，而之后的章节则将引用更多的专门性研究成果。我们将会讨论用何种方法来评估意识形态对联邦法官决策的影响程度，这将会反映出这一章和本书其他章节之间的主要关联性。我们将很快地进入这一问题的讨论。

普里切特当时注意到联邦最高法院的大法官们以前所未有的比例发表不同意见书，由此他开始对意识形态化的司法表决行为产生了兴趣。正如图2.1 所展示的，在 20 世纪 30 年代，出现了不同意见书发表比例陡增的现象。在此之前，大法官们一直给人们一种错觉，即他们是一个统一的整体。首席大法官莫里森·韦特的记事本中记录了在大法官们表决之前举行的不公开会议的内容，其中揭示了在19 世纪70 年代和80 年代经常出现大法官们意见不一致的情形，不过他们并不愿意将他们的观点分歧公之于众。[5] 直到 20 世纪 30 年代后期，不同意见书还是非常罕见的，很少在一个开庭期内超过10% 的案件比例。而到了 1943 年，这一比例跃升至 50% ，而自此之后只有
67 3 个开庭期的数据低于这个比例。[6] 平均的比例值接近 65% 。

---

④ 例如，参见 Jeffrey R. Lax，"The New Judicial Politics of Legal Doctrine，" 14 *Annual Review of Political Science* 131，139（2011）。格兰登·A. 舒伯特（Glendon A. Schubert）的著作 *Quantitative Analysis of Judicial Behavior*（1960）以及 *The Judicial Mind：The Attitudes and Ideologies of Supreme Court Justices*，1946 – 1963（1965）在"加速了以社会科学的视角来分析司法政治问题的趋势"方面起到了重要作用，参见 Kenneth N. Vines，"Judicial Behavior Research，" in *Approaches to the Study of Political Science* 125，129 – 30（Michael Haas and Henry S. Kariel eds. 1970）。Also see Nancy Maveety，"The Study of Judicial Behavior and the Discipline of Political Science，" in *The Pioneers of Judicial Behavior* 1，14（Maveety ed. 2003）.

⑤ Lee Epstein，Jeffrey A. Segal，and Harold J. Spaeth，"The Norm of Consensus on the U. S. Supreme Court，" 45 *American Journal of Political Science* 362（2001）. 关于塔夫脱法院，Robert C. Post 在他的文章"The Supreme Court Opinion as Institutional Practice：Dissent，Legal Scholarship，and Decisionmaking in the Taft Court，" 85 *Minnesota Law Review* 1267（2001）中得出了相同的结论。

⑥ 这 3 个开庭期分别是 1996 年（49%）、1997 年（49%）以及 2005 年（46%）。关于为什么大法官们开始习惯性地发表不同意见书这一问题，例如可以参见 Gregory A. Caldeira and Christopher J. W. Zorn，"Of Time and Consensual Norms in the U. S. Supreme Court，" 42 *American Journal of Political Science* 874（1998）；Stacia L. Haynie，"Leadership and Consensus on the U. S. Supreme Court，" 54 *Journal of Politics* 1158（1992）；Thomas G. Walker，Lee Epstein，and William J. Dixon，"On the Mysterious Demise of Consensual Norms in the U. S. Supreme Court，" 50 *Journal of Politics* 361（1988）。这些论文和其他的一些研究都认为，之所以出现不同意见书突然增长的现象，几位首席大法官，尤其是斯通大法官，起到了决定性的作用（本书第六章绘制了图表来说明这一问题，并提供了不一样的解释）。

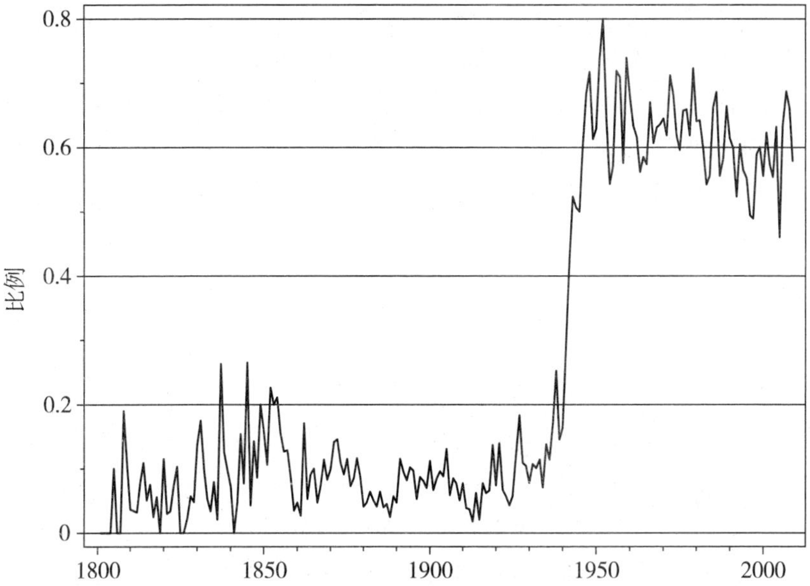

图 2.1　美国联邦最高法院处理的案件中有至少一份不同意见书的案件比例(1801—2010 开庭期)

说明:资料来源为李·爱泼斯坦等人:《联邦最高法院概略:数据、裁决和发展》,第 227～231 页(2007 年),我们使用了美国联邦最高法院数据库对此进行了更新。我们针对最高法院所作的经验研究正是基于这一来源的司法数据。

大法官们的合意准则(consensual norm)被打破了,这引发了普里切特的研究兴趣。按照正统法学家们所说的,法官的工作就只是"宣告"法律的内容,他们所进行的法律推理是基于同样的分析方法和共同的正统法律渊源(主要包括宪法文本、成文法以及具有先例地位的司法裁决)。既然这样,为什么大法官们之间还经常出现不一致的观点呢?普里切特假设法律现实主义者的说法是正确的,即法官"受到了其自身偏好的驱动"⑦。正如后来他又写道:"这恰恰是因为,法院的集体特征是如此的不清晰,以至于我们必须考察单个大法官的所思所想。"⑧

普里切特通过矩阵来展示那些存在部分大法官共同表决立场的非一

⑦ C. Herman Pritchett, *The Roosevelt Court: A Study in Judicial Politics and Values*, 1937 - 1947 xiii (1948).

⑧ Pritchett, *Civil Liberties and the Vinson Court* 22 (1954).

68 致意见裁决的数量以及这类裁决的左翼－右翼光谱(left-right continua)(参见图2.2)。普里切特假设这样的一种比较可以反映出大法官们“自由主义”或者“保守主义”的立场,并且这里的“自由主义”和“保守主义”的含义与大街上人们的通常理解并无区别,[9]在此基础上,普里切特得出的结论是,意识形态对法官的决策行为有着重大的影响。

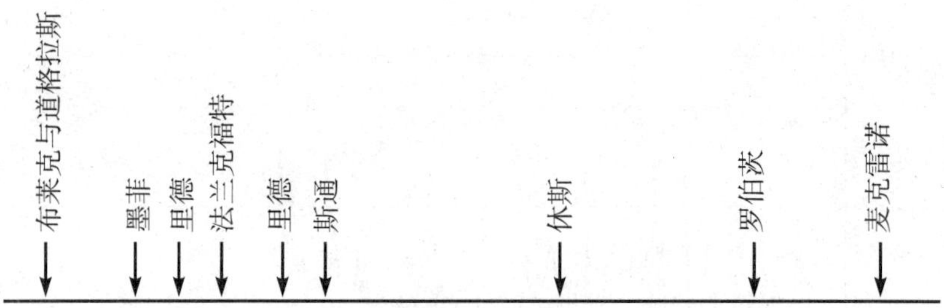

图2.2　普里切特制作的美国联邦最高法院自由主义－保守主义表决统一连续体

说明:1. 上图复制于C. 赫尔曼·普里切特:《美国联邦最高法院大法官的观点差异》,载《美国政治学评论》第35卷,第890页起,894页(1941年)。

2. 普里切特对大法官的排序是从最自由主义的(布莱克和道格拉斯)到最保守主义的(麦克雷诺)。

之后的研究则形成了所谓的法官行为“态度”模型(“attitudinal” model)。在这个模型里,美国联邦最高法院的大法官们是按照其各自的政治意识形态来决定投票时的态度的。[10] 这一点对于大法官们来说尤其如此,这是因为正如本书第一章所提及的,那些用来约束雇员或者其他代理人的约束条件对大法官们来说是没有用的。考虑到美国和别国大多数其他的法官[11]会受到更多的约束,我们不能期待这一态度模型具有统一的解释力。这倒并不是说,受到更多约束的法官不愿意以满足其个人意识形态偏好的方式来裁判案件。有时候他们可以这么做;而有时候他们没法这么

---

[9] “Divisions of Opinion among Justices of the U. S. Supreme Court,” note 1 above, at 895.

[10] See Schubert, The Judicial Mind, note 4 above; S. Sidney Ulmer, “The Analysis of Behavior Patterns on the United States Supreme Court,” 22 *Journal of Politics* 629 (1960); Harold J. Spaeth, *An Introduction to Supreme Court Decision Making* (1972); Jeffrey A. Segal and Harold J. Spaeth, *The Supreme Court and the Attitudinal Model Revisited* (2002).

[11] Also see C. L. Ostberg and Matthew E. Wetstein, *Attitudinal Decision Making in the Supreme Court of Canada* (2007).

做。这其中有一个微妙的意识形态动机：法官之所以会遵循他们的司法上级所确立的先例，这并不只是因为案件的裁决被推翻会否定他们的工作或 69 者让他们感到尴尬，还因为他们担心层级更高的法院会用他们最不愿意适用的规则来取代他们最愿意适用的规则。而且，联邦最高法院的大法官们还会经常性地掩饰他们的意识形态目标，目的是更有效地实现这些目标，掩饰的方法不仅仅有进行法律推理时的故弄玄虚，还有一种方法就是在表决时或者甚至在撰写司法意见书的时候，偶尔违背自身的意识形态意愿，为的是告诉大家，他们并非是意识形态化的法官。

意识形态的量度

普里切特所作的研究在方法论上的一个潜在致命缺陷是，他没有根据大法官在特定案件投票行为之前的信息来对司法意识形态进行量度。有一些大法官的表决更倾向于自由主义，而有些大法官则更倾向于保守主义，这可以从他们的投票记录中推断出来，不过这样的一种差异有可能并不是源自意识形态的价值观，而是反映了法条主义分析的结果。例如，当联邦和州的立法呈现出保守主义的色彩，而一个笃信司法克制主义的自由派法官却可能在表决的时候支持这些保守主义的立法，这种情况下他的投票会被记作为保守主义的一票，而实际上他在政治上是归属于自由派的。之所以需要对意识形态进行量度，这是因为我们不能仅仅假设可被定位于意识形态光谱上的某个司法表决行为就是真实地来自法官的意识形态。

因此，我们需要通过两种方式来量度意识形态：事前的（ex ante）和事后的（ex post）。“事前的”量度是完全基于法官或大法官在被提名之前的信息；“事后的”量度则是基于他们被提名之后的信息，主要是法官的表决行为，普里切特使用的就是这类信息。[12] 这两种方式都存在各自的问题，不

[12] 关于对意识形态进行量度问题的一般性研究，可参见以下论文。Lee Epstein et al., “Ideology and the Study of Judicial Behavior,” in *Ideology, Psychology, and Law* (Jon Hanson ed., forthcoming); Joshua B. Fischman and David S. Law, “What Is Judicial Ideology, and How Should We Measure It?” 29 *Washington University Journal of Law and Public Policy* 133 (2009); Gregory C. Sisk and Michael Heise, “Judges and Ideology: Public and Academic Debates about Statistical Measures,” 99 *Northwestern University Law Review* 743 (2002).

过表现为不同的方面。[13]

70 一个常见的事前量度就是观察提名法官的总统所属的政党。之所以称之为事前的量度，是因为在法官被提名的那个时间点上，这个指标就是被固定下来的，这样一来就等于没有考虑到法官改变其意识形态（或者法官属于非意识形态化范畴）的可能性。一个著名的例子就是布莱克门大法官从右翼转变为了左翼。这种量度方式的另外一个缺点在于，它假设所有的共和党总统无一例外都是保守派，而所有的民主党总统则全部都是自由派。然而“艾森豪威尔不是里根”[14]，吉米·卡特也不是林登·约翰逊。有一项针对政治学家的问卷调查，而这些政治学家都是以研究美国总统为专长的，这项调查让他们对各位总统在社会和经济问题上的自由主义倾向进行排序，最低为0分，最高为100分。结果显示，在这条反映经济自由主义的光谱上，卡特的位置离尼克松更近，而不是离约翰逊更近。[15]

R/D * 这一组意识形态代理变量进一步地假设总统们总是希望提名一位与其有相同意识形态立场的法官。实际上，总统在决定提名人选时会考虑推进以下三个议题中的一个或者若干个，即个人、政党与政策。[16] 艾森豪威尔之所以会提名厄尔·沃伦，这不是出于意识形态的考虑，而是为了偿还竞选时候欠下的人情债。如果我们根据艾森豪威尔总统的意识形态来预测沃伦大法官的表决行为的话，那么他只有一半的投票会是站在自由派

---

⑬ 对这一问题的描述和批评，可参见 Corey Rayburn Yung, “Judged by the Company You Keep: An Empirical Study of the Ideologies of Judges on the United States Courts of Appeals,” 51 *Boston College Law Review* 1133, 1140 – 1153 (2010)。

⑭ Michael Giles, Virginia Hettinger, and Todd Peppers, “An Alternative Measure of Preferences for Federal Judges,” 54 *Political Research Quarterly* 623, 624 (2001). 论文 Susan B. Haire、Martha Anne Humphries and Donald R. Songer, “The Voting Behavior of Clinton's Courts of Appeals Appointees,” 84 *Judicature* 274, 278 (2006) 中提到“较之里根和布什提名的法官，克林顿提名的法官在涉及民权主张的案件中更加实质性地支持自由派的立场。（然而）在针对刑事犯罪问题和经济问题的表决时，克林顿所提名的法官则非常明显地与温和的共和党（总统）提名的法官有着类似的立场。”

⑮ 卡特在经济自由主义这一项上的得分是60.3分，尼克松是47.7分，约翰逊是78.2分。See Jeffrey A. Segal, Richard J. Timpone, and Robert M. Howard, “Buyer Beware?: Presidential Success through Supreme Court Appointments,” 53 *Political Research Quarterly* 557, 562 (2000). 得分越高，表明该总统的自由化倾向越大。

* 这里R和D分别取英文中共和党人（Republican）与民主党人（Democrat）的首字母。本书中，作者通常会用 *R* 或者 *Rs* 来代表由共和党总统提名任职的法官，而用 *D* 或者 *Ds* 来代表由民主党总统提名任职的法官。——译者注

⑯ Sheldon Goldman, *Picking Federal Judges* (1997). 其他的研究可以参见本章的附录部分。

的立场上，而实际上他多达 3/4 的投票都反映了自由派的主张。而且，有时候总统们会在法官候选人的意识形态问题上被误导了。老布什总统可能没有意识到他提名的戴维·苏特是属于自由派阵营的。

用 *R/D* 来对意识形态进行量度还存在一个不足，即现实中总统并不是可以完完全全控制大法官提名的。他们的提名必须经过参议院的批准，而 71
且为了满足参议员礼遇准则，一个参议员只要是和总统来自同一党派，他就可以对他所在州较低层级联邦法院的法官提名施加很大的，甚至是决定性的影响力。迈克尔·贾尔斯(Michael Giles)和他的同事基于参议员的影响力而开发出一套关于法官意识形态的事前量度方法。⑰ 他们把法官所在州与提名该法官的总统出自同一党派的那个参议员的意识形态视为该法官的意识形态。如果该州两位参议员与总统都是同一党派，则该法官的意识形态得分取这两位参议员的平均数；如果两位参议员都不和总统同一党派，则法官的意识形态得分就是总统的得分。参议员的得分是基于他们在唱名表决中的投票行为推断出来的，而总统的得分则是根据他对国会未决法案的态度而计算出来的。⑱

在本书的一些论述中，我们会使用基于参议员礼遇准则的量度方法，不过我们也意识到这一方法和其他方法一样，都不是完美的。举例来说，民主党人帕特里克·莫伊尼汉(Patrick Moynihan)和共和党人阿方索·达马托(Alfonse D'Amato)都是来自纽约州的参议员，在很多年的时间里，他们同意由两人分享推荐联邦法官的权力，与总统来自同一党派的参议员可以推荐 3/4 的法官人选。⑲ 这样一来，根据参议员礼遇准则的量度计分方

---

⑰ See Giles, Hettinger, and Peppers. note 14 above。See also Lee Epstein et al., "The Judicial Common Space," 23 *Journal of Law, Economics, and Organization* 303 (2007). 本章的附录部分列出了学界近来对于这一方法的应用。量度法官意识形态的"司法公共地带"(judicial common space)方法则融合了被贾尔斯用来量度联邦上诉法院法官意识形态的参议员礼遇方法以及被用来量度联邦最高法院大法官意识形态的马丁－奎恩打分方法，以期提供一个既能适用于上诉法院，又能适用于最高法院的法官意识形态量度方法。这一方法忽略了事前与事后的差异。我们将会在本书第三章中使用这一方法来分析大法官的意识形态与提名大法官的总统的意识形态这两者之间的差异。

⑱ 在大多数重要的立法议题上，总统都会宣布他的"投票意向"(vote intention)，即告知大家，如果国会通过立法的话，他会对该法案持何种态度。See Nolan N. Mc Carty and Keith T. Poole, "Veto Power and Legislation: An Empirical Analysis of Executive and Legislative Bargaining from 1961 – 1986," 11 *Journal of Law, Economics, and Organization* 282 (1995).

⑲ See Kirk Johnson, "The Street Fighter and the Professor: Moynihan and D'Amato: A Loyal Pair," *New York Times*, March 15, 1993, p. B1.

法,所有在共和党总统执政期间被任命的法官都将被视为和阿方索·达马托有同样的意识形态;而在民主党总统执政期间,由阿方索·达马托推荐的法官在意识形态的得分上却和莫伊尼汉是一样的。再举一个离我们更近的例子。基于参议员礼遇准则的量度,波斯纳法官的意识形态得分不是
72 一个非常保守主义的得分,这是因为他的得分等于温和派共和党参议员查尔斯·珀西(Charles Percy)的意识形态分数。波斯纳被提名为联邦法官时,来自伊利诺伊州的共和党参议员正是查尔斯·珀西。这样一种量度方式要告诉我们的是,要么波斯纳是一位温和的保守派,要么他并不是由珀西推荐的。实际情况是,珀西没有推荐波斯纳,他只是在白宫的压力下很勉强地支持波斯纳出任联邦法官一职,这是因为在当时里根总统希望能够出现一个更加保守的联邦上诉法院系统。[20]

杰弗里·西格尔(Jeffrey Segal)和阿尔伯特·科韦尔(Albert Cover)(现在是西格尔和其他合作者)开发出了一套有影响力的关于法官意识形态的事前量度方法,这套方法的评分基础是刊登在四份报纸(两份属于保守派,两份属于自由派)上关于联邦最高法院大法官被提名人选的评论文章,时间范围是从该人被提名开始一直到参议院确认投票为止。[21] 报纸的每一篇评论文章的每一个段落分别根据其显示的被提名人的自由主义(+1分)、保守主义(-1分)或者中立(0分)的意识形态倾向而被记分。被记分为自由主义的文章段落数减去被记分为保守主义的文章段落数,然后再除以总的文章段落数(包括保守主义的、自由主义的和中立的),计算之后,最终结果的分布范围从-1分(一致同意是保守主义的)到0分(中立)再到+1分(一致同意是自由主义的)。

西格尔-科韦尔(Segal-Cover)的记分方法只适用于联邦最高法院的大法官,原因是很少有报纸的评论文章会关注联邦最高法院之外其他法院的未来法官提名人选。即便是针对大法官的记分,报纸的评论文章主要反映了法官在公民权利和公民自由方面的意识形态,而不涉及联邦税收和联

---

[20] Nancy Scherer, *Scoring Points* 110 (2005); Sheldon Goldman, *Picking Federal Judges* 299 (1997).

[21] See Lee Epstein and Jeffrey A. Segal, *Advice and Consent: The Politics of Judicial Appointments* (2005); Jeffrey A. Segal and Albert D. Cover, "Ideological Values and the Votes of U. S. Supreme Court Justices," 83 *American Political Science Review* 557 (1989), updated in Segal et al., "Ideological Values and the Votes of U. S. Supreme Court Justices Revisited," 57 *Journal of Politics* 812 (1995).

邦制度这些问题方面的法官意识形态，[22]因为报纸通常不会关心法官的可能人选在这些议题上的态度。

如果认为只有报纸上的评论文章可以提供给我们可靠的信息，好让我们知道一个法官在被提名之前的意识形态的话，那这种想法明显的有些不合时宜了。我们可以在网上找到大量关于法官的信息（包括著作和学术文 73
章），而这些信息并没有被包含在报纸的评论栏目中。我们会在本书第四章中基于对这些信息的使用来提供与西格尔－科韦尔记分方法对应的联邦上诉法院法官的得分以及关于联邦最高法院大法官意识形态的替代性量度方法，以便对最高法院和上诉法院进行对比。

西格尔－科韦尔记分方法使得我们可以对被提名的法官进行排序，这是我们需要的，但这一方法也会受到质疑。一位有经验的教师可以对试卷中的论述题进行打分。假设试卷上有三道论述题，老师对每一道题可以打出0分、1分或2分的分数，这样的话最后的试卷得分会在0分到8分之间。然而，基于报纸评论文章的段落数量进行打分的西格尔－科韦尔记分方法会受到不同报纸关于文章长度和文章段落数量的习惯做法的影响，而这些习惯做法可能是十分随意的。我们在本书第四章中使用的量度方法力图避免，或者至少减轻这一影响。我们的做法是把法官根据意识形态分为四个组别（分别是强烈保守主义、温和保守主义、温和自由主义以及强烈自由主义），同时我们并不对同一组中的法官进行排序。我们发现，较之西格尔－科韦尔的记分方法，我们的分类方法不会产生那么多的异常现象。

最常见的法官意识形态事前量度方法（也是最常见的法官意识形态量度方法）就是观察提名法官的总统所属的政党。较之其他方法，这一方法有这样几个优点：它的标准十分清晰，适用于所有根据《宪法》第三条而任职的法官（因为所有这些法官都是由总统提名的），与其他的对法官意识形态的量度（包括事后量度）高度相关，并且便于理解。[23]

对法官意识形态的事后量度通常是基于法官或者大法官的司法表决行为。最简单的量度方式就是考察一个大法官符合保守主义立场的投票与符合自由主义立场投票的比例。不过，大卫·丹尼尔斯基（David

[22] Lee Epstein and Carol Mershon, "Measuring Political Preferences," 40 *American Journal of Political Science* 261 (1996).

[23] David Zaring, "Reasonable Agencies," 96 *Virginia Law Review* 135, 179 (2010).

Danelski)在对法官意识形态进行事后分析的时候,所采用的方法是摘录两位联邦最高法院的大法官(布兰代斯和巴特勒)的演讲内容,这就好比政治学研究者对政治文件作内容分析一般。[24]

安德鲁·马丁(Andrew Martin)和凯文·奎恩(Kevin Quinn)开发出来
74 一套所谓的“法官同路人”(the company they keep)量度方法。按照这一方法,首先记录下每一位大法官在意识形态案件中的投票数据,并且通过大法官之间的投票联盟来精确地界定每一位大法官的意识形态。[25] 科里·杨(Corey Yung)提出了一套马丁-奎恩打分(Martin-Quinn)方法的变体,为的是研究联邦上诉法院法官的情况。[26] 他主要做了四个方面的调整。第一个调整是,他考量了联邦上诉法院法官推翻原审裁决的情形。如果一个法院推翻的地区法院各种裁决中,保守主义的裁决数量多于自由主义裁决的数量,这就说明了联邦上诉法院法官是更加倾向于自由主义的;反之亦然。第二个调整是,考虑到联邦上诉法院法官分布于诸多不同的法院(美国有13个联邦上诉法院),为了减少由于不同法官所面对案件组合类型的不同而给分析带来的影响,杨排除了哥伦比亚特区联邦巡回上诉法院以及美国联邦巡回上诉法院,因为这两家法院所处理的案件类型与其他11家上诉法院大不相同(尤其是美国联邦巡回上诉法院,我们的研究中也排除了这家法院)。第三个调整是,杨基于法庭组成效应(即拥有不同意识形态的法官在案件裁判过程中彼此之间互相施加的影响)对量度方法进行了调整。第四个调整是,杨将他的研究样本限定为2008年的司法表决行为,这样可以排除时间效应的干扰,尽管为此付出的代价就是减少了所研究的投票样本数量。不过即便这样,这个样本仍然是非常庞大的,它囊括了至少与其他法官有300次互动的法官群体,这就意味着其涵盖的各个审理案件的法庭在那一年里至少审理了100宗上诉案件(几乎所有的上诉法院都是由3位法官组成审案法庭)。

㉔ David J. Danelski, “Values as Variables in Judicial Decision Making: Notes toward a Theory,” 19 *Vanderbilt Law Review* 721 (1966).

㉕ See Andrew D. Martin and Kevin M. Quinn, “Dynamic Ideal Point Estimation via Markov Chain Monte Carlo for the U. S. Supreme Court, 1953 – 1999,” 10 *Political Analysis* 134 (2002); Martin and Quinn, “Can Ideal Point Estimates Be Used as Explanatory Variables?” http://adm. wustl. edu/research. php (visited June 10, 2012).

㉖ Yung, note 13 above, at 1153 – 1160.

我们在本书第三章和第四章中将使用马丁－奎恩的量度方法；在本书第四章和第五章中将使用杨的量度方法。在第四章中，我们还尝试使用杨量度方法的简化版本，考察联邦上诉法院法官投票推翻的联邦地区法院自由主义裁决与推翻的保守主义裁决的比例，这个过程中只是对法庭组成效应进行了调整。

反对事后量度（不包括对丹尼尔斯基的方法的反对，他的量度不是基于司法表决行为）的理由在于其循环论证的特性：当我们基于司法表决行为，把一个法官或者大法官界定为保守派法官，这时候就不可能出现一个自由派法官会投出保守主义一票的情形（反之亦然），法官的投票记录只是 75
他个人意识形态的基准而已。不过，有一种事后量度的方法可以避免循环论证的情况出现。首先，在一个小范围领域的法律问题上界定司法投票的意识形态倾向（例如，从某个法官的数据组中排除掉其处理的宪法第一修正案的案件），然后基于他在其他所有案件的表决行为来重新估算这个法官的马丁－奎恩得分，目的是看一下这一得分情况是否可以准确地契合他在宪法第一修正案案件中的表决行为。

回到刚才所讲的杨的方法中的一个创新，即以上诉审维持地区法院裁决的标准比例为基准，来比较某个法官推翻原审裁决的比例。如果有些法官不成比例地推翻地区法院的自由主义倾向裁决，那么这就说明这些法官是属于保守派阵营的，而不只是通过看法官的投票是否被记录为保守主义的一票来判断他们的意识形态，因为实际上这些表决行为可能是基于非意识形态化的法理分析而作出的。

较之简单地计算一下自由派和保守派法官的数量，对法官意识形态的定性分析有助于我们更好地理解这一问题。我们在本书第三章中将使用的评估联邦最高法院大法官意识形态的方法之一就是基于二次文献将大法官们分类为保守派、中立派以及自由派。大多数这类文献并不是基于定量分析的研究，它们不仅仅是从法官的表决行为（尽管这也是一个主要的来源），而且是从司法意见书以及其他地方所表现出来的意识形态倾向来推断法官的意识形态。

由于法官意识形态的事后量度（除了丹尼尔斯基的方法）是需要基于司法表决中的意识形态化合价（ideological valence）而作出的，因此我们需要给出这一化合价的值。作为一名律师和政治学家，哈罗德·斯佩思

(Harold Spaeth)创建了美国联邦最高法院司法数据库,[27]由此给我们提供了关于联邦最高法院的必要数据。斯佩思数据库收录了关于每一起案件的数以百计的信息,其中包括了法庭的裁决(以及每一位大法官的表决)是自由主义倾向的,还是保守主义倾向的。斯佩思的分类方法与传统的理解是一致的。例如,"自由主义"的投票指的是在刑事案件中支持被告人,在公民权利案件中支持妇女和少数民族,在宪法第一修正案、隐私权以及正当程序案件中支持个人对抗政府,支持工会和个人对抗雇主,以及支持政府管制商业活动。"保守主义"的投票则正好与之相反。不过,我们在本书
76 第三章中将对部分上述归类方式提出质疑;我们将使用修正版本的斯佩思数据库来进行关于联邦最高法院的经验研究。[28]

我们所主要使用的关于联邦上诉法院法官表决行为的数据库是美国联邦上诉法院数据库[即由唐纳德·桑格(Donald Songer)建立的桑格数据库][29]以及卡斯·桑斯坦和他的同事建立的一个数据库。[30] 对于第一个数据库,我们做了一些修正(这里的修正要超过我们对斯佩思数据库所做的修正);对于第二个数据库,我们做了更新和扩充,本书第四章中会对此进行解释。

我们关于联邦地区法院的数据部分地来源于经过我们更新之后的桑斯坦数据库(桑斯坦数据库只涵盖了联邦上诉法院裁决,不过他们所作出裁决针对的上诉案件却是来自于联邦地区法院);部分数据来源于我们根据联邦地区法院裁决而建立起来的数据库,不过其中排除了那些没有有效诉求的案件;另外一部分数据则来源于锡拉丘兹大学(Syracuse University)的交易记录信息获取中心项目(Transactional Records Access Clearinghouseprogram,TRAC)所收集的法院裁决数据。

㉗ See supremecourtdatabase. org (visited Dec. 9,2011).

㉘ 关于对这一数据库的其他批评意见,可参见以下论文。Anna L. Harvey and Michael Woodruff,"Confirmation Bias in the United State Supreme Court Judicial Database," *Journal of Law, Economics, and Organization*(forthcoming); Carolyn Shapiro, "The Context of Ideology: Law, Politics, and Empirical Legal Scholarship," 75 *Missouri Law Review* 75, 91 – 104 (2010); Shapiro, "Coding Complexity: Bringing Law to the Empirical Analysis of the Supreme Court," 60 *Hastings Law Journal* 477 (2009). 下一章中,我们将讨论夏皮罗(Shapiro)在她2010年的这篇文章中提出的批评意见。

㉙ "Judicial Research Initiative," www. cas. sc. edu/poli/juri/appct. htm (visited Dec. 9,2011).

㉚ Cass R. Sunstein et al., *Are Judges Political? An Empirical Analysis of the Federal Judiciary* (2006).

桑格数据库和桑斯坦数据库的内容局限于已经公开的上诉审裁决(某种意义上说就是可以被当作先例来引用的裁决)。我们在第一章里面已经解释过,这一数据库内容的局限性不算是一个问题。

已有的关于法官意识形态的研究

迄今关于法官意识形态的研究大多集中于联邦最高法院的大法官们身上(可参见本章附录中的文献列表),我们在这里稍微提及一下即可。有一些研究提出了以下的问题:保守派大法官是不是有更大的可能去投票推翻自由主义倾向的先例并废弃自由主义色彩的成文立法,而自由派大法官是不是有更大的可能去投票推翻保守主义倾向的先例? 回答是肯定的。[31] 77
类似地,研究发现,自由派大法官更有可能投票否决保守主义倾向的法律,而保守派大法官则有更大的可能去投票否决自由主义倾向的法律。[32] 从20世纪60年代开始,这一趋势就越发明显,[33]这也证实了人们的一个推断,即司法的自我克制早已衰落[34]了。

有一项研究发现,大法官在非一致意见裁决的(因此是"势均力敌"的)宪法性质刑事案件(constitutional criminal case)中投票支持政府的频率与他们在非一致意见裁决的成文法性质刑事案件(statutory criminal case)中投票支持政府的频率高度相关。[35] 一部分大法官倾向于支持政府的立场,

---

[31] Stefanie A. Lindquist and Frank B. Cross, *Measuring Judicial Activism* 129 (2009); Lori A. Ringhand, "Judicial Activism: An Empirical Examination of Voting Behavior on the Rehnquist Natural Court," 24 *Constitutional Commentary* 43 (2007); Jeffrey A. Segal and Robert M. Howard, "How Supreme Court Justices Respond to Litigant Requests to Overturn Precedent," 85 *Judicature* 148 (2001); Thomas G. Hansford and James F. Spriggs II, *The Politics of Precedent* (2006); Saul Brenner and Harold J. Spaeth, *Stare Indecisis* (1995).

[32] Jeffrey A. Segal and Harold J. Spaeth, *The Supreme Court and the Attitudinal Model Revisited* 416 (2002); Lindquist and Cross, note 31, at 61, 80; Lee Epstein and Andrew D. Martin, "Is the Roberts Court Especially Activist? A Study of Invalidating (and Upholding) Federal, State, and Local Laws: 1969 - 2009 Terms," *Emory Law Journal* (forthcoming).

[33] Lee Epstein and William M. Landes, "Was There Ever Such a Thing as Judicial Self Restraint?" 100 *California Law Review* 557 (2012).

[34] Richard A. Posner, "The Rise and Fall of Judicial Self-Restraint," 100 *California Law Review* 519 (2012).

[35] Ward Farnsworth, "Signatures of Ideology: The Case of the Supreme Court's Criminal Docket," 104 *Michigan Law Review* 67 (2005).

而另一部分大法官则倾向于支持刑事案件中的被告人,这样的一种立场选择也就解释了他们在势均力敌案件中的表决行为,无论该案件是宪法性质的案件还是成文法性质的案件。由于这两类案件涉及的宪法和成文刑法的文本内容差异巨大,因此按照法条主义者的逻辑,案件裁判的结果应当是取决于法律文本的内容。尽管这项研究只是基于司法表决而进行的,但它提供了有说服力的证据,证明了意识形态对大法官的表决行为是有影响的。

研究还发现,意识形态会影响大法官投票选择哪些案件来进行审理。保守派大法官倾向于投票选择那些较低层级法院所作出的自由主义色彩的裁决,自由派则恰恰与之相反。[36] 意识形态对联邦最高法院受理案件
78 列表的影响是显而易见的。[37] 其他的一些研究显示了,在特别重要的案件中,首席大法官在分配多数意见书起草工作的时候,更愿意将这项工作交给与他有共同意识形态的大法官,而不是交给其他大法官。[38]

作为对法官行为进行社会科学研究的引领者,政治学家们对联邦最高法院所做的研究要远远超过对其他法院进行的研究。在国家的政治生活中,其他法院扮演的角色相对不重要,而要获取并处理关于这些法院的数据也不是那么容易的。这些法院所受到的约束要多于联邦最高法院所受到的约束,因此意识形态对这些法院裁决产生的影响也就相对较小(研究法院问题的政治学家们的主要兴趣点就是意识形态)。不过,要是你认为对于这些法院来说,意识形态或者其他非法律条文的影响因素是不存在的,那就错了。从对联邦上诉法院的关注开始,我们将修正这一平衡关系,本章也将强调对这些法院进行研究的重要性。

有一项早期研究针对的是勒恩德·汉德担任首席法官期间的联邦第二巡回上诉法院。该项研究揭开了法院两位著名法官杰罗姆·弗兰克和

---

[36] Ryan J. Owens, "The Separation of Powers and Supreme Court Agenda Setting," 54 *American Journal of Political Science* 412 (2010); Ryan C. Black and Ryan J. Owens, "Agenda Setting in the Supreme Court: The Collision of Policy and Jurisprudence," 71 *Journal of Politics* 1062 (2009); Segal and Spaeth, note 32 above, at 265 – 267; Saul Brenner and John F. Krol, "Strategies in Certiorari Voting on the United States Supreme Court," 51 *Journal of Politics* 828 (1989).

[37] See Gregory Caldeira and John Wright, "Organized Interests and Agenda Setting in the U. S. Supreme Court," 82 *American Political Science Review* 1109 (1988).

[38] Forest Maltzman, James Spriggs, and Paul Wahlbeck, *Crafting Law on the Supreme Court* 48 – 51 (2000). 当首席大法官属于多数派的时候,他有权指定多数意见书的起草人;如果首席大法官不属于多数派,那多数派中任职年限最长的大法官将决定起草人。

查尔斯·克拉克(Charles Clark)长期以来孩子气般的争执(这提醒我们,在上诉法院内部维系良好同事关系的重要性和困难程度),并且根据裁决被联邦最高法院维持或者推翻的情况,用表格列出了每一位法官的得分情况,由此显示了联邦第二巡回上诉法院的自由派法官与联邦最高法院的自由派大法官趋向于以同样的方式在进行投票;两个法院的保守派法官也同样如此。[39] 另一项早期的研究则发现,那些被提名任职的时候身份为民主党党员的联邦上诉法院法官较之共和党出身的法官更倾向于在劳资纠纷的案件中表决支持工会的立场,而在反垄断侵权案件中不支持被指控的公司一方。[40]

桑斯坦的数据库显示了,在许多法律领域的案件中,法官的表决行为是带有意识形态色彩的,但值得注意的是,刑事案件属于例外。确实,有一 79
项研究发现,对于刑事案件的处理,联邦上诉法院法官和联邦最高法院大法官之间存在着同样的意识形态分裂(ideological split)的现象。[41] 然而,另外一项研究发现,共和党总统提名的法官在81.5%的刑事案件中作出了支持政府的裁决,而民主党总统所提名法官的这一数据是76.2%。[42] 尽管这样的一种差异在统计学上是显著的,但是和联邦最高法院审理的刑事案件的情况相比较,并没有达到"近乎彻底地"意识形态化的程度。[43]

一项基于参议员礼遇准则来对法官意识形态进行打分的研究也同样地发现了,联邦上诉法院法官的表决行为与其意识形态之间的关联程度要弱于联邦最高法院大法官的表决行为与其意识形态之间的关联程度。[44] 80
图2.3展示了这一结论。另外一项研究则将所有的上诉案件分为七种类型(刑事案件、公民权利案件、宪法第一修正案案件、正当程序案件、隐私权案件、劳工案件以及经济案件),结果发现除了两类案件(宪法第一修正案案

---

[39] Marvin Schick, *Learned Hand's Court* (1970).

[40] Sheldon Goldman, "Voting Behavior on the United States Courts of Appeals, 1961 – 1964," 60 *American Political Science Review* 374 (1966).

[41] Ward Farnsworth, "The Role of Law in Close Cases: Some Evidence from the Federal Courts of Appeals," 86 *Boston University Law Review* 1083 (2006).

[42] Jeffrey A. Segal, Harold J. Spaeth, and Sara C. Benesh, *The Supreme Court in the American Legal System* (2005).

[43] Id. at 237 – 238.

[44] Jeffrey A. Segal, "Judicial Behavior," in *The Oxford Handbook of Law and Politics* 19 – 35 (Keith E. Whittington, R. Daniel Kelemen, and Gregory A. Caldeira eds. 2008).

件和隐私权案件)外,其他类型案件的意识形态效应都很小,但是具有统计学上的显著性。[45] 对这方面经验研究文献的全面考察显示了,联邦上诉法院的意识形态效应只有联邦最高法院的一半强,在联邦地区法院层面就更弱了,而到了各州初审法院的层面,这种效应就基本上不存在了。[46]

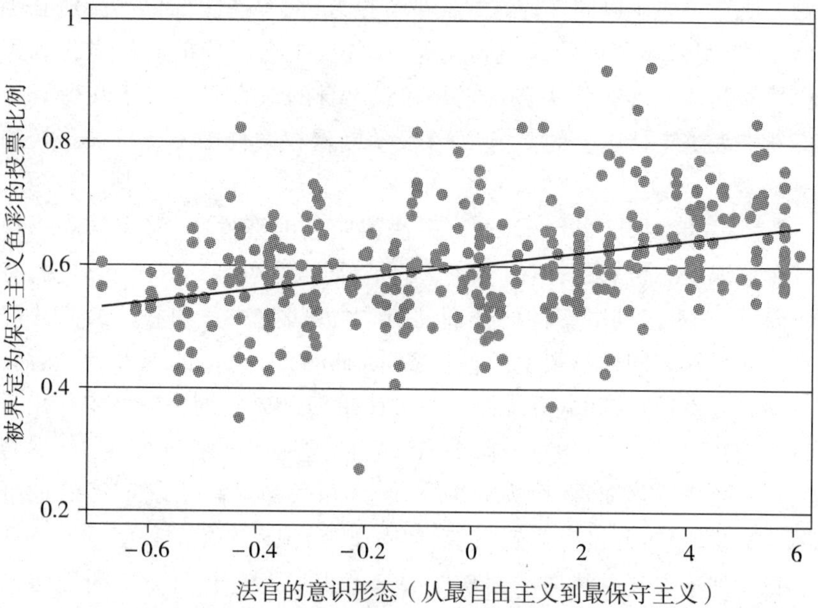

图 2.3　美国联邦上诉法院法官的意识形态与其表决行为的关系

说明:1. 数据来源于杰弗里·西格尔:《司法行为》,本章前文脚注㊹。

2. 图中每一个点代表一位法官。法官距离回归(斜)线越近,表明法官的意识形态(用基于参议员礼遇准则的方法来量度)与其表决行为的关系更加紧密。相关性是 0.4。只有在至少 20 个案件中进行过表决的法官才被统计在内。

对于庇护请求(流亡者申请继续留在美国,他们的理由是一旦被遣返就会遭受迫害)案件的裁判可以进一步地说明意识形态因素对于联邦上诉法院的影响。[47] 庇护申请的案件是由移民法官(《宪法》第一条所界定的司

㊺ Frank B. Cross, *Decision Making in the U. S. Courts of Appeals* 27 (2007).

㊻ Daniel R. Pinello, "Linking Party to Judicial Ideology in American Courts: A Meta-Analysis," 20 *Justice System Journal* 219 (1999).

㊼ Philip Schrag, Andrew J. Schoenholtz, and Jaya Ramji-Nogales, *Refugee Roulette: Disparities in Asylum Adjudication and Proposals for Reform* (2009).

法官员）负责审理的，首次上诉需要向移民上诉委员会（Board of Immigration Appeals，BIA）提出，而如果 BIA 否决了庇护申请，则该外国人可要求移民法官作出裁判所在地归属的联邦上诉法院进行司法复审。在这类庇护申请案件中，尽管各家上诉法院审查的是同一家机构（BIA）作出的决定，并且适用的是同样的联邦法律规则，但是不同的法院推翻 BIA 决定的比例呈现出巨大的差异，比例最高的是第七巡回上诉法院，为 34%，而比例最低的是第四巡回上诉法院，2%。[48] 即便修正了庇护申请人来源国家不同而导致的区域差异因素，[49]不同法院之间的裁决差异仍然存在，这是无法用司法决策的法条主义模型来给出解释的。之所以出现 BIA 决定被推 81
翻比例的差异，不同法官对待外国人的不同态度一定起到了关键性的作用，而近来引发自由派与保守派之间关于移民政策的争论则显示了，法官对待外国人的不同态度其实大致是源自于意识形态的区别。

越来越多的研究发现联邦上诉法院存在法庭组成效应（panel composition effect）。[50] 桑斯坦和他的同事所研究的法官在超过 50% 的平权措施（affirmative action）案件中投票否决了平权措施的有效性，相比较而言，民主党总统提名的法官在这一问题上的数据是 25%。不过，如果法庭的三位法官都是由共和党总统提名的，那前一个数据将上升为 67%；而当全部三位法官都是由民主党总统提名的时候，后一个数据则减少为 20%。尽管法庭组成效应并不局限于意识形态事项，不过我们通常的方法还是选取意识形态的代理变量。当一位白人法官与一位黑人法官在同一个法庭中审理案件，那这位白人法官在选举权案件中投票支持黑人胜诉的概率就

---

[48] Philip Schrag, Andrew J. Schoenholtz, and Jaya Ramji-Nogales, *Refugee Roulette: Disparities in Asylum Adjudication and Proposals for Reform* (2009). at 80.

[49] Id. at 80 – 81. Cf. David S. Abrams, Marianne Betrand, and Sendhil Mullainathan, "Do Judges Vary in their Treatment of Race?" *Journal of Legal Studies* (forthcoming); Moses Shayo and Asaf Zussman, "Judicial Ingroup Bias in the Shadow of Terrorism," 126 *Quarterly Journal of Economics* 1447 (2011); Lisa Baldez, Lee Epstein, and Andrew D. Martin, "Doesthe U. S. Constitution Need an Equal Rights Amendment?" 35 *Journal of Legal Studies* 243 (2006).

[50] Sunstein et al., note 30 above; Virginia A. Hettinger, Stefanie A. Lindquist, and Wendy L. Martinek, *Judging on a Collegial Court: Influenceson Federal Appellate Decision Making* (2006); Frank B. Cross and Emerson H. Tiller, "Judicial Partisanship and Obedience to Legal Doctrine: Whistleblowing on the Federal Courts of Appeals," 107 *Yale Law Journal* 2155 (1998); Richard L. Revesz, "Environmental Regulation, Ideology, and the D. C. Circuit," 83 *Virginia Law Review* 1717 (1997).

会上升。[51] 对于一个男性法官来说，如果他所在的三人法庭中有女性法官的话，那在审理涉及歧视妇女的雇佣纠纷案件中，这位男性法官支持原告诉求的可能性就会显著地变大。[52]

与之相关的一个发现是，在其他条件都相同的情况下，如果联邦最高法院大法官认为他们在可能的案件审理中会最终站在败诉一方的立场上的话，那他们就会不大愿意投票支持发出调卷令(certiorari)，即便他们本意是希望推翻较低层级法院的裁决——这就是所谓的“防御性拒绝”(defensive denial)调卷令。[53] 另外还有证据显示，当大法官同意较低层级法
82 院的裁决内容，并且相信大多数联邦最高法院的同事也持有同样的观点，这时候大法官会投票支持联邦最高法院受理这一案件，目的是用联邦最高法院给这份司法意见书增加权重，这就是所谓的“进攻性授予”(aggressive grant)调卷令。其他的研究则集中于大法官们如何通过书面的沟通来试图彼此施加影响。[54]

鉴于司法体系是有层级性的，因此我们预期这种层级性会产生附加效应，而这种效应则来自于上诉审司法决策的群体性特征。例如，由于判决或者决定有可能会被推翻，这就构成了对较低层级法院法官以及行政官员的行为约束。如果裁决被推翻的话，一些法官可能会感到尴尬，或者更有可能的一种情形是，法官会因为他的裁决经常被推翻而感到尴尬。不过对于另外一些法官来说，他们并没有对其司法上级心怀敬意，故而可能会把

---

[51] Adam B. Cox and Thomas J. Miles, “Judging the Voting Rights Act,” 108 *Columbia Law Review* 1 (2008); Sean Farhang and Gregory Wawro, “Institutional Dynamics on the U. S. Court of Appeals: Minority Representation under Panel Decision Making,” 20 *Journal of Law, Economics, and Organization* 299 (2004).

[52] Christina L. Boyd, Lee Epstein, and Andrew D. Martin, “Untangling the Causal Effects of Sex on Judging,” 54 *American Journal of Political Science* 389 (2010). Also see Jennifer L. Peresie, “Female Judges Matter: Gender and Collegial Decisionmaking in the Federal Appellate Courts,” 114 *Yale Law Journal* 1759 (2005)。

[53] Gregory A. Caldeira, John R. Wright, and Christopher Zorn, “Strategic Voting and Gatekeeping in the Supreme Court,” 15 *Journal of Law, Economics, and Organization* 549 (1999). Also see H. W. Perry, *Deciding to Decide* (1991)。

[54] Also see Forrest Maltzman, James F. Spriggs II, and Paul J. Wahlbeck, *Crafting the Law on the Supreme Court: The Collegial Game* (2000); Wahlbeck, Spriggs, and Maltzman, “Marshalling the Court: Bargaining and Accommodation on the United States Supreme Court,” 42 *American Journal of Political Science* 294 (1998); Lee Epstein and Jack Knight, *The Choices Justices Make* (1998).

裁决被推翻视为自身荣誉的一种象征,并因为藐视较高层级的司法权威而自我陶醉。并且,假如案件裁决被推翻的比例很低的话,那这就对较低层级法院法官的行为根本产生不了任何影响。

可以证明联邦地区法官存在"避免案件裁决被推翻"心态的事实是,较之他们的本意,自由派法官会作出相对更多的保守主义色彩的裁决,而保守派法官则会作出相对更多的自由主义色彩的裁决。[55] 我们来比较这么两个法官,第一个是民主党总统提名的法官,并且对他所作裁决的上诉审查是在一个由民主党总统提名的法官控制的上诉法院;第二个法官也是由民主党总统提名的,但其潜在的上诉审是在由共和党总统提名的法官控制的上诉法院。平均起来,第一个法官对罪犯的量刑比第二个法官要少四个月。[56] 因此,如果地区法院法官希望避免出现裁决被推翻的结果,那他的意识形态特征就会变得模糊,这也就解释了为什么关于地区法院法官司法决 83
策中意识形态因素的经验研究往往得出互相矛盾的结论。[57]

存在这样一种司法复审程序,它不是在上一层级的法院进行的,而是由法官的同事们来完成的,这就是联邦上诉法院的满席审理程序(en banc proceeding)。针对 1942 年至 1999 年这一程序的分析发现,随着法官平均服务年限的增长,这类复审案件的数量会趋于减少。研究者对此现象的推断是,一个在意识形态上处于少数派位置的法官在逐渐了解了其同事的思想倾向之后,会修正他自己司法裁决的方向,以降低他所审理的案件进入

---

[55] Kirk A. Randazzo, "Strategic Anticipation and the Hierarchy of Justice in the U. S. District Courts," 36 *American Politics Research* 669 (2008).

[56] Max M. Schanzenbach and Emerson H. Tiller, "Strategic Judging under the U. S. Sentencing Guidelines: Positive Political Theory and Evidence," 23 *Journal of Law, Economics, and Organization* 24 (2007).

[57] See Denise M. Keele et al., "An Analysis of Ideological Effects in Published versus Unpublished Judicial Opinions," 6 *Journal of Empirical Legal Studies* 213 (2009); Kevin M. Clermont and Theodore Eisenberg, "CAFA Judicata: A Tale of Waste and Politics," 156 *University of Pennsylvania Law Review* 1553 (2008); Joseph L. Smith, "Patterns and Consequences of Judicial Reversals: Theoretical Considerations and Data from a District Court," 27 *Justice System Journal* 28 (2006); C. K. Rowland and Robert A. Carp, *Politics and Judgment in Federal District Courts* (1996); Orley Ashenfelter, Theodore Eisenberg, and Stewart J. Schwab, "Politics and the Judiciary: The Influence of Judicial Background on Case Outcomes," 24 *Journal of Legal Studies* 257 (1995); Mark A. Cohen, "The Motives of Judges: Empirical Evidence from Antitrust Sentencing," 12 *International Review of Law and Economics* 13 (1992); Cohen, "Explaining Judicial Behavior or What's 'Unconstitutional' about the Sentencing Commission," 7 *Journal of Law, Economics, and Organization* 183 (1991).

满席审理程序的可能性。[58]

大体上来说,法官避免案件裁决被推翻的心态更多地存在于联邦地区法院,而非联邦上诉法院,这是因为地区法院裁决被推翻的比例远远高于上诉法院。尽管联邦最高法院改判了大约三分之二的案件,但是联邦最高法院只是对联邦上诉法院(以及州法院)中很小一部分的案件进行了复审。不过,一项针对涉及宪法第一修正案国教条款(establishment clause)案件的研究所得出的结论是,联邦上诉法院法官通常会"忠实地执行"联邦最高法院的裁决内容,[59]研究者的意思是上诉法院法官们并不是为了避免案件裁决被推翻。我们大概可以这样来推断,对于那些不希望裁决被推翻的法官来说,如果联邦最高法院的多数大法官是属于保守派阵营,那么这些法官不会太在意自由主义倾向的先例,而如果多数联邦最高法院大法官是属于自由派阵营的,那么这些法官则不会太多关注保守主义倾向的先例,但是这项研究并不支持这一推论。不过,另外一项研究从联邦上诉法院对联邦最高法院司法意见书的10,000项引用中随机抽取了500项,结果得出了与其相反的结论。[60] 研究发现,当现在联邦最高法院组成人员的意识形态结构与当初作出某项先例的联邦最高法院组成人员的意识形态结构相类似
84 的时候,上诉法院会在70%的案件中遵循先例,而背离先例的案件比例低于15%(这里,研究者所谓"背离"的意思就是对联邦最高法院的裁决进行"区分",也就是认定该先例无法适用于本案。而要是承认联邦最高法院先例与案件情况是完全吻合的,那么较低层级法院的法官是没有办法公然地拒绝遵循先例的)。不过,当现在联邦最高法院组成人员的意识形态结构与当初作出某项先例的联邦最高法院组成人员的意识形态结构不一样的时候,上诉法院遵循先例的概率从70%下降至30%。

---

[58] Michael Giles et al.,"The Etiology of the Occurrence of En Banc Review in the U.S. Court of Appeals," 51 *American Journal of Political Science* 449 (2007).

[59] Jennifer K. Luse et al.,"'Such Inferior Courts . . .':Compliance by Circuits with Jurisprudential Regimes," 37 *American Politics Research* 75 (2009).

[60] Chad Westerland et al.,"Strategic Defiance and Compliance in the U.S. Courts of Appeals,"54 *American Journal of Political Science* 891 (2010).

其他影响因素

研究发现，法官行为的影响因素不仅仅只有意识形态，尽管在法条主义者看来这些影响都是不合理的。我们来考察一下由总统和国会施加给法官以及大法官的影响因素。这些政府分支可以通过很多方式来影响联邦法院，包括制定预算、提名法官、执行司法令状以及通过立法来否定司法裁决所确立的规则（只要这些司法裁绝不是在解释宪法）。[61] 至于法官和大法官是如何回应立法部门和行政部门的诉求的，理论界在这一问题上是存在争议的。[62] 在一些政治学家看来，人们没有理由认为有终身职位保障的联邦法官们会对这些部门有所关注。[63] 其他一些政治学家则把大法官们看作是"一心一意追求实现法律政策的人"[64]，他们会怀疑大法官们有什么道理去作出一个明知会被国会立法推翻的司法裁决。尽管最早的经验研究之一[65]得出的结论是"法院对于……国会向其昭示的意图并不感兴趣"[66]， 85
但此后的研究发现，其他政府分支确实影响了法院的司法决策。[67] 对此，原先持前一种观点的学者后来也认可了这样的结论，他发现只要法院与国会

[61] See Gerald N. Rosenberg, "Judicial Independenceand the Reality of Political Power," 54 *Review of Politics* 369 (1992); Terri Jennings Peretti, *In Defense of a Political Court* (1999); Frank B. Cross and Blake J. Nelson, "Strategic Institutional Effects on Supreme Court Decision Making," 95 *Northwestern University Law Review* 1437 (2001); William N. Eskridge, Jr., "Overriding Supreme Court Statutory Interpretation Decisions," 101 *Yale Law Journal* 331 (1991).

[62] See Pablo T. Spiller and Rafael Gely, "Strategic Judicial Decision Making," in *The Oxford Handbook on Law and Politics*, note 44 above, at 34–35.

[63] 例如，可参见 Segal and Spaeth 的论文，本章前文脚注[32]。

[64] Tracey George and Lee Epstein, "On the Nature of Supreme Court Decision Making," 86 *American Political Science Review* 323, 325 (1992).

[65] Jeffrey A. Segal, "Separation-of-Powers Games in the Positive Theory of Congress and Courts," 91 *American Political Science Review* 28 (1997).

[66] Spaeth and Segal, note 32 above, at 348.

[67] 例如，可参见以下论文。Anna Harvey and Barry Friedman, "Ducking Trouble: Congressionally Induced Selection Bias in the Supreme Court's Agenda," 71 *Journal of Politics* 574 (2009); Tom S. Clark, "The Separation of Powers, Court Curbing, and Judicial Legitimacy," 53 *American Journal of Political Science* 971 (2009); Mario Bergara, Barak Richman, and Pablo T. Spiller, "Modeling Supreme Court Strategic Decision Making: The Congressional Constraint," 28 *Legislative Studies Quarterly* 247 (2003); Lee Epstein, Jack Knight, and Andrew D. Martin, "The Supreme Court as a Strategic National Policymaker," 50 *Emory Law Journal* 583 (2001).

众议院(相对参议院,众议院的意识形态和法官更为接近)在意识形态问题上距离越大,那么法院越是不可能推翻联邦立法。[68] 因此,国会之所以很少会去通过立法来使得司法裁决失效,很少削减法院的预算,很少弹劾法官,也很少去试图弱化司法制度的正统性,原因可能就在于大法官们事实上已经感受到上述威胁的存在,因而在行事的时候考虑了这些因素的影响。[69]

如果法官迎合了民选官员的喜好,那这就意味着法官起码间接地迎合了公众的喜好,因为民选官员总要迎合公众的喜好。如果法官是民选的话,人们会认为,在这种情况下法官的行为和公众的喜好之间会有直接的联系。[70] 尽管早先的研究发现没有什么证据可以支持这一想法,并且认为选民实际上对于司法裁决的情况不甚了了,以至于民选法官完全可以高枕
86 无忧地忽略选民们的喜好,[71]但是近来的研究却得出了相反的结论。[72] 例

[68] See Jeffrey A. Segal, Chad Westerland, and Stefanie A. Lindquist, "Congress, the Supreme Court, and Judicial Review: Testing a Constitutional Separation of Powers Model," 55*American Journal of Political Science* 89 (2011).

[69] 在国外有许多类似的情形。例如,一项针对德国宪法法院(欧洲权力最大的法院之一)的研究显示,法官在作出裁决之前会考量国会的(以及公众的)偏好以及他们对判决的可能反应。Georg Vanberg, *The Politics of Constitutional Review in Germany* 119 – 130 (2005).

[70] 例如,参见 Melinda Gann Hall, "Constituent Influence in State Supreme Court: Conceptual Notes and a Case Study," 49 *Journal of Politics* 1117 (1987)。最近的研究包括:Brandice Canes-Wrone, Tom S. Clark, and Jee-Kwang Park, "Judicial Independenceand Retention Elections." *Journal of Law, Economics, and Organization* (forthcoming); Joanna M. Shepherd, "Money, Politics, and Impartial Justice," 58 *Duke Law Journal* 623 (2009), 以及 "The Influence of Retention Politics on Judges' Voting," 38 *Journal of Legal Studies* 169 (2009); Richard Caldarone, Brandice Canes-Wrone, and Tom S. Clark, "Partisan Labels and Democratic Accountability: An Analysis of State Supreme Court Abortion Decisions," 71 *Journal of Politics* 560 (2009)。

[71] 例如,参见 Bradley C. Canon and Dean Jaros, "External Variables, Institutional Structure and Dissent on State Supreme Courts," 3 *Polity* 183 (1980); Victor Eugene Flango and Craig R. Ducat, "What Difference Does Method of Judicial Selection Make? Selection Procedures in State Courts of Last Resort," 5 *Justice System Journal* 25 (1979)。

[72] 例如,参见 Canes-Wrone, Clark, and Park 的文章,本章前文脚注[70]; Caldarone, Canes-Wrone, and Clark, 本章前文脚注[70]; Alexander Tabarrok and Eric Helland, "Court Politics: The Political Economy of Tort Awards," 42 *Journal of Law and Economics* 157 (1999); Steven P. Croly, "The Majoritarian Difficulty: Elective Judiciaries and the Rule of Law," 62 *University of Chicago Law Review* 689 (1995); Daniel R. Pinello, *The Impact of Judicial Selection Methodon State-Supreme-Court Policy: Innovation, Reaction and Atrophy* (1995).

如，民选法官不大愿意发表不同意见，[73]原因就是他们不希望在选举中由于和选民的意愿相悖而遭到"木秀于林，风必摧之"[74]那般的下场。研究发现，如果所在选区的选民是强烈支持死刑的话，那么该州最高法院法官推翻一项死刑裁决的可能性就减少13%。[75] 一项针对芝加哥警署记录的所有凶杀罪犯的研究显示，如果负责审判的法官当时正处于改选年度，那么有罪被告人被判死刑的概率会显著上升；[76]一项针对48个州7000起民事案件的研究发现，较之因提名而任职的法官，民选法官更倾向于作出有利于本州原告，而不利于其他州企业的具有财富再分配性质的裁决。[77]

对于并非选举产生的联邦法官来说，他们是否会受到选举结果的影响 87
或者去顺应强大的民意潮流，这是不确定的，因为那些可以影响到民意的强大力量同样可以影响法官的行为，毕竟法官也是社会公众的成员之一。只有一项研究认为联邦法官会受到民意影响的观点是站不住脚的，[78]其他的研究都发现了，无论有意还是无意，一些大法官的态度会随着长期的公

---

[73] Paul Brace and Melinda Gann Hall, "Integrated Models of Judicial Dissent," 55 Journal of Politics 919 (1993). 以州法官为对象的研究会遇到棘手的问题，那就是如何量度这些法官的事前意识形态。See Paul Brace, Laura Langer, and Melinda Gann Hall, "Measuring the Preferences of State Supreme Court Justices," 62 *Journal of Politics* 387 (2000); Lisa Baldez, Lee Epstein, and Andrew D. Martin, "Does the U. S. Constitution Need an ERA?" 35 *Journal of Legal Studies* 243 (2006). 通常的情况是，州法院的选举并非党派性质的选举，提名法官人选的政治派别是无法作为法官意识形态的代理变量的，而且法官本人可能是不属于任何政治派别的。

[74] Hall，本章前文脚注[70]，第1117页。

[75] Paul Brace and Brent D. Boyea, "State Public Opinion, the Death Penalty and the Practice of Electing Judges," 52 *American Journal of Political Science* 360 (2008).

[76] Richard R. W. Brooks and Steven Raphael, "Life Terms or Death Sentences: The Uneasy Relationship between Judicial Elections and Capital Punishment," 92 *Journal of Criminal Law and Criminology* 609 (2002). 类似地，一项针对22,000起人身侵犯、强奸和抢劫案件的研究发现，当法官即将竞选连任的时候，他的量刑会显著地加重。Gregory A. Huber and Sanford C. Gordon, "Accountability and Coercion: Is Justice Blind When It Runs for Office?" 48 *American Journal of Political Science* 48 (2004).

[77] 参见 Tabarrok and Helland 的文章，本章前文脚注[70]。

[78] Helmut Norpoth and Jeffrey A. Segal, "Comment: Popular Influence on Supreme Court Decisions," 88 *American Political Science Review* 711 (1994).

众情绪的变化或者其背后社会力量的变化而发生改变。[79] 不过,法官究竟是在迎合民意,还是在迎合导致那些民意形成的东西,这是不确定的。这就使得我们对以下的判断表示怀疑:“公共舆论(似乎可以)为法官的公共政策勾勒出大概的轮廓”。[80]

研究已经发现,当存在威胁国家安全的风险时,联邦最高法院会明显地较之在正常情况下更加倾向于克减公民的权利和自由。[81] 人们也已经发现,在战争期间,联邦上诉法院会倾向于在诉讼中支持政府一方,不过只限于刑事案件。[82] 还有人研究了经济周期对于司法决策的影响。对于政府作
88 为上诉方的案件,当经济繁荣的时候,开庭期内超过半数的大法官会投票支持政府的立场;而当经济陷入萧条的时候,这一比例则降至1/3。[83]

这些研究,尤其是与国家安全风险相关的研究,其实是含义不清的,因为对彼此冲突的利益进行平衡可能导致法院在危机期间站在了政府的一边,而即便是很多法条主义者都承认这样的一种利益平衡会恰当地影响法官的决策。如果情况是这样的话,那么法官对于危机的回应就不能被现实主义者用来反对关于法官行为的法条主义理论。

---

[79] Lee Epstein and Andrew D. Martin, "Does Public Opinion Influencethe Supreme Court? Possibly Yes (But We' re Not Sure Why)," 13 *Pennsylvania Journal of Constitutional Law* 263 (2010); Michael W. Giles, Bethany Blackstone, and Richard L. Vining, Jr., "The Supreme Court in American Democracy: Unraveling the Linkages between Public Opinionand Judicial Decision Making," 70 *Journal of Politics* 293 (2008); William Mishler and Reginald S. Sheehan, "The Supreme Court as a Countermajoritarian Institution? The Impact of Public Opinion on Supreme Court Decisions," 87 *American Political Science Review* 87, 88 (1993).

[80] Kevin T. Mc Guire and James A. Stimson, "The Least Dangerous Branch Revisited: New Evidence on Supreme Court Responsiveness to Public Preferences," 66 *Journal of Politics* 1018, 1019 (2004). Also see Barry Friedman, *The Will of the People: How Public Opinion Has Influenced the Supreme Court and Shaped the Meaning of the Constitution* (2009); Robert Erikson, Michael B. Mackuen, and James A. Stimson, *The Macro Polity* (2002); Thomas R. Marshall, *Public Opinion and the Supreme Court* (1989).

[81] Lee Epstein et al., "The Supreme Court during Crisis: How War Affects Only Non-War Cases," 80 *New York University Law Review* 1 (2005).

[82] Tom S. Clark, "Judicial Decision Making during Wartime," 3 *Journal of Empirical Legal Studies* 397 (2006). Also see Paul M. Collins, Jr., et al., "International Conflicts and Decision Making on the Federal District Courts," 29 *Justice System Journal* 121 (2008).

[83] Thomas Brennan, Lee Epstein, and Nancy Staudt, "Economic Trends and Judicial Outcomes: A Macrotheory of the Court," 58 *Duke Law Journal* 1191 (2009). Also see Nancy Staudt, *The Judicial Power of the Purse: How Judges Fund National Defense in Times of Crisis* (2011).

总结来说,现有的学术研究不仅已经创造了用于分析意识形态在法官决策过程中作用的工具,而且还证明了,我们在本书第一章中所称的“现实主义”可以被用来解释相当多法院(尽管不是所有的法院)中大量的法官行为。然而,尽管这些研究较之以往已经拓展了视野,但在很大程度上还是局限于美国联邦最高法院。本书之后几章的研究将同样地关注较低层级的联邦法院。现有研究强调的是作为法官主要行为激励的意识形态因素,并致力于验证与之相关的假设。我们将超越这一点,在法官激励与约束模型的基础上建构我们的经验分析,并且使用复杂的统计学方法来检验其准确性。

附录:法官行为的经验研究[84]

美国联邦最高法院

这方面有影响力的研究包括:C. Herman Pritchett, *The Roosevelt Court* (1948); Robert A. Dahl, “Decision Making in a Democracy: The Supreme 89
Court as a National Policy Maker,” 6 *Journal of Public Law* 279 (1956); Glendon A. Schubert, *The Judicial Mind* (1965); David W. Rohde and Harold J. Spaeth, *Supreme Court Decision Making* (1976); Jeffrey A. Segal, “Predicting Supreme Court Cases Probabilistically: The Search and Seizure Cases, 1962 – 1981,” 78 *American Political Science Review* 891 (1984); H. W. Perry, *Deciding to Decide* (1991); Pablo T. Spiller and Rafael Gely, “Congressional Control or Judicial Independence: The Determinants of U. S. Supreme Court Labor-Relations Decisions, 1948 – 1988,” 23 *RAND Journal of Economics* 463 (1992); JeffreyA. Segal and Harold J. Spaeth, *The Supreme Court and the Attitudinal Model Revisited* (2002); Lee Epstein and Jack Knight, *The Choices Justices Make* (1998); Charles M. Cameron, Jeffrey A. Segal, and Donald R. Songer, “Strategic Auditing in a Political Hierarchy: An

[84] 经验研究可以是定量的,也可以是定性的。我们将主要关注定量的研究,因为本书所进行的研究大多数是定量的。

Informational Model of the Supreme Court's Certiorari Decisions," 94 *American Political Science Review* 101 (2000); Andrew D. Martin and Kevin M. Quinn, "Dynamic Ideal Point Estimation via Markov Chain Monte Carlo for the U. S. Supreme Court, 1953 – 1999," 10 *Political Analysis* 134 (2002)。

关于联邦最高法院话题的深入研究覆盖了几乎所有的领域,甚至可以说已经被过度研究了。为了提升这份附录的价值,我们将主要关注几个领域的近来研究状况,首先就是关于联邦最高法院对于案件受理的选择,主要包括:Ryan C. Black and Christina L. Boyd, "US Supreme Court Agenda Setting and the Role of Litigant Status," 28 *Journal of Law, Economics, and Organization* (forthcoming, 2012); Saul Brenner and John F. Krol, "Strategies in Certiorari Voting on the United States Supreme Court," 51 *Journal of Politics* 828 (1989); Ryan J. Owens, "The Separation of Powers and Supreme Court Agenda Setting," 54 *American Journal of Political Science* 412 (2010); Ryan C. Black and Ryan J. Owens, "Agenda Setting in the Supreme Court: The Collision of Policy and Jurisprudence," 71 *Journal of Politics* 1062 (2009); Anna Harvey and Barry Friedman, "Ducking Trouble: Congressionally Induced Selection Bias in the Supreme Court's Agenda," 71 *Journal of Politics* 574 (2009)。

很多研究是关于司法意见书撰写工作的分配,例如:Paul J. Wahlbeck, "Strategy and Constraints on Supreme Court Opinion Assignment," 154 *University of Pennsylvania Law Review* 1729 (2006); Forrest Maltzman and Paul J. Wahlbeck, "A Conditional Model of Opinion Assignmenton the
90 Supreme Court," 57 *Political Research Quarterly* 551 (2004)。还有大量的研究有关司法意见书的撰写,包括撰写过程中的讨价还价、撰写所使用的方法、如何进行引证的操作等,例如:Jeffrey S. Rosenthal and Albert H. Yoon, "Detecting Multiple Authorship of United States Supreme Court Legal Decisions Using Function Words," 5 *Annals of Applied Statistics* 283 (2011); Jeffrey S. Rosenthal and Albert H. Yoon, "Judicial Ghostwriting: Authorship on the U. S. Supreme Court," 96 *Cornell Law Review* 1307 (2011); Pamela C. Corley, Paul M. Collins Jr., and Bryan Calvin, "Lower Court Influence on U. S. Supreme Court Opinion Content," 73 *Journal of Politics* 31 (2011); David S. Law and David Zaring, "Law Versus Ideology: The Supreme Court

and the Use of Legislative History," 51 *William and Mary Law Review* 1653 (2010); Pamela C. Corley, *Concurring Opinion Writing on the U. S. Supreme Court* (2010); Frank B. Cross et al., "Citations in the U. S. Supreme Court: An Empirical Study of Their Use and Significance," 2010 *University of Illinois Law Review* 489 (2010); James H. Fowler et al. "Network Analysis and the Law: Measuring the Legal Importance of Precedents at the U. S. Supreme Court," 15 *Political Analysis* 324 (2007); Paul J. Wahlbeck, James F. Spriggs II, and Lee Sigelman, "Ghostwriters on the Court? A Stylistic Analysis of U. S. Supreme Court Opinion Drafts," 30 *American Politics Research* 166 (2002)。

另外一个常见的领域是联邦最高法院对于联邦成文立法的合宪性审查以及国会对于这种审查的反应。参见 Greg Goelzhauser, "Avoiding Constitutional Cases," 39 *American Politics Research* 483 (2011); Stefanie A. Lindquist and Frank B. Cross, *Measuring Judicial Activism* (2009); Tom S. Clark, "The Separation of Powers, Court Curbing, and Judicial Legitimacy," 53 *American Journal of Political Science* 971 (2009); Tom S. Clark and Keith E. Whittington, "Ideology, Partisanship, and Judicial Review of Acts of Congress, 1790 - 2006" (unpublished, Princeton University 2007); Lori A. Ringhand, "Judicial Activism: An Empirical Examination of Voting Behavior on the Rehnquist Natural Court," 24 *Constitutional Commentary* 43 (2007); Jeffrey A. Segal and Chad Westerland, "The Supreme Court, Congress, and Judicial Review," 83 *North Carolina Law Review* 1323 (2005); James-Meernik and Joseph Ignagni, "Judicial Review and Coordinate Construction of the Constitution," 41 *American Journal of Political Science* 447 (1997)。

有大量的、不同类型的研究涉及了联邦最高法院与行政部门之间的关 91
系问题。例如，参见 Nancy Staudt, *The Judicial Power of the Purse* (2011); Daniel E. Ho and Kevin M. Quinn, "Did a Switch in Time Save Nine?" 2 *Journal of Legal Analysis* 69 (2010); Connor N. Raso and William N. Eskridge, Jr., "Chevron as a Canon, Not a Precedent: An Empirical Study of What Motivates Justices in Agency Deference Cases," 110 *Columbia Law Review* 1727 (2010); Chris Nicholson and Paul M. CollinsJr., "The Solicitor General's Amicus Curiae Strategies," 36 *American Politics Research* 382

(2008)。

关于民意对大法官的影响问题,参见例如:Lee Epstein and Andrew D. Martin,"Does Public Opinion Influence the Supreme Court? Possibly Yes (But We're Not Sure Why)," 13 *University of Pennsylvania Journal of Constitutional Law* 263 (2010); Christopher J. Casillas, Peter K. Enns, and Patrick C. Wohlfarth, "How Public Opinion Constrains the U. S. Supreme Court," 55 *American Journal of Political Science* 74 (2011); Kevin T. McGuire and James A. Stimson, "The Least Dangerous Branch Revisited," 66 *Journal of Politics* 1018 (2008); Michael W. Giles, Bethany Blackstone, and Richard L. Vining, Jr ., "The Supreme Court in American Democracy: Unraveling the Linkages between Public Opinion and Judicial Decision Making," 70 *Journal of Politics* 293 (2004); Roy B. Flemming and B. Dan Wood, "The Public and the Supreme Court: Individual Justice Responsiveness to American Policy Moods," 41 *American Journal of Political Science* 468 (1997); William Mishler and Reginald S. Sheehan, "Public Opinion, the Attitudinal Model, and Supreme Court Decision Making: A Micro-Analytic Perspective," 58 *Journal of Politics* 169 (1996); James A. Stimson, Michael B. MacKuen, and Robert S. Erikson, "Dynamic Representation," 89 *American Political Science Review* 543 (1995); Michael W. Link, "Tracking Public Mood in the Supreme Court: Cross-Time Analyses of Criminal Procedure and Civil Rights Cases," 48 *Political Research Quarterly* 61 (1995); Helmut Norpoth and Jeffrey A. Segal, "Popular Influence on Supreme Court Decisions,"88 *American Political Science Review* 711 (1994)。

利益集团(尤其是法庭之友)在联邦最高法院诉讼中的作用问题方面涌现了大量有趣的研究,包括许多由小保罗·M. 柯林斯(Paul M. Collins)所作的研究。参见他的作品:*Friends of the Court: Interest Groupsand Judicial Decision Making* (2008); "Counteractive Lobbying in the U. S. Supreme Court," 37 *American Politics Research* 670 (2009) (with Lisa A.
92 Solowiej); and "Amici Curiae and Dissensus on the U. S. Supreme Court," 5 *Journal of Empirical Legal Studies* 143 (2008)。另请参见 Joseph D. Kearney and Thomas W. Merrill, "The Influence of Amicus Curiae Briefs on the Supreme Court," 148 *University of Pennsylvania Law Review* 743 (2000);

Lee Epstein and Ryan J. Owen, "Amici Curiae during the Rehnquist Years," 89 *Judicature* 127 (2005)。

许多的经验研究聚焦于对先例作用的质疑,包括先例的确立及其重要性(或者不重要性)。例如,参见 Michael A. Bailey and Forrest Maltzman, "Does Legal Doctrine Matter? Unpacking Law and the Policy Preferences on the U. S. Supreme Court," 102 *American Political Science Review* 369 (2008); Tom S. Clark and Benjamin Lauderdale, "Locating Supreme Court Opinions in Doctrine Space," 54 *American Journal of Political Science* 871 (2010); Thomas G. Hansford and James F. Spriggs II, *The Politics of Precedent on the U. S. Supreme Court* (2006); Harold J. Spaeth and Jeffrey A. Segal, *Majority Rule or Minority Will: Adherence to Precedent on the U. S. Supreme Court* (1999); Mark J. Richards and Herbert M. Kritzer, "Jurisprudential Regimes in Supreme Court Decision Making," 96 *American Political Science Review*305 (2002) (不过还要参见 Jeffrey R. Lax and Kelly T. Radera, " Legal Constraintson Supreme Court Decision Making: Do Jurisprudential Regimes Exist?" 72 *Journal of Politics* 273 [2010]); Jack Knight and Lee Epstein, "The Norm of Stare Decisis," 40 *American Journal of Political Science*1018 (1996); Tracey E. George and Lee Epstein, "On the Nature of Supreme Court Decision Making," 86 *American Political Science Review* 323 (1992); Glenn A. Phelps and John B. Gates, "The Myth of Jurisprudence: Interpretive Theory in the Constitutional Opinions of Justices Rehnquist and Brennan," 31 *Santa Clara Law Review* 567 (1991)。

还有的研究是关于联邦最高法院大法官以及较低层级法院法官的提名。参见以下论文:Scott E. Graves and Robert M. Howard, *Justice Takes a Recess* (2009); Sarah A. Binder and Forrest Maltzman, *Advice and Dissent: The Struggle to Shape the Federal Judiciary* (2009); David M. Primo, Sarah A. Binder, and Forrest Maltzman, " Who Consents? Competing Pivots in Federal Judicial Selection," 52 *American Journal of Political Science* 471 (2008); Christine L. Nemacheck, *Strategic Selection: Presidential Nomination of Supreme Court Justices from Herbert Hoover through George W. Bush* (2007); Lee Epstein et al ., " The Changing Dynamics of Senate Voting on 93
Supreme Court Nominees,"68 *Journal of Politics* 296 (2006); Stephen Choi

and G. Mitu Gulati, "Choosing the Supreme Court: An Empirical Ranking of Judge Performance," 78 *Southern California Law Review* 23 (2004); Nancy Scherer, *Scoring Points* (2005); Lee Epstein and Jeffrey A. Segal, *Advice and Consent* (2005); Sarah A. Binder and Forest Maltzman, "The Limits of Senatorial Courtesy," 29 *Legislative Studies Quarterly* 5 (2004); Charles R. Shipan and Megan L. Shannon, "Delaying Justice(s): A Duration Analysis of Supreme Court Confirmations," 47 *American Journal of Political Science* 654 (2003); Sarah A. Binder and Forrest Maltzman, "Senatorial Delay in Confirming Federal Judges, 1947 – 1998," 46 *American Journal of Political Science* 190 (2002); Byron J. Moraski and Charles R. Shipan, "The Politics of Supreme Court Nominations: A Theory of Institutional Constraints and Choices," 43 *American Journal of Political Science* 1069(1999); Gregory A. Caldeira and John R. Wright, "Lobbying for Justice: Organized Interests, Supreme Court Nominations, and the United States Senate," 42 *American Journal of Political Science* 499 (1998)。

美国联邦上诉法院

这方面有影响力的研究包括: Sheldon Goldman, "Voting Behavior on the United States Courts of Appeals, 1961 – 1964," 60 *American Political Science Review* 374 (1966); J. Woodford Howard, Jr., *Courts of Appeals in the Federal Judicial System* (1981); Donald R. Songer, "Consensual and Nonconsensual Decisions in Unanimous Opinions of the United States Courts of Appeals," 26 *American Journal of Political Science* 225 (1982); Frank B. Cross and Emerson H. Tiller, "Judicial Partisanship and Obedience to Legal Doctrine: Whistleblowing on the Federal Courts of Appeals," 107 *Yale Law Journal* 2155 (1998); Michael W. Giles, Virginia A. Hettinger, and Todd Peppers, "Picking Federal Judges: A Note on Policy and Partisan Selection Agendas." 54 *Political Research Quarterly* 623 (2001); David E. Klein, *Making Law in the United States Courts of Appeals*(2002)。

近来的研究包括: Andreas Broscheid, "Comparing Circuits: Are Some U.S. Courts of Appeals More Liberal or Conservative than Others?" 45 *Law &*

Society Review 171 (2011); Christina L. Boyd, Lee Epstein, and Andrew D. Martin, "Untangling the Causal Effects of Sex The Previous on Judging," 54 94
American Journal of Political Science 389 (2010); David Zaring, "Reasonable Agencies," 96 *Virginia Law Review* 135 (2010); Chad Westerland et al., "Strategic Defiance and Compliance in the U. S. Courts of Appeals," 54 *American Journal of Political Science* 891 (2010); Banks Miller and Brett Curry, "Expertise, Experience, and Ideology on Specialized Courts," 43 *Law and Society Review* 839 (2009); Jaya Ramji-Nogales, Andrew I. Schoenholtz, and Philip G. Schrag, *Refugee Roulette: Disparities in Asylum Adjudication* (2009); Robert J. Hume, "Courting Multiple Audiences," 30 *Justice System Journal* 14 (2009); Tom S. Clark, "A Principal-Agent Theory of En Banc Review," 25 *Journal of Law, Economics, and Organization* 55 (2009); Jennifer K. Luse et al., "'Such Inferior Courts . . .': Compliance by Circuits with Jurisprudential Regimes," 37 *American Politics Research* 75 (2009); G. Mitu Gulati and Stephen J. Choi, "Bias in Judicial Citations: A Window into the Behavior of Judges?" 37 *Journal of Legal Studies* 87 (2008); Todd A. Collins and Laura P. Moyer, "Gender, Race, and Intersectionality on the Federal Appellate Bench," 61 *Political Research Quarterly* 219 (2008); Jason J. Czarnezki, "An Empirical Investigation of Judicial Decisionmaking, Statutory Interpretation, and the Chevron Doctrine in Environmental Law," 79 *University of Colorado Law Review* 767 (2008); Stephen J. Choi and G. Mitu Gulati, "Trading Votes for Reasoning: Covering in Judicial Opinions," 81 *Southern California Law Review* 735 (2008); Frank B. Cross, *Decision Making in the U. S. Courts of Appeals* (2007); Micheal W. Giles et al., "The Etiology of the Occurrence of En Banc in the U. S. Courts of Appeals," 51 *American Journal of Political Science* 449 (2007); Cass R. Sunstein et al., *Are Judges Political? An Empirical Analysis of the Federal Judiciary* (2006); Virginia A. Hettinger, Stefanie A. Lindquist, and Wendy L. Martinek, *Judging on a Collegial Court: Influences on Federal Appellate Decision Making* (2006); Thomas J. Miles and Cass R. Sunstein, "Do Judges Make Regulatory Policy? An Empirical Investigation of Chevron," 73 *University of Chicago Law Review* 823 (2006); David S. Law, "Strategic Judicial Lawmaking: Ideology, Publication,

and Asylum Law in the Ninth Circuit," 73 *University of Cincinnati Law Review* 817 (2005); Sean Farhang and Gregory Wawro, "Institutional Dynamics on the U. S. Court of Appeals: Minority Representation under Panel Decision Making," 20 *Journal of Law, Economics, and Organization* 299
95 (2004); David E. Klein and Robert J. Hume, "Fear of Reversal as an Explanation of Lower Court Compliance," 37 *Law and Society Review* 579 (2003); David E. Klein, *Making Law in the United States Court of Appeals* (2002); Sara C. Benesh, *The U. S. Court of Appeals and the Law of Confessions: Perspectives on the Hierarchy of Justice* (2002); Michael W. Giles, Virginia A. Hettinger, and Todd Peppers, "Picking Federal Judges: A Note on Policy and Partisan Selection Agendas," 54 *Political Research Quarterly* 623 (2001); John P. Kastellec, "Panel Composition and Judicial Compliance on the United States Courts of Appeals," 23 *Journal of Law, Economics, and Organization* 421 (2007)。

美国联邦地区法院

这方面有影响力的研究包括：Michael W. Giles and Thomas G. Walker, "Judicial Policy-Making and Southern School Segregation," 37 *Journal of Politics* 917 (1975); Robert A. Carp and C. K. Rowland, *Policymaking and Politics in the Federal District Courts* (1983); C. K. Rowland and Robert A. Carp, *Politics and Judgment in Federal District Courts* (1996); Gregory S. Sisk, Michael Heise, and Andrew P. Morriss, "Charting the Influences on the Judicial Mind: An Empirical Study of Judicial Reasoning," 73 *New York University Law Review* 1377 (1998)。

近来的研究则包括：Joshua B. Fischman and Max M. Schanzenbach, "Do Standards of Review Matter? The Case of Federal Criminal Sentencing," 40 *Journal of Legal Studies* 405 (2011); Paul M. Collins, Jr. and Wendy L. Martinek, "The Small Group Context: Designated District Court Judges in the U. S. Courts of Appeals," 8 *Journal of Empirical Legal Studies* 177 (2011); Beth A. Freeborn and Monica E. Hartmann, "Judicial Discretion and Sentencing Behavior: Did the Feeney Amendment Rein in District Judges?" 7 *Journal of*

Empirical Legal Studies 355 (2010); Ryan W. Scott, "Inter-Judge Sentencing Disparity after Booker: A First Look," 63 *Stanford Law Review*1 (2010); Christina L. Boyd and David A. Hoffman, "Disputing Limited Liability," 104 *Northwestern University Law Review* 853 (2010); Christina L. Boyd and James F. Spriggs, "An Examination of Strategic Anticipation of Appellate Court Preferences by Federal District Court Judges," 29 *Washington University Journal of Law and Policy* 37 (2009); Denise M. Keele et al., "An Analysis of Ideological Effects in Published Versus Unpublished Judicial Opinions," 6 96
Journal of Empirical Legal Studies 213 (2009); Kirk A. Randazzo, "Strategic Anticipation and the Hierarchy of Justice in U. S. District Courts," 36 *American Politics Research* 669 (2008); Max M. Schanzenbach and Emerson H. Tiller, "Strategic Judging under the U. S. Sentencing Guidelines: Positive Political Theory and Evidence," 23 *Journal of Law, Economics, and Organization* 24 (2007); Jeremy Buchman, "The Effects of Ideology on Federal Trial Judges' Decisions to Admit Scientific Expert Testimony," 35 *American Politics Research* 671 (2007); Brian A. Sutherland, "Whether Consent to Search Was Given Voluntarily: A Statistical Analysis of Factors That Predict the Suppression Rulings of the Federal District Courts," 81 *New York University Law Review* 2192 (2006); Ahmed E. Taha, "How Panels Affect Judges: Evidence from United States District Courts," 39 *University of Richmond Law Review* 1235 (2005); Gregory C. Sisk, Michael Heise, and Andrew P. Morriss, "Searching for the Soul of Judicial Decisionmaking: An Empirical Study of Religious Freedom Decisions," 65 *Ohio State Law Journal* 491 (2004); Nancy C. Staudt, "Modeling Standing," 79*New York University Law Review* 612 (2004)。

美国的州法院

这方面有影响力的研究包括：S. Sidney Ulmer, "The Political Party Variable in the Michigan Supreme Court," 11 *Journal of Public Law* 352 (1962); Robert J. Sickels, "The Illusion of Judicial Consensus: Zoning Decisions in the Maryland Court of Appeals," 59 *American Political Science*

Review100 (1965); James Eisenstein and Herbert Jacob, *Felony Justice: An Organizational Analysis of Criminal Courts* (1977); James L. Gibson, "Judges' Role Orientations, Attitudes, and Decisions: An Interactive Model," 72 *American Political Science Review* 911 (1978); James H. Kuklinski and John E. Stanga, "Political Participation and Government Responsiveness: The Behavior of the California Superior Courts," 73 *American Political Science Review* 1090 (1979); Melinda Gann Hall, "Constituent Influence in State Supreme Courts: Conceptual Notes and a Case Study," 49 *Journal of Politics* 1117 (1987); Gregory A. Huber and Sanford C. Gordon, "Accountability and Coercion: Is Justice Blind When It Runs for Office?" 48 *American Journal of Political Science* 247 (2004)。

97 更多的研究,请参见 Brandice Canes-Wrone, Tom S. Clark, and Jee-Kwang Park, "Judicial Independence and Retention Elections," *Journal of Law, Economics, and Organization* (forthcoming); Stephen J. Choi, G. Mitu Gulati, and Eric A. Posner, "Professionals or Politicians: The Uncertain Empirical Case for an Elected Rather than Appointed Judiciary,"26 *Journal of Law, Economics, and Organization* 290 (2010); Joanna M. Shepherd, "Money, Politics, and Impartial Justice," 58 *Duke Law Journal* 623 (2009); Richard P. Caldarone, Brandice Canes-Wrone, and Tom S. Clark, "Partisan Labels and Democratic Accountability: An Analysis of State Supreme Court Abortion Decisions," 71 *Journal of Politics* 560 (2009); Joanna M. Shepherd, "The Influence of Retention Politics on Judges' Voting," 38 *Journal of Legal Studies* 169 (2009); Theodore Eisenberg and Michael Heise, "Plaintiphobia in State Courts? An Empirical Study of State Court Trials on Appeal," 38 *Journal of Legal Studies* 121 (2009); Stephen J. Choi, Mitu Gulati, and Eric A. Posner, "Judicial Evaluations and Information Forcing: Ranking State High Courts and Their Judges," 58 *Duke Law Journal* 1313 (2009); Scott A. Comparato and Scott D. McClurg, "A Neo-Institutional Explanation of State Supreme Court Responses in Search and Seizure Cases," 35 *American Politics Research* 726 (2007); Lisa Baldez, Lee Epstein, and Andrew D. Martin, "Does the U. S. Constitution Need an ERA?" 35 *Journal of Legal Studies* 243 (2006); Eric Helland and Alexander Tabarrok, "The Effect

of Electoral Institutions on Tort Awards," 4 *American Law and Economics Review* 341 (2002); Sara C. Benesh and Wendy L. Martinek, "State Court Decision Making in Confession Cases," 23 *Justice System Journal* 109 (2002); Laura Langer, *Judicial Review in State Supreme Courts: A Comparative Study* (2002); Paul Brace, Laura Langer, and Melinda Gann Hall, "Measuring the Preferences of State Supreme Court Judges," 62 *Journal of Politics* 387 (2000)。

外国法院和国际法庭

这方面有影响力的研究包括: C. Neal Tate, "Social Background and Voting Behavior in the Philippine Supreme Court," 3 *Lawasia* 317 (1972); Alec Stone Sweet, *The Birth of Judicial Politics in France* (1992); Charles R. Epp, *The Rights Revolution* (1998); Tom Ginsburg, *Judicial Review in New Democracies* (2003); Gretchen Helmke, *Courts under Constraints* (2005); 98
Georg Vanberg, *The Politics of Constitutional Review in Germany* (2005)。

近来的研究则包括了: Gretchen Helmke and Jeffrey K. Staton, "Courting Conflict: The Logic of Risky Judicial Decisions in Latin America," *American Journal of Political Science* (forthcoming); Keren Weinshall-Margel, "Attitudinal and Neo-Institutional Models of Supreme Court Decision Making: An Empirical and Comparative Perspective from Israel," 8 *Journal of Empirical Legal Studies* 556 (2011); James Meernik, "Sentencing Rationales and Judicial Decision Making at the International Criminal Tribunals," 92 *Social Science Quarterly* 588 (2011); Jeffrey A. Staton, *Judicial Power and Strategic Communication in Mexico* (2010); Sofia Amaral-Garcia, Nuno Garoupa, and Veronica Grembi, "Judicial Independence and Party Politics in the Kelsenian Constitutional Courts: The Case of Portugal," 6 *Journal of Empirical Legal Studies* 381 (2009); Raphaël Franck, "Judicial Independence under a Divided Polity: A Study of the Rulings of the French Constitutional Court, 1959 – 2006," 25 *Journal of Law, Economics, and Organization* 262 (2009); Paresh Kumar Narayan and Russell Smyth, "What Explains Dissent on the High Court of Australia? An Empirical Assessment Using a Cointegration and Error

Correction Approach," 4 *Journal of Empirical Legal Studies* 401 (2007); Georg Vanberg, *The Politics of Constitutional Review in Germany* (2005); Jeffrey K. Staton and Georg Vanberg, "The Value of Vagueness: Delegation, Defiance, and Judicial Opinions," 52 *American Journal of Political Science* 504 (2008); Gretchen Helmke, *Courts under Constraints* (2005); Roy B. Flemming, *Tournament of Appeals: Granting Judicial Review in Canada* (2004); Stacia L. Haynie, *Judging in Black and White: Decision Making in the South African Appellate Division*, 1950 – 1990 (2003); Lee Epstein, Jack Knight, and Olga Shvetsova, "The Role of Constitutional Courts in the
99 Establishment and Maintenance of Democratic Systems of Government," 35 *Law and Society Review* 117 (2001)。

第三章　联邦最高法院

在最近的每次审议听证会上,所有联邦最高法院大法官职位的被提名人都承诺,他们会永远地忠实于我们所称的法条主义。约翰·罗伯茨把联邦最高法院的审判活动比作棒球场上的裁判行为。塞缪尔·阿利托宣称,联邦最高法院的大法官在对成文法和宪法进行解释的时候,“要注意别混入了自己的观点”。[①] 索尼娅·索托马约尔以往的公开发言表明她对法官角色的理解是现实主义的,但她后来撤回了她所说的话。她曾经说过:“一个聪明的拉丁裔女人……往往会得出更好的结论”。[②] 为了消除这句话的影响,她后来说:“我相信过去 17 年间我的行为记录充分表明了,我确确实实信仰法律——法官必须适用法律而非创造法律。在我所裁判过的所有案件中,无论我是否同意当事一方的观点,也无论是否觉得当事一方值得同情,我所做的都是法律要求我做的”。[③] 101

上述三位大法官的提名在参议院都获得通过,不过没有任何一位研究联邦最高法院的严肃学者会对他们所承诺的意识形态中立立场信以为真。如果参议院是根据这些被提名人表面的话语来进行判断的话,那么其表决结果的分布应该是不均衡的,即在绝大多数情况下支持被提名的人选,只在极少数情况下反对,因为这时候参议院的表决结果按道理说只是反映对候选人的职业资格和个人品质是否认同,而候选人在这些方面是不会有大缺陷的(如果候选人被发现有任何方面的缺陷,那么对他的提名在参议院

---

① *Confirmation Hearing on the Nomination of Samuel A. Alito, Jr., to Be an Associate Justice of the Supreme Court of the United States: Hearing before the S. Comm. on the Judiciary*, 109th Cong., Sen. Hearing 277, p. 355 (2006).

② Sonia Sotomayor, “A Latina Judge's Voice,” 13 *Berkeley La Raza Law Journal* 87, 92 (2002).

③ *Confirmation Hearing on the Nomination of Sonia Sotomayor to Be an Associate Justice of the Supreme Court of the United States: Hearing before the S. Comm. on the Judiciary*, 111th Cong., Sen. Hearing 503, p. 70 (2009).

表决之前就可能被撤回了）。然而，事实上，自尼克松总统在 1969 年提名沃伦·伯格担任首席大法官以来，参议院对联邦最高法院大法官职位被提名人的表决中出现了 21% 的反对票，而 21 位被提名人中有 4 位没有获得确认。④ 虽然这只是一个很小的样本规模，但较之其他的联邦政府职位（包括其他的联邦法院法官职位），19% 的否决率是空前的。⑤

当一位参议员和被提名人的意识形态立场是类似的，那这位参议员投赞成票的概率是 0.91；而当他们的意识形态立场不同时，赞成票的概率只有区区 0.07。⑥ 参议员们、总统、利益集团以及普通公众当中的不少人都意识到了，大法官们并非是意识形态中立的，并且这一特点会影响到他们的司法表决行为。难道是参议员们、总统、利益集团以及普通公众都被欺骗了？

我们可以从联邦最高法院大法官的效用函数中得知，答案是否定的。联邦最高法院大法官的效用函数比起我们在第一章中给出的普通法官的
102 效用函数要更为简单。当我们分析联邦最高法院大法官的时候，我们可以忽略掉一些变量，这是因为大法官们不可能再晋升到一个更高层级的法院，很少有大法官可以现实地指望成为首席大法官；并且，相比较大法官的人数，联邦最高法院工作人员的规模和质量以及近年来联邦最高法院审理案件的工作量都使得大法官的工作不会严重地妨碍他或者她的闲暇活动和非司法工作。

---

④ 计算依据是 http://epstein. law. usc. edu/research/Bork. html（visited Dec. 9, 2011）。我们在统计的时候把哈里特·迈尔斯（Harriet Miers）算了进去，但排除了道格拉斯·金斯伯格（Douglas Ginsburg）。尽管对他们两人的提名都在参议院表决之前被撤回了，但只有迈尔斯的提名被正式提交到了参议院。

⑤ Sarah A. Binder and Forrest Maltzman, *Advice & Dissent: The Struggle to Shape the Federal Judiciary* 80 (2009) (tab. 4 - 1) 一书宣称在 2001 年至 2008 年，对于联邦上诉法院法官的提名通过率跌至了 48%，而在 1990 年之前这一比例是 90% 至 100%。不过作者并没有提供数据告诉我们究竟多大比例的被提名人不是被撤回了提名，而是确实被参议院所否决，不管他是因为投票而被否决的，还是因为参议员阻挠议事的行为而没有获得通过。不过，很多提名之所以被撤回，就是因为已经预见到它将会被参议院否决。

⑥ 为了计算投票支持或者反对提名的预期概率，我们对 Lee Epstein et al., "The Changing Dynamics of Senate Voting on Supreme Court Nominees," 68 *Journal of Politics* 296 (2006) 一文中所作的分析进行了更新。该项分析所采用的回归模型中的自变量包括了：总统所属党派是否控制了参议院；总统和某个参议员是否属于同一党派；参议员和被提名人的意识形态差异；以及被提名人的资质。我们感谢查德·韦斯特兰（Chad Westerland）为我们提供了后期的数据。

因此，我们可以特别针对联邦最高法院的大法官，将法官的效用函数改写为以下形式：

$$U = f(S(t_j), Ext(t_j, t_{nj}))$$

我们假定 t_j（用于司法工作的时间）是一个基本上固定的数值，它取决于大法官的精力、工作习惯以及对工作的投入程度。对于一个大法官来说，他要权衡的主要是多少时间用于闲暇活动，而用多少时间去从事那些可以在司法工作之外增加其满足感（*Ext*）的非司法工作，这种外部满足感来自于威望、权力、影响力以及名声。

我们可以预计的是，变量 *S*（法官职位给法官带来的内在满足感）以及变量 *Ext* 会在很大程度上受到大法官意识形态立场倾向的影响。联邦最高法院的主要任务是解决重大的政治性争议，而一个大法官如果能够让法律规则的内容符合其个人意识形态认同的话，那他将有可能从中获得内心的满足感，并且可以收获威望，施加权威和影响力，成就个人的名声。与之对照的是，较低层级的法院法官会面对审判工作量的压力以及裁决可能被推翻或者最终被改判的潜在威胁（也就是说他们对案件没有最终的决定权），他们有着对晋升的渴望，需要与不同的法官共同审理案件，同时也没有很高的曝光频率，种种因素综合起来就抑制了这些法官的意识形态诉求。

因此，我们这一章主要关注的问题就是在联邦最高法院层面，大法官的意识形态对其表决行为的影响。我们会首先简要介绍我们所使用的数据以及其中存在的问题（本章的附录部分还会讨论到这些问题），我们会使用各种方法来量度意识形态，以决定大法官的表决行为与他或者她的意识形态立场之间的相关性。我们发现了有力的证据可以表明，在大量的案件中，意识形态确实影响了大法官的司法表决行为，进而影响了法院的裁决，并且这种意识形态的影响力度一直在增长。接着我们会关注大法官在联邦最高法院任职期间所发生的意识形态改变现象。我们会区分两种情况， 103
一种是意识形态转变（ideological drift），另一种是意识形态偏离（ideological divergence），前者指的是大法官的意识形态较其被提名时的状况发生了改变，后者意为大法官与提名其任职的总统在意识形态立场上的差异。这样的一种研究似乎更多的是关于提名机构的行为（例如，总统在决定提名谁出任大法官的时候，意识形态转变或者偏离是否是他考虑的一个权重因素），而不是大法官的行为。但是，意识形态转变或者偏离毕竟是联邦最高法院大法官的行为，而且我们会把这些行为与我们关于司法工作者的模型联系起来。

之后，本章将分类别地对一致意见裁决和非一致意见裁决进行分析。前一种情况被认为是挑战了关于法官行为的现实主义理论，因为在我们所研究的时间阶段内，联邦最高法院的大法官们在意识形态立场上并非是统一的。那到底为什么又会出现 30% 的案件是基于一致意见而作出裁决的呢？我们的研究将表明，一致意见确实与关于大法官行为的极端现实主义模型不相符合。我们认为这种不相符合的情形是由多种因素共同导致的，包括法条主义者的自我行为认同，联邦最高法院所处理的许多案件意识形态色彩很淡，以及一定程度的惰怠（这一因素使得大法官不会动不动就发表不同意见）。然而，第二个和第三个因素说明了现实中一致意见的情形实际上是被夸大了。

针对非一致意见裁决的案件，我们在其中发现了更为强烈的意识形态影响，同时也发现了一些逐渐弱化的因素，比如大法官是否在其任职之前担任了联邦上诉法院法官（不过关于这一点的证据是比较弱的）。最后我们将讨论群体的影响因素。在一个非一致意见的裁决中，大法官可以分为两个群体：多数派和少数派（尽管少数派可能只有一个人）。我们想要知道的是，群体相对规模的变化是否会对大法官的表决行为产生独立的影响。我们的研究发现是没有。不过在下一章的分析中，我们会发现这种影响存在于联邦上诉法院层面。

数据

我们使用的数据主要来自于美国联邦最高法院数据库[7]（斯佩思数据
104 库），我们在此基础上做了一些修正，本章的附录部分将对此作出说明。这个数据库会在每个开庭期之后进行更新，它包含了自 1946 年开庭期之后的案件数据。在一些分析中，我们使用了涵盖 1937 年至 1945 年开庭期的

⑦ http://supremecourtdatabase.org (visited Dec. 9, 2011).

类似数据。[8] 经过我们扩展的数据库截至联邦最高法院 2009 年开庭期，覆盖了 1937 年至 2009 年开庭期范围内的 44 位大法官（其中有 8 位是在 1937 年之前被提名的）以及 664 份观察报告。

对联邦最高法院决策过程中意识形态作用的酸性测试（acid test）需要判断大法官投票行为的化合价（valence）。不过在斯佩思数据库中，有一些表决被不恰当地归类为自由主义属性的或者保守主义属性的，这是由于有些情况下其错误地把某个类型的案件全部归入一种意识形态立场。例如，该数据库把所有在有关商业演讲知识产权的案件中支持原告的投票视为自由主义的。我们已经尽力去修正这些问题，对此附录部分会作出解释。最终的结果是，我们使用了相对较少数量的大法官表决数据（在 42,000 条表决数据中选取了 1500 条），那些无法归类的数据则被归入“其他”一组。

我们所作的修正工作可能是远远不够的。卡洛琳·夏皮罗（Carolyn Shapiro）认为，斯佩思数据库的编码者把每一个案件要么归类为自由主义，要么归类为保守主义的做法是存在着偏差的。[9] 她阅读了从数据库中随机抽取的 95 个案例，其中只有 3 个案例被归入其他类型，但按照夏皮罗的判断，其实应当有 38 个案例被归入此类。[10] 这样一来，保守主义色彩的表决与自由主义色彩的表决比例就变为了 1.04:0.90。波斯纳法官对斯佩思数据库中的 110 个案例进行了重新编码，他对数据库中 75% 案件的归类表示赞同。我们对斯佩思数据库中案件类型的重新编码修正了波斯纳法官在其中发现的编码错误（参见附录部分）。

表 3.1 汇总了联邦最高法院经过言词辩论程序之后以非一致意见方式作出裁判的案件中，自由主义立场的表决数量、保守主义立场的表决数量以及无法归类的表决数量。统计是基于联邦最高法院数据库，并分别列出了经过我们修正和没有经过我们修正的数据。 105

---

⑧ 哈罗德·J. 斯佩思（美国联邦最高法院数据库的创建人）与李·爱泼斯坦以及杰弗里·A. 西格尔一起创建了这一补充数据库。我们没办法在所有对法院的分析中都使用这一数据库，因为它省略掉了一些变量，而原本的斯佩思数据库涵盖了这些变量。

⑨ Carolyn Shapiro, “The Context of Ideology: Law, Politics, and Empirical Legal Scholarship,” 75 *Missouri Law Review* 75, 91 – 104 (2010).

⑩ See id. at 101 (tab. 1).

表 3.1　联邦最高法院大法官在非一致意见裁决案件中的投票数量（1937—2009 开庭期）

	公民自由案件	经济案件、劳工案件和税收案件	所有案件
未经修正的			
总数	29,611	13,890	43,501
其他	9	0	9
经过修正的			
总数	28,496	13,485	41,980
其他	1125	105	1530

说明：1. 公民自由案件类型包括了刑事诉讼、公民权利、第一修正案、正当程序、隐私权、律师权利、联邦制度以及司法权力案件。

2. 无论是在经过修正的数据还是未经修正的数据中，我们都排除了几百项投票（关于州际关系以及杂项类型的案件），这是因为我们无法决定这些案件的归类。

3. "其他"指的是大法官投票行为的意识形态倾向被界定为"其他类型"的案件。

大法官们意识形态化的表决行为

表 3.2 基于修正的斯佩思数据库对案件进行了意识形态打分，并根据 1937 年至 2009 年联邦最高法院开庭期范围内大法官们的表决行为，按照最保守的到最不保守的顺序给大法官们进行了排序。在这个排序中，伦奎斯特和托马斯是最保守的大法官；萨瑟兰、阿利托和麦克雷诺在经济案件（涉及经济规制、劳工以及税收）中表现得最为保守。在意识形态光谱的另一端，马歇尔、道格拉斯、布伦南和墨菲是所有的大法官中最为自由主义的，不过在经济规制类型案件中，布莱克是最为自由主义的。

我们还按照两种主题类型的案件来分别列出结果：一种是公民自由案件（在所有案件中去掉经济规制、劳工和税收案件）；另一种是调整后的公民自由案件，这种分类还要去掉涉及联邦制度和司法权力的案件。在非一致意见裁决的案件中，68% 是属于涉及公民自由的案件。尽管这两种类型的公民自由案件的表决行为是高度相关的（0.98），针对调整后的公民自由案件的表决行为表现得更为意识形态化，这说明了涉及联邦制度以及司法制度的问题比起个人自由问题，意识形态的色彩要淡一些。

表格中所列出的排序和“众所周知”的大法官们在意识形态上的立场差异基本上是一致的。不过,我们也不要把一些具体的排名太当回事。例如,与表格中所呈现的内容相反,休斯实际上比布莱克门更加保守[过了布莱克门任职的头几年之后就是这样了,他撰写罗伊诉韦德(Roe v. Wade)一案多数意见书是在他任职的早期,而且这并不是一份激进的司法意见书,投票结果是7:2,伯格大法官也站在多数派一边],麦克雷诺也比哈伦二世更加保守。对于那些七十年前的大法官们,我们很难把他们放在一个和现在同样的意识形态天平上,因为在这期间“自由主义”和“保守主义”的含义已经发生了改变。不过,即便是按照当时的标准,麦克雷诺也是一位激进的保守主义分子,而哈伦按照他所在时代的标准也是一位温和的保守主义者。

表3.2增加了其他三种意识形态的量度方式。第一种方式是考察大法官们的西格尔－科韦尔得分,不过范围限于1937年之后获得提名的大法官。得分范围是－1分(最保守主义的)到1分(最自由主义的),不过我们调整了数值范围,让1分代表最保守主义的,0分代表最自由主义的,以便于和其他的意识形态排名进行比较。

我们知道,西格尔－科韦尔得分是反映事前意识形态的。另外两种量度方法是针对事后意识形态的,因为需要基于对大法官表决行为的考察。一种是马丁－奎恩得分,它是基于大法官们对未修正的斯佩思数据库中非一致意见裁决案件进行表决的情况而计算出来的;另一种则是李・爱泼斯坦和他的同事所采用的方法,他们也是使用了未修正的斯佩思数据库,针对1946年至2009年开庭期范围内调整之后的公民自由案件,分别计算了一致意见裁决案件和非一致意见裁决案件中的保守主义立场投票和自由主义立场投票的比例。我们依照这种计算方式把数据范围回溯到自1937年开始。

表3.3列出了不同意识形态量度方法的相关性矩阵。尽管所有这三种附加的量度方法与基本的量度方法(计算保守主义立场投票的比例)都是相关的(马丁－奎恩方法和爱泼斯坦等人的方法与之则是高度相关的),我们还是需要考虑之前提及的异常现象的出现是如何受到不同研究方法影响的。表3.4比较了三种量度方法所分别给出的法官排序。表格的内容显示了,如果使用西格尔－科韦尔计分方法的话,异常现象将不可避免,并

表 3.2　44 位联邦最高法院大法官在非一致意见裁决案件中保守主义投票的比例

（按照最保守主义到最不保守主义的顺序排列，1937—2009 开庭期）

大法官	保守主义投票的比例				每一开庭期的平均投票次数	其他的意识形态量度方法		
	所有案件	公民自由案件	经济案件	调整后的公民自由案件		西格尔－科韦尔方法	马丁－奎恩方法	爱泼斯坦等人的方法
伦奎斯特	0.850	0.894	0.685	0.917	67.32	0.955	2.85	0.913
托马斯	0.819	0.838	0.749	0.877	44.21	0.840	3.84	0.872
伯格	0.789	0.814	0.699	0.841	84.71	0.855	1.84	0.836
斯卡利亚	0.774	0.796	0.693	0.822	52.25	1.000	2.73	0.818
惠特克	0.757	0.739	0.781	0.756	61.17	0.500	1.25	0.756
阿利托	0.756	0.747	0.791	0.825	39.40	0.900	1.77	0.823
哈伦	0.736	0.744	0.720	0.756	65.88	0.125	1.63	0.756
萨瑟兰	0.733	0.500	0.818	0.667	15.00	—	2.05	0.539
麦克雷诺	0.724	0.538	0.788	0.524	38.00	—	2.66	0.466
罗伯茨	0.702	0.699	0.711	0.724	41.60	0.880	1.70	0.725
鲍威尔	0.695	0.700	0.675	0.711	81.50	0.835	0.93	0.706
奥康纳	0.692	0.691	0.695	0.708	58.44	0.585	0.89	0.705
O·罗伯茨	0.660	0.573	0.710	0.617	55.88	—	1.60	0.512
伯顿	0.660	0.742	0.555	0.746	63.21	0.720	1.03	0.721
肯尼迪	0.655	0.664	0.632	0.690	48.30	0.635	0.83	0.687

续表

大法官	保守主义投票的比例				每一开庭期的平均投票次数	其他的意识形态量度方法		
	所有案件	公民自由案件	经济案件	调整后的公民自由案件		西格尔－科韦尔方法	马丁－奎恩方法	爱波斯坦等人的方法
文森	0.641	0.732	0.528	0.757	70.00	0.250	1.00	0.758
巴特勒	0.637	0.400	0.704	0.417	45.50	—	1.96	0.472
明顿	0.627	0.762	0.448	0.779	49.88	0.280	1.10	0.779
杰克逊	0.605	0.630	0.579	0.657	65.17	0.000	0.74	0.608
斯图尔特	0.605	0.591	0.641	0.589	76.35	0.250	0.56	0.586
怀特	0.588	0.643	0.417	0.672	75.97	0.500	0.44	0.670
法兰克福特	0.582	0.600	0.563	0.544	62.50	0.335	0.53	0.518
克拉克	0.560	0.709	0.343	0.735	63.83	0.500	0.49	0.735
里德	0.542	0.687	0.412	0.727	58.20	0.275	0.36	0.639
伯恩斯	0.518	0.609	0.455	0.733	56.00	0.670	-0.19	0.546
布莱克门	0.487	0.493	0.468	0.502	77.60	0.885	-0.12	0.497
斯通	0.442	0.544	0.387	0.546	56.78	0.700	-0.08	0.457
休斯	0.439	0.439	0.438	0.318	42.75	—	0.09	0.412
卡多佐	0.375	0.800	0.182	0.800	16.00	—	-1.76	0.667
索托马约尔	0.368	0.310	0.556	0.261	38.00	0.220	-0.23	0.250
布兰代斯	0.347	0.333	0.350	0.444	37.50	—	-0.53	0.455

续表

大法官	保守主义投票的比例				每一开庭期的平均投票次数	其他的意识形态量度方法		
	所有案件	公民自由案件	经济案件	调整后的公民自由案件		西格尔－科韦尔方法	马丁－奎恩方法	爱泼斯坦等人的方法
苏特	0.333	0.299	0.464	0.283	45.47	0.675	−0.83	0.282
布雷耶	0.327	0.315	0.381	0.302	42.06	0.525	−1.01	0.310
史蒂文斯	0.313	0.287	0.409	0.267	61.34	0.750	−1.52	0.270
福塔斯	0.300	0.253	0.415	0.193	56.75	0.000	−1.20	0.193
戈德堡	0.297	0.242	0.385	0.134	67.33	0.250	−0.79	0.134
金斯伯格	0.274	0.257	0.345	0.222	42.94	0.320	−1.16	0.228
布莱克	0.251	0.319	0.168	0.298	65.53	0.125	−1.76	0.312
沃伦	0.247	0.275	0.206	0.234	66.44	0.250	−1.17	0.233
拉特利奇	0.238	0.236	0.241	0.222	71.29	0.000	−1.39	0.249
墨菲	0.227	0.246	0.211	0.152	63.40	0.000	−1.60	0.208
布伦南	0.217	0.191	0.286	0.155	78.97	0.000	−1.94	0.156
道格拉斯	0.195	0.147	0.266	0.117	64.53	0.270	−4.12	0.139
马歇尔	0.170	0.130	0.309	0.098	79.88	0.000	−2.83	0.099

说明:1. 表格中,大法官的保守主义投票的比例是经过了每位大法官在每个开庭期期间内的每一类经过言词辩论程序的案件数量加权而计算出来的。公民自由案件与前一表格的含义相同,不过经过调整之后的公民自由案件排除了联邦制度和司法权力案件。经济案件包括经济、工会和税收案件。

2. 每一开庭期的平均投票次数针对的是非一致意见裁决的案件。

且会成倍出现。其中的一个例子就是：按照这一方法，在法官排序中，布莱
克门比托马斯更为保守，克拉克比苏特更为保守，史蒂文斯比布雷耶更为
保守，而最为奇怪的是，道格拉斯要比哈伦更为保守；马丁－奎恩打分方法
可以避免计算保守主义立场投票时出现的异常现象，并且也不会导致新的
异常现象出现；爱泼斯坦等人的方法把卡多佐算成比巴特勒和麦克雷诺更 107
为保守，但这一方法避免了西格尔－科韦尔计分方法带来的异常现象。

表 3.3　意识形态量度方法的相关性矩阵

	公民自由案件	经济案件	经过调整的公民自由案件	西格尔－科韦尔打分	马丁－奎恩打分	爱泼斯坦等人的打分
所有案件	0.89	0.88	0.89	0.62	0.94	0.91
公民自由案件		0.61	0.98	0.59	0.78	0.98
经济案件			0.63	0.59	0.86	0.65
经过调整的公民自由案件				0.60	0.78	0.98
西格尔－科韦尔打分					0.60	0.60
马丁－奎恩打分						0.80

说明：此处的量度方法对应的是表 3.2 中的量度方法。

表 3.4　分别按照三种量度方法对联邦最高法院大法官排序
（从最保守主义到最不保守主义，1937—2009 开庭期）

西格尔－科韦尔打分		马丁－奎恩打分		爱泼斯坦等人的打分	
斯卡利亚	1.000	托马斯	3.840	伦奎斯特	0.913
伦奎斯特	0.955	伦奎斯特	2.850	托马斯	0.872
阿利托	0.900	斯卡利亚	2.730	伯格	0.836
伯格	0.885	麦克雷诺	2.600	阿利托	0.823
布莱克门	0.885	萨瑟兰	2.050	斯卡利亚	0.818
J·罗伯茨	0.880	巴特勒	1.960	明顿	0.779
托马斯	0.840	伯格	1.840	文森	0.758
鲍威尔	0.835	阿利托	1.770	惠特克	0.756

续表

西格尔－科韦尔打分		马丁－奎恩打分		爱泼斯坦等人的打分	
史蒂文斯	0.750	J·罗伯茨	1.700	哈伦	0.756
伯顿	0.720	哈伦	1.630	克拉克	0.735
斯通	0.700	O·罗伯茨	1.600	J·罗伯茨	0.725
苏特	0.675	惠特克	0.125	伯顿	0.721
伯恩斯	0.670	明顿	1.100	鲍威尔	0.706
肯尼迪	0.635	伯顿	1.030	奥康纳	0.705
奥康纳	0.585	文森	1.000	肯尼迪	0.687
布雷耶	0.525	鲍威尔	0.930	怀特	0.670
惠特克	0.500	奥康纳	0.890	卡多佐	0.667
怀特	0.500	肯尼迪	83.000	里德	0.639
克拉克	0.500	杰克逊	0.740	杰克逊	0.608
法兰克福特	0.335	斯图尔特	0.560	斯图尔特	0.586
金斯伯格	0.320	法兰克福特	0.530	伯恩斯	0.546
明顿	0.280	克拉克	0.490	萨瑟兰	0.539
里德	0.275	怀特	0.440	法兰克福特	0.518
道格拉斯	0.270	里德	0.360	O·罗伯茨	0.512
文森	0.250	休斯	0.090	布莱克门	0.497
斯图尔特	0.250	斯通	－0.080	巴特勒	0.472
戈德堡	0.250	布莱克门	－0.120	麦克雷诺	0.466
沃伦	0.250	伯恩斯	－0.190	斯通	0.457
索托马约尔	0.220	索托马约尔	－0.230	布兰代斯	0.455
哈伦	0.125	布兰代斯	－0.530	休斯	0.412
布莱克	0.125	戈德堡	－0.790	布莱克	0.312
杰克逊	0.000	苏特	－0.830	布雷耶	0.310
福塔斯	0.000	布雷耶	－1.010	苏特	0.282
拉特利奇	0.000	金斯伯格	－1.160	史蒂文斯	0.270

续表

西格尔－科韦尔打分		马丁－奎恩打分		爱泼斯坦等人的打分	
墨菲	0.000	沃伦	－1.170	索托马约尔	0.250
布伦南	0.000	福塔斯	－1.200	拉特利奇	0.249
马歇尔	0.000	拉特利奇	－1.390	沃伦	0.233
		史蒂文斯	－1.520	金斯伯格	0.228
		墨菲	－1.600	墨菲	0.208
		卡多佐	－1.760	福塔斯	0.193
		布莱克	－1.760	布伦南	0.156
		布伦南	－1.940	道格拉斯	0.139
		马歇尔	－2.830	戈德堡	0.134
		道格拉斯	－4.120	马歇尔	0.099

说明：萨瑟兰、麦克雷诺、欧文·罗伯茨、休斯、卡多佐以及布兰代斯这几位大法官没有西格尔－科韦尔打分结果。

毫不奇怪的是，较之基于西格尔－科韦尔打分方法而进行的量度，那些基于法官们实际的司法表决结果而进行的量度方法彼此之间具有更高的相关性。西格尔－科韦尔方法是基于四份报纸的评论文章而进行的打分，它是在大法官任职之前就对大法官的司法表决行为进行的一种预测，因此这种方法必然是不完美的。不过，西格尔－科韦尔打分和大法官保守主义立场投票的比例计算这两者之间是高度相关的，而这些得分情况在我们对大法官的表决行为进行回归分析的时候将会用到。

在打分的时候出现的这些异常情况实际上说明了，总统有时候要么是缺乏足够准确的信息去判断联邦最高法院的大法官提名候选人的意识形态立场，要么在提名的时候考虑的是政党或者选举的目标，而不是为了给日后留下意识形态遗产。[11] 斯通、布伦南、史蒂文斯和苏特都是非常典型的例子，他们是属于自由派阵营的，但提名他们的却是共和党的总统。[12] 不过，正如 110

⑪ See Sheldon Goldman, *Picking Federal Judges* (1997); Lee Epstein and Jeffrey A. Segal, *Advice and Consent* (2005). 在下文中，我们将更加细节性地考察总统的行为目标，同时也将考察大法官在其任职期间内（有时候）发生意识形态立场改变的现象。

⑫ 我们把斯通看成是共和党人，因为最初提名他任职的是共和党的总统，尽管后来提名他担任首席大法官的是民主党总统。我们所有关于他的数据来自他担任首席大法官的期间。

表3.5所揭示的，在数据库所涵盖的11大类主题的案件中，每一种类型案件中由共和党总统提名的大法官投出的保守主义立场的票数比例要超过由民主党总统提名的大法官投出的保守主义立场的票数比例。就全部案件而言，只有在两大主题类型的案件（联邦制度案件和联邦税收案件）之中，共和党总统提名的大法官所投出的自由主义立场的票数要超过其投出的保守主义立场的票数；而只有在一个主题类型的案件（司法权力案件）之中，由民主党总统提名的大法官投出的保守主义立场的票数要超过其投出的自由主义立场的票数。

不同党派总统所提名的大法官在表决时发生意识形态分歧最大的案件类型是工会案件、公民权利案件以及正当程序案件；分歧最小的案件类型是司法权力案件、联邦制度案件、隐私权案件以及联邦税收案件。在第一组案件中，平均差异是20%；在第二组中，平均差异是7%至10%。*Ds*（指代民主党总统提名的大法官）在隐私权和司法权力这两大类型案件中的表决行为反映了最多的保守主义倾向；而*Rs*在刑事和司法权力这两大类型案件中的表决行为反映了最多的自由主义倾向。

我们基于二次文献而开发出来的方法对每一个大法官的意识形态立场进行了判断，[13]在此基础上，表3.6把大法官分类为保守主义的、中立的或者自由主义的。较之以提名大法官的总统所属党派为标准来评估大法官意识形态的方法，我们这种方法所反映出来的大法官们在意识形态上的差异要大得多。有时候，共和党总统会提名自由主义的大法官，而民主党总统也会提名保守主义的大法官。卡多佐、斯通、布伦南、沃伦、史蒂文斯和苏特都是

⑬ 我们的判断是基于大量研究而作出的，这些研究既有定量的，也有定性的，这些研究主要是由政治学家、历史学家以及传记作家完成的。我们的研究助理李杏杏通过备忘录的方式对其进行了细化。这些内容可见于关于本书的网站 http://widefeetdesigns.com/client/epsteinBook/以及关于法官行为研究工作坊的网站 www.law.uchicago.edu/academics/judicialbehaviorworkshop/。我们所用到的研究成果中有代表性的包括：Henry J. Abraham, *Justices, Presidents, and Senators: A History of U. S. Supreme Court Appointments from Washington to Bush II* (5th ed. 2008); Jeffrey A. Segal and Harold J. Spaeth, *The Supreme Court and the Attitudinal Model Revisited* 322 (2002); Melvin I. Urofsky, The Warren Court: Justices, Rulings, and Legacy (2001); Jeffrey A. Segal and Albert D. Cover, "Ideological Values and the Votes of U. S. Supreme Court Justices," 83 *American Political Science Review* 557 (1989); Edward V. Heck and Steven A. Shull, "Policy Preferences of Justices and Presidents: The Case of Civil Rights," 4 *Law and Policy Quarterly* 327 (1982)。

表 3.5 以案件类别划分的和以提名大法官任职的总统所属党派划分的非一致意见裁决案件中的保守主义投票比例(1937—2009 开庭期)

	保守主义投票的比例			在保守主义投票比例问题上的 R/D 比率	数量	
	所有大法官	共和党总统提名的大法官	民主党总统提名的大法官		观测值	投票数
刑事诉讼	0.544	0.611**	0.438	1.39	657	10,271
公民权利	0.484	0.563**	0.353	1.59	651	6604
第一修正案	0.491	0.543**	0.417	1.30	634	3504
正当程序	0.501	0.587**	0.384	1.53	545	1755
隐私权	0.520	0.546*	0.453	1.21	300	529
律师权利	0.526	0.558*	0.439	1.27	271	390
工会	0.452	0.576**	0.350	1.65	545	1841
经济活动	0.469	0.563**	0.384	1.47	661	9396
司法权力	0.561	0.596**	0.524	1.14	654	3621
联邦制度	0.449	0.482**	0.402	1.20	618	1821
联邦税收	0.386	0.445**	0.342	1.30	530	2248
所有种类	0.496	0.569**	0.404	1.14	661	41,980
公民自由案件	0.516	0.578**	0.424	1.36	661	28,495
经过调整后的公民自由案件	0.514	0.583**	0.407	1.43	661	23,053
其他	0.453	0.547**	0.372	1.47	661	13,485

说明:1. 一颗星代表具有 0.05 水平上的统计学显著性,两颗星代表具有 0.01 水平上的统计学显著性。可参见本书“研究技术介绍”部分的内容。

2. 保守主义投票比例的计算经过了每一种类案件数量的加权。

3. 所有种类的案件数量等于公民自由类别的案件数量与其他案件数量之和;经过调整的公民自由案件是公民自由案件的子集。

113 自由主义大法官，而提名他们的却是共和党的总统；麦克雷诺、里德、伯顿、文森、克拉克和明顿都是保守主义大法官，但都是由民主党总统提名而任职的。11位意识形态中立的大法官中，有7位是共和党总统提名的（他们是休斯、欧文·罗伯茨、惠特克、斯图尔特、布莱克门、鲍威尔和奥康纳），而民主党总统提名了4位（他们是法兰克福特、杰克逊、伯恩斯和怀特）。在公民自由案件中，被归类为保守主义立场的大法官所投出的保守主义票数所占比重要3倍于自由主义大法官所投出的保守主义票数的所占比重，但是比起共和党总统所提名的大法官投出的保守主义票数的所占比重，这个倍数只有1.36。较之3倍和1.36倍的差距，在更加广义的经济类型案件中，这一差距要小一些，是2.09倍和1.47倍，不过这仍然可以反映出显著的差别。

表3.6显示了，意识形态化的表决已经呈现为增长的趋势。在所有类型的案件中，保守主义立场的大法官投出的保守主义票数与自由主义立场的大法官投出的保守主义票数之比从1937年至1979年的2.79增长至1980年至2009年的3.02（就调整后的公民自由案件类型案件而言，尽管不像广义的公民自由案件那么明显，但仍然有着类似的比率增长情形）。这样的一种比率的增长可能反映的是日益增强的政党同质性，温和的共和党人与保守的民主党人几乎都不见了。

在涉及经济、税收和工会的案件类型中，保守主义立场的大法官投出的保守主义票数与自由主义立场的大法官投出的保守主义票数之比是下降的（从2.10降到了1.87），这是因为在后一个时间阶段，保守派大法官以及（尤其是）自由派大法官在经济案件中的投票倾向越来越保守。这一结果同美国自1980年里根当选总统之后在经济领域民意的转变方向是一致的。

联邦最高法院在任的大法官和大法官职位的被提名人一样，都不愿意承认他们有任何的决定是受到了意识形态的影响作出的。⑭ 他们中间的一

⑭ “现任”这一条件限制非常重要。奥康纳大法官和苏特大法官在离职之后都承认了，大法官的工作远非简单地将法律适用于案件事实这么简单。这样一种坦率直言令达丽娅·利斯维克（Dahlia Lithwick）问道：“为什么只是在大法官离职之后，他们才被允许说法官的工作不是那么简单的？在任的法官要去故意隐藏自己的智慧和技能，这是一种谦卑的表现吗？”See Dahlia Lithwick, “It's Complicated: David Souter Finally Tells Americans to Grow Up,” Slate, June 9, 2010, www.slate.com/id/2256458 (visited Dec. 9, 2011). 对于这个问题，不管给出的答案是什么，反正不可能是谦卑。

些人可能坚信这一点；而其他的人则可能认为对于联邦最高法院大法官来说，言不由衷地宣布放弃造法的功能是一种良好的公共关系维护手段，或者他们就是不愿意推翻自己当初在审议听证会上所作的保证。也可能是，当大法官们头一次面对一个新型法律问题时，他们必然会按照意识形态立场 114
来进行投票，因为这时候可以指导裁判的正统法律渊源无法解决新案件的法律适用，不过当经过一段时间之后，一系列先例开始出现，最终所有称职的法官都会作出相同的案件裁决，而不管他们各自的意识形态为何，因为大法官有遵循先例的义务。然而，从表3.6来看，这并非事实。相反，正如我们已经提及的，表3.6的数据反映了，大法官们意识形态化的表决是在持续增加的。然而，我们的研究并不排除这样的可能性，即针对特定领域的案件，大法官的立场是趋同的，但是新类型的法律争议案件总是在增加的，因此联邦最高法院也会持续性地面对新型案件或者难办的案件，而这些案件的解 115
决又会诉诸意识形态。

表3.6　以案件类别划分的和以法官意识形态划分的非一致意见裁决案件中的保守主义投票比例（1937—2009开庭期）

	保守主义投票的比例			保守主义大法官的保守主义投票比例与自由主义大法官的保守主义投票比例之比率
	保守主义大法官	中立的大法官	自由主义大法官	
1937—1979开庭期				
公民自由案件	0.769**	0.630**	0.244	3.15
经过调整的公民自由案件	0.794**	0.632**	0.207	3.84
经济、工会和税收案件	0.542**	0.582**	0.258	2.10
所有类别的案件	0.679**	0.613**	0.249	2.73
1980—2009开庭期				
公民自由案件	0.790**	0.598**	0.226	2.64
经过调整的公民自由案件	0.823**	0.619**	0.200	4.12
经济、工会和税收案件	0.675**	0.549**	0.361	1.87
所有类别的案件	0.766**	0.588**	0.254	3.02

续表

	保守主义投票的比例			保守主义大法官的保守主义投票比例与自由主义大法官的保守主义投票比例之比率
	保守主义大法官	中立的大法官	自由主义大法官	
全部开庭期（1937—2009）				
公民自由案件	0.780**	0.617**	0.236	3.00
经过调整的公民自由案件	0.809**	0.627**	0.204	3.97
经济、工会和税收案件	0.582	0.575**	0.279	2.09
所有类别的案件	0.718**	0.604**	0.251	2.86

说明：1. 保守主义大法官包括了：麦克雷诺、萨瑟兰、巴特勒、里德、伯顿、文森、明顿、克拉克、哈伦、伯格、伦奎斯特、斯卡利亚、肯尼迪、托马斯、约翰·罗伯茨以及阿利托。

2. 意识形态中立的大法官包括了：休斯、欧文·罗伯茨、法兰克福特、伯恩斯、杰克逊、惠特克、斯图尔特、怀特、布莱克门、鲍威尔以及奥康纳。

3. 自由主义大法官包括了：布兰代斯、斯通、卡多佐、布莱克、道格拉斯、墨菲、拉特利奇、沃伦、布伦南、戈德堡、福塔斯、马歇尔、史蒂文斯、苏特、金斯伯格、布雷耶以及索托马约尔。

4. 保守主义大法官一栏的统计学显著性指的是保守主义大法官与意识形态中立大法官之间的差异，意识形态中立的大法官一栏的统计学显著性指的是意识形态中立的大法官与自由主义大法官之间的差异。不同组别之间的差异和我们的预期方向一致，除了1937年至1979年开庭期范围内经济案件中保守主义大法官与意识形态中立的大法官之间的差异——有三位意识形态中立的大法官要比保守主义大法官更为保守主义。

5. 保守主义投票的比例经过了每一类型案件数量的加权计算。

大法官意识形态的改变

随着时间的推移，大法官的意识形态可能在其任内发生改变。既然对于其他人来说，意识形态立场的改变是有可能发生的，那么大法官又如何能例外呢？研究联邦最高法院的学者称其为“意识形态转变”(ideological drift)。为了研究这一问题，我们将针对自1937年起每一位任职超过15个开庭期的大法官分别进行回归估算。回归分析中，因变量是1937年至2009年开庭期期间该大法官在所有非一致意见裁决案件中保守主义立场投票数量的比例。自变量是其总共任职时间的长度(如果是现任的大法官,则计算其已经任职的时间长度)。当 x 的值为 1 时,代表这是其第一个开庭期,2 则代表第二个开庭期,以此类推。我们做了以下简化的假设:一个大法官的意识形态要么不随着时间的推移而改变(这意味着回归系数在统计学上不显著),要么以恒定的速率变得更加保守或者更加不保守,表现出来就是回归系数显著为正,或者显著为负。

在 23 位任期超过 15 个开庭期的大法官中,有 12 位大法官的情况可以支持我们的意识形态转变假设。[15] 布莱克门、布伦南、道格拉斯、马歇尔、奥康纳、伦奎斯特、史蒂文斯和苏特变得趋于自由主义,而布莱克、法兰克福特、里德和怀特则变得趋于保守主义。[16] 上述 8 位变得更加自由主义的大法官中,有 6 位是由共和党总统提名的;而 4 位变得更加保守主义的大法官则全部是由民主党总统提名的。

大法官之所以发生意识形态转变,一个可能的原因是他成为了首席大法官。不过我们没有办法对此结论进行充分地验证,因为我们只观察到一个有效的样本。这个样本就是伦奎斯特。我们的研究所选定的时间期限内 116
还出现了另外一位大法官成为了首席大法官,他就是怀特。但是斯佩思数据库对于他在担任大法官和首席大法官时的表决数据不够充足,以至于我们没办法对怀特和伦奎斯特进行有意义的比较研究。

较之其他大法官,首席大法官会更加希望让联邦最高法院成为一个统一的整体,因为如果法院经常出现观点分歧,尤其是当他发现其本人属于少数派的话,那么人们会将这种现象归因于首席大法官欠缺领导能力。因此我们可以预料的是,较之其他大法官,首席大法官在表决的时候会带有较少

---

⑮ 我们将 15 个开庭期作为分界线,目的是提高我们所作估算的可信度。如果将分界线定在 10 个开庭期的话,我们将会发现,对于伯顿大法官来说(他的任职经历了 14 个开庭期),他的意识形态立场没有发生变化;对于墨菲大法官(他的任职经历了 10 个开庭期)来说,表现为显著的负相关;对于杰克逊大法官(他的任职经历了 12 个开庭期)来说,则是显著的正相关。

⑯ 我们的研究和 Andrew D. Martin and Kevin M. Quinn, "Assessing Preference Change on the U. S. Supreme Court," 23 *Journal of Law, Economics, and Organization* 365 (2007) 和 Lee Epstein et al., "Ideological Drift among Supreme Court Justices," 101 *Northwestern University Law Review* 1483 (2007) 的研究有相当一部分在结论上是彼此吻合的。马丁和奎恩的研究发现,布莱克、法兰克福特、杰克逊、里德和怀特变得更加保守主义,而布莱克门、布伦南、伯格、克拉克、马歇尔、鲍威尔、沃伦和史蒂文斯则变得更加自由主义。爱波斯坦等人发现,沃伦、克拉克和鲍威尔的意识形态变得趋于自由主义。

的意识形态色彩。这并不是说首席大法官的意识形态发生了改变，而只是构成了影响首席大法官在投票的时候多大程度上表达他自身意识形态的一项激励因素。

尽管伦奎斯特在就任首席大法官之前的保守主义立场投票比例要高于他就任之后的比例（89%：79%），但是如果我们为其任职首席大法官的期间设定一个虚拟变量的话，那么回归系数将是不显著的，不过基于其全部任职期间变量的回归系数仍然是显著的。也就是说，伦奎斯特之所以变得趋向于“左”倾，不是因为他成为了首席大法官，而只不过是反映了他意识形态变化的长期趋势而已。

我们所研究的第二种形式的大法官意识形态改变指的是大法官的意识形态与提名其任职的总统的意识形态之间的差异会随着该大法官任职时间的推移而扩大。对于这一点，以往的经验研究没有给予太多的关注，[17]而我们在研究中非常强调这一现象。这就是我们所称的意识形态偏离（divergence）。

有一种解释是，随着大法官任职时间的推移，他对提名他任职的总统的忠诚度会减少。我们对这一解释表示怀疑。从对总统的忠诚度这一角度来进行解释，这可能从一开始就是很弱的理由。这不仅是因为总统没办法回击大法官的不忠诚行为，更是因为基于对提名其任职的总统的忠诚而进行的司法表决行为只不过是符合了总统的意愿，而非大法官的意愿，除
117 非他们的意愿是相同的。针对意识形态偏离的趋势，一个更有说服力的解释不是从忠诚度衰退的角度，而是从以下这么一个事实的角度，即人们的意识形态总会随着时间的流逝而改变，一个大法官任职的时间越长，发生这种改变的可能性也就越大。这一趋势表明了，法官的效用函数中是包含了自我表现成分的。

总统与他所提名任职的大法官之间存在意识形态偏好的差异，这一现象产生的另一可能原因是被提名人从未和该总统在意识形态上保持一致。布伦南、史蒂文斯和苏特就是例证。总统在挑选大法官的时候，可能考虑

[17] 参见 Epstein and Segal 的著述第五章，本章前文脚注⑪以及论文 Jeffrey A. Segal, Richard J. Timpone, and Robert Howard, "Buyer Beware? Presidential Success through Supreme Court Appointments," 53 *Political Research Quarterly* 559 (2000)。论文对总统的意识形态和大法官职业生涯中的表决记录进行了比较，但是不同时间阶段的总统和大法官意识形态偏离只存在简单相关性，并且只限于四个时间阶段。

的是他个人或者所属党派在选举中的利益,正如艾森豪威尔提名布伦南是为了在1956年的大选中吸引天主教徒的选票。[18] 并且,当白宫与参议院由不同党派控制的时候,总统可能还需要与参议院多数党形成妥协,这种情况下他提名的人选可能就不是他的第一选择,[19]正如老布什总统提名了苏特,而不是伊迪丝·琼斯(Edith Jones)。[20] 而有时候,总统和他的幕僚可能就是因为错误地理解了候选人的意识形态倾向而作出了提名的决定,苏特就是例证。另一种情况是,一名大法官最初之所以获得了提名,那是因为在某个重大议题上与总统的观点一致,但是后来这一议题逐渐退场,而新议题出现之后,他们的观点就有分歧了。

为了验证意识形态偏离的情况,我们对每一个开庭期内法官的意识形态 *i* 与提名其任职的总统的意识形态这两者之间的差距进行了回归分析。在回归分析中,涉及大法官的变量有:大法官在联邦最高法院任职期间所经历的开庭期数量(*Tenure*);大法官被提名时的年龄;是否在首都任职(如果在他获得提名时,正在哥伦比亚特区担任包括法官在内的联邦公共职务,则该变量的值为1[21]);以及他在获得提名时是否为联邦上诉法院的法官(如果是的,则该变量的值为1[22])。对于那些已经在总统周围行政部门 118
工作的潜在被提名人,[23]或者已经任职于联邦上诉法院的潜在被提名人,或者是年龄更长的潜在被提名人,总统可能对他们的了解更多,因此我们可以预见这些变量与意识形态的偏离之间是呈负相关的关系。我们将意识形态差距的绝对值作为因变量,这是因为我们想要知道的是,大法官的意

---

[18] 关于总统挑选法官的目的,可参见 Goldman 的论文,本章前文脚注[11]。

[19] Brian Moraski and Charles Shipan, "The Politics of Supreme Court Nominations: A Theory of Institutional Constraints and Choices," 43 *American Journal of Political Science* 1069 (1999).

[20] David Alistair Yalof, *Pursuit of Justices: Presidential Politics and the Selection of Supreme Court Nominees* 191 - 192 (1999).

[21] 我们把阿贝·福塔斯(Abe Fortas)也算在内。尽管他在被提名为联邦最高法院大法官的时候并非联邦政府的雇员,但他此前是(当时仍然是)约翰逊总统的主要顾问,他在白宫有自己的办公室,并且《名人录》中关于他的条目所列出的地址就是白宫。

[22] 我们把马歇尔也算在内。他曾经担任过联邦上诉法院法官,但是在被提名的时候他是首席检察官。

[23] See Lawrence Baum, *Judges and Their Audiences* (2006); Michael C. Dorf, "Does Federal Executive Branch Experience Explain Why Some Republican Supreme Court Justices 'Evolve' and Others Don't?" 1 *Harvard Law and Policy Review* 457 (2007); Linda Greenhouse, "Justices Who Change: A Response to Epstein et al.," 101 *Northwestern University Law Review* 1885 (2007).

识形态是否偏离了提名其任职的总统的意识形态，而不论是往哪个方向偏离。[24]

对于总统的意识形态，我们使用的是基斯·普尔(Keith Poole)所做的估算，他的估算是基于总统对国会所审议议案的立场而作出的。[25] 普尔给出的分数分布范围是－0.485～0.702，前者是肯尼迪总统，后者是小布什总统。为了在可比较的基础上对法官的意识形态进行量度，进而使得我们计算出大法官在被提名时其与总统两人之间在意识形态立场上的差距，我们采用了马丁－奎恩打分方法。[26]（对于大法官的第一年任期，我们采用马丁－奎恩方法对其第一个开庭期的打分）我们的分析截至2008年(不是2009年)开庭期，这是因为在撰写本书的时候，后续开庭期的马丁－奎恩打分结果还没有出来。

回归分析的基础是对1953年开庭期至2008年开庭期时间范围内任职于联邦最高法院的大法官的626项观察结果。对于每一位大法官而言，观察结果的数量等于其在联邦最高法院任职的开庭期数量。我们是以开庭
119 期为单位来累加观察结果的，因为我们可以预计，在给定的一个开庭期内，某个大法官的意识形态立场是不会改变的，所以如果我们把大法官的每一次表决行为都视为一个单独的观察结果的话，这样会导致我们对大法官在不同开庭期内的意识形态立场一致性产生夸大的印象。

回归分析的基本结果列在表3.7的第(1)栏中。开庭期数量(*Tenure*)这一变量的相关系数为正，并显示大法官和总统之间的意识形态差距以每年平均2.9个单位的速度在增加。同样的，在大法官职业生涯的初期，总统的意识形态与大法官的意识形态这两者之间的相关性为0.65；不过10年之后，这一数值降至0.42；20年之后则是0.31。

---

[24] 伦奎斯特担任大法官的职务是由尼克松总统提名的。在1986年开庭期，里根总统提名他担任首席大法官。我们把伦奎斯特算作一位大法官，并把尼克松视为提名任职的总统；不过，若是我们把伦奎斯特算作两位大法官，即自1971年起任职的大法官以及自1986年起任职的首席大法官，这并不会改变回归分析的结果。罗斯福总统在1941年提名斯通为首席大法官，而此前提名他担任联邦最高法院大法官的是柯立芝总统。由于我们的回归分析中所使用的数据是从1937年开始的，因此我们量度的是斯通与罗斯福总统的意识形态差距，而非其与柯立芝总统的意识形态差距。

[25] 参见本书第二章脚注⑱。

[26] 安德鲁·马丁使用了Lee Epstein et al., "The Judicial Common Space," 23 *Journal of Law, Economics, and Organization* 303 (2007)一文中所概括出来的步骤，给我们提供了经过转换之后的马丁－奎恩打分结果，这使得我们可以拿它和普尔对总统意识形态的打分进行比较。

表 3.7　关于联邦最高法院意识形态偏离的回归分析
(1953—2008 开庭期)

	(1)	(2)	(3)
开庭期数量	0.013*	0.028**	0.011*
	(2.43)	(6.09)	(2.53)
第一个开庭期的意识形态偏离	—	—	0.896**
		(5.84)	
被提名时的年龄	0.006	0.004	0.008
	(0.90)	(0.60)	(1.51)
是否曾经在哥伦比亚特区担任联邦职务	-0.243*	0.065	0.234*
	(2.43)	(0.64)	(3.43)
是否曾经担任法官	-0.085	-0.096	-0.023
	(0.84)	-1.06	-0.34
相互作用项	—	-0.026**	—
	(4.18)		
R^2	0.24	0.35	0.52

联邦职务这一变量的相关系数为负,并且数值很大。如果被提名人是在哥伦比亚特区的公共部门工作的,那么被提名的大法官与总统之间的意识形态差距在一年之后的预期值是 0.24,如果他不是在哥伦比亚特区的公共部门工作的,那么这个值则是 0.48。大法官任职 10 年之后,相应的值分别是 0.35 和 0.60;20 年之后则为 0.48 和 0.72。对于一个被提名时不是在哥伦比亚特区的政府部门工作的大法官来说,任职 20 年之后同任职 10 年后的数值差距与任职 10 年后同任职仅一年后的数值差距是相等的。

年龄变量和大法官之前是否担任联邦上诉法院法官这一变量的相关系数在统计学上不显著。

表格第(2)栏增加了一个相互作用项(interaction term),以检验对于那
些在获得提名之前曾经任职于联邦公共部门的大法官来说,意识形态的偏 120
离是否更加平缓。结论是肯定的。这部分大法官的意识形态偏离在任职 10 年之后的预期值是 0.37,在任职 20 年之后的预期值是 0.39(5% 的增加幅度),而相比之下其他大法官所对应的值分别为 0.57 和 0.85(49% 的增

加幅度)。

总统应该知道他所提名的大法官与他本人之间最初的意识形态立场差异。所以说,总统与大法官之间在第一年的意识形态立场的任何差异并不能说明意识形态偏离的存在,只能说明在提名的时候,他们就存在意识形态立场上的不同。为此我们作了调整,把大法官在第一个开庭期与总统之间的意识形态差距的绝对值作为一个自变量。通过这一调整,回归分析的基础就是590个观察结果,而非626个观察结果,因为针对每一个大法官都要去掉一个观察结果。我们的观察对象中还会少掉一位大法官,因为伯恩斯的任职只覆盖了一个开庭期(1941年)。

回归分析的结果列在第(3)栏中。我们可以看到,任职时间的长度和第一个开庭期的意识形态偏离都可以作为高度重要的预测因子(predictor),来预测大法官从第二个开庭期开始出现的意识形态偏离情况。第一个开庭期意识形态偏离的相关系数的值和1没有显著差异,这表明了贯穿大法官的职业生涯,他的意识形态偏离是一如既往的。这意味着,对于总统来说,去了解大法官人选的意识形态倾向是有着巨大的潜在回报的。每年的意识形态偏离速度是3.9%(0.011除以0.28,其中0.28是回归分析涵盖的35位大法官在第一个开庭期的平均意识形态偏离数值),而如果把第一年的意识形态偏离计算在内的话,那这个数值只有每年2.9%。和之前的估算结果一样,在获得大法官提名之前任职于公共部门这一因素对于降低意识形态偏离有重大的影响。那些曾经工作于公共部门并且任职超过20年的大法官的意识形态偏离预计值(0.44)和那些在联邦最高法院任职至少两个开庭期并且之前未曾在公共部门工作的大法官的意识形态偏离预计值(0.49)几乎是相同的。和此前的研究一样,我们在第(3)栏对应的回归分析中也加入了相互作用项,结果也是发现,是否曾在公共部门任职和任职大法官时间的长度都是显著的影响因素。并且再一次地,对于那些曾经在公共部门工作的大法官来说,随着任职时间的变长而导致的意识形态偏离的增加几乎是可以忽略不计的。

了解意识形态转变与意识形态偏离的现象,这不仅对联邦最高法院大法
121 官的提名有意义,它们对联邦上诉法院法官的提名也是有意义的。现在我们假设有一位总统希望在其结束总统任期之后,他所提名任职的大法官可以延续他的意识形态,以此作为他的政治遗产。这就意味着,他应该要提名一位年纪轻的人选,不过这也就增加了意识形态转变和偏离的风险。为了应对这一风险,这位总统可能会设立一个由潜在的联邦最高法院大法官被提名人组成

的人选库,其中包括联邦上诉法院的法官,理论上的原因在于,较之执业律师的经历,联邦上诉法院法官的表现可以更好地说明其意识形态倾向。

表3.8显示了,从里根开始的共和党总统遵循着上述的策略(至少当没有保守主义的学者可供这些总统提名之后就是这样的情况,过去根本就没有保守主义的法学学者,现在也很少)。这也可以作为一个理由来解释,为什么如今除了一位大法官之外,其他的大法官都曾经担任联邦上诉法院的法官(不过另外一个原因是民主党总统提名的三位大法官都曾经担任联邦上诉法院法官,他们是布雷耶、金斯伯格以及索托马约尔)。 122

表3.8　联邦上诉法院法官职位被提名人的平均年龄

(从艾森豪威尔到奥巴马)

	被提名人的平均年龄	被提名人数量	被提名时年龄≤45岁的人数	被提名时年龄≤45岁的人数比例
艾森豪威尔	56.6	45	3	6.7
肯尼迪	54.7	20	2	10.0
约翰逊	52.4	41	4	9.8
尼克松	54.0	45	4	8.9
福特	52.6	12	1	8.3
卡特	52.3	56	10	17.9
里根	50.5	78	19	24.4
老布什	50.0	38	9	23.7
克林顿	52.3	61	9	14.8
小布什	51.0	59	13	22.0
奥巴马	55.0	15	1	6.7
1953—1980年				
民主党总统	52.7*	117	16	13.7
共和党总统	55.0	102	8	7.8
1981—2010年				
民主党总统	52.8*	76	10	13.2
共和党总统	50.4	175	41	23.44

说明:一颗星代表在1953—1980年以及1981—2010年内共和党总统提名的人选和民主党总统提名的人选具有显著的差异。

为了实施这一策略,并且同时要提名一位足够年轻的联邦最高法院大法官以传承总统的意识形态遗产,这就意味着应当提名年纪较轻的人担任联邦上诉法院法官,从里根开始的共和党总统们就是这么做的。从艾森豪威尔开始,一直到福特,共和党总统提名的联邦上诉法院法官平均年龄是55岁,但是从里根开始,这一平均年龄下降了大约5岁。与之形成对比的是,在过去的50年里,共和党总统所提名的联邦上诉法院法官的平均年龄一直是53岁左右,除了奥巴马所提名的15个人选(截至本书写作时)的平均年龄是55岁。[27]

请注意表格中自1980年以来共和党总统与民主党总统提名年龄不超过45岁人选的差异。在1980年之前,由民主党总统提名的年轻法官人选的比例更大;而在1980年之后,这个比例关系出现了决定性的逆转。不过我们对这样的一种减少意识形态偏离的方法的有效性表示怀疑,因为表3.7中的年龄变量并非具有统计学上的显著性,而年龄又确确实实与意识形态转变是正相关的。在本书第六章和第八章中,我们将会看到,回避发表不同意见和参与海选竞争会使得联邦上诉法院法官的投票记录没有办法成为很好的预测因子,被用来预测该法官担任联邦最高法院大法官之后的表决行为。

表格中展示的结果意味着,总统若希望减少意识形态偏离的情形,那么他应当选择那些与总统本人意识形态相同的人选或者那些在哥伦比亚特区的联邦公共部门工作,从而使得总统可以获知足够信息的人选。

不过,我们必须区分意识形态的改变与意识形态的差异,后者可能与任职的时间长度相关,也可能不相关。意识形态的差异表现为大法官(或法官)就任时的意识形态(事前意识形态)与司法表决行为中呈现出来的意识形态(事后意识形态)的不同。我们在下一章中将针对联邦最高法院和联邦上诉法院来检验这些意识形态差异的情况,并在此基础上解释这两个层级的上诉审法院中所出现的意识形态化的表决和法条主义的表决这两者之
123 间的平衡关系。

---

[27] Also see Micah Schwartzman, "Not Getting Any Younger: President Obama's Penchant for Older Judges Scuttled Goodwin Liu," *Slate*, May 26, 2011, www.slate.com/id/2295597/ (visited Dec. 9, 2011).

一致意见裁决:意识形态的作用

联邦最高法院普遍地被认为是一个政治法院,不仅是政治学家们持有这种看法,而且在许多争议性案件中,愤怒的反对者强化了人们的这一印象。然而,事实情况是,尽管联邦最高法院的大法官们在意识形态立场上是对立的,但仍有相当比例的案件裁决是以一致同意的方式作出的,这就意味着法条主义也在其中发挥了作用。因此一致意见裁决是一个重要的研究主题,但是却常常被忽略了。[28]

我们把一致意见裁决界定为那些没有大法官提出不同意见的裁决,即便存在着一份或者多份协同意见书(concurring opinion)。较之非一致意见裁决,一致意见裁决中出现协同意见的情况更加常见。在斯佩思数据库中,41%的一致意见裁决包含了协同意见书,而非一致意见裁决包含协同意见书的比例是38%。不过,导致这一现象的可能只是算术上的原因:在一个以5:4的表决结果作出的裁决中,协同意见书最多也就是4份;而对于以9:0的表决结果作出的裁决,协同意见书最多可达8份。

我们在研究中排除了那些虽然是一致同意,但是在一位或者多位大法官缺席的情况下作出的裁决,因为我们无法确定缺席的大法官如果在场的话是否会同意其他大法官的意见。不过,1969年开庭期除外,因为那一年里只有八位大法官任职于联邦最高法院。

从1946年至2009年,联邦最高法院经过言词辩论程序之后作出的裁决中大约29%是以一致同意的方式作出的。图3.1显示了这一比例从1946年至1952年(文森法院时期)的21%上升至2005年至2009年(罗伯茨法院时期)的34%,其中一部分原因是联邦最高法院以一致同意的方式

㉘ 不过可以参见以下没有完全列出的相关文献:Paul H. Edelman, David E. Klein, and Stefanie A. Lindquist, "Consensus, Disorder, and Ideology on the Supreme Court," *Journal of Empirical Legal Studies* (forthcoming); Pamela C. Corley, Amy Steigerwalt, and Artemus Ward, "Deciding to Agree: Explaining Consensual Behavior on the United States Supreme Court" (paper presentedat 2008 annual meeting of the Midwest Political Science Association); Saul Brenner and Theodore S. Arrington, "Decision Making on the U. S. Supreme Court: Case Stimuli and Judicial Attitudes," 9 *Political Behavior* 75 (1987); Thomas R. Hensley and Scott P. Johnson, "Unanimity on the Rehnquist Court," 31 *Akron Law Review* 387 (1998)。

推翻第九巡回上诉法院裁决的比例上升了。[29] 在这段时期内,联邦最高法
124 院所审核的第九巡回上诉法院案件裁决中,大约有 73% 是以一致同意的方式被推翻的;而其他联邦上诉法院的这一比例是 63% 。如果我们把被联邦最高法院推翻的第九巡回上诉法院案件裁决排除出去的话,一致意见裁决的年均增长速率将由 1.35% 回落至 1.07% 。[30] 不过即便我们将这些裁决纳入进来,自 25 年之前伦奎斯特担任首席大法官的第一个开庭期之后,并没有呈现明显的增长趋势。最高峰的比例数值是 1997 年的 51.1%(如果排除第九巡回上诉法庭被推翻的案件裁决,那这一比例是 40.2%),而从那之后就下降至 37% 。

除了我们所使用的一致意见裁决的概念之外,图 3.1 还展示了其他几
125 种模式的“一致意见”裁决界定方法。一种模式(“最大化的一致意见裁决”)是将所有未出现不同意见书的裁决都囊括了进来,即便实际上只有 5 位大法官参加了表决。这样一来就增添了 646 个裁决(包括 502 个 8∶0 的裁决和 124 个7∶0的裁决),由此使得样本数量扩展了 32%,并使得所有联邦最高法院作出的裁决中一致意见裁决的比例增加到 38% 。另一种模式(“最小化的一致意见裁决”)则排除了 836 个裁决,因为这些裁决附带有一份或者多份协同意见书。这样调整之后,全部裁决中以一致同意方式作出的仅占 17% 。请注意图 3.1 所显示的,上述三种对一致意见的量度随着时间的推移会形成彼此之间的追踪联系。我们对一致意见的主要量度方法和最小化量度方法之间的相关系数是 0.88,与最大化量度方法之间的相关系数是 0.48。不过,在 1990 年之后,与最小化量度方法之间有着更大相关性的情况不复存在了。自 1990 年以来,其他的两种量度方法与我们的主要方法之间相关系数均为 0.76。

鉴于联邦最高法院的成员之间在意识形态立场上是存在分歧的,因此存在一定比例的一致意见裁决似乎是很难说得通的,除非联邦最高法院的大法官们有强烈的回避发表不同意见的行为倾向。正如我们在本书第二

---

[29] 关于第九巡回法院的“无赖”习气,可参见波斯纳的论文。See Richard A. Posner, “Is the Ninth Circuit Too Large? A Statistical Study of Judicial Quality,” 29 *Journal of Legal Studies* 711 (2000).

[30] 我们对一致意见裁决比例(分别计算是否包含第九巡回法院被推翻的裁决)的对数与时间的关系进行了回归分析。得出的相关系数(以及 t 比率)分别是 0.0135 (5.23)和 0.0107 (4.20),两者之间有显著的差异。

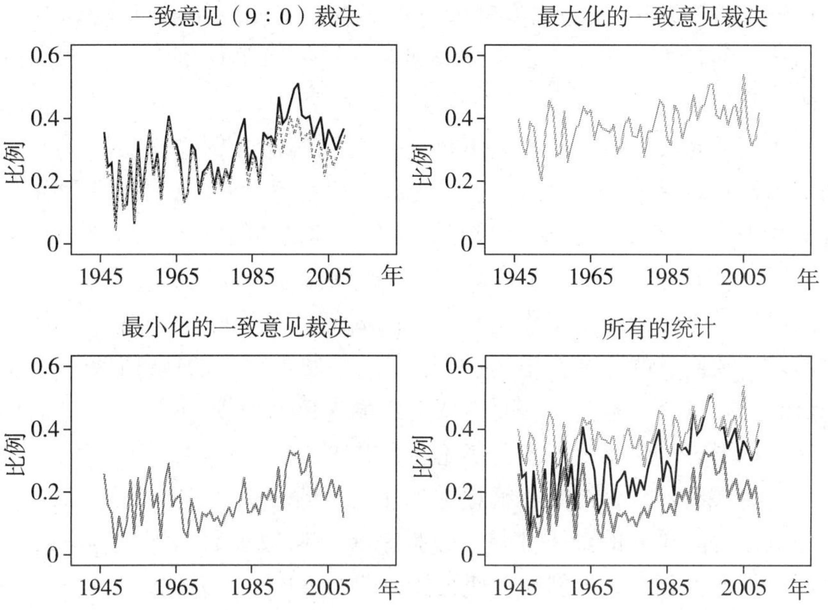

图 3.1　联邦最高法院的一致意见裁决(1946—2009 开庭期)

说明:1. 在左上的图中,实线代表以9∶0的表决结果作出的一致意见裁决,同时也包括了 1969 年开庭期以8∶0的表决结果作出的一致意见裁决,因为那一年开庭期里联邦最高法院只有 8 位大法官。颜色较浅的虚线代表的是除了推翻联邦第九巡回上诉法院案件裁决之外的以9∶0的表决结果作出的一致意见裁决。

2. 最大化的一致意见裁决包括了所有经过言词辩论程序且没有出现不同意见书的案件,也就是把 502 个8∶0的裁决、124 个7∶0的裁决、16 个6∶0的裁决以及 4 个5∶0的裁决也算作了一致意见裁决的类型。

3. 最小化的一致意见裁决排除了附带有一份或多份协同意见书的一致意见裁决。

4. 右下角“所有的统计”包含了上述三条实线,但不包括除了推翻联邦第九巡回上诉法院案件裁决之外的一致意见裁决。

章中提及的,以往他们的确有着这种倾向,不过现在情况不同了,我们会在本书第六章中给出解释。一个替代的解释是,只有那些没有表现出意识形态色彩的案件才可能获得一致同意的裁决。第三种可能的解释则融合了前面两种解释:一致意见裁决只是针对那些意识形态色彩很淡的案件,所以即便是轻微的规避发表不同意见的大法官行为倾向就会使得这类案件获得一致同意的裁决结果。第四种解释也是最有说服力的解释,它对第三种解释进行了补充，认为当案件的意识形态色彩比较淡的时候，回避发表不同意见的行为倾向和看重法条分析的态度有可能使得大法官把意识形态的偏好先放在了一边。[31]

联邦最高法院的大法官们不可能对例如遵循先例这样的法条主义准则毫不在意。对先例的公然无视会扰乱法律秩序，并降低大法官职务所被寄予的正统性（但这不必然意味着他们在某种强烈的意义上“信仰”这些法律准则，他们可能仅仅是发现这些准则在政治上是有用的，或者因为适用
126 这些法律准则可以减少工作量）。因此，我们可以预料，推翻先例的裁决很少是以一致同意的方式作出的（尽管有一些非常著名的例外情形，比如布朗诉教育委员会一案），原因是要背离遵循先例的原则，大法官一定是在强烈的意识形态信念驱使下才会使他这么做。[32]

表 3.9 比较了分别以一致意见和非一致意见方式作出的“正式变更”联邦最高法院先例的裁决数量。数据来源于斯佩思数据库。若裁决中提到他们正在推翻一个先例或者使用类似的语言进行了表述，例如“不赞成”先例或者先例“不再是良法”，那么数据库就将这样的裁决记录为正式变更了先例。请注意的是，只有 1.6% 的以一致意见方式作出裁决的案件正式变更了先例；而对非一致意见裁决的案件来说，这一比例是 2.3%。换句话说，在那些变更了先例的案件中，22% 是以一致同意的方式作出裁决的；而在那些没有变更先例的案件中，29% 是以一致同意的方式作出裁决的。然而这一差别在统计学上并非显著的（t 统计量为 1.75；而要达到 0.05 的显著水平，t 统计量至少应为 1.96）。

---

[31] 这一解释来自 Paul H. Edelman、David E. Klein 和 Stefanie A. Lindquist 撰写的两篇论文“Measuring Deviations from Expected Voting Patterns on Collegial Courts,” 5 *Journal of Empirical Legal Studies* 819 (2008) 以及“Consensus, Disorder, and Ideology on the Supreme Court,” 参见本章前文脚注㉘。这些论文发现了（我们同样也发现了），“非正常投票”（即背离意识形态立场的投票）不大可能出现在推翻联邦最高法院的原有裁判的情形下。

[32] 例如，可参见 Thomas G. Hansford and James F. Spriggs II, *The Politics of Precedent in the U. S. Supreme Court*, ch. 5 (2006)。汉斯福特（Hansford）和斯普里格斯（Spriggs）发现，尤其是对于那些展示出“旺盛生命力”的先例，联邦最高法院不大愿意去推翻它们。这些先例在以往的联邦最高法院司法意见书中曾经被大量地正面引用。

表 3.9　联邦最高法院正式变更先例的裁决(1946—2009 开庭期)

	一致意见		非一致意见	
	裁决数量	比例	裁决数量	比例
变更先例	33	1.61	116	2.26
未变更先例	2017	98.39	5018	97.74
总计	2050	100.0	5134	100.0
	变更先例		未变更先例	
	案件数量	比例	案件数量	比例
一致意见裁决	33	22.1	2017	28.7
非一致意见裁决	116	77.9	5018	71.3
总计	149	100.0	7035	100.0

当我们使用“最小化”的定义(即以是否有协同意见书为标准)时,正式变更先例的一致意见裁决数量比例由表 3.9 中的 33 个急剧地减少至 16 个。这表明了,当一个案件裁决要正式变更先例的时候,以一致同意的方式来作出裁决的困难程度是很大的。不过这说明不了什么。以一致同意的方式作出裁决的案件,虽然有协同意见书的存在,但这并不必然表明发表协同意见的法官就不同意多数意见的推理,他很可能是为了支持裁决中的推理或者拓展裁决的影响范围。

通过分析案件的性质(例如该案件是否属于公民自由案件或者税收案件),或者通过观察较低层级法院当初对该案件的裁决是否附带不同意见书,我们可以从中获知联邦最高法院以一致同意方式作出裁决的案件有多大的意识形态成分在内。为此,我们对以下的关于一致意见裁决概率的回归方程式进行了估算:

$$P_u = f(\mathit{Dissent}, \mathit{Reversal}, \mathit{CA\ Conflict}, \mathit{Other\ Conflict}, \mathit{Nonideological}, \mathit{Ninth\ Circuit}, \mathit{Chief}, \mathit{Subject\ Area}, u)$$

127

上述公式中,自变量(都是虚拟变量)包括了:*Dissent*(意为联邦最高法院的多数意见中提到该案当初在较低层级法院的裁决中附带有不同意见书——但是因为联邦最高法院并不总是会提到这一点,所以我们有可能会低估了这一数值[33])、*Reversal*(指的是联邦最高法院推翻较低法院的裁决)、*CA Conflict*(指的是针对签发调卷令所涉及的争议事项,联邦最高法院提及不同的联邦上诉法院曾经作出互相冲突的裁决)、*Other Conflict*(指存在不同州法院之间的冲突性裁决或者联邦法院与州法院之间的冲突性裁决[34])、*Nonideological*(指的是无法界定联邦最高法院裁决的意识形态倾向——在我们的样本中,大约只有稍多于1%的案件既无法归类为保守主义的,也无法归类为自由主义的,也就是说没有明显的意识形态色彩,所以我们预计有极大量的这类案件会以一致同意的方式作出裁决)、*Ninth Circuit*(指的是来
128 自第九巡回上诉法院的案件)、*Chief*(这是一组关于样本中5位首席大法官任职期限的虚拟变量——5位大法官分别是文森、沃伦、伯格、伦奎斯特以及罗伯茨,关于文森的变量为缺省项)以及 *Subject Area*(这是一组虚拟变量,指代案件的领域,包括公民自由案件、经济案件以及司法权力案件,联邦制
129 度的案件为缺省项,该类案件的比重大约少于6%)。表3.10列出了这些变量及其平均值。

我们预计,变量 *Dissent* 的相关系数为负,而变量 *Reversal*、*CA Conflict* 和 *Nonideological* 的相关系数为正。较低层级的法院裁决中出现了不同意见,这表明该案件有较重的意识形态色彩;如果这个案件意识形态色彩比较淡的话,那么较低层级法院就更有可能作出一致意见裁决(即便组成法庭的法官在意识形态立场上是不一致的),原因是他们存在着强烈的回避发表不同意见的行为倾向,本书第六章将讨论我们的这一发现。不过我们还没有研究各州最高法院的法官回避发表不同意见的行为倾向,而联邦最高法院裁决的许多案件是来源于对各州最高法院裁决的上诉。在联邦最高法院于1946年至2010年开庭期之间审理的7159个经过言词辩论的案件中,1619个案件(占23%)是来自州法院系统。

---

[33] 李·爱泼斯坦(Lee Epstein)和杰弗里·西格尔(Jeffrey Segal)建构的数据库所包含的随机样本中有907份获得调卷令的申请书,负责调卷令审议小组(cert-pool)备忘录撰写的大法官助理们提及了其中334个案件在较低层级的法院存在着不同意见,不过在这334个案件中,联邦最高法院的多数意见书只提到其中的232个案件在较低层级的法院存在着不同意见。

[34] 在1535个存在冲突性裁决的案件中,1336个案件(占87%)涉及不同的联邦上诉法院之间的冲突性裁决。其余的199个案件主要涉及联邦法院与州法院之间,或者不同州法院之间的冲突性裁决。同样的,这里也会存在数量被低估的问题。例如,根据前一个脚注所讨论到的数据库随机样本,联邦最高法院在337个案件的调卷令中并没有说明原因,但是申请书池备忘录提到了其中的148个案件(占44%)存在着联邦法院或者州法院之间的冲突性裁决情况。

表 3.10　对一致意见裁决进行的回归分析中的变量说明
(1946—2009 开庭期)

	平均值(标准差)	
	所有案件	一致意见裁决案件
Unanimous Decision:赋值为 1(若属于一致意见裁决)或者 0(若属于非一致意见裁决)	0.29 (0.45)	—
Direction:联邦最高法院裁决的意识形态倾向	0.49 (0.50)	0.42 (0.49)
Dissent:较低层级法院的裁决是否附带有不同意见	0.22 (0.42)	0.20 (0.40)
Reversal:是否推翻较低层级法院的裁决	0.63 (0.48)	0.66 (0.47)
CA Conflict:存在不同的联邦上诉法院之间的冲突性裁决	0.22 (0.42)	0.27 (0.45)
Other Conflict:存在联邦法院与州法院之间或者不同州法院之间的冲突性裁决	0.03 (0.18)	0.04 (0.19)
Lower Court Ideological Direction:较低层级法院裁决的意识形态倾向,赋值为 1(保守主义)或 0(自由主义)	0.56 (0.50)	0.57 (0.50)
Nonideological:联邦最高法院裁决的意识形态倾向无法界定	0.01 (0.10)	0.01 (0.12)
Ninth Circuit:来源于联邦第九巡回上诉法院的案件	0.11 (0.32)	0.15 (0.36)
Supreme Court Median:每一开庭期的大法官意识形态中值(用西格尔 - 科韦尔打分量度)	0.52 (0.23)	0.55 (0.22)
Fraction Republican:共和党总统提名任职的大法官人数比例	0.59 (0.26)	0.63 (0.25)

续表

	平均值(标准差)	
	所有案件	一致意见裁决案件
Civil Liberties:(经过调整的)公民自由案件,包括刑事诉讼、公民权利、第一修正案、正当程序、律师权利以及隐私权案件	0.51 (0.50)	0.44 (0.50)
Economics:经济案件,包括经济活动、工会和税收案件	0.30 (0.46)	0.31 (0.46)
Judicial Power:司法权力案件	0.13 (0.34)	0.19 (0.39)
Federalism:联邦制度案件	0.05 (0.23)	0.05 (0.22)
观测数量	7184	1728

说明:所有的回归分析仅针对经过言词辩论程序的案件。

当联邦最高法院推翻而不是维持较低层级法院的一项裁决时,一致意见裁决更有可能出现,这是因为有一些这样的裁决仅仅是为了更正错误,以确保较低层级的法院遵循那些意识形态色彩较淡或者没有意识形态色彩的技术性事项。对于这些涉及技术性问题的案件,如果联邦上诉法院的做法是正确的,那么联邦最高法院没有什么理由要特别地确认该裁决,除非存在着不同司法巡回区上诉法院之间的冲突性裁决。联邦最高法院会觉得有义务去解决这些冲突,即便这些案件缺乏有足够挑战性的争议事项(指的是会引发意识形态争议的事项),所以无论这些案件的裁决结果是推翻还是维持,都不会像联邦最高法院所审理的其他案件那样,是基于意识形态的理由而作出的。变量 *Other Conflict* 所指向的案件可能不怎么涉及技术性事项,如若不然的话,这一变量对出现一致意见裁决概率的效应要弱于变量 *CA Conflict*。

我们预计,变量 *Ninth Circuit* 的相关系数为正,因为存在大量以一致同意的方式推翻第九巡回上诉法院裁决的联邦最高法院裁判。由于意识形态在公民自由案件中所起到的作用要超过其他类型领域的案件,我们可以预计 *Civil Liberties* 变量与一致意见裁决的概率之间呈现负相关关系。

一致意见裁决的案件比例的正向增长趋势应当使得 *Chief* 这一虚拟变量的相关系数为正（我们忽略文森的变量，他担任首席大法官的时候一致意见裁决的比例最低）。从过去 25 年间一致意见裁决的比例增长来看，伦奎斯特法院和罗伯茨法院的这一效应最为明显。

我们尝试了其他两个变量，以对联邦最高法院在每一个开庭期的意识 130
形态立场一致性和联邦最高法院的工作量做一个大致的量度。不过这两个变量都距离统计学上的显著性相去甚远，也不会对其他变量的规模或者显著性产生影响——这同基于我们的模型而产生的期望并不一致。

表 3.11 列出了回归分析的结果。两个回归分析的方程式基本上是相同的，除了第（2）个回归分析纳入了两个关于案件冲突性裁决的变量，同时第 131
（2）个回归分析中所包含的观察对象数量要少一些（6020 个，而非 7184 个），这是因为我们关于冲突性裁决的数据来自联邦最高法院签发调卷令时多数司法意见书给出的理由，然而在 1164 个案件中，联邦最高法院并没有给出这样的理由。

对这两个回归方程式来说，变量 *Dissent* 的相关系数为负，且具有高度的显著效应。较低层级法院的不同意见会导致一致意见裁决的概率减少 0.068，较之较低层级法院不存在不同意见时联邦最高法院出现一致意见裁决的平均概率值 0.29，这相当于减少了 23%。变量 *Reversal* 和变量 *CA Conflict* 的相关系数为正，且具有高度的显著效应。推翻较低层级法院的裁决这一因素和不同联邦上诉法院之间存在冲突性裁决的因素导致一致意见裁决出现的概率分别增加 0.054 和 0.057（相对于平均值 0.285，分别增加了 19% 和 20%）。*Other Conflict* 这一变量是不显著的。这一结果并不令人奇怪，因为我们并不了解这一变量所指向的冲突性裁决在多大程度上涉及了非意识形态的事项。*Nonideological* 和 *Ninth Circuit* 这两个变量同样是不显著的。

公民自由案件中出现一致意见裁决的预期概率要低于司法权力案件（分别是 21% 和 36%），这和我们之前的预计是一致的，因为公民自由案件涉及了更多的意识形态色彩。此外，伦奎斯特法院和罗伯茨法院以一致同意的方式作出裁决的可能性要高于伯格法院、沃伦法院和文森法院。

表 3.11 联邦最高法院出现一致意见裁决概率的 Logit 分析
(1946—2009 开庭期)

	出现一致意见裁决的概率	
	(1)	(2)
Dissent	-0.068**	-0.066**
	(4.86)	(4.22)
Reversal	0.054**	0.059**
	(4.39)	(4.45)
CA Conflict	—	0.057**
		(4.48)
Other Conflict	—	0.049
		(1.35)
Nonideological	0.042	0.085
	(0.99)	(1.19)
Ninth Circuit	0.016	0.016
	(0.95)	(0.92)
沃伦法院(1953—1968)	0.044	0.048
	(0.81)	(0.84)
伯格法院(1969—1985)	0.066	0.065
	(1.32)	(1.28)
伦奎斯特法院(1986—2004)	0.166**	0.158**
	(3.33)	(3.15)
罗伯茨法院(2005 年至今)	0.139**	0.130**
	(2.93)	(2.74)
公民自由案件	-0.082**	-0.104**
	(3.45)	(3.68)
经济案件	-0.023	-0.050
	(0.90)	(1.67)
司法权力案件	0.076**	0.061
	(2.71)	(1.88)
观测数量	7184	6020

说明:1. 表格中显示的是边际效应系数。
2. 案件类型中,联邦制度案件和其他类型案件为缺省项。
3. 我们对联邦最高法院的开庭期进行了聚类(每个开庭期为 1 组,一共 64 组),以调整标准误。

如果我们增加一个虚拟变量，来观察案件裁决是否基于简单共同意见（per curiam opinion）[*]而非大法官签署的司法意见而作出的，那会发现司法权力案件类型这一变量的正相关关系在统计学上不再是显著的。大量涉及司法权力的案件是基于简单共同意见而作出的（占比为 23%，而其他类型案件的平均数值是 5%）。即便是经由言词辩论程序的案件（我们的样本案件限于此），简单共同意见裁决一般也是见于相对不重要，没有什么太大争议的案件（尽管也有一些非常有名的例外情形[35]）。在我们统计的样本中，经由言词辩论程序，最终以简单共同意见而作出裁决的联邦最高法院案件数量是 534 个，其中 43% 的裁决是以一致同意的方式作出的；相较之下，由法官签署意见书的裁决中，仅 27% 是以一致同意的方式作出的。有时候，简单共 132 同意见直接驳回了某个案件，原因是在法庭辩论之后，大法官发现其中有管辖权的瑕疵，所以在这种情况下不存在实质性的裁决内容以供我们辨别其究竟是属于自由主义或者保守主义的倾向。[36]

表 3.12 列出了每一个主题类型中以一致同意的方式作出裁决的案件比例，并从高到低排列。有 5 个类型案件中以一致同意方式作出裁决的比例低于平均值 0.285，而这 5 大类型案件中除了税收案件之外，有 4 个类型的案件都是意识形态色彩比较重的，它们分别是正当程序案件、刑事程序案件、第一修正案案件以及隐私权案件。不过有一些类型的案件，其中以一致同意方式作出裁决的比例等于或超过了平均值，但同样也是意识形态色彩较浓的，例如公民权利案件、工会案件以及联邦制度案件。

---

* 简单共同意见裁决指的是大法官在调卷令表决时即发现案件的法律适用和事实基础比较清晰，因此在批准调卷的同时直接作出案件的实质裁判，因为这类裁判不需要大法官在意见书上签字，因此有时也被译为"法庭裁决"。——译者注

[35] 例如，可参见 Furman v. Georgia, 408 U. S. 238 (1972)；Buckley v. Valeo, 424 U. S. 1 (1976)；Bush v. Gore, 531 U. S. 98 (2000)。对经过言词辩论程序后以简单共同意见形式裁决的案件和其他经过言词辩论程序之后以常规方式裁决的案件的比较研究显示了，较之大法官签署意见书的案件，那些以简单共同意见形式裁决的案件，即便经过了言词辩论程序，它们也不大可能出现在《纽约时报》的头版上。

[36] 我们还使用关于界定一致意见的替代方法（最小化方法和最大化方法）来对表 3.11 的数据作了替代性的回归分析。分析得出的结果是类似的。回归系数的大小虽不相同，但变量作用的方向和显著程度是相同的。

表 3.12　各细分案件类型中一致意见裁决的比例

案件类型	比例	案件数量
州际关系	0.41	56
司法权力	0.41	943
联邦制度	0.33	336
律师权利	0.31	81
工会	0.29	332
经济活动	0.29	1504
公民权利	0.29	1124
隐私权	0.28	90
联邦税收	0.28	290
正当程序	0.26	301
第一修正案	0.20	1539
刑事诉讼	0.20	563

说明:1. 我们排除了其他类型的案件,因为这些案件一共只有 17 个。
　　2. 案件总数为 7159 个。

之前我们就提到过,如果在一个案件中,意识形态的成分很低,这时候法官只要有轻微的规避发表不同意见的行为倾向,那就会导致一致意见裁决的产生。不过现实中的结果有可能还和法院整体的意识形态状况相关。我们采用两种量度意识形态的方法来检验这一假设。一种方法是考察由共和党总统提名任职的大法官的人数比例;另一种方法则是对大法官进行西
133 格尔－科韦尔打分。我们还尝试了其他两种关于联邦最高法院意识形态的量度方法,一种是马丁－奎恩打分,另一种是考察有多大比例的大法官在被提名任职的时候自我界定为共和党人(从 1990 年至 2008 年,这一数字和共和党总统提名的大法官人数比例是相同的;但在 1958 年至 1989 年则不相同,例如尼克松提名的鲍威尔就是民主党人)。这些替代性的方法对回归分析结果只产生了非常小的影响。

在 66% 的一致意见裁决中,上诉方获得了支持,即联邦最高法院推翻了被上诉的裁判。我们预计,较低层级法院意识形态立场这一变量的相关系数为负,原因在于我们预期推翻原审裁判的决定(这占了联邦最高法院裁决

的多数)很大程度上是受到意识形态的影响,因为联邦最高法院既没有时间也没有兴趣仅仅是去纠正较低层级法院所犯的技术性错误。为了检验这一假设,我们需要根据一致意见裁决是否涉及不同较低层级法院间冲突性裁决的情形,分别进行回归估算。如果存在着联邦最高法院希望解决的冲突性裁决,那么对于这个联邦最高法院决定受理的案件,较低层级法院作出的裁决立场为何就不重要了。

表3.13列出了回归分析的结果。在第(1)和第(2)个回归中,较低层级法院的意识形态倾向是高度显著的。这一效应是很大的。举例而言,较低层级法院保守主义倾向的裁决会降低(较低层级法院自由主义倾向的裁决则会增加)联邦最高法院保守主义立场的一致意见裁决的概率,概率降低(增加)的幅度在0.42至0.44。这里的原因就再一次地说明存在这样的趋势,即联邦最高法院受理一项案件的初衷就是为了推翻较低层级法院所作的裁决。

量度意识形态的两种方法(考察共和党总统提名人数比例和西格尔-科韦尔打分)的相关系数都为正,不过针对第(1)个回归方程式,第一种方法得出的结果并不具有统计学上的显著性,而且根据两种方法计算出来的结果对这一因素的影响不大。相关系数的含义是,当由共和党总统提名的大法官人数由5人减少至4人的时候,这会导致保守主义立场的一致意见裁决减少0.015至0.026。减少0.015的结果是基于第(1)个回归方程式计算出的,这个方程式将较低层级法院的意识形态倾向界定为常数;减少0.026的结果是基于第(3)个回归方程式计算出的,这个方程式仅适用于那些在不同的较低层级法院存在冲突性裁决的案件。较之于0.41比例的联邦最高法院保守主义立场的一致意见裁决案件,这两种方法得出的效应都不是很大的。
如果由八位共和党总统提名任职的大法官和一位由民主党提名任职的大法 134
官组成的联邦最高法院变更为由八位民主党总统提名任职的大法官和一位由共和党提名任职的大法官组成,那预期的效应就会大得多。那就会使得联邦最高法院以一致同意的方式作出保守主义立场裁决的可能性相对于平均值0.41降低0.11至0.19(分别是27%和46%)。

表 3.13　一致意见裁决的意识形态立场的 Logit 分析(1946—2009 开庭期)

	保守主义立场的投票比例			
	不存在不同的较低层级法院裁决之间的冲突		存在不同的较低层级法院裁决之间的冲突	
	(1)	(2)	(3)	(4)
较低层级法院裁决的意识形态倾向	-0.441 ** (10.92)	-0.417 ** (10.38)	—	—
共和党总统提名任职的大法官比例	0.138 (1.70)	—	0.236 * (2.05)	—
西格尔-科韦尔得分的中位数	—	0.339 ** (4.00)	—	0.465 ** (3.41)
案件是否来源于第九巡回上诉法院	0.124 * (2.51)	0.115 * (2.28)	0.082 (1.36)	0.077 (1.28)
公民自由案件	0.094 (1.33)	0.092 (1.31)	-0.036 (0.32)	-0.057 (0.50)
经济案件	0.042 (0.60)	0.042 (0.62)	-0.139 (1.43)	-0.141 ** (1.41)
司法权力案件	0.502 ** (6.87)	0.500 ** (6.78)	0.034 (0.32)	0.023 (0.21)
观测数量	1189	1189	539	539

说明:1. 表格中的数据为所有变量平均值的边际效应系数。

2. 和之前一样,联邦制度案件和其他类型案件是作为缺省项。

3. 1189 个以 9:0 结果裁决的案件(在 1969 年开庭期,则为 8:0 的裁决结果)的意识形态倾向若为自由主义的,则被赋值为 0,若为保守主义的,则被赋值为 1。

4. 我们基于联邦最高法院的开庭期对标准误进行了聚类处理(每个开庭期为 1 组,一共 64 组)。

若我们用西格尔-科韦尔打分方法来替代考察共和党总统提名大法官人数比例的方法,其与法院意识形态的相关性将会更加显著,这是因为用这一方法计算出来的分数避免了仅仅是因为共和党总统的提名就把布伦南、史蒂文斯和苏特归类为保守主义大法官的那种显而易见的错误。

关于表3.13的其余变量，当第九巡回上诉法院裁决的意识形态倾向保持不变时，那么来自该法院的上诉案件显著地更有可能形成保守主义的裁决。不过，当第九巡回上诉法院的裁决涉及不同上诉法院之间的冲突性裁决的时候［方程式(3)和方程式(4)］，这一效应就不显著了。这和我们 135 对冲突性裁决案件和非冲突性裁决案件的区分是具有一致性的。一般来说，案件类型变量是不具有显著性的，例外情形是对于司法权力类型案件来说，出现保守主义裁决的概率会上升，但这只存在于方程式(1)和方程式(2)中，不存在于方程式(3)和方程式(4)中。

简言之，我们发现，在一致意见裁决中，意识形态因素只是起到了非常微弱的作用。这一发现和我们的理论是一致的，同时也是和表3.13所提供的间接证据相符合的。根据表3.13，当案件中的意识形态成分并没有足够大时，一个不同意多数意见的大法官不会发表不同意见，这时就出现了一致意见裁决。

为了完善这一分析，表3.14列出了近期一些大法官的投票特点，不过不包含卡根在内（由于是最近才被任命的，因此关于她的投票记录并不充分），不过要加上了苏特，他是和托马斯、金斯伯格和布雷耶在同一个广义周期内被任命的。我们排除了更早被任命的史蒂文斯和奥康纳。这一表格显示了，自由派大法官以及托马斯大法官在一致意见裁决案件中投赞成票（不包含发表协同意见书的情形）以及在其他案件中投反对票的加总比例是最高的。这意味着（不考虑托马斯的因素，他在很多方面都是一个异常值），针对意识形态色彩较淡的案件，自由派大法官更倾向于附和多数意见；而对于意识形态色彩较强的案件，他们则更倾向于反对多数意见，因为法院的主导性意识形态是保守主义的。被称为摇摆大法官的肯尼迪大法官在大多数的时候有自身的行事方式：在所有的大法官中，他投出的反对票是最少的，也很少撰写协同意见书或者附和他人的协同意见书。撰写协同意见书或者附和他人协同意见书最多的是斯卡利亚（他可能是联邦最高 136 法院的思想领袖）。在肯尼迪之后，罗伯茨则是最少投反对票的大法官，他同时也是最少撰写协同意见书或者附和他人协同意见书的大法官，这有可能是为了显示作为首席大法官，他要表现出自身的行事方式或者以自己为榜样来增加一致意见裁决的可能性。

表 3.14 最近任命的大法官的投票情况(从苏特开始,但排除卡根)

大法官姓名	在一致意见案件中大法官投赞成票(未发表协同意见)的比例	在所有案件中大法官投反对票的比例	在所有案件中大法官投票时发表协同意见的比例	在一致意见裁决案件中大法官投票的时候发表协同意见的比例
阿利托	0.374	0.159	0.123	0.124
布雷耶	0.421	0.207	0.118	0.112
金斯伯格	0.420	0.217	0.098	0.111
肯尼迪	0.413	0.097	0.096	0.077
罗伯茨	0.391	0.122	0.063	0.056
斯卡利亚	0.405	0.178	0.155	0.164
索托马约尔	0.424	0.227	0.106	0.107
苏特	0.419	0.182	0.094	0.109
托马斯	0.421	0.202	0.144	0.148

非一致意见裁决:意识形态的作用

我们现在将话题转向联邦最高法院的非一致意见裁决。表格 3.15 列出了我们针对此类裁决所进行的回归分析中涉及的变量。我们对以下两个回归方程式进行了估算:

$$SC = f(I, u) \tag{i}$$

$$Vote = f(I, u, LC, T, G, w) \tag{ii}$$

在方程式(i)中,因变量是大法官的西格尔 - 科韦尔得分(SC)。自变量(I)是一组关于意识形态的代理变量和控制变量,包括了:行使提名权的总统所属的党派、大法官被提名时参议院的意识形态结构、大法官在联邦最高法院的第一个开庭期以及大法官在联邦最高法院任职之前是否担任过联邦上诉法院法官。方程式(i)中的残差 u 指的是大法官实际的西格尔 - 科韦尔得分与其预计的得分之间的差异。方程式(ii)中的因变量 *Vote* 指的是在 1946 年至 2009 年开庭期范围内每一个非一致意见裁决中大法官投票的意识形态倾向(1 代表保守主义,0 代表自由主义)。自变量则有:方程式(i)中的 I 和残差 u(非常关键的变量),再加上 LC(较低层级法院裁决的意识形态倾向,同样地 1 代表保守主义)、T(时间趋势)以及 G(群体效应)。w 为方程式(ii)中的残差。

表 3.15　对联邦最高法院非一致意见裁决进行回归分析中的变量的定义及平均值

	定义	平均值
Vote	非一致裁决案件中,若大法官投出保守主义的一票,则赋值为1;若投出自由主义的一票,则赋值为0	0.506
Segal-Cover	事前意识形态(从最保守主义的 1 分到最自由主义的 0 分)	0.445
President	提名大法官任职的总统所属党派:若总统为共和党,则赋值为 1;若总统为民主党,则赋值为 0	0.486
Senate Republican	大法官获得提名时参议院中共和党参议员的比例	0.407
Residual (u_i)	西格尔 - 科韦尔回归分析中无法解释的意识形态	0
Term	联邦最高法院的开庭期,是一个时间趋势变量	1977.5
First Term	大法官提名被确认之后的第一个联邦最高法院开庭期	1965.4
Former Appellate Judge	在被提名至联邦最高法院任职之前至少担任了两年上诉法官	0.543
Fraction Other Republican	作出案件裁决时,其他大法官中由共和党总统提名任职的人数比例	0.589
Ideological Direction of Lower Court Decision	联邦最高法院所审查的案件裁决的意识形态倾向,若为保守主义的,则赋值为 1;若为自由主义的,则赋值为 0	0.542
Adjusted Civil Liberties	若属于经过调整之后的公民自由案件,包括刑事诉讼、公民权利、第一修正案、正当程序、律师权利或者隐私权案件,则赋值为 1;若为其他类型的案件,则赋值为 0	0.586
Economic	经济案件	0.284
Judicial Power	司法权力案件	0.087
Federalism	联邦制度案件	0.044

说明:1. Vote、Fraction other Republican、Ideological Direction of Lower Court Decision、Adjusted Civil Liberties、Economic、Judicial Power 以及 Federalism 这些变量的计算是基于 37,420 个观测对象的数据,这些观测对象均为非一致意见裁决案件中可确定意识形态倾向的投票行为。

2. Segal-Cover、President、Senate Republican、Residual、First Term 以及 Former Appellate Judge 这些变量的计算是基于 35 个观测对象(大法官的数量)。

列出方程式(i)是为了生成一个意识形态变量 u,这个变量与提名大法官任职的总统所属党派、参议院的意识形态结构、被提名的年份以及大法官的先前职业经历等因素都无关,因而是纯粹地对大法官自身的意识形态所进行的量度(或者说是接近纯粹地量度,因为之前的职业经历会影响一个人的意识形态)。在方程式(i)中,若 u 为正值,则说明了较之人们通过变量 I 所预测的大法官意识形态,他实际上会更加的保守;而若 u 为负值,则说明该大法官会比人们预期的更趋向于自由主义。

我们假设有一位大法官的西格尔 - 科韦尔得分是 0 分,即理论上最为自由主义的得分,但他是由一位共和党总统提名的,且是被共和党占主导的参议院批准任职的。这样的话,一定是提名机构的政治身份之外的其他因素决定了这位大法官极端自由主义的立场。较之大法官的预期西格尔 - 科韦尔得分,方程式(i)中的残差可以更加纯粹地对司法职位候选人的意识形态
138 情况进行估算,因为西格尔 - 科韦尔得分是基于提名大法官任职的总统所属党派以及其他与候选人意识形态间接相关的因素而计算出来的。

回归分析的结果显示在表格 3.16 中。回归分析(1)估算了上述方程式(i),在这个方程式中,大法官的西格尔 - 科韦尔得分(SC)是因变量。在这个回归分析中有 35 个观测值,每一个都代表了一位大法官的西格尔 - 科韦尔得分。其他三个回归分析是对方程式(ii)的估算,其中变量 *Vote* 是因变量。

表 3.16　联邦最高法院非一致意见裁决的回归分析(1946—2009 开庭期)

		投票 (1 = 保守主义,0 = 自由主义)		
	西格尔 - 科韦尔得分 (1)	所有大法官 (2)	共和党总统提名任职的大法官 (3)	民主党总统提名任职的大法官 (4)
President	0.308*	0.137	—	—
	(2.55)	(1.84)		
Fraction Senate Republican	-0.135	0.819	2.255**	0.496
	(0.19)	(1.69)	(3.19)	(0.57)
Residual(ui)	—	0.471**	0.529**	0.505
		(3.90)	(3.12)	(1.62)

续表

		投票（1 = 保守主义，0 = 自由主义）		
	西格尔 - 科韦尔 得分 (1)	所有大法官 (2)	共和党总统 提名任职的 大法官 (3)	民主党总统 提名任职的 大法官 (4)
Term	—	-0.007** (3.11)	-0.009** (4.75)	-0.003 (0.61)
First Term	0.007* (2.60)	0.008* (2.54)	0.011* (2.55)	0.005 (0.79)
Former Appellate Judge	-0.111 (1.06)	-0.218** (2.75)	-0.204* (2.25)	-0.158 (1.26)
Fraction other Republican	—	-0.142 (1.25)	-0.034 (0.14)	-0.147 (0.86)
Ideological Direction of Lower Court Decision	—	-0.109** (6.18)	-0.126** (7.29)	-0.080* (2.21)
Adjusted Civil Liberties	—	0.068 (1.43)	0.111 (1.88)	-0.001 (0.01)
Economics	—	0.017 (0.54)	0.068 (1.80)	-0.058 (1.26)
Judicial Power	—	0.120** (3.80)	0.127** (2.85)	0.084 (1.88)
Constant	-13.392* (2.58)	—	—	—
R^2	0.42	—	—	—
N	35	37,420	21,985	15,435

说明：1. 方程式(1)是线性回归分析；方程式(2)至方程式(4)是逻辑回归分析。

2. 方程式(2)至方程式(4)中的回归系数是所有变量平均值水平上的边际效应。

3. 我们以大法官为单位对方程式(2)至方程式(4)中的标准误进行了聚类处理。方程式(2)中共有35组(35个大法官)，方程式(3)中有17组，而方程式(4)中有18组。

4. 各案件类型中，联邦制度案件为缺省项。

回归分析(1)中的变量解释了西格尔－科韦尔得分中大约42%的方差。四个变量中的两个在统计学上是具有显著性的:较之民主党总统所提名的大法官,共和党总统所提名的大法官的得分在其任命被通过之后会显著地表现为更加的保守主义;甚至是当我们让提名大法官的总统所属党派这一因素维持不变的情况下,越是后来被提名的大法官(变量 *First Term*)越是倾向于保守主义。

在回归分析(2)至(4)中,我们把 *u* 作为一个自变量,以预测大法官在投票时的意识形态倾向。回归分析(2)分析了1946年至2009年开庭期范围内35位大法官的表决记录。回归分析(3)限定于共和党总统提名的17位大法官,而回归分析(4)则限定于14位民主党总统提名的大法官。

回归分析(2)显示了,较之民主党总统提名的大法官,共和党总统提名的大法官倾向于在更大比例的案件中基于保守主义的意识形态进行投票,但是这一结果在统计学上并不显著。根据表格3.5,在几乎所有类型的案件中,*Rs* 和 *Ds* 之间是有着高度显著差异的,即便当总统有时候提名与其意识形态立场不同的大法官的时候同样如此。有鉴于此,上述回归分析结果不免使人惊讶。然而,回归分析结果缺乏显著性只是统计学上的结果,而非证明了大法官是意识形态中立的。之前的表格在未对其他变量进行不变处理的情况下比较了大法官投票情况的差异,例如比较了大法官在被提名之前的意识形态立场。只要一个回归分析中包含了两个或者两个以上的高度相关的自变量,每一个结果的显著性水平都会较之不存在相互关联变量的情况时而降低(例如,我们假设有一个因变量是一个人是否参与投票,而两个自变量是这个人的收入水平和他受教育的年限。收入水平与受教育年限这两个因素都与参与投票的意愿呈正相关关系,但它们彼此之间的正相关关系会使得我们很难估算收入水平这个单独因素对于参与投票意愿的效应以及受教育年限这个单独因素对于参与投票意愿的效应)。这样一来,由于提
139 名大法官的总统所属党派与参议院的意识形态结构是高度相关的(0.73),这就使得在同一个回归分析中,这两个变量均具有统计学上显著性的可能性就变小了。在回归分析(2)中,这两个变量具有联合显著性,而当我们去掉其中任何一个变量的时候,另一变量则是显著的。

回归分析(3)显示了大法官被提名时参议院的政治结构影响了共和党总统所提名的大法官在表决时可能呈现出多大的保守主义倾向。不过我们也发现,参议院的结构对民主党总统所提名的大法官的表决行为没有影响

［回归分析(4)］,这是因为每一位民主党总统提名任职的大法官都是由民主党参议员占绝对多数的参议院批准的,而共和党总统提名的 17 位大法官中只有 5 位(沃伦、斯卡利亚、奥康纳、罗伯茨和阿利托)是由共和党控制的参议院批准的。从回归分析(3)中,我们可以推算出,当参议院的人员构成由 47 位共和党人变为 53 位时,大法官投出保守主义一票的概率将由 0.55 增加到 0.71,这是因为参议院的立场越是保守,大法官职务的被提名人越会倾向于保守主义。[37]

在回归分析(2)和(3)中,个体意识形态变量(u)在统计学上是显著的,不过在回归分析(4)中却不是。我们来看一下布伦南大法官,他是由共和党总统提名的,批准他任职的是民主党控制的参议院。尽管布伦南的西格尔－科韦尔得分是 0 分(最为自由主义的得分),在回归分析(1)中他的预期意识形态得分是 0.47,所以他的 u 值(西格尔－科韦尔得分与预期值之间的差异)是 -0.47。在方程式(3)中,这意味着布伦南会在他所听审的 80% 的案件中投出自由主义的一票;如果我们只知道与其意识形态相关的因素有提名其任职的总统所属的党派、获得提名时参议院的结构以及回归分析中其他自变量的值,那么在其任期内只会在 59% 的案件中投出自由主义的一票。

这里还有一个意识形态光谱另一端的一个例子。杜鲁门总统于 1945 年提名了哈罗德·伯顿,那时共和党只控制了参议院 40% 的席位,所以人们以 141
为伯顿是属于自由派的。不过他的西格尔－科韦尔得分是属于保守主义的 0.72分(布伦南是 0 分);他的预期西格尔－科韦尔得分是 0.21 分,他的 u 值是0.51。这使得我们预期,较之 u 值为 0 的情况,他投出保守主义一票的概率要提高 58%(68% 比 43%)。

布伦南和伯顿获得提名都是由于受到非意识形态因素的影响:艾森豪威尔希望提名一位来自东北地区的天主教徒,而杜鲁门希望提名一位他的密友。因此,当出现被提名的大法官在意识形态上与提名其任职的总统相去甚远的情况时,这并不令人感到惊讶。我们的研究方法可以将这样的一种意识形态差异考虑进去。

还有几处值得我们注意的回归分析结果:

1. 越是最近被任命的大法官(*First Term* 变量),越是倾向于在表决时反

㊲ 我们在估算的过程中并没有对案件类型设置虚拟变量。对于共和党总统所提名的大法官,我们以平均数或者众数(mode)来计量其他所有的变量。

映保守主义的立场,这和全体美国社会在意识形态问题上的发展趋势是相一致的。这一结论在回归分析(2)和(3)中是显著的,不过在回归分析(4)中并非显著的。

2. 变量 *Term*(时间趋势)是负值,并且在总体回归分析和限定于共和党总统所提名大法官中的回归分析中都是显著的。这一趋势是不明显的(大法官自由主义立场的投票每年增加0.01),不过仍然令人吃惊的是,共和党总统所提名的自由派大法官会随着时间的推移变得更加的自由主义。

3. 人们可能会期待,那些在被提名出任大法官职务之前曾经有较长时间担任联邦或者州一级上诉法院法官经历的人会对司法工作更为熟稔,因此在担任大法官之后会比那些没有类似经历的人更加尊重先例。*Former Appellate Judge* 这一变量指的是 1 位大法官在被提名至联邦最高法院任职之前曾经在其他上诉法院(联邦一级或州一级)至少有 2 年的职业经历。基于这一定义,有 3 位曾经担任联邦上诉法院法官的大法官被排除掉了,他们是惠特克、哈伦和托马斯。惠特克和哈伦担任上诉法院法官大约只有一年,而托马斯的任职也不到一年半。在排除了这 3 人之后,1946 年至 2009 年开庭期范围内的 35 位大法官中有 18 位可被归类为 *Former Appellate Judge*,他们是阿利托、布莱克门、布伦南、布雷耶、伯格、金斯伯格、肯尼迪、马歇尔、明
142 顿、奥康纳、约翰·罗伯茨、拉特利奇、斯卡利亚、索托马约尔、苏特、史蒂文斯、斯图尔特和文森。尽管苏特担任联邦上诉法院职务的年限比托马斯还要短,但是在此之前他曾在新罕布什尔州最高法院任职长达 7 年。

如果司法工作的熟稔程度假设成立的话,那么对于 *Rs* 来说,*Former Appellate Judge* 这一变量应为负值[方程式(3)],而对于 *Ds* 来说,应为正值[方程式(4)]。也就是说,人们会预期曾担任过上诉法官的大法官较之其他大法官在意识形态上色彩较淡。*Former Appellate Judge* 这一变量在针对共和党总统所提名大法官的方程式(3)中有着正确的信号(负值),并且在统计学上是具有显著性的;但是这一变量在针对民主党总统所提名大法官的方程式(4)中则给出了错误的信号(负值),尽管在统计学上是不显著的。然而,方程式(3)反映出来的效应是难以置信地大:如果共和党总统所提名大法官未曾担任过上诉法官,那么其投出保守主义一票的预期概率是 0.71,而如果他担任过上诉法官的话,那预期概率是 0.51,低了 28%。这一差距可能反映了 4 位自由派大法官(布莱克门、布伦南、苏特和史蒂文斯)的表决行为,这 4 个人是由共和党总统提名的,他们之前恰好都有上诉法院任职的经

历。通过把大法官分类为自由派和保守派（参见脚注39）以及对方程式（3）和方程式（4）重新估算，我们发现尽管在方程式（3）中，*Former Appellate Judge* 这一变量的相关系数仍为负值（不过不再具有统计学上的显著性——t统计量为1.78），但在数值上变得小多了——预期的减少量是0.07，而在方程式（3）中数值为0.20。针对自由派大法官的相关系数仍为负值，尽管在统计学上不（那么）显著（t统计量为1.84）。

在既包含了共和党总统提名的大法官，也包含了民主党总统提名的大法官的方程式（2）中，*Former Appellate Judge* 这一变量具有显著的负效应，这表明曾经担任上诉法官的联邦最高法院大法官较之其他大法官，在投票时会表现出更少的保守主义倾向，从而独立于提名其任职的总统所属的党派。不过，由于该方程式中同时覆盖了 *Rs* 和 *Ds*，因此这一结论并不能支持如下假说，即较之没有担任过上诉法官的大法官，那些有这种任职经历的联邦最高法院大法官会倾向于更忠实于先例。和之前一样，我们的推测是，负的相关系数的出现是因为把那些由共和党总统提名的、曾经担任过上诉法官的大法官所投出的自由主义一票错误地算作保守主义阵营的投票（布伦南可能是一个例外）。

4. *Ideological Direction of Lower Court Decision* 这一变量的相关系数为 143
负，这告诉我们大法官们倾向于推翻较低层级法院的裁决。联邦最高法院的管辖权行使是基于自由裁量的结果，并且对于联邦最高法院来说，几乎没有什么必要为了维持较低层级法院的裁决而决定审理该案，除非出现几个较低层级法院之间冲突性裁决的情形。对原先裁决的维持不会带来任何法律规则的改变，联邦最高法院的裁决能够由此而带来的附加价值是相对有限的，尽管这一裁决可以确保其所涉及的事项今后不会再出现较低层级法院之间的冲突性裁决。鉴于联邦最高法院具有推翻原审裁决的倾向，我们可以期待发现，较低层级法院的裁决表现出越多的自由主义立场，则联邦最高法院的 *Ds* 和 *Rs* 越可能投出保守主义的一票（在所有三个回归分析中都具有统计学上显著的负相关性可以说明这一点），这是因为推翻原审裁决意味着在投票时和较低层级法院的立场相左。

较低层级法院裁决的意识形态立场具有预言性的价值。从方程式（2）中，我们可以预言，民主党总统提名的大法官投票支持推翻较低层级法院作出的自由主义立场裁决的概率是50%，而共和党总统提名的大法官的这一概率则是63%。在经济案件中，*Ds* 投票支持推翻一项自由主义立场裁决的预期概率是45%，而 *Rs* 的概率则为58%；在司法权力案件中，相应的概率分别为43%和57%。与之形成对比的是,在经济案件中,*Ds* 投票支持推翻一项自由主义立场裁决的预计概率是66%,而 *Rs* 的概率则为52%;在司法权力案件中,相应的概率分别为56%和42%;而在联邦制度案件中,相应的概率则是67%和54%。

非一致意见裁决:群体效应

这里说的群体效应(group effect)或群体影响(group influence),指的是一位或者几位大法官的意识形态立场对其同事在进行司法表决时的影响。我们区分以下两种情形:一种情形是群体中的一个或者几个成员对其他成员所产生的影响,另一种情形是指群体的成员试图去发现其他群体成员的偏好、倾向、感受和其他特性。在本书第二章中我们给出了后一种情形的例子,即大法官个体在决定是否投票支持调卷时所采取的策略性行为。这里我们把我们的研究限定为群体成员之间的影响效应。

为了便于分析,我们可以把这种影响分为三种类型,尽管我们并不总是
144 能够根据数据来凭经验区分它们。第一种类型是从众(conformity),即期待"上船",同多数派站在一起,[38]例如,当倾向于保守主义的多数派人数越来越多的时候,持自由主义立场的少数派会变得更加的保守主义。我们并不把这解释为一种心理学上的现象,尽管心理学家们会用他们的专业术语来讨论这一现象。我们把这一现象归因于(理性地)规避发表不同意见,本书第六章会讨论这一问题。

第二种情形是群体极化(group polarization),即那些具有同样倾向的人之间所展开的讨论会使得他们更加强化这一倾向的立场。对这一现象的经济学解释(同样对此现象也有心理学上的解释)是,在一个由志趣相投的人组成的群体中,那个持有最极端观点的人很有可能在讨论中表现为最为见多识广,这是为了降低不确定性,特别重视此人的观点对于群体中的其他成员来说是一种理性的选择。当群体规模变大时,群体中的一员比其他人变得更为极端的概率也就增大了。

这是一种没有说服力的理论。这一极端成员可能让其他所有人觉得他

---

[38] 大体上的情况可参见论文 Lee Ross and Richard E. Nisbett, *The Person and the Situation: Perspectives on Social Psychology* 27 – 46 (1991)。

是个难办的人物,进而他们可以对这个人产生缓冲的作用。而基于对联邦最高法院行为的实证分析而得出的结论则更是会否定这一理论。原因是,法院的人数规模是一个常数,假定 *Rs* 的比例增加了,也就是 *Ds* 比例的减少,这意味着 *Rs* 和 *Ds* 会变得更加的保守主义(*Ds* 会变得更加的保守主义是因为如果联邦最高法院变得更加的自由主义,那么会有更多的自由主义者;而如果联邦最高法院变得更少的自由主义,那么则会有更少的自由主义者),这和从众效应是等价的。

第三种类型的群体效应被我们称作政治极化(political polarization)。它是建立在“极化”这一词的另一个含义基础之上的,也就是指相互作用的两个群体会变得彼此渐行渐远,例如,政治学家会提到的美国选民中出现的逐渐极化现象。政治极化现象也可能发生在联邦最高法院身上。比方说,联邦最高法院中由共和党总统提名的大法官人数比例增加之后,这部分由共和党总统提名的大法官在表决时会表现得更加保守主义,而由民主党总统提名的大法官则会表现得更加自由主义,这一效应和群体极化是正好相反的。对这一现象的解释是,多数派的人数越多,他们越觉得没有必要去迁就少数派;而反过来,少数派的人数越少,他们也越是觉得没有必要去迎合多数派,因为这样做不会带来什么回报。不过,一个可能有抵消作用的因素 145
是,当少数派的人数越少,他们发表不同意见的负担就越大,因为这时候能够分担撰写不同意见书任务的大法官人数变少了。

上述表 3.16 中 *Fraction Other Republican* 这一变量就是我们所说的群体效应变量。根据从众行为假设,回归分析(2)至(4)应该会给出正值的结果,也就是说,共和党总统提名的大法官人数比例越大,每一个大法官(*Rs* 和 *Ds* 都是,或者只有 *Ds* 是)投票时的保守主义倾向就会越明显。我们的发现却是相反,三个回归分析中有两个给出了负值的结果,尽管在统计学上都不具有显著性。由此,我们认为不存在从众效应。联邦最高法院大法官不存在明显的回避发表不同意见的倾向,上述发现与之是相一致的。

我们无法通过 *Fraction Other Republican* 这一变量来检验群体极化效应是否存在,这是因为联邦最高法院保守派阵营趋向于更加保守主义的原因可能仅仅是因为一位新任职的大法官较之原有的大法官在立场上更为保守主义,而不是因为他的出现而影响了其他人的表决行为。不过,否定性检验是可行的。比方说,如果群体中保守主义阵营的规模增长并没有明显地导致保守主义投票比例的增加,那就可以证明群体极化效应是不存在的。事实上我们基于表3.16所作的回归分析(3)和(4)就验证了这一点。同时,我们也发现没有证据可以证明政治极化效应的存在。

不过,我们可以用三种不同的方式来进一步凝练和拓展我们对群体效应的分析。首先,我们可以对群体效应的替代概念进行检验。我们可以把群体效应界定为这样的一种状态:当某一个集群已经是多数派的时候,若该集群的人数增加,那么该集群中的成员或者这部分的大法官会持更加极端的立场。如果联邦最高法院至少有5位*Rs*,那么当*Rs*人数增多的时候,他们在投票时会表现得更为保守主义;而如果至少有5位*Ds*,那么当*Ds*人数增多的时候,他们在投票时会表现得更为自由主义。为了检验这一假设,我们把回归分析*R*所覆盖的期限限定为*Rs*是联邦最高法院多数派的时间阶段,把回归分析*D*所涵盖的期限限定为*Ds*是联邦最高法院多数派的时间阶段。类似地,我们调整了从众假设,使之可以预见当少数派人数越少时,他们所受到的从众行为压力就越大。所以,若*Rs*的人数少于5人,当*Rs*的人数减少时,共和党总统提名的一位大法官就越是不可能投出保守主义的一票(对于*Ds*来说也是一样),所以我们把回归分析*R*所涵盖的期限限定为*Rs*是联邦最高法院少数派的时间阶段,而把回归分析*D*所涵盖的期限限定为*Ds*是联邦最高法院少数派的时间阶段。

146 其次,为了估算群体效应,我们使用了表3.16中大法官所特有的变量(例如提名任职的总统所属的党派以及西格尔-科韦尔回归分析的残差)以及一个固定效应模型(fixed-effects model)。这一模型包含了表格中那些并非大法官所特有的自变量(比如说时间趋势),并为每一个大法官设置了虚拟变量以替代那些大法官特有的变量,这些虚拟变量系通过考察其他大法官对某个大法官表决行为的影响而获知的。这样做的目的是让群体效应之外对大法官表决行为产生的影响维持在一个常量的水平("固定效应")。这样一来,我们就可以将其他影响大法官表决行为的因素隔离开来。

再次,我们不再把*R*和*D*作为大法官意识形态的代理变量,因为这些代理变量存在明显的误差,例如会由于共和党总统行使的提名权而把布伦南、沃伦、史蒂文斯和苏特归类为保守主义大法官;同时也因为自1975年之后*Rs*对*Ds*的比值几乎没有发生变动,但在这期间联邦最高法院的意识形态倾向却是发生了改变。我们重新对回归分析进行了估算。替代原有代理变量的是表3.6中基于二次文献而作出的保守主义大法官/自由主义大法官分类。

表3.17列出了回归分析的结果。因变量是非一致意见裁决中保守主义

投票的比例。为了简化起见，我们省略掉中立者这一组，把其中的每一位都重新分配给保守主义一组或者自由主义一组，[39]并且仅仅针对群体效应的自变量列出回归系数（以及 t 统计值）。表格的上半部分把人分组为 *Rs* 和 *Ds*，表格的下半部分组为 *Cs*（保守主义者）和 *Ls*（自由主义者）。第（1）栏和第（2）栏中的自变量同表格 3.16 中的自变量是相同的，而第（3）栏和第（4）栏中则使用了固定效应模型中的自变量，目的是将群体效应单独区隔开来。第（1）行和第（2）行针对 *R* 组和 *D* 组的大法官检验了修正之后的群体效应和从众行为假设，而第（4）行和第（5）行针对 *Cs* 组和 *Ls* 组的大法官检验了同样的假设［为了进行比较，第（3）行和第（6）行使用了表格 3.16 中群体效应变量的回归 147
系数］。当我们采用保守主义大法官/自由主义大法官分类方法时，我们没法检验保守主义大法官的群体极化效应，这是因为在我们任何一段时期的样本中，他们的人数都没有超过 5 人，因此我们也就没法判定，如果 *Cs* 作为多数派有更多人数的时候，他们是否会在表决时表现得更为保守主义。类似地，我们也没有办法对 *Ls* 进行从众行为假设的检验，因为他们从未少于 4 人。

表 3.17　联邦最高法院群体效应的回归分析

（大法官特有模型和固定效应模型，1946—2009 开庭期）

群体	假设	大法官特有模型		固定效应模型	
		R	*D*	*R*	*D*
		（1）	（2）	（3）	（4）
（1）*R* 或者 *D* 占多数	群体极化	-0.565 （1.66）	-0.273 （1.10）	-0.448* （2.40）	-0.078 （0.49）
		n = 19,311	n = 8490	n = 19,311	n = 8490
（2）*R* 或者 *D* 为少数	从众行为	-0.276 （0.59）	-0.202 （0.80）	-0.276 （0.59）	-0.733** （2.93）
		n = 2674	n = 6945	n = 2674	n = 6945

---

[39] 在表 3.6 中，保守主义大法官包括了：里德、伯顿、文森、明顿、克拉克、哈伦、伯格、伦奎斯特、斯卡利亚、肯尼迪、托马斯、约翰·罗伯茨以及阿利托。我们还把中立者一组中的惠特克、斯图尔特、鲍威尔以及奥康纳放到了表 3.17 中的保守主义者一组中去。之前表格中的自由主义大法官有：布莱克、布雷耶、道格拉斯、墨菲、拉特利奇、沃伦、布伦南、戈德堡、福塔斯、马歇尔、史蒂文斯、索托马约尔、苏特以及金斯伯格，我们还把中立者一组中的法兰克福特、杰克逊、怀特以及布莱克门放到了自由主义者的一组中去。

续表

群体	假设	大法官特有模型		固定效应模型	
		R	*D*	*R*	*D*
		(1)	(2)	(3)	(4)
(3)*R* 或者 *D*(多数派或者少数派)	不确定	-0.161 (0.51)	-0.147 (0.86)	-0.250* (1.96)	0.036 (0.30)
		C	*L*	*C*	*L*
		(1)	(2)	(3)	(4)
(4)*C* 或者 *L* 占多数	群体极化	—	-0.014 (0.04)	—	-0.356 (1.05)
		n=5876	n=15,890	n=5876	n=15,890
(5)*C* 或者 *L* 为少数	从众行为	0.001 (0.07)	—	0.145 (1.32)	—
		n=10,948	n=4706	n=10,948	n=4706
(6)*C* 或者 *L*(多数派或者少数派)	不确定	0.030 (0.40)	0.140 (0.55)	-0.076 (0.97)	-0.490* (2.05)
		n=16,824	n=20,596	n=16,824	n=20,596

说明:1. 所有的回归分析都是逻辑回归;括号里为 t 比率值;n 为观测值的数量,即投票的数量。

2. 我们以大法官为单位对标准误进行了聚类处理。在针对 *R* 的回归分析中,一共有 18 组;在针对 *D* 的回归分析中一共有 17 组;在针对 *C* 和 *L* 的回归分析中,则分别有 17 组和 18 组。

3. 回归系数是所有变量平均值水平上的边际效应。

回归分析的结果并不支持群体效应假设。20 个回归系数中仅有 4 个在统计学上是显著的,且其中没有一个支持上述假设。我们可以固定效应模型中针对 *Rs* 的群体极化效应假设为例,我们在第(1)栏和第(3)行对其进行了检验。统计学上显著为负的相关系数意味着当多数派的 *R* 组大法官人
148 数的增加导致其中每一位大法官在投票时更不倾向于保守主义立场,这一发现和我们的假设是相反的。类似地,我们在第(2)行和第(4)栏也发现相关系数显著为负,这是使用固定效应模型针对 *Ds* 来检验从众行为假设,结

果是：当作为少数派的 *Ds* 阵营人数减少时，他们在投票时表现出更少的保守主义，而非更多的保守主义。另外两个具有显著性的回归系数出现在覆盖了所有 *Rs* 或者所有自由派大法官的固定效应回归分析中。第一个回归系数显示，当 *Rs* 人数增加之后，他们在投票时表现出更少的保守主义；而第二个回归系数则显示了，当 *Ls* 人数减少之后，自由派大法官在投票时表现出更少的保守主义。上述两个结果都与群体效应假设相悖。我们还发现，如果我们用表 3.6 中保守主义者、自由主义者和中立者这样的三分法来替换表 3.17 中更加简化的两分法，不会出现系统性的群体效应，尽管表 3.17 并没有涵盖这类回归系数。我们的结论是：对于联邦最高法院来说，群体效应是不重要的。

这里作一个总结：通过使用经过扩展和修正后的数据库，在严格性和精确性的基础之上，我们的分析确认了意识形态对联邦最高法院司法决策的实质性影响。我们的研究还发现了最高法院大法官效用函数中的自我表现成分，但是没有发现群体效应的存在。我们的研究对联邦最高法院一致意见裁决中意识形态的作用（这是一个被忽视的话题）进行了记录，加深了对大法官在任职期间内改变意识形态做法的理解，还提供了每一位大法官的意识形态档案。

附录：经过修正的美国联邦最高法院数据库

美国联邦最高法院数据库（斯佩思数据库）收录了自 1946 年开庭期以来所有的至少有一位大法官撰写过意见书的法院裁判数据。补充性的数据集则将数据回溯至 1937 年开庭期。[40] 数据库中的数据包含了每一个案件中 149
大法官的投票记录、案件的类型以及诉讼年表、裁判结果、涉及的争议主题以及大法官的司法意见是属于多数意见、反对意见还是协同意见。

由于担心斯佩思数据库可能存在错误分类的情形，我们中间的一位作者（波斯纳）在不了解斯佩思数据库作了何种分类的前提下，随机阅读了其中的 110 个案例，并以自己的方法对它们进行了分类，根据裁判结果分为自由主义的、保守主义的以及无法界定意识形态归属。他所作的分类与斯佩思数据库的分类在 75% 的情况下是一致的。我们为了解决余下的差异情况而对斯佩思数据库的一些分类原则进行了调整（例如，针对知识产权案件，

---

[40] 参见本章前文脚注⑧。

斯佩思数据库把每一个支持原告的裁决都视为自由主义的立场，即便在一些案件中原告常常是大公司而被告却是小公司或者个人发明者），我们还把大多数一致意见裁决排除在我们的分析之外。上述这两种情形是波斯纳与斯佩思数据库在对案件分类时的差异所在，原因是波斯纳发现很难用意识形态对这两类案件进行归类。

除了把所有知识产权案件中的投票归入其他类型之外，我们还把第30020组案件由保守主义或者自由主义归入其他类型。涉及商业言论的第30020组案件中所有支持原告的投票都被记作是自由主义的一票。类似地，在涉及竞选支出追责问题的第30140组案件中，赞成票都被记作是自由主义的一票。我们还把第70020组、第70060组和第70120组案件中的投票归入其他类型，这是因为在针对工会的反垄断案件（第70020组）中，所有支持原告的投票都被记作是自由主义的一票，即便一些自由派大法官是把工会利益置于优先于执行反垄断法所追求利益的地位；在工会与工会成员之间的争议案件（第70060组）中，所有不支持工会成员立场的投票都被记作自由主义的一票，尽管一位自由派大法官可能是把工会成员个体的利益置于优先于工会利益的地位；至于涉及管辖权争议的案件（第70120组），这是关于工会之间的法律争议，在该组案件中，任何支持工会的投票（不管在个案中实际上是什么情况）都被武断地记作是自由主义的一票。

至于那些涉及对州法院裁决和联邦行政决定进行联邦司法复审的案件，我们把在第90060组、第90090组、第90150组、第90190组、第90200组、第90360组、第90370组、第90430组至第90450组、第90490组、第
150 90500组和第90520组案件中所有支持司法权力的投票由自由主义类型改为其他类型。不过，对于那些涉及淫秽物品（第90060组）、国际礼让和民事程序（第90090组）、认定轻率地签发调卷令（第90150组）、发还州法院重审（第90190组）、另类非实质投票（第90200组）、联邦索赔法院的管辖权或权力（第90360组）、联邦最高法院的初审管辖权（第90370组）、进行法庭讯问的资格（第90340组）、不同上诉法院冲突性裁决的解决（第90440组）、对于拒绝调卷或者上诉申请的异议（第90450组）、国家行为原则（第90490组）、司法行政管理杂项争议（第90500组）以及其他司法权行使杂项争议（第90520组）内容的案件，则需要进行仔细地核对。我们并没有对每一个案件
151 进行审核以决定支持司法权力行使的投票在意识形态上属于何种立场。

第四章　联邦上诉法院

我们现在把话题转向美国《宪法》第三条所指司法体系的中间层，即联邦上诉法院。和联邦最高法院不同的是，联邦上诉法院对案件的管辖职责是强制性的，也就是说一家上诉法院是不可以仅仅因为一宗案件的上诉申请不具有重要性或者无关大局而对其拒绝审理的。因此，联邦上诉法院对许多案件的裁决不会引发意识形态或其他方面的争议。并且，由于存在可能的联邦最高法院司法审查，因此联邦上诉法院法官的规则的自由裁量权力（改变法律教义的权力）是受到限制的。而对于一位法官来说，可以行使的自由裁量权力越少，他将自身的意识形态立场转化为法律规则的空间就越有限。另一个区别就是，大多数情况下，联邦上诉法院法官都是以三人法庭的形式来听审案件的，组成法庭的 3 位法官是随机地从法院全部法官中抽取的。所有的联邦上诉法院都至少有 6 个法定的法官职位，具体人数从第一巡回上诉法院的 6 人到第九巡回上诉法院的 29 人，有 5 个联邦上诉法院的法官职位数是 11 个或 12 个，另有 5 个联邦上诉法院是 13 到 17 个（均值为 12.5 个，中位数为 14 个）。因此，每一家法院都是通过许多不同的审判庭来听审案件的，尤其是后来审判庭的成员还包括了资深法官（senior judge）或者访问法官（visiting judge）。不同审判庭的多样性特征就导致了法庭组成效应（panel composition effect）的产生。

本章的篇幅是全书最长的（部分原因是我们基于几个不同数据库对同 153
样的假设分别进行了检验，这些数据库是关于事后意识形态量度的，即针对法官的司法表决行为或者裁决行为而进行的量度）。和之前的章节一样，我们会先对联邦上诉法院的组织结构进行描述。

在讨论了我们所使用的主要数据（同样的，在本章的最后会有附录作为补充说明，不过这一章有两篇附录）之后，我们将使用与之前章节同样的方法来分析意识形态对法官行为的影响。并且，我们大致发现了，意识形态因素的影响在联邦上诉法院层面要显著地少于其在联邦最高法院层面的影响。接着我们补充使用了一种新的方法来量度法官在被提名之时的意识形态状况,这种方法使用的是可从网上获取的信息,而非仅仅是报纸的评论。通过这种方法,我们可以比较法官被提名之时的意识形态状况与其司法表决行为所反映出来的意识形态状况。根据这一方法而得出的结果显示,法官的事前意识形态与事后意识形态的差距非常大,具体表现为:对于一些保守派法官来说,人们是通过其在获得提名之时的职业背景和观点主张来确认其意识形态立场的,但是他们的表决行为却表明他们是自由派人士;对于一些自由派法官来说,亦是如此。在我们看来,对这一现象的合理解释在于,在联邦上诉法院层面,这些法官的行为受到了法条主义理念的驱使,而非因为出现了意识形态的转变。

本章的最后一部分将讨论关于群体效应的话题。我们发现,联邦上诉法院存在显著的从众效应(指的是少数派法官会追随多数派法官的行为趋势)以及显著的法庭组成效应,不过并不存在群体极化和政治极化现象。

数据

大多数关于联邦上诉法院的经验研究是基于美国联邦上诉法院数据库(桑格数据库)①而完成的。本章的附录 A 将对此数据库进行详细地描述。该数据库的内容包含了自 1925 年至 1960 年从每个联邦上诉法院中随机抽取的每年 15 个裁决以及从 1961 年至 2002 年随机抽取的每年 30 个裁决。这些案件裁判一共涉及 538 位法官②的投票行为,这个数量几乎涵盖
154 了自 1891 年联邦上诉法院创立以来到 2002 年间 90% 的法官。这一数据库的内容仅包括案件的信息,因此需要补充有关法官属性的信息。③ 平均起来,每位法官投票次数是 78 次,不过对于在第一个样本年度 1925 年之

---

① "Judicial Research Initiative," www. cas. sc. edu/poli/juri/appct. htm (visited Dec. 9,2011).

② 在修正后的数据库中,我们排除了两位没有投票记录的法官。总计有 4483 项非上诉法院法官(主要是地区法院法官)在联邦上诉法院以访问法官的身份进行投票表决的记录,而其中有 382 项投票记录无法确定案件主旨以及法官的意识形态倾向。

③ 我们关于法官属性的信息来源于联邦司法中心(Federal Judicial Center)收集的数据以及论文 Gary Zuk, Deborah J. Barrow, and Gerard S. Gryski, "The Attributes of Federal Court Judges Database"一中所提供的数据。该文也收录于 Judicial Research Initiative,参见本章前文脚注①, www . cas. sc. edu/poli/juri/attributes. htm (visited Dec. 9,2011),我们对此作了修正。关于法官属性的数据库有时候也被称为奥本(Auburn)数据库。

前任命的法官以及在2002年之前被提名任职的法官来说，他们被计算的投票次数要少一些，这是因为在数据库所覆盖的时间阶段内，这两组法官的投票次数相对较少（在任何时候，数据样本都有一个截止期，对于一些在接近最后时间阶段进入样本的个体来说，针对他们的观测项目会少一些）。我们所有关于联邦上诉法院的回归分析都是经过加权处理的，这样就考虑了每一位法官投票次数不同这一因素。

数据库中的所有裁决结果都指向公开的司法意见书。联邦上诉法院的大多数裁决是“未公开的”（事实上如今它们都是公开的，但人们还是这么说，意思是这些司法意见书不具有先例的作用）。在2010财政年度，84%的案件基于实体原因而结案，较之1997年76%的比例上升了。[④] 其中大多数是针对无争议的案件而作出的维持原审裁判的决定。图4.1显示了数据库中的法官在获得提名年度的投票分布状况。

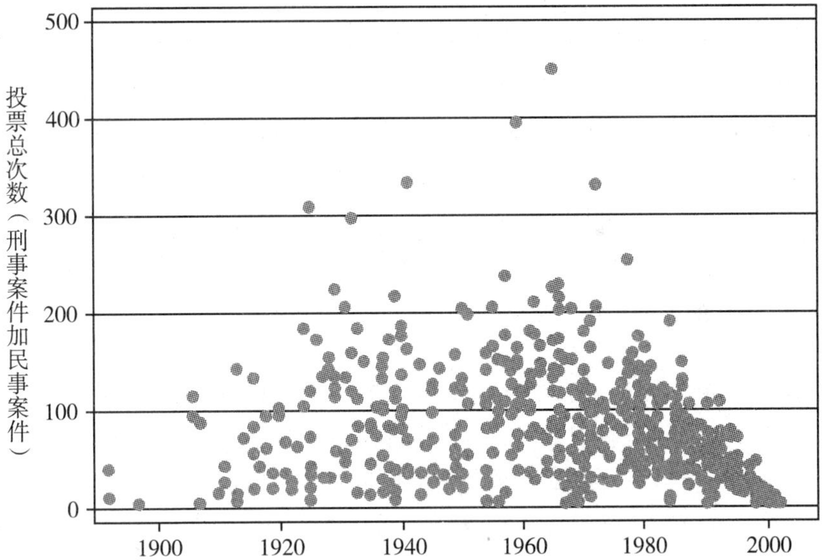

图4.1　联邦上诉法院法官在获得提名年度的投票总次数

---

④　计算的基础是U. S. Courts, "Judicial Business 2010," Table S－3，载www. uscourts. gov/uscourts/Statistics/JudicialBusiness/2010/tables/S03Sep10. pdf,/1997/tables/s03sep97. pdf（visited Dec. 16, 2011）。该项数据的分布范围是从第四巡回上诉法院的93%到第七巡回上诉法院的60%。

数据汇编者所收集的大多数个案数据(例如日期、案件的主要争议事项以及案件的处理结果)是简单明了的。不过有一项关键的数据却并非如此,这就是如何将法官的投票归类为“自由主义的”“保守主义的”“混合的”或者“其他”类型。“混合的”类型指的是法官在同一个案件中,对一个事项投出了自由主义的一票而对另一个事项投出了保守主义的一票(例如一个法官在定罪问题上投赞成票,却要推翻原有的量刑)或者案件裁决本身是混合了不同的意识形态立场的(既有保守主义的一面,又有自由主义的一面)。“其他”类型指的是诉讼当事人的立场无法被归类为自由主义的或者保守主义的,并且因此导致裁决结果也无法被如此归类的情形。

要把有些案件,尤其是较久之前的案件裁判结果归类为自由主义的、保
155 守主义的或者其他,这对数据库汇编者来说是有难度的。我们抽查了数据库中的40个案件,每20年的时间阶段中抽取10个案件,结果发现在1960年之前裁决的案件中有相当比例的归类是错误的(例如,一个本应被归类为自由主义的案件裁判结果被归类为其他或者保守主义类型):1925年至1940年的错误比例是40%,1940年至1959年的错误比例是20%,但是1960年至2002年的错误比例仅为10%。不同于个案归类上的错误,数据库的汇编者在案件形态界定问题上也有错误,例如在知识产权案件中把所有支持原告的投票视为自由主义的,这和斯佩思数据库所犯的错误是一样的。在专利案件和其他知识产权案件中,不少原告是大公司,它们告的是小公司。自由主义者倾向于限制而非扩张专利权、版权、商标权以及其他知识产权。

我们对整个系统性的分类方法进行了检查并作了修正。本章附录A将对此作出解释。但是,我们没有重新审读足够多的案件实际裁决以修正个案的错误归类。不过,我们中间的一位作者(波斯纳)随机挑选并审读了数据库中的110个案例,试图判定错误归类的比例大小。他发现,有26个案件(即
156 24%)是被错误归类的。有7项投票本应被界定为自由主义的,结果被归类为保守主义的。有另外7项投票本应被界定为保守主义的,结果却被归类为自由主义的。余下的12项投票本应被界定为混合类型或者其他类型,结果被界定为了自由主义的或者保守主义的。数据库的汇编者似乎是希望把尽可能多的案件归类为某种极端的意识形态类型(自由主义的或者保守主义的)。

汇编的数据中还存在大量异常现象。例如,有超过1000个投票记录是无用的法官信息,这些记录要么指向的是联邦地区法官以访问法官的身份在联邦上诉法院审理的案件,要么是指向的案件中联邦上诉法院法官的姓名信

息是无法确认的。我们发现,某些情况下,同一个法官的投票信息被记录在不同法官身上,或者是一个法官身上记录了不同的法官信息。我们甚至还发现,在一些情形中,同一个案件中不同法官的投票信息仅被记录在一个法官身上;或者是,所记录的案件上诉时间先于案件的裁决时间(不过,这些可能是标记了“司法意见书待出”的简易裁判案件)。我们对部分错误进行了修正,但不是全部,这是因为我们并不打算审读数据库中的所有案例。

表4.1分别计算了经过修正和没有经过修正(不包括波斯纳对子样本中110个案例的修正)的不同主题类型案件的投票数量。经过我们修正之后,数据库中案件总数是55,040个。主要的修正在于,我们把被桑格数据库汇编者界定为某一意识形态类型的法官投票行为重新界定为“其他”类型。在修正之后,大约23%的法官投票被归入这一类型。而在修正之前,相应的比例只有8%。

表4.1　联邦上诉法院法官投票(1925—2002)

	刑事案件	宪法案件	经济案件/劳工案件	杂项案件	全部
未经修正的数据					
扣除“其他”意识形态类型之后的投票总数	29% (16,938)	15% (8528)	53% (31,427)	3% (1889)	100% (58,782)
“其他”意识形态类型	1% (54)	2% (103)	87% (4715)	10% (556)	100% (5428)
投票总数	26% (16,992)	13% (8631)	56% (36,142)	4% (2445)	99% (64,210)
经过修正的数据					
扣除“其他”意识形态类型之后的投票总数	22% (9333)	17% (6989)	59% (24,712)	3% (1106)	101% (42,140)
“其他”意识形态类型	41% (5322)	3% (394)	48% (394)	7% (958)	99% (12,900)
投票总数	27% (14,655)	13% (7383)	56% (30,938)	4% (2064)	100% (55,040)

说明:该数据库未对4422项投票记录的意识形态立场或案件领域进行分类,因此我们的分析排除了这些数据。

我们还使用了最初由卡斯·桑斯坦同他的合作者建立的数据库,这一数据库的内容包含了联邦上诉法院于1995年至2001年所有公开的司法意见书(部分意见书是在1995年之前公开的),涵盖了14个主题领域的案件,这些案件被认为是有着较为明显的意识形态色彩的,例如涉及堕胎、死刑以及种族歧视等问题。[5] 我们更新了自2008年以来的数据库信息,并增加了年龄歧视这一类型的案件,对此本章附录B将作出解释。经过我们扩充的桑斯坦数据库包含了联邦上诉法院法官在4948个案件中共计13,928个投票
157 记录(具体分类参见表4.16)。投票记录的数量是少数案件数量的3倍,这是因为有一些投票行为是由访问法官作出的,而我们的研究是把访问法官排除在外的。上述4948个案件占到了1995年至2008年联邦上诉法院所有公开司法意见书的案件总数的约6%。[6]

最后,我们使用了本书第二章中介绍过的科里·杨数据库,这一数据库涵盖的内容是超过140位联邦上诉法院法官在2008年的司法表决信息。

解释法官的投票行为(之一)

我们从桑格数据库中的数据开始我们的统计分析。表4.2将这一数据库中的法官投票信息分为三种意识形态类型(保守主义的、自由主义的以及混合的)和八个案件主题类型(包括刑事、公民权利、第一修正案、正当程序、隐私权、经济规制以及劳工,其余的则归为杂项种类)。关于案件主题的各
158 个类型,有一些是来自于桑格数据库,而另外一些则是对桑格数据库的分类进行了合并。我们把人身保护令案件(再加上根据《司法法典》第2255节提起的诉讼案件,这类案件是用人身保护令来替代对联邦罪犯的保护)归类为刑事案件,尽管从技术上来说这类案件是民事案件。之所以这样处理,是因为几乎所有的这类案件都是关于刑事案件的被告人试图推翻对他们的定罪或量刑。

---

⑤ Cass R. Sunstein et al., *Are Judges Political? An Empirical Analysis of the Federal Judiciary* (2006).

⑥ U. S. Courts, "Judicial Business 2009," tab. S – 3, www. uscourts. gov/Statistics/JudicialBusiness/JudicialBusiness2009. aspx (visited Dec. 9, 2011).

表 4.2　基于案件主题和意识形态立场分类的 538 个联邦上诉法院法官的投票情况(1925—2002)

	保守主义的	自由主义的	混合的	其他	总计
刑事	47% (6822)	13% (1876)	4% (635)	36% (5320)	100% (14,653)
公民权利	53% (2721)	34% (1766)	9% (460)	4% (210)	100% (5157)
第一修正案	46% (566)	39% (477)	7% (89)	8% (102)	100% (1234)
正当程序	58% (461)	25% (201)	6% (51)	10% (79)	99% (792)
隐私权	59% (117)	34 (67)	7% (13)	2% (3)	102% (200)
经济规制	35% (9361)	37% (9883)	7% (1775)	22% (6036)	101% (27,055)
劳工	35% (1351)	50% (1922)	11% (420)	5% (179)	101% (3872)
杂项	25% (525)	27% (559)	1% (22)	46% (958)	99% (2064)
总计	40% (21,924)	30% (16,751)	6% (3465)	23% (12,887)	99% (55,027)

表 4.3 将不同主题类型案件中的法官投票的意识形态化合价与提名该投票法官的总统所属党派进行了关联(由于存在混合意识形态类型的案件,因此联邦上诉法院保守主义投票的比例加上自由主义投票的比例是小于 1 的;混合意识形态类型案件的比例占总数的 8% 至 9%)。我们可以看到,在所有主题类型的案件中,共和党总统所提名任职的法官投出的保守主义立场的票数比例为 55%,而由民主党总统提名任职的法官投出的保守主义立场的票数比例则为 49%;对应的自由主义立场票数比例分别为 36% 和 43%。在民事案件中,*Rs* 投出的保守主义立场票数比例为 49%,而 *Ds* 的这一比例数据为 43%; 159

对应的自由主义立场票数比例分别为42%和49%。在刑事案件中,对应的保守主义立场票数比例为76%和69%(自由主义立场票数比例为17%和24%)。在宪法案件中,对应的保守主义立场票数比例为59%和51%(自由主义立场票数比例为32%和40%)。在经济和劳工案件中,对应的保守主义立场票数比例为46%和41%(自由主义立场票数比例为45%和51%)。

表4.3 不同党派总统提名任职的538位联邦上诉法院法官的保守主义意识形态(*C*)、自由主义意识形态(*L*)和混合意识形态(*M*)投票的比例(1925—2002)

	共和党总统提名任职的法官			民主党总统提名任职的法官		
	M	*C*	*L*	*M*	*C*	*L*
所有案件	0.087	0.550	0.364	0.078	0.489	0.433
民事案件	0.092	0.486	0.422	0.081	0.434	0.486
刑事案件	0.069	0.764	0.167	0.067	0.694	0.239
宪法案件	0.092	0.588	0.320	0.083	0.514	0.403
经济和劳工案件	0.095	0.455	0.450	0.083	0.412	0.505

说明:民事案件指的是表4.2中除了刑事案件之外的案件;宪法案件涉及的事项包括公民权利、第一修正案、正当程序以及隐私权;经济和劳工案件包括经济规制案件和劳工案件。

无论我们是否基于投票次数对法官的投票情况进行了加权处理,在所有主题类型的案件中,*Rs*与*Ds*所投出的保守主义票数比例的差异在统计学上都是有显著性的,未经加权处理的宪法/公民自由案件除外。表格只显示了加权平均数。在桑格数据库中,一些法官只有非常少的投票记录,所以如果给予一个在数据库中只有一次投票记录的法官和那些有一百次投票记录的法官以同等权重的话,那得出的结果将是具有误导性的。不过,我们后面会提到,一般来说,加权平均数与未经加权的平均数之间的差异是不大的。

表4.4以提名法官的总统为标准来对表4.3的数据进行了分类。我们可以看到,*Rs*与*Ds*相比较之下的最大差距出现在最近的共和党总统(里根和老布什)提名的法官以及民主党总统提名的法官之间。这些共和党总统提名了相当数量的法官,这些法官的投票记录成为了桑格数据库的样本数据。在我们的样本中,只有7位法官是由小布什总统提名的(请记住桑格数据库所涵盖的时间期间截至2002年),在样本中只有10次民事案件的投票记录来自这些法官。

表 4.4　基于提名法官的总统分类的 538 位联邦上诉法院法官的保守主义意识形态(*C*)、自由主义意识形态(*L*)和混合意识形态(*M*)投票的比例(1925—2002)

案件类型	哈里森、麦金利、老罗斯福和塔夫脱			威尔逊			哈定、柯立芝和胡佛			小罗斯福和杜鲁门			艾森豪威尔			肯尼迪和约翰逊		
	M	*C*	*L*	*M*	*C*	*L*	*M*	*C*	*L*	*M*	*C*	*L*	*M*	*C*	*L*	*M*	*C*	*L*
所有	0.030	0.489	0.482	0.049	0.503	0.448	0.067	0.482	0.452	0.052	0.470	0.478	0.067	0.543	0.390	0.078	0.488	0.434
民事	0.023	0.449	0.527	0.051	0.474	0.474	0.066	0.454	0.480	0.054	0.427	0.519	0.0047	0.473	0.453	0.086	0.416	0.498
刑事	0.073	0.764	0.164	0.029	0.757	0.214	0.070	0.734	0.196	0.038	0.738	0.223	0.045	0.766	0.189	0.056	0.686	0.259
宪法	0.000	0.647	0.353	0.000	0.800	0.200	0.000	0.634	0.366	0.007	0.654	0.339	0.046	0.614	0.340	0.081	0.483	0.436
经济和劳工	0.026	0.425	0.549	0.054	0.450	0.495	0.070	0.439	0.491	0.059	0.408	0.532	0.083	0.445	0.472	0.092	0.398	0.510
法官人数	11			16			38			76			44			59		
任期	26.2			17.9			15.3			14.0			12.5			15.1		

案件类型	尼克松和福特			卡特			里根			布什			克林顿			总计		
	M	*C*	*L*	*M*	*C*	*L*	*M*	*C*	*L*	*M*	*C*	*L*	*M*	*C*	*L*	*M*	*C*	*L*
所有	0.093	0.543	0.364	0.111	0.503	0.385	0.111	0.590	0.299	0.101	0.619	0.280	0.096	0.524	0.380	0.082	0.520	0.398
民事	0.102	0.468	0.439	0.114	0.447	0.439	0.120	0.524	0.356	0.112	0.557	0.332	0.103	0.466	0.431	0.086	0.460	0.453
刑事	0.067	0.764	0.170	0.103	0.673	0.224	0.087	0.766	0.147	0.075	0.782	0.143	0.079	0.679	0.242	0.068	0.731	0.201
宪法	0.096	0.556	0.347	0.104	0.490	0.406	0.113	0.591	0.297	0.101	0.612	0.287	0.107	0.513	0.380	0.088	0.552	0.359
经济和劳工	0.107	0.434	0.459	0.124	0.421	0.455	0.128	0.489	0.383	0.124	0.525	0.351	0.103	0.436	0.461	0.089	0.433	0.478

续表

案件类型	尼克松和福特			卡特			里根			布什			克林顿			总计		
	M	*C*	*L*	*M*	*C*	*L*	*M*	*C*	*L*	*M*	*C*	*L*	*M*	*C*	*L*	*M*	*C*	*L*
法官人数	57			56			78			37			59			538		
任期	13.4			16.3			13.9			10.9			6.4			13.4		

说明:1. 在我们的样本中,伍德罗·威尔逊任总统之前的所有法官都是由共和党总统提名的。

2. “法官人数”指的是在我们的样本中至少有一次投票记录的法官的人数。

3. “任期”指的是至少有一次投票记录的法官的平均在任年数。

4. 比例的计算是经过了基于法官投票次数的加权处理;例如,在“所有”案件类别中,每一位法官的 *M*、*C* 和 *L* 这三类投票的比例都经过了基于法官这三类投票总次数的加权处理。

5. 宪法案件种类包括了公民权利案件、第一修正案案件、正当程序案件以及隐私权案件。

6. 阴影区域代表的是共和党总统;非阴影区域代表的是民主党总统。

7. 总计一栏包括了小布什总统所提名的 7 位法官。

尽管老布什总统的保守主义意识形态立场较里根总统有所缓和，但这两位总统所提名的联邦上诉法院法官的意识形态倾向是差不多的。在我们 160
所进行的关于 *Rs* 的保守主义投票比例对代表里根和小布什所任命的联邦上诉法院法官的虚拟变量的回归分析中，回归系数为正值，且高度显著，但彼此之间的差异是不显著的，不过若我们区分民事案件和刑事案件的话，在针对民事案件的回归分析中，上述虚拟变量将是显著的。

我们将保守主义投票比例对代表卡特、里根、老布什以及克林顿总统所提名法官的虚拟变量以及代表关于法官是由共和党总统还是民主党总统提名的虚拟变量进行回归分析，试图检验是否存在一个正向的趋势（缺省项是卡特之前所有总统提名的法官）。结果发现，所有的五个虚拟变量都为正值，不过代表卡特总统所提名法官的虚拟变量在统计学上并非是显著的，所以我们推测，从里根总统开始，联邦上诉法院法官职位的被提名人呈现出更为保守主义的趋势。

请注意表 4.3 所显示的，*Rs* 和 *Ds* 在刑事案件中的保守主义投票比例都相当的高（分别是 76% 和 69%）。[⑦] 绝大多数的刑事案件上诉是由被告人提起的，他们的上诉行为得到了政府的资助，因此对于他们中的大多数人来说，提起上诉的成本为零，这就导致了有相当高比例的上诉其实是毫无胜算的。对原审的刑事有罪裁决投赞成票会被归类为保守主义的，而当一起上诉案件不具有意识形态色彩的时候，自由派法官也会投票支持维持原审的有罪裁决。相反，当案件当事方需要自己承担上诉成本的时候，比如在绝大多数的（当然肯定不是所有的）民事案件中（参见本章之后的一段内容），在联邦地区法院中败诉的一方不大会提起上诉，除非推翻原审裁决的概率（联邦地区法院在法律上犯错误的概率越高，推翻原审裁决的可能性则越大）再加上上诉成功之后获得的金钱或者其他收益要超过提起上诉的成本。

表 4.4 下半部分的最后一栏显示了，在民事案件中，联邦上诉法院的保守主义倾向也要超过自由主义倾向，不过超过的幅度要小一些。正如联邦上诉法院在刑事案件中被记录为保守主义倾向的投票立场使人们在意识形态对司法的影响这一问题上形成了错误的印象，在民事案件中也是同样的情况。在下一章中，我们会看到，在联邦法院提起的大多数民事诉讼都缺乏 161

⑦ 在未经加权处理的样本中，对应的这些数据分别是 74%（对 76%）以及 70%（对 69%），这表明了对法官投票情况用两种不同方法进行计算的差异其实是很小的。

可争议的事项。许多提起诉讼的个人并没有聘请律师。如果这些原告在联邦地区法院败诉了，鉴于他们不需要承担任何的法律成本，他们很可能决定上诉，而在联邦上诉法院层面，即便组成法庭的都是自由派法官，由于上诉的理由本身十分弱，因此他们还是会败诉。在2009年，联邦上诉法院审理的41,491起上诉案件中，有13,292起案件（占32%）的当事人没有聘请律师。[⑧] 大多数这类案件的上诉都是以失败而告终的。在桑格数据库中，这类案件中大多数法官的投票被记录为保守主义的，这是因为在民事案件中，对于这类案件，大多数情况下被告的立场是被归类为保守主义的。

在表4.5中，我们使用参议员礼遇方法来大致衡量一个法官的意识形态状况。采用这一方法得出的量度结果与采用*R/D*方法得出的结果是差不多的。平均起来，一位保守主义法官（即从最自由主义到最保守主义的参议员礼遇得分幅度内，该法官的得分位于第一个四分位数的上方）在50%的民事案件中会投出保守主义的一票，一位自由主义法官（即得分位于第三个四分位数下方）的对应比例则为43%。表4.3中的可比数据为49%和43%。在刑事案件中，对应的比例分别为79%和68%（表4.5）；与之相比，表4.3中的数据为76%和69%。

表4.5　不同案件种类和参议员礼遇得分量度的不同意识形态的法官的保守主义投票比例（1925—2002）

	(1)	(2)	(3)	
	保守主义法官（事前量度）	中立的法官（事前量度）	自由主义法官（事前量度）	第(1)栏对第(3)栏的比值
所有法官				
民事案件	0.497**	0.456**	0.434	1.15
刑事案件	0.791**	0.730**	0.680	1.16
宪法案件	0.619**	0.551**	0.500	1.24
经济和劳工案件	0.463**	0.428**	0.415	1.12
所有案件种类	0.557**	0.521**	0.486	1.15

⑧ U.S. Courts, "Judicial Business 2009," tab. S－4, www.uscourts.gov/Statistics/JudicialBusiness/JudicialBusiness2009.aspx (visited Dec. 9, 2011). 我们对表格中的数据进行了调整，排除了"囚犯请愿案件"（例如，人身保护令案件和第2255节案件，我们把这些案件从原先的民事案件类别重新归类为刑事案件类别）。

续表

	(1) 保守主义法官（事前量度）	(2) 中立的法官（事前量度）	(3) 自由主义法官（事前量度）	第(1)栏对第(3)栏的比值
1925 年至 1980 年被提名任职的法官				
民事案件	0.475**	0.442**	0.433	1.10
刑事案件	0.804**	0.726**	0.679	1.18
宪法案件	0.624**	0.544**	0.502	1.24
经济和劳工案件	0.450**	0.417**	0.414	1.09
所有案件种类	0.530*	0.505**	0.484	1.10
1961 年至 1980 年被提名任职的法官				
民事案件	0.504**	0.442**	0.421	1.20
刑事案件	0.814**	0.705**	0.667	1.22
宪法案件	0.604**	0.511**	0.475	1.27
经济和劳工案件	0.469**	0.412**	0.402	1.17
所有案件种类	0.589**	0.511**	0.482	1.22
1981 年至 2002 年被提名任职的法官				
民事案件	0.535**	0.519**	0.458	1.168
刑事案件	0.778**	0.743**	0.690	1.128
宪法案件	0.616**	0.566**	0.487	1.265
经济和劳工案件	0.494	0.490**	0.444	1.113
所有案件种类	0.597**	0.585**	0.516	1.157

说明：1. 保守主义一栏的统计学显著性水平指的是保守主义法官和意识形态中立法官之间的差异，在自由主义一栏里则指的是意识形态中立法官与自由主义法官之间的差异。

2. 意识形态的分类是基于法官的参议员礼遇得分，该得分的范围从 -0.684（最为自由主义）一直到 0.756（最为保守主义）。意识形态中立法官（267 人）的得分落在两个四分位值范围之内（-0.337 到 0.353）。自由主义法官（137 人）的得分在 -0.337 之下，保守主义法官（134 人）的得分在 0.353 之上。

现在我们对桑格数据库中的数据进行回归分析。我们使用的大多数自变量同本书第三章表3.10中的自变量是相同的。不过有一些自变量是新增的，可参见表4.6，其中包括了反映法官所隶属的司法巡回区、性别、种族以及代表是否有担任联邦地区法院法官的职业经历（用 *Former District Judge* 表示）的虚拟变量。尽管在联邦最高法院层面，黑人大法官和女性大法官的人数太少了（曾经担任联邦地区法官的大法官也同样是人数太少），所以我们没法将他们和其他大法官作有效的对比；但是，在我们的联邦上诉法院样本中，8.3%的法官是女性法官，而4.8%的法官是黑人法官。同时，还有相

表4.6　关于联邦上诉法院投票行为的回归分析中的变量描述及其平均值

	平均值（标准差）
因变量	
民事案件中的保守主义投票比例	0.470(0.142)
民事案件中的自由主义投票比例	0.441(0.145)
刑事案件中的保守主义投票比例	0.720(0.186)
刑事案件中的自由主义投票比例	0.205(0.163)
民事案件中的保守主义投票比例（未修正的数据）	0.474(0.120)
民事案件中的自由主义投票比例（未修正的数据）	0.714(0.158)
自变量	
President：行使提名权的总统所属党派（1 = 共和党，0 = 民主党）	0.505(0.500)
Senate Republican：法官获得提名时共和党参议员的比例	0.438(0.094)
Year Appointed	1966.286(24.252)
Sex：1 = 女性法官	0.084(0.277)
Race：1 = 黑人法官	0.048(0.215)
Former District Judge：1 = 在联邦地区法院法官职位上获得晋升	0.420(0.494)
Fraction Economic：法官在经济和劳工案件中的投票比例	0.723(0.177)
Fraction Miscellaneous：法官在杂项类型案件中的投票比例	0.033(0.039)

说明：1. 在计算因变量的平均值和标准差时，我们未基于不同法官的情况进行加权处理。

2. 回归方程式包括了代表法官所在司法巡回区的虚拟变量（缺省变量为哥伦比亚特区司法巡回区）。

当大比例的联邦上诉法院法官是由联邦地区法院法官晋升而来的,具体比例是42%,这一数据与数据库中最早的数据(1925年)相比只发生了略微的改变。

由于桑格数据库收录的数据范围限于每一位法官在每个年度中的一小部分投票记录,因此我们把法官在各个年度的投票记录进行了汇总。在斯 164
佩思数据库中,有多大幅度的保守主义投票比例增长,同时就会有多大幅度的自由主义投票比例的减少,这是因为在该数据库中并不存在混合意识形态类型的投票;然而在桑格数据库中,保守主义投票比例的增加可能导致自由主义或者混合意识形态投票比例的减少,或者两者兼而有之。变动最多的是自由主义立场的投票比例,而混合立场的投票比例仅占所有意识形态投票总数(即排除了“其他”类型)的8.2%。鉴于存在这样的一种差异,使我们没法对联邦最高法院的法官表决行为与联邦上诉法院法官的表决行为进行直接的对比研究。

因此,表4.7对保守主义投票和自由主义投票分别进行了回归估算(我们没有列出针对混合意识形态投票类型的回归分析结果,原因是其中 166
唯一具有统计学上显著性的变量是法官被提名的年份)。我们对民事案件的回归分析纳入了关于法官在经济案件、劳工案件以及“其他类型”案件中投票比例的自变量,目的是解释在这些混合类型的民事案件中,不同司法巡回区上诉法院之间的差异。我们单独对刑事案件进行了回归分析的估算,这是因为我们知道,在这一类型案件中,保守主义的投票(即与被告立场相反的投票)不像民事案件中的保守主义投票那样,可 167
以比较好地反映法官的意识形态倾向。在联邦最高法院层面,我们没有这样进行分类研究,这是因为联邦最高法院对案件的挑选机制意味着它所审理的所有类型的案件都不是简单地基于法律条文技术就可以解决的。的确,联邦最高法院刑事案件中的保守主义投票比例仅仅略微高于民事案件,具体为:54%比46%;而在联邦上诉法院层面,对应的比例分别是73%和46%。

表 4.7 对联邦上诉法院投票行为的回归分析(1925—2002)

	经过修正的数据				未经修正的数据	
	民事案件		刑事案件		民事	刑事
	保守主义投票比例 (1)	自由主义投票比例 (2)	保守主义投票比例 (3)	自由主义投票比例 (4)	保守主义投票比例 (5)	自由主义投票比例 (6)
President	0.031 ** (3.27)	-0.034 ** (3.75)	0.062 ** (3.88)	-0.050 ** (3.41)	0.035 ** (3.88)	0.056 ** (4.20)
Senate Republican	0.144 ** (3.25)	-0.158 ** (3.56)	0.007 (0.08)	-0.128 (1.59)	0.072 (1.66)	-0.075 (1.06)
Year Appointed	-0.0002 (0.49)	-0.001 * (2.13)	-0.0003 (1.00)	-0.0003 (1.04)	0.0003 (0.81)	-0.001 ** (3.40)
Sex	-0.005 (0.24)	0.003 (0.14)	-0.003 (0.15)	-0.004 (0.20)	-0.006 (0.27)	-0.014 (0.70)
Race	-0.018 (0.69)	0.025 (1.06)	0.072 * (2.28)	0.054 (1.50)	-0.028 (1.16)	-0.057 * (2.05)
Former District Judge	-0.001 (0.17)	-0.004 (0.53)	0.005 (0.45)	-0.017 (1.56)	0.001 (0.10)	-0.001 (0.13)
Fraction Economic	-0.131 * (2.20)	0.219 ** (4.09)	—	—	-0.092 (1.68)	—
Fraction Misc.	-0.278 (1.67)	0.195 (1.28)	—	—	-0.058 (0.42)	—
代表司法巡回区的虚拟变量	**	**	**	**	**	**
常量	0.105 (0.89)	1.83 ** (2.57)	1.322 * (2.07)	0.894 (1.63)	-0.020 (0.03)	2.420 ** (4.85)
R^2	0.22	0.38	0.24	0.23	0.18	0.24
观测数量	538	538	513	513	534	523

说明：1. 所有的回归分析都经过了加权处理，权重等于民事案件中法官的总投票数［方程式（1）、（2）和（5）］或者等于刑事案件中法官的总投票数［方程式（3）、（4）和（6）］。标准误具有稳健性。

2. 所有的回归分析都包括了11个代表司法巡回区的变量，哥伦比亚特区司法巡回区为缺省变量。

3. 保守主义投票比例的计算经过了基于各个类型案件数量的加权处理。

表格中包含了两个使用未修正桑格数据库数据的回归方程式。这么做是为了看一下，我们对桑格数据库在编码和意识形态归类上的修正（去掉了28%的投票数量）是否会导致截然不同的结果。在关于民事案件的回归分析中，主要的差异在于，对未经修正的数据来说，法官被提名时共和党参议员的比例并不是该法官投票行为的良好预测指标，这是因为未经修正的数据中有越多的干扰因素，回归分析的解释力就越弱（即较低的 R^2）。在刑事案件中，对于两组数据来说，回归系数以及 R^2 几乎是相同的。不过，对于较窄范围的案件类型来说，如果数据点较少，则使用未修正的数据对 R^2 的影响会更大。

和联邦最高法院大法官一样，在其他条件相同的情况下，共和党总统提名的联邦上诉法院法官更容易在投票时倾向于保守主义，而非自由主义的立场：在民事案件中的概率高出3%，而在刑事案件中概率高出6%。刑事案件中的差异则更大，考虑到我们先前给出的理由，这一点是令人吃惊的，对此我们无法解释。如果改用参议员礼遇方法来对法官的意识形态进行量度，得出的结果没有显著的变化。

和简单相关的结论一致，回归分析也显示了，在联邦上诉法院层面的意识形态化的投票要少于联邦最高法院层面。在联邦最高法院，*Rs* 和 *Ds* 投出保守主义一票的比例分别为57%和40%（参见本书第三章表3.5中的“所有类型”），差异为17%；而在联邦上诉法院层面，这一差异是4.5%。这一差异实在是太小，以至于有人会说，参议院的审核听证会还有什么必要对联邦上诉法院法官职位的被提名人的意识形态立场大做文章。一个可能的回答是，对于那些政治家和部分公众高度关注的联邦上诉法院案件裁决，意识 168
形态起到了非常重要的作用，而本章之后将会使用桑斯坦数据库对此进行分析。桑斯坦数据库关注的是那些涉及较多意识形态成分的案件类型；与之相比较，桑格数据库所作的统计主要反映的是联邦上诉法院中绝大多数的案件，而这些案件往往只是牵涉常规的法律技术问题。

和对联邦最高法院进行的回归分析一样，对联邦上诉法院进行的回归分析显示了，法官的提名被通过时，共和党参议员的比例（即变量 *Senate Republican*）越大，则该法官投出保守主义一票的概率会越大，不过这一相关性只在民事案件中是显著的。这可能表明了，参议员在审核法官提名的时候，对公民权利问题的关注度要超过对刑事司法问题的关注度，[9]这是因为无论行使提名权的总统是谁，大多数联邦法官在刑事案件中都是保守主义的。此外，较之其他民事案件，法官们在公民权利案件中的投票行为表现得更为保守主义，这大概是因为这些案件中相当大比例的上诉是由败诉的原告一方提起的（占公民自由案件的 70%，而公民自由案件则涉及公民权利、第一修正案、隐私权以及正当程序等事项），而这些上诉是完全没有法律依据的。许多案件的原告没有聘请律师，不仅如此，他们中的许多人还是囚犯，[10]这些人没有律师，但有大把的时间可以用来打官司，这意味着他们提起诉讼的机会成本是极低的。

法官特有的变量（*Sex*、*Black* 以及 *District Court*）是不显著的，除了一种情况：即便是将提名法官的总统所属党派这一因素维持不变，在刑事案件中，联邦上诉法院的黑人法官投出保守主义一票的概率要低于白人法官［回归分析(4)］。要评估意识形态的作用，关于种族和性别对司法表决行为影响的结论是非常重要的，因为这两个个体属性与法条主义者的司法裁判行
169 为是不相关的。在大多数民事案件中，不存在显著的性别效应和种族效应，[11]这说明了法条主义的分析在联邦上诉法院层面是有影响力的。不过，这不是结论性的证据，因为除了种族和性别之外，还有其他因素会影响法官

---

⑨ 根据 Lori A. Ringhand and Paul M. Collins, Jr., "May It Please the Senate: An Empirical Analysis of the Senate Judiciary Committee Hearings of Supreme Court Nominees, 1939 – 2009," http://papers.ssrn.com/sol3/papers.cfm? abstract_id = 1630403 (visited Dec. 9, 2011) 一文的报告，参议员对联邦最高法院大法官职位被提名人的提问中，27% 是关于公民权利问题，而只有 7.7% 是关于刑事司法问题。我们没有发现对联邦上诉法院法官职位被提名人审核听证会的类似研究。

⑩ 我们这里指的是囚犯的公民权利案件，即确定无疑的民事案件，而不是指囚犯请愿案件（人身保护令案件以及第 2255 节案件——参见前文脚注⑧）。对于后者，我们把它们由民事案件重新归类为刑事案件。

⑪ 不过 Christina L. Boyd, Lee Epstein, and Andrew D. Martin, "Untangling the Causal Effects of Sex on Judging," 54 *American Journal of Political Science* 389 (2010) 一文发现，男性法官和女性法官之间是有差别的，不过只是体现在性别歧视案件中。此外，Adam B. Cox and Thomas J. Miles, "Judging the Voting Rights Act," 108 *Columbia Law Review* 1 (2008) 一文发现了，黑人法官较之白人法官更可能根据《投票权法》第二节来判定法律责任的存在。

的意识形态;白人在意识形态问题上也不是立场一致的。

表4.8对表4.7中的回归分析进行了重新估算,把范围限定于自1960年以后所提名的法官。我们之所以要这么做,是考虑到数据库汇编者对1960年之前法官投票行为的错误归类,因此有必要去验证完整样本结果的可靠性。确实,我们可以解释为什么在后面的一段时间范围内会出现更大的差异。在对民事案件中保守主义投票比例所进行的回归分析中,1960年至2002年R^2的值是0.37,而在1925年至2002年,R^2的值是0.22。在刑事案件中,对应的数据分别是1960年至2002年的0.32以及1925年至2002年的0.24。在对保守主投票比例和自由主义投票比例进行的回归分析中,*President*这一变量(即行使提名权的总统所属党派)的t比率值要明显地高出大约25%,这就抬升了其统计学上的显著性。

表4.8　关于联邦上诉法院投票行为的回归分析(1960—2002)

	经过修正的数据				未经修正的数据	
	民事案件		刑事案件		民事	刑事
	保守主义投票比例 (1)	自由主义投票比例 (2)	保守主义投票比例 (3)	自由主义投票比例 (4)	保守主义投票比例 (5)	自由主义投票比例 (6)
President	0.054** (4.15)	−0.064** (4.97)	0.070** (4.12)	−0.057** (3.73)	0.048** (3.84)	0.060** (4.06)
Senate Republican	0.015 (0.13)	0.046 (0.42)	0.101 (0.67)	−0.23 (1.66)	0.011 (0.10)	−0.04 (0.29)
Year Appointed	0.003** (3.25)	−0.004** (4.36)	0.00004 (0.04)	−0.001 (0.59)	0.003** (3.43)	−0.001 (0.83)
Sex	−0.002 (0.11)	0.002 (0.11)	0.001 (0.05)	−0.007 (0.32)	−0.007 (0.35)	−0.005 (0.27)
Race	−0.017 (0.79)	0.030 (1.56)	−0.067* (2.01)	0.049 (1.31)	−0.022 (1.05)	−0.056 (1.90)
Former District Judge	−0.004 (0.4)	−0.001 (0.12)	0.011 (0.87)	−0.019 (1.51)	0.003 (0.27)	0.009 (0.79)

续表

	经过修正的数据				未经修正的数据	
	民事案件		刑事案件		民事	刑事
	保守主义投票比例 (1)	自由主义投票比例 (2)	保守主义投票比例 (3)	自由主义投票比例 (4)	保守主义投票比例 (5)	自由主义投票比例 (6)
Fraction Economic	-0.048 (0.62)	0.143* (2.09)	—	—	-0.019 (0.27)	—
Fraction Other	-0.096 (0.46)	0.088 (0.45)	—	—	-0.09 (0.52)	—
代表司法巡回区的虚拟变量	**	**	**	**	**	**
常量	-5.111** (3.02)	7.354** (4.61)	0.723 (0.36)	1.449 (0.78)	-4.973** (3.17)	2.205 (1.23)
R^2	0.37	0.43	0.32	0.31	0.35	0.31
观测数量	355	355	346	346	351	348

说明：所有的回归分析都经过了加权处理；权重等于民事案件中法官的总投票数［方程式(1)、(2)和(5)］或者等于刑事案件中法官的总投票数［方程式(3)、(4)和(6)］。在代表司法巡回区的虚拟变量这一列中，星号代表这些虚拟变量具有联合显著性，也就是说它们结合在一起之后对自变量具有统计学上显著的影响。

表4.8显示了，在1960年之前获得提名的*Rs*在46%的民事案件中投出了保守主义的一票，在47%的案件中投出了自由主义的一票；在1960年之后获得提名的*Rs*的相对应数据为50%和39%。对于1960年之前获得提名的*Ds*来说，投出保守主义一票和自由主义一票的比例分别为43%和51%；在1960年之后获得提名的*Ds*的相对应数据为43%和47%。由此看出，在民事案件中，*Rs*和*Ds*都变得更为保守了。在刑事案件方面，很难看出其中的趋势，不过对于民主党总统任命的法官来说，他们是变得更为自由主义了。在刑事案件中，在1960年之前获得提名的*Rs*投出保守主义一票的比例是76%，而在1960年之后获得提名的*Rs*则为77%；在1960年之前获得提名的*Rs*投出自由主义一票的比例是19%，而在1960年之后获得提名的*Rs*则为16%。对于1960年之前获得提名的*Ds*来说，在刑事案件中投出保守

主义一票的比例是 74%，而在 1960 年之后获得提名的 *Ds* 则为 68%；*Ds* 投出自由主义一票的对应比例分别是 22% 和 24%。不过，其中只有保守主义投票比例的减少（从 74% 降到 68%）具有统计学上的显著性。

以 1960 年至 2002 年为时间范围的回归分析中，共和党参议员的比例对保守主义投票没有显著影响，但是法官被提名年度这一变量的相关系数 170
却是高度显著的。这可能反映了，自里根总统开始，共和党总统提名的联邦上诉法院法官中坚定的保守主义者越来越多了，[12]这一点我们在本书第三章中已经提及了。里根总统决定在提名法官的时候减少了各州参议员的话语权，而那些参议员在推荐法官人选的时候主要考虑的不是意识形态，而是意在获取政治上的支持。在里根总统之后，他的共和党继任者们 171
也延续了他确立的这一模式，而共和党自 1981 年里根就职之后到桑格数据库所覆盖的最后一年（2002 年），在 22 年间控制了总统职位多达 13 年。

里根并非是第一位试图改变联邦上诉法院意识形态结构的总统。较之 1960 年之后被提名的 *Ds*，富兰克林·德拉诺·罗斯福总统所提名的 56 位联邦上诉法院法官在民事案件中表现出显著地更为自由主义（但并不是说在这类案件中表现出更少的保守主义，请记得桑格数据库界分了法官投票的三种意识形态类型：保守主义的、自由主义的以及混合类型的），在刑事案件中则显著地表现出更多的自由主义和更少的保守主义。尽管在整个罗斯福执政期间，参议院都是由民主党控制的，但是要挑选自由派人士担任法官的想法不是出自民主党的参议员，而是出自罗斯福总统本人。[13]

如果我们把 1960 年至 2002 年这段期间内的样本按照共和党总统提名的法官（181 人）和民主党总统提名的法官（174 人）进行分类，那么正如我们之前得出的结论，“更加坚定的保守主义者”假设意味着，在 *R* 样本中，提名年度对法官意识形态的影响会更大。不过，正如我们之前提到的，大多数刑事案件的上诉方都会败诉，所以上述效应只存在于民事案件中；并且，如果我们使用参议员礼遇方法来量度法官意识形态的话，上述效应就不存在了。若使用这一方法，在 1981 年至 2002 年，所有案件类别中保守主义投票对自由主义投票的比值都是会下降的。一方面，这让我们感到奇怪；另一方面，

[12] See Sheldon Goldman, *Picking Federal Judges: Lower Court Selection from Roosevelt through Reagan*, ch. 8 (1997).

[13] Id., ch. 2.

这也说明了,使用这一方法来对法官的意识形态进行打分并不能很好地预见法官的投票行为。

在表4.7和表4.8中的所有回归分析中,司法巡回区虚拟变量具有联合显著性。这表明了,不同司法巡回区之间的保守主义投票和自由主义投票比例有着显著的、未经解释的差异。正如表4.9所揭示的,差异的出现集中在第七和第八司法巡回区,其后则是第一和第五司法巡回区。较之人们基于提名法官的总统所属党派所代表的意识形态以及法官提名获得通过时共和党参议员所占的比例来进行的推断,上述四个司法巡回区要表现得更为保守主义。所以这不是因为上述四个司法巡回区是最为保守主义的巡回区,而是因为这四个司法巡回区比起人们认为其法官"应当"表现出来的意
172 识形态立场要更为保守主义。我们将在后面给出解释。

下一个表格将基于桑斯坦数据库的数据来做一个类似的,不过却是有限的分析。我们把法官的参议员礼遇得分作为联邦上诉法院法官事前意识形态的代理变量。平均起来,*Rs* 的得分要高于 *Ds*,这和预期是一致的。在我们的样本中,*Rs* 的均值是0.32,数值范围从 -0.21 到0.32;*Ds* 的均值是 -0.33,数值范围是从 -0.65 到 -0.04。

为了检验这一打分有多大的预测精准性,表4.10将 *Rs* 和 *Ds* 都分为三组:参议员礼遇得分位于前25%的 *Rs*(强烈保守主义),得分在前75%至25%之间的 *Rs*(温和保守主义)以及得分位于后25%的 *Rs*(微弱保守主义);对 *Ds* 的分组也是类似的做法。一个复杂的问题在于,一个法官的投票行为可能受到同一审判庭其他法官投票行为的影响。我们将在本章的最后部分讨论这一显而易见的法庭组成效应,这一效应可以说明存在法官行为的群体影响;不过我们在这里提到这一效应是因为它会影响我们
173 对法官真实意识形态的判定(我们无法在此之前就考虑这一效应,这是因为经过我们修正之后的桑格数据库无法让我们确定法庭的人员组成)。一个法官可能本身持有很强的保守主义立场,但由于担心可能遭到他所在法庭中占多数地位的自由派法官的反对,因此就不愿意发表不同意见。

表 4.9　法官投票的司法巡回区效应

司法巡回区	民事案件投票比例						刑事案件投票比例					
	保守主义的		自由主义的		混合的		保守主义的		自由主义的		混合的	
第一	+	+	−	−				+				
第二			−		+	+					+	
第三								−		+		
第四		+		−								
第五	+	+	−	−								
第六		+						−		+		
第七	+	+			−	−	+	+	−		−	−
第八	+	+	−	−			+	+	−			
第九												
第十						−						
第十一												
哥伦比亚特区												

说明:1. 阴影栏代表的是对 1960 年至 2002 年的数据进行的回归分析,非阴影栏代表的是对 1925 年至 2002 年的数据进行的回归分析。

2. 我们这里仍然把代表哥伦比亚特区司法巡回区的变量排除在外。

3. 加号(减号)表示,和哥伦比亚特区司法巡回区相比,具有显著的正(负)效应。

4. 没有标记加号或减号的司法巡回区意味着,其和哥伦比亚特区司法巡回区相比不具有显著的差异。

表 4.10　不同参议员礼遇得分水平和不同法庭组成结构条件下的联邦上诉法院法官的投票情况(桑斯坦数据库,1995—2008)

	保守主义的联邦地区法院裁决				自由主义的联邦地区法院裁决			
	法庭结构与上诉案件的保守主义投票的比例				法庭结构与上诉案件的保守主义投票的比例			
R 法官的参议员礼遇得分	*RRR*	*RRD*	*RDD*	投票次数	*RRR*	*RRD*	*RDD*	投票次数
<0.218	78%	73%	65%	1558	34%	30%	22%	658
0.218～0.502	78	74	66	3572	41	38	27	1580
>0.502	74	64	61	784	38	36	31	480
D 法官的参议员礼遇得分	*RRR*	*RRD*	*RDD*	投票次数	*RRR*	*RRD*	*RDD*	投票次数
< -0.422	72%	60%	59%	446	25%	21%	15%	241
-0.422～-0.267	68	56	46	2395	27	19	19	1084
> -0.267	63	60	63	975	29	24	20	511

表格显示出了其中存在很强的法庭组成效应:对于每一组具有相近的参议员礼遇得分的法官来说,当法庭的组成由 *DDR* 组合变为 *DRR* 组合,再变为 *RRR* 组合的时候,保守主义投票的比例都会显著地增加;并且,无论作出维持或推翻原审判决的联邦上诉法院裁决是自由主义立场的,还是保守主义立场的,这一现象都会存在。往下看,我们会发现,对于 *Rs* 来说,参议员礼遇得分较高的法官比得分较低的法官在投票中并没有表现出更多的保守主义立场;对于 *Ds* 来说,除了一些细节上的差异之外,情况也是类似的。换句话说,参议员的意识形态似乎不会影响法官在案件裁判中的投票行为。这一点并不令人感到奇怪。因为,无论是参议员在竞选中的成功,还是他的政治遗产传承都与他向总统提名的联邦上诉法院法官人选的意识形态立场没什么大的关系;另外,当法官候选人是由总统挑选出来的时候,参议员是不会因为意识形态的原因而提出反对意见的。一直到里根担任总统之前,对联邦上诉法院法官职位人选的提名在多数情况下都可以看作是参议员或者法官职位所归属的那个州对政治支持的回报。而正如我们所知的,从里根总统一直到现在,总
174 统对联邦上诉法院法官的提名所施加的影响比重越来越大;不过无论在里根总统之前,还是在里根总统之后,参议员的意识形态立场对于联邦上诉法

院法官人选的提名来说都不是一个主导性的因素。

然而,这一表格并没有确认我们先前的结论,即和联邦最高法院一样,联邦上诉法院的 *Rs* 较之于 *Ds* 在投票时会更多地倾向于保守主义。通过比较 *RRR* 组合以及 *DDD* 组合的法庭所作出的保守主义(或自由主义)裁决的比例,我们可以很容易看到这一点。另外要注意联邦地区法院裁决的意识形态倾向对上诉法院法官所产生的影响。因此,比起 *Rs* 投票同意维持一项地区法院保守主义裁决的可能性,他投票赞同推翻一项地区法院自由主义裁决的可能性就大大降低了。这是另外一种形式的群体效应,我们之后会专门讨论。

解释法官的投票行为(之二)

考察提名法官的总统所属党派、西格尔-科韦尔得分以及其他用来事前量度法官意识形态的方法不仅被用来判定一个法官在就任并开始审理案件之前的意识形态立场,而且也被用来解释他的表决行为。例如,人们会预期 *Rs* 在司法表决过程中表现出保守主义的立场。就联邦最高法院大法官而言,人们自然会确信他们在获得提名之时的政治意识形态立场会影响其表决行为(尽管这种影响力会随着时间的推移而减少,也尽管一个大法官的事前或事后意识形态与提名他任职的总统的意识形态会有所差异);联邦最高法院在很大程度上是一个政治性的法院。对于较低层级的联邦法院来说,情况却不是这样的。这些较低层级的联邦法院并不能自己决定审理哪些案件,它们审理的案件在政治上的重要性也相对较弱,并且它们作出的裁决还要接受较高层级法院的审查。

为了对这一问题作进一步的检验,我们使用了一种新的方法和一个新的法官投票行为数据库来量度联邦上诉法院法官在获得提名时的意识形态立场。我们所使用的量度法官事前意识形态的新方法与西格尔-科韦尔计分方法之间有着亲缘关系。西格尔-科韦尔计分方法无法针对联邦上诉法院法官(对联邦地区法院法官也是一样)而使用,这是因为报纸对这一层级法官职位的被提名人没有多大的兴趣。[14] 不过我们开发出了一套平行的方

---

⑭ 不过,Aspen Publishers Editorial Staff, *Almanac of the Federal Judiciary*(两卷本的活页书,每半年更新一次)这一大本书也收录了大量关于联邦上诉法院和联邦地区法院法官的信息,但是相对而言,其中和这些法官在获得提名时意识形态立场相关的信息并不多。

175 法,这一方法通过在线搜索来获取可能反映联邦上诉法院法官在获得提名时意识形态立场的相关信息,因此它较之西格尔 - 科韦尔计分方法利用了更多地关于每一位法官的信息。按照这一方法,我们可以把每一个法官个体归类为以下四种事前意识形态类型之一,即强烈的保守主义、温和的保守主义、温和的自由主义以及强烈的自由主义。

为了比较量度法官事前意识形态的西格尔 - 科韦尔计分方法的有效性和我们自己开发的量度方法的有效性,我们把后者适用于联邦最高法院大法官。我们把拥有西格尔 - 科韦尔得分的联邦最高法院大法官进行分组,按照最保守主义到最不保守主义的顺序来进行排列,分为同等规模的四组,我们把得分最高的四分之一大法官称为强烈保守主义者,往下第二组是温和保守主义者,第三组是温和自由主义者,最后一组是强烈自由主义者。之所以要这样分组,是为了和我们对联邦上诉法院法官基于四分法的量度进行比较。我们对大法官的排序是基于二次文献(基本上就是对应于本章在这一部分在线检索的基础上对联邦上诉法院法官作出的分类),本书第三章表3.6的数据也是基于这些资料而得出的。不过在那个表格里,我们并没有采用四分法,而是用了三分法(保守主义的、中立的、自由主义的),目的是更加精确地比较联邦最高法院大法官和联邦上诉法院法官的事前意识形态差异。

基于西格尔 - 科韦尔计分方法和我们自己开发的量度方法而产生的两种大法官排序结果列在本章的附录C中。其中存在大量的收敛(西格尔 - 科韦尔计分方法和我们自己开发的量度方法的相关性是0.8),而其中的部分差异反映了数据的不确定性。例如,西格尔 - 科韦尔计分方法把惠特克大法官归类为温和保守主义者,而我们却将其归类为温和自由主义者。我们认为,在我们的排序中不存在任何的异常现象,然而在西格尔 - 科韦尔计分方法中存在7处异常现象(占19%)。这些异常现象包括:把鲍威尔大法官和史蒂文斯大法官归类为强烈保守主义者,而不是温和保守主义者;把布雷耶归类为温和保守主义者,而不是温和自由主义者;把法兰克福特和道格拉斯归类为温和自由主义者,而非强烈自由主义者;把斯图尔特归类为温和自由主义者,而非温和保守主义者;以及,把哈伦归类为强烈自由主义者,而非温和自由主义者。和道格拉斯不同,法兰克福特的司法表决行为并不是一以贯之地表现出自由主义倾向的,不过对他意识形态的事前量度却是强
176 烈自由主义的,这也是自由主义者对其在联邦最高法院的实际投票记录表

示极大失望的原因所在。

我们的法官样本包含了科里·杨数据库中的143位法官。科里·杨的数据库中,根据这些法官在2008年的投票记录将他们按照从最保守主义到最不保守主义的顺序进行了排列。所有这些法官的提名总统包括福特、卡特、里根、老布什、克林顿、小布什(福特和卡特提名的人选非常少)。共和党总统共提名了59%(85/143)的法官。

我们之所以使用这些样本法官,是因为较之桑格数据库对保守主义倾向投票比例的计算,杨数据库对事前意识形态的量度(对于我们现在而言)更为有用。桑格数据库中的大多数法官没有足够的投票记录信息来供我们作法官之间的有意义比较分析,桑格数据库也不像杨数据库那样可以对法庭组成效应这一变量进行控制。如果我们使用桑斯坦数据库去给法官进行排序的话,我们也会遇到类似的投票记录不足的问题。在桑斯坦数据库中,50%的法官投票次数不足21次,25%的法官投票次数不足11次。相反,杨数据库中每一位法官的投票记录都至少有100次(桑斯坦数据库中的法官投票行为与杨数据库中法官投票行为的相关性为0.66,我们对桑斯坦数据库中的数据基于每位法官的投票次数作了加权处理)。

现在我们就来比较一下我们自己的方法对法官事前意识形态的量度和杨对法官事后意识形态的量度,以了解联邦上诉法院法官的司法表决行为是怎样偏离其获得提名时的意识形态立场的。

将我们对法官事前意识形态量度的方法应用于杨的法官样本,得出了以下几个结果:

强烈保守主义法官(*SC*)	47人(占33%)
温和保守主义法官(*MC*)	37人(占26%)
温和自由主义法官(*ML*)	45人(占31%)
强烈自由主义法官(*SL*)	14人(占10%)

表4.11比较了我们对法官事前意识形态的分类与四个组别中每一组法官的司法表决行为。我们根据法官的表决行为把它们分为三组。最上面的1/3被我们称作保守主义司法表决者(请记得,杨数据库是根据最保守主义 177
的司法表决者到最自由主义的司法表决者的顺序来进行排序的),中间1/3的是中立司法表决者,再往下1/3就是自由主义的司法表决者。我们尝试着

以法官事前意识形态得分中的突变点作为依据来把他们分为三组。结果是有44位保守主义法官、54位中立法官以及45位自由主义法官，不过上述每一个分组和我们对法官事前意识形态所进行的分组(48位保守主义法官、48位中立法官以及47位自由主义法官)几乎是完全重叠的。我们还尝试着根据事后意识形态立场把这些法官分为四组(强烈保守主义、温和保守主义、温和自由主义以及强烈自由主义)，而非三组，以对应我们根据法官事前意识形态所作的分类。令人吃惊的是，结果十分相似，原因在于温和保守主义法官和温和自由主义法官在进行表决时的立场其实是差不多的。

表4.11　杨的法官事后意识形态排序与爱泼斯坦－兰德斯－波斯纳的法官事前意识形态排序之间的关联

	SC	*MC*	*ML*	*SL*
保守主义的	54%	23%	23%	0
中立的	23%	35%	35%	6%
自由主义的	21%	19%	36%	23%
	保守主义的	中立的	自由主义的	
SC	55%	23%	21%	
MC	30%	46%	24%	
ML	24%	38%	38%	
SL	0%	21%	79%	

说明：杨对法官事后意识形态排序是以保守主义的、自由主义的和中立的为分类标准的；我们对法官事前意识形态的排序是以*SC*、*MC*、*ML*和*SL*(强烈保守主义的、温和保守主义的、温和自由主义的和强烈自由主义的)为分类标准的。

这一表格显示了，77%投出保守主义一票的法官在事前意识形态立场上要么是强烈保守主义者，要么是温和保守主义者；而59%投出自由主义一票的法官在事前意识形态立场上要么是强烈自由主义者，要么是温和自由主义者。但是，有意思的是，在事前意识形态立场上被归类为强烈保守主义者或者温和保守主义者的法官中有40%其实是自由主义司法表决者；而23%的温和自由主义法官和0的强烈自由主义法官在事后是保守主义司法表决者。

另一种量度法官事前和事后意识形态差异的方法是去考察每一个事前

意识形态分组中的法官投票行为(保守主义、中立、自由主义)的分布状况。结果显示在表格的底部。请注意,即便是根据事前意识形态立场被归类为强烈保守主义的法官在事后也经常是意识形态中立的法官,甚至还可能是自由主义立场的司法表决者(21%是自由主义的表决者);根据事前意识形态立场被归类为温和自由主义的许多法官在事后表现为保守主义的司法表决者(占23%);不过,根据事前意识形态立场被归类为强烈自由主义的法官在事后也绝大多数表现为自由主义的司法表决者(占79%),因此这部分法官较之强烈保守主义法官在司法表决时表现出更多的意识形态色彩。

现在,我们用 *R* 和 *D* 这一贯穿本书始终被我们使用的事前意识形态代理变量来对我们得出的关于法官事前和事后意识形态状况的结论进行比较。由于在杨的样本中,共和党总统共提名了59%的法官,因此为了对共和党总统提名的法官和民主党总统提名的法官进行比较分析,我们需要对法官的分布进行标准化处理。我们的做法是把每一组中 *Ds* 的数量乘以1.466(85/58),以对每一个 *D* 都进行加权处理,从而使 *Ds* 和 *Rs* 的数量比达到85:85,而不是58:85。比较的结果显示在表4.12中。

表4.12　杨的法官事后意识形态排序、爱泼斯坦－兰德斯－波斯纳的法官事前意识形态排序以及提名法官的总统所属党派

	共和党总统提名的法官	
法官类型	经过标准化处理的	未经调整的
事后量度		
保守主义的	65%	75%
中立的	51%	60%
自由主义的	36%	45%
事前量度		
SC	100%	—
MC	86%	—
ML	8%	—
SL	0%	—

说明:"经过标准化处理的"意思是假定共和党总统与民主党总统所提名的法官人数相同。

结果是令人吃惊的。尽管提名法官的总统所属党派与我们根据事前意识形态对法官进行四分法的分类是高度相关的(0.84),也尽管如预期那般,在投票时倾向于保守主义立场的法官中有75%是由共和党总统提名的,但
179 是当我们进行了标准化处理之后,这一比例降到了65%,这意味着共和党总统还提名了超过1/3的自由主义立场表决者。对于民主党总统提名的法官来说,这一数据几乎是正好相反的。

在表格的下半部分,我们可以看见,所有根据事前意识形态被归类为强烈保守主义的法官都是由共和党总统提名的,所有被归类为强烈自由主义的法官都是由民主党总统提名的,几乎所有的温和保守主义法官都是由共和党总统提名的,而更大比例的温和自由主义者是由民主党总统提名的。顺便提一下,这就说明了在如今的时代(样本中大多数法官都是在1980年之后获得提名的),提名法官的总统所属党派是一个非常好的联邦上诉法院法官事前意识形态的代理变量。不过对于如今的总统而言,如果他们试图让被提名的法官在进行司法表决时与该总统所属党派意识形态保持一致的话,那么他们只会在2/3的情况下获得成功。这一点对于民主党总统和共和党总统来说都是一样的。这使得我们想到,超过1/3的 *Rs* 其实是自由主义司法表决者,而超过1/3的 *Ds* 是保守主义的司法表决者。

对于这些结果,一个可能的解释是出现了意识形态转变(ideological drift)现象,即法官的意识形态随着时间的推移而出现了变化。但是,这似乎不能解释为什么这一转变是对称的,即有1/3的 *Rs* 变成了自由派,而同样有1/3的 *Ds* 变成了保守派。进一步地说,如果意识形态转变是一种常见现象的话,那我们应该期待表4.15(本章的下一部分)中 *Year Appointed* 这一变量是具有显著性的,但事实上并非如此。法庭的人员组成结构不是这些结果产生的原因,因为杨数据库对法官的排序已经考虑到这一因素而作了调整。

另一种解释与联邦上诉法院的案件具有较少意识形态成分有关。这一说法的意思是,意识形态成分在法院的裁决中比重不大的话,出现事前意识形态与事后意识形态的差异(法官的意识形态与法官的表决行为之间的差异)是完全可能的。因此,打个比方说,一个保守派法官可能发现自己会经常基于非意识形态的因素投票推翻联邦地区法院的保守主义裁决。这样的投票行为会被记作是自由主义的,并导致其在杨数据库中排序的位次下降,不过导致这一结果产生的原因并非意识形态,而可能只是传统的法律推理因素。

由于较之联邦最高法院,先例在联邦上诉法院层面起到作用会更大,因

此这样的一种法官行为现象就更有可能出现了。对此,我们会在本书第六章中进行论证。遵循先例的做法是法条主义者区别于意识形态化的司法表决者的一个主要例证。 180

表 4.13　联邦最高法院和联邦上诉法院的意识形态化投票情况比较

	SC	*MC*	*ML*	*SL*
保守主义司法表决者	67%/54%	27%/23%	7%/23%	0%/0%
中立的司法表决者	13%/23%	40%/35%	20%/35%	27%/6%
自由主义司法表决者	0%/21%	21%/19%	29%/36%	50%/23%

	保守主义司法表决者	中立的司法表决者	自由主义司法表决者
SC	83%/55%	17%/23%	0%/21%
MC	33%/30%	42%/46%	25%/24%
ML	11%/24%	44%/38%	44%/38%
SL	0%/0%	37%/21%	64%/79%

说明:1. 斜杠左边的百分数的含义是:关于联邦最高法院大法官,我们的事前意识形态量度方法与马丁－奎恩的事后意识形态量度方法之间的关联性。(正如本书第二章中提及的,我们之所以采用马丁－奎恩的方法,是因为杨量度方法是基于随机变量的)斜杠右边的百分数的含义是,关于杨数据库样本中的联邦上诉法院法官,我们的事前意识形态量度方法与杨的事后意识形态量度方法之间的关联性。所以,以表格的第一格为例,被马丁－奎恩打分方法界定为保守主义司法表决者的联邦最高法院大法官中,有 67% 被我们归类为事后强烈的保守主义者,而被杨界定为保守主义司法表决者的联邦上诉法院法官中,54% 被我们界定为事后强烈的保守主义者。又比如,在表格的下半部分,我们想要知道的是,被我们归类为事前强烈保守主义者的大法官和法官中,有多大比例是事后的保守主义司法表决者。下半部分表格中第一格的含义是,联邦最高法院大法官的这一比例是 83%,而联邦上诉法院法官的这一比例为 55%。

2. 对联邦最高法院大法官的事后意识形态分类是基于大法官的马丁－奎恩得分而作出的:保守主义司法表决者是 44 位样本大法官中得分排在前 15 位的,中立的司法表决者是排在之后 15 位的大法官,而自由主义司法表决者是得分最低的 14 位大法官。对联邦上诉法院法官的事后意识形态分类的标准是:把杨的事后意识形态打分按照从最保守主义的司法表决者到最自由主义的顺序分为三部分。

为了更好地确定联邦最高法院以及联邦上诉法院的事前意识形态与事后意识形态的差异,我们把自己开发的关于事前意识形态的量度方法应用于对44位大法官的考察,这些大法官都有关于(事后)意识形态的马丁－奎恩得分(参见本书第三章,表3.2)。表4.13列出了量度结果,并将其与表4.11中关于联邦上诉法院的量度结果进行了对比。两组结果具有明显的类似性,这让我们对自己开发的量度方法充满了信心。

同样的,作为我们通常用来量度意识形态化司法表决的方法,我们对事前意识形态的量度方法也可以很好地预判联邦上诉法院法官保守主义投票的比例。正如表4.14所展示的,针对四组意识形态分组中的每一组,如果我们让正在接受上诉审司法审查的联邦地区法院裁决的意识形态倾向维持不变的话,在法庭的其他成员由*RR*组合转变为*RD*组合,再转变为
181 *DD*组合的过程中,桑斯坦数据库中的保守主义投票比例会趋于减少。在16组对比研究中,有14组的变化趋势符合我们的预期。如果同样地让法庭组成效应和联邦地区法院裁决的因素维持不变的话,当法官由最保守主义的法官(*SC*)变化为最自由主义的法官(*SL*)时,保守主义投票的比例也会随之减少。在18组对比研究中,有15组的变化趋势符合我们的预期。

表4.14 反映推翻原审裁决效应和法庭组成效应的我们关于法官事前意识形态的排序与实际投票情况的关系(桑斯坦数据库,1995—2008)

	联邦地区法院自由主义立场的裁决				联邦地区法院保守主义立场的裁决			
	保守主义投票的比例(比如说,推翻原审裁决)				自由主义投票的比例(比如说,维持原审裁决)			
事前意识形态排序	*RR*	*RD*	*DD*	投票总数	*RR*	*RD*	*DD*	投票总数
SC	38.2	38.2	29.3	743	79.2	76.5	62.5	2030
MC	33.7	—	20.3	607	75.1	72.7	67.9	1562
ML	28.2	19.3	—	739	67	61.2	50.4	1782
SL	31.8	16	11.3	169	53.2	47	30.7	346

说明:杨的143位法官列表中的一位法官的投票记录没有被包含在桑斯坦数据库中。

根据表4.13,联邦最高法院和联邦上诉法院的保守主义司法表决者从来都会在事前意识形态量度中被归类为强烈自由主义者;较之联邦最高法院的保守主义司法表决者,联邦上诉法院保守主义的司法表决者不大可能在事前量度中被归类为强烈保守主义者,而更可能被归类为温和自由主义者。类似地,尽管联邦最高法院的自由主义司法表决者不会在事前被归类为强烈保守主义者,但是在联邦上诉法院层面,21%的自由主义司法表决者在事前被归类为强烈保守主义者;尽管在联邦最高法院,至少50%的自由主义司法表决者会在事前被归类为自由主义者,但是在联邦上诉法院层面,只有23%的自由主义司法表决者会在事前被归类为自由主义者;尽管在联邦最高法院,被事前归类为保守主义的大法官中有83%实际上成为了保守主义司法表决者,但是在联邦上诉法院层面,只有55%在事前被归类为强烈保守主义者的法官实际上成为了保守主义司法表决者;尽管在联邦最高法院,被事前归类为温和自由主义者的大法官中只有11%实际上在表决者表现出保守主义的倾向,但是在联邦上诉法院层面,这一比例达到了24%。

较之联邦最高法院的大法官,联邦上诉法院法官的事前意识形态和事后意识形态之间的差异更大,这就支持了以下假设:意识形态在联邦上诉法院层面起到的作用相对较小。主要的反例是:较之联邦最高法院被事前界定为强烈自由主义的大法官,联邦上诉法院的这部分法官更明显地表现出自由主义的投票倾向(64%:79%)。不过,整体而言,较之联邦最高法院的大法官,表决 182
行为背离其自身意识形态的现象更多地发生在联邦上诉法院法官的身上。

桑格数据库中的群体效应

正如我们在本书第一章中提及的,和其他的劳动者一样,法官也会在意他的工作环境,而工作环境的一个组成要素就是与同事之间的关系。一个法官如果经常性地与法院的其他法官意见不一致的话,这会令他本人以及其他法官都不愉快,一部分原因在于意见分歧意味着对他人的批评,另一部分原因在于为了解决这些分歧,法官们要投入更多的工作量(一个组织中常见的生动例子就是“职场恶人”,他们因为特立独行而使别人心生厌恶)。此外,如果一家上诉法院单边的意识形态倾向越是强烈,那么由少数派法官所主导的法庭作出的裁决越是可能被法院所有法官参与的满席审理法庭所推翻。联邦上诉法院法官较之联邦最高法院大法官会更多地受到先例的约束,当整个法院变得右倾(或者左倾)的时候,法官们会发现自己越来越多地受到由多数派法官所创设先例的约束,这是因为多数派的人数越来越多,并因此主导了越来越多的法庭,而在联邦上诉法院层面(不同于联邦最高法院),大多数先例是由单个法庭裁决所确立的,因为满席审理程序是非常罕见的。所以我们推断,对于那些在三人法庭或者整个法院中处于意识形态少数派地位的法官来说,他们往往不会很坚决地去对他们的同事提出反对意见。

在本章的这一部分和下一部分,我们要对上述假设以及其他群体效应进行检验。在这一部分,我们以法官个体为单位把桑格数据库中法官的投票信息进行了合并,产生了156个法官的样本(见表4.15)。在下一部分,我们的分析将基于桑斯坦数据库,对每一个个案中的法官投票行为进行研究,其中一共包含了8472项投票行为信息。

我们可以检验当下联邦上诉法院法官身上是否存在三种群体效应。在本书第三章中,我们就是检验了联邦最高法院的这三种效应,即从众效应、群体极化效应以及政治极化效应。具体方法就是检验在2002年实际在任的联邦上诉法院法官以及那些在2000年之后转入资深法官状态、宣布退休或者请求辞职的法官的表决行为。较之1925年至2002年的法官样本或者
183 1960年至2002年的法官样本,"现阶段法官"的样本可以使得我们更好地检验各项假说。对于那些现在实际参加工作的联邦上诉法院法官以及在1960年之后获得提名并一直工作到2000年(但未持续到2002年)的法官,他们彼此之间显然是存在工作交集的。但是,对于1925年至2002年样本库中同一司法巡回区的法官以及1960年至2002年样本库中同一司法巡回区的法官来说,由于每一个样本所覆盖的时间范围不同,他们中间的不少人是不存在重叠关系的,因此就不存在工作上的交集。

正如我们提及的,我们基于桑格数据库而产生的样本中包含了156位法官,其中141人是在1980年之后获得提名的。156人中,有82人是由共和党总统提名的,他们的平均任职期限为14.6年,有74人是由民主党总统提名的,他们的平均任职期限为10.6年。

针对基于桑格数据库而产生的现阶段法官样本,表4.15对表4.7和表4.8中的回归分析进行了重新估算。有两个自变量与群体效应有关,分别是:每一个司法巡回区中,其他由共和党总统提名任职的法官比例(变量 *Fraction Republican*)以及经过截至2002年之时经过法官任职年限加权处理的上述比例(变量 *Fraction Republican Weighted*)。

表 4.15　现任的联邦上诉法院法官投票行为的回归分析(括号中为 t 统计量)

	民事案件		刑事案件	
	保守主义投票比例 (1)	保守主义投票比例 (2)	保守主义投票比例 (3)	保守主义投票比例 (4)
President	0.103** (3.96)	0.086** (3.02)	0.110** (3.88)	0.079** (2.50)
Senate Republican	-0.105 (0.52)	-0.09 (0.44)	0.374 (1.73)	0.347 (1.52)
Year Appointed	-0.003 (0.18)	-0.0004 (0.25)	0.0003 (0.17)	0.001 (0.32)
Sex	-0.024 (0.74)	-0.027 (0.81)	-0.014 (0.48)	-0.019 (0.60)
Race	0.023 (0.63)	0.033 (0.96)	-0.006 (0.16)	-0.01 (0.19)
Former District Judge	-0.018 (0.81)	-0.020 (0.87)	0.019 (0.8)	0.018 (0.66)
Fraction Economic	-0.226* (2.08)	-0.246** (2.24)	—	—
Fraction Other	-0.064 (0.16)	-0.108 (0.26)	—	—
Fraction Republican	0.256** (3.38)	—	0.444** (5.50)	—
Fraction Republican Weighted	—	0.183** (2.66)	—	0.343** (4.67)
常量	-0.145 (0.04)	-0.341 (0.10)	-0.325 (0.10)	-0.783 (0.23)
R^2	0.23	0.19	0.36	0.31
观测量	156	156	151	151

说明:所有的回归分析都经过了基于法官在民事案件[方程式(1)和(2)]或者刑事案件[方程式(3)和(4)]中总投票数量的加权处理。

由于联邦上诉法院的审判庭几乎总是由随机挑选的 3 位该法院的法官组成,[15]因此 *Fraction Republican* 这一变量值的增加将意味着一个法庭中包含两位或更多共和党总统所提名法官的概率增大了。例如,在 2002 年,第七巡回上诉法院在任的 11 位法官中,由共和党总统提名的占到了 8 人,民主党总统提名的有 3 人,这就使一位共和党总统提名的法官与另一位或两位 *Rs*
184 组成审判庭的概率为 93%,与两位 *Ds* 组成审判庭的概率仅为 7%;而一位 *D* 与另一位或两位 *Ds* 组成审判庭的概率为 38%,与两位 *Rs* 组成审判庭的概率为 16%。[16]

从众假设说的是,当共和党总统提名的法官人数比例增加的时候,该法院中任何一位法官投出保守主义一票的概率就会增加;而共和党总统提名的法官人数比例减少的时候,该法院中任何一位法官投出自由主义一票的概率就会增加(当然,基于同样的道理,对于民主党总统提名的法官人数的变动,则会产生相反的效应)。群体极化效应假设说的是,在一个法院中,随着共和党总统(民主党总统)提名的法官人数的增多,他们在投票时会
185 表现出更多的(更少的)保守主义立场。政治极化假设说的是,一个阵营相对于其他阵营的人数扩张,会使后者在面对前者而进行投票时更加的针锋相对。

在表 4.15 中,我们通过对 156 位样本法官的回归分析进行估算,从而对第一个假设进行了检验,并通过分别估算 *R* 和 *D* 两类法官的回归分析,从而检验了第二个和第三个假设。前两项回归分析中的因变量是民事案件中保守主义投票的比例;在第三项和第四项回归分析中,因变量是刑事案件中保守主义投票的比例。这里我们省略了对自由主义投票比例的回归分析,这

---

⑮ 我们在这里暂且忽略掉一个可能令事情更为复杂的因素,即许多联邦上诉法院都会广泛地邀请来自其他司法巡回区的在任或资深的联邦地区法院法官以访问法官的身份来审理案件,也会邀请联邦上诉法院资深法官来审理案件。

⑯ 给定一个法官,不同的审判庭组成概率是这样计算出来的——N 代表该司法巡回区法官的数量,R 代表由共和党总统提名的法官数量,D 代表民主党总统提名的法官数量。因此:

审判庭的组成	共和党总统提名的法官	民主党总统提名的法官
全是 R	(R −1)(R −2)/(N −1)(N −2)	0
2R 和 1D	2(R −1)D/(N −1)(N −2)	R(R −1)/(N −1)(N −2)
1R 和 2D	D(D −1)/(N −1)(N −2)	2(D −1)R/(N −1)(N −2)
全是 D	0	(D −1)(D −2)/(N −1)(N −2)

是因为自变量的效应和显著性水平与对保守主义投票比例的回归分析结果是类似的,当然,除了数值的方向之外。

和联邦最高法院一样,在联邦上诉法院层面,我们也没有发现有证据证明政治极化现象的存在。对此我们并不吃惊,因为根据我们关于法官行为的劳动力市场理论,政治极化现象就是不会出现的。我们发现了有证据可以支持从众效应的存在,即对于一位法官来说,当其他法官中由共和党总统提名的人数比例增大时,这位法官在刑事和民事案件中将会更加经常性地投出保守主义的一票,而无论他是由共和党总统提名的,还是由民主党总统提名的。请记住,由于桑格数据库把联邦上诉法院法官的投票分类为保守主义的、混合的以及自由主义的这几大类型,因此保守主义投票的增加并不必然意味着自由主义投票的减少。不过,当我们以自由主义投票比例作为因变量对表4.8中的回归分析进行重新估算之后,发现自由主义投票比例越低,变量 *Fraction Republican* 和变量 *Fraction Republican Weighted* 的值则的确会增大。

对于那些由民主党总统提名的法官来说,从众效应可能更为明显,这与 *Rs* 较之 *Ds* 在投票时更加意识形态化的命题是相符合的。在对民事案件进行的单独回归分析中(我们没有在表格中报告结果),对于 *Rs* 和 *Ds* 来说,变量 *Fraction Republican* 的回归系数分别为0.23和0.32;在对刑事案件进行的单独回归分析中,回归系数分别是0.38和0.52。所有的回归系数在统计学上都是显著的,但 *Rs* 和 *Ds* 之间的差异却并非显著的。在单独的回归分析中,回归系数为正值就进一步说明了从众效应的存在,但同时否定了政治极化现象的存在,因为当 *Rs* 的比例增加时,*Rs* 和 *Ds* 在投票时都倾向于更加保守主义。

当某一方的阵营(比如说保守主义者一方)人数增多之后,他们在投票 186
时趋向于更加的保守主义,这一现象可被当作是群体极化现象存在的证据。但这并非是板上钉钉的。这可能只是因为新加入多数派阵营的法官较之原先的法官在投票时更加的倾向于保守主义,而这个新加入者可能并没有影响其他法官,从而让他们在投票时表现得更为保守主义。所以,正如本书第三章所解释的,尽管我们可以在联邦最高法院层面排除群体极化效应的存在,但是在联邦上诉法院层面,我们既不能确认,也不能排除这一效应的存在。

似乎看起来,除非我们可以知道多数派阵营中的新成员是否比老成员更为保守主义,否则的话我们无从判断多数派的保守主义倾向是否会增强。但是,如果这位新成员的保守主义立场较弱时,他可能会受到那些保守主义立场较强的同事的影响。如果这是一种常态模式的话,那么通常情况下占多数地位的保守派人数的增加会导致多数派平均每一位成员在投票过程中保守主义立场的强化。不过,我们还没有对这一效应进行检验。

为了检验共和党总统和民主党总统所提名的联邦上诉法院法官人数比例的变化而带来的总体意识形态效应,我们假设有一个司法巡回区的6位法官是由(比方说)民主党总统提名的,另外6位是共和党总统提名的。现在*Ds*中的一位被替换成了*R*,因此*Fraction Republican*这一变量的值由0.50(6/12)变为了0.5833(7/12)。在民事案件中,平均每位法官的平均保守主义投票比例会从52%增加到54%(0.256×[0.5833 -0.5]),在刑事案件中则从74%增加到78%(0.444×[0.5833 -0.5])。我们假设,法院的民事案件数量与刑事案件数量相同,那么在一个十年的期间中,平均每位法官在民事案件中会有二十多次的保守主义投票,在刑事案件中会有四十多次的保守主义投票。

如果我们把联邦上诉法院层面的群体极化和政治极化效应现象看成是和联邦最高法院一样是没有事实基础的,那么当联邦上诉法院中的一位少数派法官被一位属于多数派阵营的法官替代之后,那么该联邦上诉法院会出现两种效应:多数派阵营的人数增加,这导致了法院变得更为保守主义(假设保守派是多数的情况下),同时少数派也更加倾向于与多数派保持一致(从众效应)。如果不是属于多数派阵营的一位法官替代了一位少数派法官,而是一位属于少数派阵营的法官替代了一位多数派的法官,那么这样会
187 引发同等程度的相反效果。不管怎样,当一个司法巡回区的法院处于意识形态结构平衡的情形下,围绕着法官职位被提名人选是否可以获得参议院的批准而展开的斗争将是最为激烈的。这一假设得到了以下研究发现的支持:当一个司法巡回区的法院处于意识形态结构平衡的情况时,即40%至60%的法官要么是*Rs*,要么是*Ds*的情形时,参议院对法官职位被提名人的任职给予批准的概率会减少。[17] 对于那些*Rs*或者*Ds*已经占据了绝大多数的司法巡回区的法院来说,多数派法官增加一人给法院裁决带来的意识形

⑰ Sarah A. Binder and Forrest Maltzman, Advice and Dissent: *The Struggle to Shape the Federal Judiciary* 91 -94 (2009).

态方面的递增效应并不会很大。

表4.15中的其他变量(这些变量是从表4.6和表4.8中转入的)所产生的效应与表4.6中针对1960年至2005年样本中的法官而产生的效应是类似的。尤其是,共和党总统提名的法官显著地更倾向于投出保守主义的一票。其他转入的变量在统计学上均是非显著的。

桑斯坦数据库中的意识形态、从众效应和法庭组成效应

在本章中,至今我们还很少利用桑斯坦数据库进行分析。在最后这一部分,我们将纠正这一忽略。我们将继续讨论群体效应的话题,不过我们也将用这些数据来进一步探讨意识形态对联邦上诉法院裁判行为的影响。桑斯坦数据库特别适合被用作在这方面的研究,这是因为正如表4.16所揭示的,这一数据库挑选出那些牵涉较多意识形态成分的案件,然后按照案件类型的区分来收录公开的联邦上诉法院司法意见书。在数量上,和歧视问题相关的案件最多。样本中,仅仅是残疾人歧视的案件就占到了21%,而其他涉及种族、性别、年龄、民族血统的歧视案件则占了另外的50%。

表4.16　不同主题领域的案件及其投票的分布情况

(桑斯坦数据库,1995—2008)

案件主题领域	投票数量	案件数量
堕胎	334	119
《美国残疾人法》	2960	1053
平权措施	201	70
年龄歧视	1828	650
竞选资金募集	184	66
死刑	929	315
合同条款	125	45
同工同酬	392	133
联邦制度	1100	394
刺破公司面纱	452	165
性别歧视	1730	623
性骚扰	1760	625
征收	318	114
《民权法案》第七条	1615	576
总计	13,928	4948

我们之前说过,提名法官的总统所属党派只对联邦上诉法院法官的表决行为有很小的影响,而我们推测,在这种情况下,之所以在参议院对被提名
188 人的批准过程中仍然会引发争议,这是由于对于那些意识形态色彩很重的联邦法律问题来说,提名法官的总统所属党派能够产生的影响是相当大的。桑斯坦数据库可以在一定程度上支持我们的这一推断。在民事案件中,*Rs* 和 *Ds* 投出保守主义一票的比例分别为 61% 和 47%。而在桑格数据库中,1960 年之后获得提名的法官的这一比例分别为 52% 和 44%。考虑到这两个数据库所覆盖时间阶段的差异以及其中包含的误差类型,再加上桑斯坦数据库的内容并不仅限于民事案件,这使我们没有多大的信心来对两者进行比较。但是,这样的比较可以强化我们之前的研究结论,即较之联邦最高法院的大法官,联邦上诉法院法官在进行司法表决过程中表现出来的意识形态色彩显著地偏弱。桑斯坦数据库所收录的案件较桑格数据库与联邦最高法院所审理的案件更为类似,这是因为桑斯坦数据库收录的案件往往是存在较大意识形态争议的。即便如此,桑斯坦数据库中联邦上诉法院 *Rs* 和 *Ds* 的保守主义投票比例与联邦最高法院相比仍然是有非常大的差距的。

桑斯坦数据库可以让我们进一步地评估联邦上诉法院的群体效应,尽管我们无法确认或者否定群体极化和政治极化效应的存在。不过,图 4.2 显
189 示了,当一个司法巡回区中,*Rs* 的数量相对 *Ds* 增加了的时候,*Rs* 和 *Ds* 都会表现得更为保守主义。⑱ 这就是从众效应。

---

⑱ 在图 4.2 的回归分析中,Y_R 和 Y_D 分别指代 *Rs* 和 *Ds* 的保守主义投票比例,则:

$$r_R = 0.365 + 0.367R/(R+D) \quad r^2 = 0.27$$

(3.76)(2.26)

$$r_R = 0.170 + 0.521R/(R+D) \quad r^2 = 0.51$$

(1.92)(3.51)

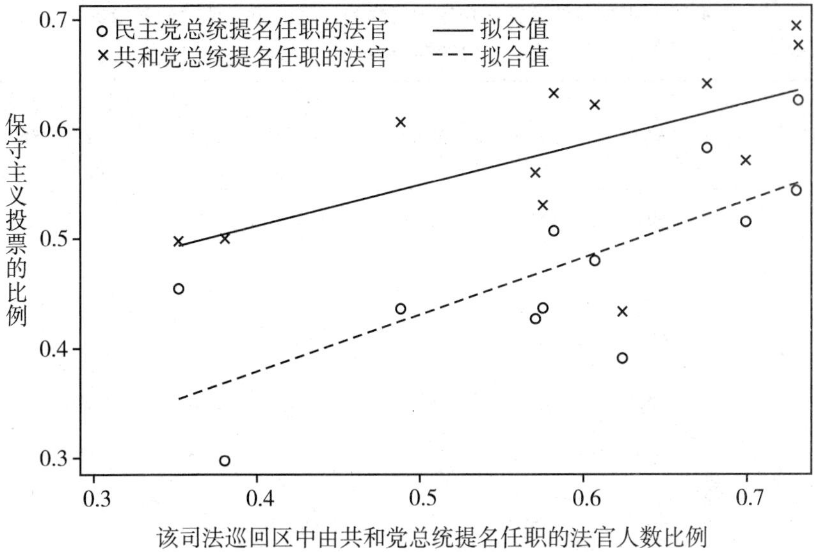

图 4.2　联邦上诉法院的保守主义投票比例(1995—2008)

下一步我们来考虑法庭组成效应的问题。法庭组成是一个法院内部意识形态平衡关系的函数,而从该法院内部抽取的三位法官所组成的审判庭决定了该法院几乎所有案件的裁决结果。这样的一种平衡关系是不对等的。正如表 4.17 所显示的,在接近 2/3 的法庭中,大多数法官是由共和党总统提名的。最大的比例出现在第七和第八巡回上诉法院(分别是 85% 和 78%)。仅仅是在第二和第九巡回上诉法院(勉强再算上第六巡回法院,它的比例是 51%)中,大多数的法庭至少是由两位 *Ds* 组成的。

表格中令人好奇的一点是,在我们的样本中,第七和第八巡回上诉法院的案件数量比例严重失调。尽管这两家法院的规模并不比平均数大,但是 190
在桑斯坦数据库中,它们加起来的案件数量占到了 32%。我们不清楚为什么这两家法院的比例是失调的。确实,它们公开的司法意见书的比例更高(请记得,数据库仅收录公开的司法意见书),但并没有高到可以解释上述差异的程度。

表 4.17　不同司法巡回区中审理案件的法庭的组成结构分布情况（1995—2008）

司法巡回区	*RRR*	*RRD*	*RDD*	*DDD*	总计	法庭组成结构为 *RRR* 或 *RRD* 的百分比
第一	69	159	73	8	309	74
第二	31	136	154	66	387	43
第三	60	102	50	15	227	72
第四	43	112	75	13	243	64
第五	133	192	84	13	422	77
第六	48	160	153	63	424	49
第七	294	392	109	10	805	85
第八	249	340	157	13	759	78
第九	36	111	195	98	440	33
第十	66	143	112	31	352	59
第十一	79	158	104	9	350	68
哥伦比亚特区	45	103	72	10	230	64
所有	1153	2108	1338	349	4948	66

表 4.18 显示了有强烈的法庭组成效应的存在。一个法庭的意识形态结构会对某个法官的表决行为（A 部分）以及法庭的裁决（B 部分）都产生实质性的影响。我们发现，若提名一位新法官的总统与提名该法庭其他法官的总统不属于同一党派时，原有法官在投票时会变得温和。这也就验证了以往各项经验研究的结论。

表 4.18　不同的法庭组成结构和不同意识形态倾向的联邦地区法院裁决条件下的联邦上诉法院法官投票情况(1995—2008)

A 部分:共和党总统和民主党总统所提名任职的法官的保守主义投票比例

	所有的联邦地区法院裁决		保守主义的联邦地区法院裁决		自由主义的联邦地区法院裁决	
法庭的其他成员	*R*	*D*	*R*	*D*	*R*	*D*
RR	0.657	0.546	0.774	0.672	0.388	0.28
RD	0.606	0.452	0.723	0.577	0.356	0.207
DD	0.521	0.372	0.65	0.454	0.27	0.189
投票的次数	8501	5418	5797	3645	2675	1753

B 部分:不同组成结构的法庭的保守主义投票比例

	所有的联邦地区法院裁决	保守主义的联邦地区法院裁决	自由主义的联邦地区法院裁决
RRR	0.657	0.774	0.391
RRD	0.589	0.710	0.338
RDD	0.471	0.599	0.21
DDD	0.364	0.447	0.173
投票的次数	4948	3353	1578

说明:我们的研究始于联邦上诉法院法官的 13,928 项投票记录,但是我们排除了其中 49 项投票记录,因为我们不知道这些投票所针对的联邦地区法院裁决的意识形态倾向;我们还排除了其中 9 项投票记录,因为我们不知道这些联邦上诉法院法官的投票行为的意识形态倾向。

A 部分的前两栏显示了,当另两位法官也都是 *Rs* 的情况下,共和党总统提名的一位联邦上诉法院法官投出保守主义一票的概率为 66%,而当其余两位法官一位是 *R*,另一位是 *D* 的情况下,这一概率只有 61%,而当其余两位法官都是 *Ds* 的时候,则这一概率只有 52% 了;对于一位 *D* 来说,如果法庭的另两位同事都是 *Rs* 的时候,他投出保守主义一票的概率是 55%,而如果只有一位同事是 *R* 的话,概率减少至 45%,若另两位都是 *Ds* 的时候,则概率只有 37% 了。当我们把联邦地区法院的意识形态倾向设定成常数时,得出的结论也是一样的(参见 A 部分的后四栏)。而如果我们把法庭组成效应设定为常数的话,当较低层级的法院裁决反映了保守主义意识形态的立场时,

联邦上诉法院作出保守主义裁决的概率要显著地高于当较低层级法院的裁
191 决体现为自由主义立场的时候。

拥有某种意识形态信念的法官仍会追随法庭中其他法官的行为,即便后者拥有不同的信念。考虑到法官具有规避发表不同意见的行为倾向,这一事实并不让人感到奇怪。而让人感到奇怪的是,属于多数派的法官也会迁就其他拥有不同意识形态立场的法官。一个可能的解释是,规避发表不同意见的倾向不仅适用于法庭中的少数派,多数派法官也不愿意其他法官发表不同意见。另外一种解释则是要归因于被我们所称的"摇摆人"(wobbler)效应。假定不存在法官规避发表不同意见的行为倾向,如果所有的 *Rs* 都是强烈保守主义者,那么 *RRD* 结构的法庭和 *RRR* 结构的法庭会作出同等程度的保守主义裁决,尽管对于 *RRR* 结构的法庭来说,会经常出现不同意见书。不过,我们知道,就和 *Rs* 与 *Ds* 之间存在意识形态差异一样,*Rs* 内部和 *Ds* 内部也存在意识形态上的差异。假设某一位 *R* 是摇摆人,他在进行司法表决时没有表现出强烈的保守主义立场。如果他和另一位 *R* 或者一位 *D* 共同组成法庭,那么这位法官可能导向 *D* 的立场(除非 *D* 也是一位摇
192 摆人),这种情况下法庭将作出自由主义倾向的裁决;而如果两位 *R* 都不是摇摆人的话,那法庭本应作出保守主义倾向的裁决。但是,如果这位摇摆人法官是与其他两位 *Rs* 共同组成法庭的话,那么他不大可能对保守主义裁决提出反对意见。这样一来,即便不存在法官规避发表不同意见的行为倾向,法庭组成效应也会表现出来。不过对这样一种替代性的解释,我们还没有尝试去做一下检验,因为这需要我们去分析大量的由不同联邦上诉法院法官组成的法庭。

在表 4.18 的 B 部分,我们可以看到,当 *Rs* 的人数增加时,出现保守主义裁决的概率就会增大,无论联邦地区法院所作裁决的意识形态立场为何。不过,我们还发现存在这样的一种趋势,即联邦上诉法院倾向于维持联邦地区法院的裁决,而不论联邦上诉法院法官的意识形态立场为何。这可以说是另外一种群体效应的体现,因为我们可以把初审法官和决定该案上诉结果的上诉法官们看作是一个法官群体。尽管桑斯坦数据库的内容是侧重于那些意识形态成分高于平均水平的案件,但我们还是发现,由三位 *Ds* 组成的法庭在 45% 的情况下会维持联邦地区法院的一项保守主义立场的裁决,而由三位 *Rs* 组成的法庭则会在 77% 的情况下会维持联邦地区法院的一项保守主义立场的裁决;由三位 *Rs* 组成的法庭会在 62% 的情况下会维持联邦

地区法院的一项自由主义立场的裁决,而由三位 *Ds* 组成的法庭则会在 83% 的情况下会维持联邦地区法院的一项自由主义立场的裁决。联邦地区法院的裁决可以对联邦上诉法院法官产生牵制的作用,以至于弱化了后者的意识形态立场,尽管他们的意识形态倾向仍然可以施加显著的影响。尽管 A 部分中关于单个法官投票行为的研究和这里关于法庭裁决的研究不尽相同,但结论却是类似的。

这些研究结论其实仅仅反映了如下的事实:以法条主义的视角来看,大多数的案件上诉申请缺乏法理基础,以至于几乎任何上诉法院都会维持原审裁决,无论联邦地区法院的裁决与联邦上诉法院的意识形态立场是否契合。法官们是不会无视先例以及其他传统法律渊源的存在的。但,反过来有人可能会想,由于选择效应(selection effect)的存在,原审裁决被推翻的概率应该更高才是,原因是上诉申请获得支持的概率越高,上诉申请的预期收益也就越大。不过这取决于上诉的成本、上诉人从上诉成功中获得的收益以及上诉人可以在多大程度上精确地评估上诉得到支持的概率。彩票的中奖率要低于联邦上诉法院推翻原审裁决的概率,不过买彩票的人却要多过对联邦地区法院裁决提起上诉的人。此外,惰怠因素又使他们倾向于维持原审裁决。较之推翻原审裁决,维持原审裁决的司法意见书写起来要省力 193
一些,这是因为如果维持原审裁决的话,法官可以很大程度上依赖较低层级法院的司法裁决;如果推翻原审裁决的话,那意味着法官需要对原审裁决的观点予以反驳。在一些司法巡回区,许多维持原审裁决的意见书只有一个词:“维持”。这可以作为法官规避发表不同意见行为倾向的一种证明。

一个相关的因素是,上诉审查的标准(在下一章中我们将对此进一步地讨论)要求联邦上诉法院尊重(当然不是完全地尊重)联邦地区法院的裁决,尤其是在事实问题上。这些标准可能在很大程度上要归因于法官规避发表不同意见的行为倾向,因为这样一来就减少了一个上诉法官在大多数案件上所耗费的时间。不过,无论这些标准从何起源,它们都是具有法律约束力的。即便对于那些不具有规避发表不同意见的行为倾向的法官来说,它们也会注意到这些标准。关于这一点,我们之后会再次提及。

既然初审法院与上诉法院之间存在意识形态上的紧张关系,因此我们有必要比较一下两种量度上诉法院意识形态的方法,图 4.3 展示了这一比较结果。一种方法是考察联邦地区法院自由主义裁决被推翻的比例与其作出的保守主义裁决被推翻比例的比率(这一比率越高,意味着联邦上诉法院越是保守主义);另一种方法是考察共和党总统所提名法官的比例。这两种方法生成的结果是正相关的(0.63),但拟合程度不高。所以,举个例子,第二和第九巡回上诉法院的 *Rs* 占全体在任法官的比例是最低的,同时它们推翻联邦地区法院自由主义裁决的比例与其推翻联邦地区法院保守主义裁决的比例的比值(推翻比率)也是最低的。第二巡回上诉法院推翻了23%的联邦地区法院自由主义裁决以及42%的保守主义裁决,即推翻比率是0.62。第九巡回上诉法院的相对应数据为28%和56%,即推翻比率是0.50。对于那些 *Rs* 比例最高的联邦上诉法院,他们的推翻比率也是有差异的。例如,第七巡回上诉法院推翻的联邦地区法院自由主义裁决和保守主义裁决几乎是相同的,而第五巡回上诉法院推翻的自由主义裁决数量要高过保守主义裁决数量50%。

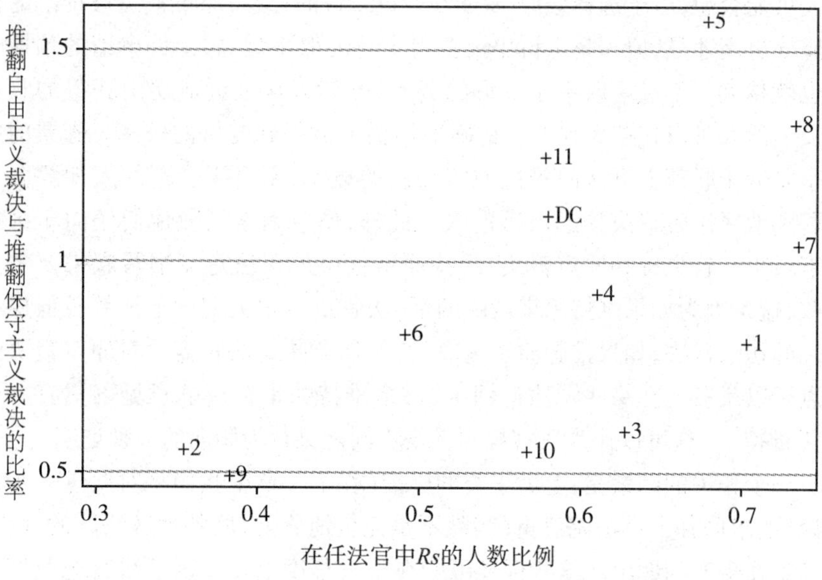

图 4.3　推翻联邦地区法院自由主义裁决与推翻联邦地区法院保守主义裁决的比率与司法巡回区中 *Rs* 人数比例之间的关系(1995—2008)

对桑斯坦数据进行回归分析使我们可以估算法庭组成效应以及其他的群体效应,包括那种由初审法院和上诉法院所一起组成的"群体"的效应。回归分析的作用之一就是让我们可以把 *R* 法官比例的增加带来的效应分解为:(1)*R* 法官占主导的法庭的相对频率变化(换句话说就是从众效应)给定
194 的情况下,对一个联邦上诉法院 *R* 法官和 *D* 法官意识形态变化的效应;以及

(2)*R* 法官占主导的法庭数量增加时的法庭组成效应。

我们给出的回归方程式是:

$$V = f(DC, P, C, J, S, T, u)$$

其中,变量 *V* 指代法官的投票行为(1 = 保守主义投票)。变量 *DC* 指的是联邦地区法院的意识形态倾向(同样的,1 = 保守主义)。变量 *P* 是一组关于提名该法官的总统所属党派以及提名法庭其他成员的总统所属党派的虚拟变量。变量 *C* 是联邦上诉法院意识形态的代理变量,在数值上等于该上诉法院中由共和党总统提名的在任上诉法官的比例(变量 *Fraction Republican*)或者推翻联邦地区法院自由主义裁决的投票比例与推翻地区法院保守主义裁决的投票比例的比率(变量 *Reversal Ratio*)。变量 *J* 是一组代表法官特性的变量:如果法官是男的,则记为 *Sex*;如果法官是黑人、西班牙裔或者亚裔,则记为 *Nonwhite*;*Tenure* 指的是法官已经在该联邦上诉法院任职的年限;如果在审理案件时该法官已经是资深法官的话,则记为 *Senior*;如 195
果该法官曾担任联邦地区法官,则记为 *Former District*。其他的变量还有 *Subject Matter*(关于 14 种案件类型的虚拟变量,参见表 4.15)以及 *Time*(代表 1995 年至 2008 年的某个年份)。我们对 *R* 和 *D* 分别进行了 Logit 回归估算,并以法官为单位将观测值进行聚类处理,以解释一个法官在不同案件中投票行为的关联性。另外我们还对一个较小的案件样本进行了回归分析,这个样本由杨数据库中的 142 位法官的投票记录组成。在本章的前部分,我们把这个样本分类为四种意识形态类型(完整的样本覆盖了 143 位法官,但是其中有一位在桑斯坦数据库中没有任何的投票记录)。

表 4.19 列出了回归分析的结果。其中请注意,联邦地区法院在裁决中表现出来的意识形态倾向对联邦上诉法院的表决行为有显著的影响。联邦地区法院自由主义倾向的裁决会导致联邦上诉法院 *Rs* 投出保守主义一票的概率减少 0.30(当联邦地区法院的裁决是保守主义倾向的,其投出保守主义一票的平均概率为 0.73,因此减少 0.30 相当于下降了 41%);而地区法院保守主义倾向的裁决会导致联邦上诉法院 *Ds* 投出自由主义一票的概率减少 0.33(当联邦地区法院的裁决是自由主义倾向的,其投出自由主义一票的平均概率为 0.77,因此减少 0.33 相当于下降了 43%)。这样一来,自由主义立场的联邦地区法院裁决可以把联邦上诉法院中保守派法官往维持原审裁决

(投出自由主义的一票)的方向牵引,而保守主义立场的联邦地区法院裁决可以把联邦上诉法院中自由派法官往维持原审裁决(投出保守主义的一票)的方向牵引。这就可以证明裁决是基于法条主义分析而作出的,即证明了上诉法官是认真对待上诉审查标准的,而这些标准在多数情况下都是要求上诉法官对地区法官的裁决予以尊重(同样的,参见本书第五章)。不过,这些证据并非终局性的。由于维持原审裁决比推翻原审裁决需要付出的工作量更少,上诉法官违背自身意识形态立场而维持原审裁决的倾向可以也只是因为希望规避发表不同意见。

表 4.19　联邦上诉法院法官投出保守主义一票概率的 Logit 回归分析(1995—2008)

	共和党总统提名任职的法官		民主党总统提名任职的法官	
	(1)	(2)	(3)	(4)
联邦地区法院裁决的意识形态倾向	0.298** (17.03)	0.294** (16.48)	0.334** (12.51)	0.328** (12.12)
RR	0.125** (6.19)	0.128** (6.74)	—	—
RD	0.071** (3.93)	0.073** (4.05)	-0.072** (4.06)	0.071** (4.22)
DD	—	—	-0.156** (7.03)	0.155** (6.61)
推翻比率	0.132** (5.57)	—	0.206** (6.78)	—
Fraction Republican	—	0.185** (3.26)	—	0.355** (5.05)
District Court	0.003 (0.19)	0.001 (0.07)	0.039 (1.69)	0.048** (2.17)
Sex	-0.077 (1.94)	-0.079 (1.79)	-0.016 (0.72)	-0.29 (1.36)

续表

	共和党总统提名任职的法官		民主党总统提名任职的法官	
	(1)	(2)	(3)	(4)
Nonwhite	-0.065*	0.067*	-0.015	-0.002
	(2.04)	(2.45)	(0.73)	(0.11)
Tenure	-0.002	-0.002	-0.001	-0.001
	(1.44)	(1.57)	(0.82)	(0.41)
Senior Judge	-0.0001	-0.005	-0.009	-0.024
	(0.01)	(0.23)	(0.20)	(0.59)
关于案件主题类型的虚拟变量	Yes**	Yes**	Yes**	Yes**
关于时间的虚拟变量	Yes**	Yes**	Yes	Yes
观测数量	8472	8472	5398	5398

说明:1. 回归系数是所有变量平均值水平上的边际效应。

2. 我们以法官为单位对标准误进行了聚类处理。

3. 数据反映的是317位法官的情况。

RR 变量和 *RD* 变量的相关系数可以量度法庭组成效应(我们忽略 *DD* 变量)。如果组成法庭的其他两位成员都是 *Ds* 的话,那么 *R* 投出保守主义一票的概率为52%;如果组成法庭的其他两位成员中有一位是 *R* 的话,那么这一概率为60%;而当另两位成员都是 *Rs* 的时候,则这一概率升至66%。在对 *D* 所作的回归分析中,当组成法庭的其他两位成员都是 *Ds* 的时候,这位法官投出保守主义一票的概率是37%;当另两位成员中有一位是 *R* 的时候,这一概率是45%;而当另两位成员都是 *Rs* 的时候,这一概率升至52%。

在作为一个整体的联邦上诉法院中,*R* 法官和 *D* 法官的比例改变会放大法庭组成效应。在我们的回归分析中,在一个由5位 *Rs* 和7位 *Ds* 组成的 196
法院中,用两位 *Rs* 替换两位 *Ds* 则会导致出现 *RRR* 结构的法庭的概率由5%升至16%,导致出现 *RRD* 结构的法庭的概率由32%升至48%。当不考虑联邦上诉法院总体意识形态结构改变的情况下,上述变化使 *Rs* 和 *Ds* 投出保守主义一票的概率都加大了。对于一位 *R* 来说,上述变化使其投出保守主义一票的概率提升3%,而对于一位 *D* 来说,这一概率的提升是6%。

联邦上诉法院的总体意识形态结构对法官投出保守主义一票的概率有

197 着显著的影响。这就是从众效应。回归方程式(1)和方程式(3)中推翻比率的数值范围从第九巡回上诉法院的0.49到第八巡回上诉法院的1.33,这意味着当一个法官从最自由主义的司法巡回区转到最保守主义的司法巡回区之后,如果他是*R*,那么他投出保守主义一票的概率会增加0.11,如果他是*D*,则概率增加0.17。回归方程式(2)和方程式(4)中,我们用该联邦上诉法院中*Rs*占在任法官的比例作为该上诉法院意识形态的代理变量。如果在一个原先由5位*Rs*和7位*Ds*组成的法院中,两位*Ds*被*Rs*所取代,那么法庭组成效应将被放大,这是因为出现*RRR*结构的法庭的概率由4.5%升至了15.9%,出现*RRD*结构的法庭的概率由31.8%升至了47.7%,而出现*DDD*结构或*DDR*结构的法庭的概率也相应地下降了。在方程式(2)中,上述变化会导致*R*投出保守主义一票的概率上升0.024;在方程式(4)中,上述变化导致*D*投出保守主义一票的概率上升0.028。

变量*Fraction Republican*的回归系数为正值,这表明了用*Rs*替换*Ds*还会带来另外一个效应。在一个由12位法官组成的联邦上诉法院中,*Rs*的数量由5人增加到7人会导致*R*投出保守主义一票的概率增加0.03,导致*D*投出保守主义一票的概率增加0.058。因此,用两位*Rs*替换两位*Ds*带来的综合效应会使得一位*R*的保守主义投票比例增加0.054(=0.024+0.030),使一位*D*的保守主义投票比例增加0.086(=0.028+0.058),或者说是相比较于当法院由5名*Rs*和7名*Ds*组成时*Rs*和*Ds*投出保守主义一票的平均概率分别增加10.5%和22.6%。

针对由杨数据库中142位在桑斯坦数据库中有投票记录的法官组成的有限样本,我们对表4.19中回归分析重新进行了估算。我们把*Rs*和*Ds*进行合并,不过我们增加了三个事前意识形态的变量:强烈保守主义、温和保守主义以及温和自由主义,强烈自由主义这一类型则被我们省略了。所有上述三个变量都为正值,高度显著且排列有序。强烈保守主义的相关系数高于温和保守主义(不过它们的差异在统计学上并不显著),进而高于温和自由主义。[19] 所有三个变量的相关系数都高于强烈自由主义。当我们让表4.19的回归分析中联邦地区法院裁决、法庭组成效应和其他变量维持不变

---

⑲ 回归系数和t比率值具体如下:强烈自由主义是0.210(6.67);温和保守主义是0.164(4.40);温和自由主义是0.082 (2.94)。该回归分析包含了7978个观测值,其中4848个是*Rs*的投票记录,3130个是*Ds*的投票记录。

的情况下，上述结果可以进一步地证明，我们自己开发出来的量度法官事前 198
意识形态的方法可以很好地预见法官的表决行为。

回归分析的结果显示在表 4.20 中，该表还把法院组成结构变化的效应分解为从众效应和法庭组成效应两部分。我们假定一个联邦上诉法院由 6 位 *Rs* 和 6 位 *Ds* 组成，并让其总人数保持不变，在此基础上我们改变其组成比例。表格第(1)至第(3)栏是考察当法院中 *R* 法官比例变化时，一位 *R* 投出保守主义一票概率变化中的从众效应、法庭组成效应以及总体效应。表格第(4)至第(6)栏则列出了 *Ds* 的相应数据。我们可以看到，保守主义投票的概率增加了 3% 至 17%，具体多少则取决于 *Rs* 比例的增加。从众效应一直是超过法庭组成效应的，它在整体效应中的占比达到了 57% 至 69%。举例而言，在一个由 12 位法官组成，且 *Rs* 和 *Ds* 人数相当的法院中，若让两位 *Rs* 取代两位 *Ds*，这就导致该联邦上诉法院的组成结构变为 8 位 *Rs* 和 4 位 *Ds*，这时一位 *R* 投出保守主义一票的概率增加 54%。这一效应是非常明显的，同时也可以帮助我们解释了，为什么参议院在批准联邦上诉法院法官人选的提名时会有这么多的争论了。

表 4.20　由 12 位法官组成的联邦上诉法院中 *Rs* 和 *Ds* 人数的变化而产生的效应

法院的组成结构		共和党总统提名任职的法官			民主党总统提名任职的法官		
		直接的司法巡回区效应	法庭组成效应	总体效应	直接的司法巡回区效应	法庭组成效应	总体效应
R	*D*	(1)	(2)	(3)	(4)	(5)	(6)
7	5	0.015 (55.60%)	0.012 (44.40%)	0.027	0.029 (67.40%)	0.014 (32.60%)	0.043
8	4	0.031 (57.40%)	0.023 (42.60%)	0.054	0.059 (67.80%)	0.028 (33.20%)	0.087
9	3	0.046 (57.50%)	0.034 (42.50%)	0.08	0.089 (68.50%)	0.041 (31.50%)	0.130
10	2	0.062 (57.90%)	0.045 (42.10%)	0.107	0.119 (68.80%)	0.054 (31.20%)	0.173

续表

法院的组成结构		共和党总统提名任职的法官			民主党总统提名任职的法官		
		直接的司法巡回区效应	法庭组成效应	总体效应	直接的司法巡回区效应	法庭组成效应	总体效应
R	*D*	(1)	(2)	(3)	(4)	(5)	(6)
5	7	-0.015 (56.20%)	-0.012 (43.80%)	0.027	-0.029 (67.40%)	-0.014 (32.60%)	-0.043
4	8	-0.031 (56.00%)	-0.024 (44.00%)	0.055	-0.059 (67.80%)	-0.028 (32.20%)	-0.087
3	9	-0.046 (55.60%)	-0.037 (44.40%)	0.083	-0.089 (67.40%)	-0.043 (32.60%)	-0.132
2	10	-0.062 (55.20%)	-0.05 (44.80%)	0.112	-0.119 (67.20%)	-0.058 (32.80%)	-0.177

说明:1. 直接的司法巡回区效应和法庭组成效应都假定法院的最初组成结构为6位*Rs*和6位*Ds*。

2. 表格中的百分数指的是该变量对总体效应的贡献百分比。

3. "直接"效应等于方程式(2)和方程式(4)中*Fraction Republican*变量的边际效应乘以该司法巡回区中*Rs*的实际人数比例与0.5之间的差值。

4. 法庭组成效应等于*RR*和*RD*的边际回归系数的加权求和。其中,权重等于*R*被提名人的比例由最初的0.5增加或减少时,*RR*、*DD*、*RD*组成结构的法庭的比例变化。

我们在本章中所作分析的要点在于,要确认意识形态对联邦上诉法院的裁判行为有着显著的影响,尽管较之联邦最高法院,这种影响力显著地变弱了;也是为了确认联邦上诉法院存在很强的群体效应,这种群体效应反映了法官的惰怠(effort aversion)倾向。由于联邦最高法院所审理案件的意识形态成分要重于联邦上诉法院所审理的案件,所以我们预计惰怠因素会在联邦上诉法院层面表现得更为明显(另一个原因是联邦上诉法院的工作量更大),这就进而削弱了意识形态对联邦上诉法院裁判行为所施加的影响力。

附录 A：初始的和经过修正的桑格数据库

桑格数据库中的信息包含了一个案件的历史情况、参与人、争议事项、裁判结果、主审法官以及每位法官在案件涉及的最多两个事项上的投票记录。199
在 1925 年至 1960 年这段期间内，数据库随机收录了每年 15 个案件的资料；在 1961 年至 2002 年这段期间内，数据库则随机收录了每年 30 个案件的资料。

我们把奥本数据库[20]的内容并入了桑格数据库，使桑格数据库包含了关于法官的属性资料。我们把合并后的数据库还是叫作桑格数据库。尽管这两个数据库的用途是一致的，但还是有一些关于法官身份编码信息方面的差异。根据数据库的文件资料，我们对此作了一些修正，并且在使用数据库 200
的过程中，随着差错的发现而作了进一步的修正。我们将在这里对我们所作的修正给出解释。

在表 4.1 中，我们区分了对意识形态的错误分类和其他的差错。不过我们修正了我们发现的所有差错，并且当我们在本章的正文中提到"经过修正的"桑格数据库时，我们指的就是经过完全修正之后的数据库。

为了确认编码的错误，我们采用了计算机化的差错检测方法。我们发现的差错包括：重复的案件引用（有 92 个案件）；在同一案件中存在两个或者以上的不同法官（41 个案件）；同一个案件中出现了彼此冲突的编码信息（51 个案件）；关于案件程序历史的信息中，指向了前后不一致的联邦地区法院（37 个案件）。我们在数据库所包含的 20,335 个案件中发现了 3197 个案件中 5818 个差错；也就是说，某些案件的差错数不止一个。

我们尽可能将我们所发现的且与我们的研究工作相关的差错都予以排除。例如，我们排除了那些错误记录法官表决行为的案件，因为这样的一种差错和我们对法官意识形态的分析是密切相关的；但是我们并不会排除那些错误地记录上诉人破产状态的案件，因为这样的差错不大会影响我们的分析。我们一共排除了 1317 个案件，这使得我们样本中的法官投票记录由 64,212 项减至了 59,974 项。对于有些差错，我们予以了修正，诸如老奥托·肯纳（Otto Kerner Sr.）和小奥托·肯纳（Otto Kerner Jr.）被赋予同一个法官编码（导致了数据库中原先只有一位肯纳法官），又比如在同

---

⑳　参见前文脚注③。

一位法官身上设置了不同的法官编码。

我们剔除了那些法官身份无法被界定的投票记录（通常将编码被记作9999或99999）以及联邦地区法院法官以联邦上诉法院访问法官身份而作出的投票行为的记录。这样一来，我们样本中的投票记录由59，974项减至了55，041项。

数据库是以案件而非以法官为分析单位的，这就给我们的研究带来了复杂性，因为我们的一些研究需要的是法官的数据。对于每一个样本案件，数据库只包含了两项案件类型分类记录。因此，我们必须决定究竟是要将法官在两个事项上的投票行为记作一项投票，还是两项投票。我们作了折中处理。如果两项类型属于同一个案件大类［即我们在分析过程中使用的案件类型划分——例如，类型1是联邦谋杀案（101）；类型2是州纵火案
201 （123）］，那么我们会试图决定整个案件中法官表决行为的意识形态倾向。而如果根据数据库的记录，在一个细分案件类型中，法官的投票是保守主义的；在另一个细分案件类型中，法官的投票却是自由主义的，这时我们将其表决行为记录为意识形态混合类型。但是，如果在一个细分案件类型中，法官的投票是自由主义的或者保守主义的；而在另一个细分案件类型中，他的投票是混合类型或者其他类型，那么在这个案件中法官的投票将被记作是自由主义的或者保守主义的，具体取决于在前一个细分类型中他的投票是自由主义的还是保守主义的。如果案件属于不同的大类（例如：类型1是联邦谋杀案（101），属于刑事范畴，类型2是强制绝育案（506），属于隐私权案件范畴），那么我们将法官的表决行为视为在两个不同案件中的投票。

我们对法官投票的意识形态分类进行了修正。类型114～118，类型134～138以及类型154～158案件中的所有投票记录都由保守主义或自由主义变更为其他类型。在数据库中的刑事案件中，所有支持被告一方的投票记录都被记作自由主义的，但是我们把涉及道德指控的案件（类型114、类型134以及类型154）中的投票修正为其他类型，因为这些案件可能涉及儿童色情问题，而在这一问题上，无论是自由派法官还是保守派法官都不会同情被告的。类似地，在经济犯罪案件（破坏政府对商业活动的管制、其他白领犯罪以及其他犯罪）中，自由派法官以及大多数保守派法官都会站在政府而非被告的立场上。

在数据库中，对于由一位男性提起的非雇佣性别歧视案件（类型205），支持原告的投票一开始被记作了自由主义的，我们将其修正为其他类型，这

是因为这类案件可能涉及一位男同性恋者(或者被认为是同性恋者的人)遭受另一位男性骚扰的情况;在这类案件以及可能在一位男性声称遭到一位女性骚扰的案件中,自由派法官会倾向于支持原告。基于同样的原因,我们把涉及指控雇佣关系中存在种族或性别歧视的案件(类型239)中被记作自由主义的投票修正为其他类型,因为这类案件包括了因涉及平权措施(affirmative action),白人和男性声称受到黑人和女性歧视的情况。

在商业言论案件(类型301)中,支持对第一修正案关于言论自由保护作最广义解释的投票会被记作是自由主义的。我们将其修正为其他类型,这是因为在商业言论案件中,通常作为原告的是企业。同样的,在淫秽物品案件(类型307)中,支持对第一修正案关于言论自由保护作最广义解释的投票也是会被记作是自由主义的。我们也将其修正为其他类型,这是因为一些 202
自由派法官(尤其是女权运动者)并不支持淫秽物品。

在初始的数据库中,类型412的案件被界定为因"宪法第五修正案'征收'(taking)条款下正当程序权利被侵犯"而提起的请求,而支持原告的法官投票被记作是自由主义的。然而在类型771的案件,即土地征用(eminent domain)纠纷案件中,支持政府立场的法官投票也被记作是自由主义的。宪法中的征收条款并没有提到正当程序,而征收和土地征用是同义的,因此类型412的案件是难以理解的,我们觉得最好还是将这类案件的投票修正为其他类型。

在劳动纠纷案件中,如果案件的一方是政府,而另一方是工会或者个人的话,我们把支持原告的法官投票由原先所标记的自由主义改为其他类型。这样一来,案件类型600~699中的所有案件的投票都被重新归类了。在案件类型710~713中,我们作了同样的修正。这些案件涉及版权、专利权、商标权、商业秘密以及其他的知识产权。知识产权案件通常是由大公司提起的,起诉对象是小公司或者个人,比如说一家大型医药公司针对一家基因制药企业的诉讼,或者一家大型唱片公司为了达到杀一儆百的目的而对一个大学生文件分享组织提起诉讼。

对于案件773和案件774,我们作了类似的重新归类。这些案件涉及私人财产的没收,理由可能是因为刑事执行措施(类型773),也可能是因为民事执行措施(类型774)。在这些类型的案件中,所有支持政府立场的法官投票都被记作是自由主义的,但是由于被没收财产的一方既可能是富人,也可能是穷人,因此数据库中对这类案件的意识形态划分是过于宽泛了。

类似地,我们对类型903的所有案件中自由主义的投票记录全部修正为其他类型。这类案件的描述仅为“律师(被取消律师资格)”。我们没有理由期待一位自由派的法官会在吊销律师执业资格的案件程序中会站在律师的立场上。此外,我们还把类型905、类型906和类型920中所有案件的投票记录修正为其他类型,这些案件涉及的事项包括质疑治安法官或破产法官的权限或者涉及国际法,这些事项是无法用意识形态归类的。

203 对于类型921中的案件(涉及政府对移民的管制),我们重新做了编码,把自由主义的投票记录修正为保守主义的。在初始的数据库中,支持政府管制的法官投票被记作是自由主义的,但事实上一位自由派法官会倾向于支持移民对抗政府的权利而不是相反。

附录B:初始的和经过扩展的桑斯坦数据库

桑斯坦和他的合作者共同汇编的数据库包含了联邦上诉法院对涉及下列问题的案件裁决:堕胎、《美国残疾人保护法》、平权措施、政治献金、死刑、合同条款、刑事上诉、同工同酬、联邦制度、刺破公司面纱、种族歧视、性别歧视、性骚扰以及征收。对于每一个主题类型的案件,他们都收录了在特定年份作出裁决的案件。不同类型案件的数据截止年份都是2001年,但开始的年份是不同的。例如,关于堕胎案件的数据始于1982年,关于平权措施的数据始于1979年,而关于死刑案件的数据始于1995年。

针对每一个案件,他们记录了参与审理的法官以及案件的结果是原告胜诉还是败诉。按照他们的编码规则,我们将数据扩充至了2008年,增加了年龄歧视案件,并加入了法官的属性变量(例如,提名该法官的总统所属的党派、法官的种族和性别)。对于经过扩展之后的数据库,我们按照案件的
204 主题对其进行了分类,具体可参见表4.9。

附录 C:对最高法院大法官事前意识形态的量度(1937—2009)

西格尔 - 科韦尔量度方法		爱泼斯坦 - 兰德斯 - 波斯纳量度方法	
斯卡利亚	1.000	阿利托	*SC*
伦奎斯特	0.955	布莱克门	*SC*
阿利托	0.900	伯格	*SC*
布莱克门	0.885	伦奎斯特	*SC*
伯格	0.885	罗伯茨	*SC*
罗伯茨	0.880	斯卡利亚	*SC*
托马斯	0.840	斯通	*SC*
鲍威尔	0.835	托马斯	*SC*
史蒂文斯	0.750	伯顿	*MC*
伯顿	0.720	克拉克	*MC*
斯通	0.700	哈伦	*MC*
苏特	0.675	肯尼迪	*MC*
伯恩斯	0.670	奥康纳	*MC*
肯尼迪	0.635	鲍威尔	*MC*
奥康纳	0.585	苏特	*MC*
布雷耶	0.525	史蒂文斯	*MC*
克拉克	0.500	斯图尔特	*MC*
怀特	0.500	文森	*MC*
惠特克	0.500	沃伦	*MC*
法兰克福特	0.335	布伦南	*ML*
金斯伯格	0.320	布雷耶	*ML*

续表

西格尔－科韦尔量度方法		爱泼斯坦－兰德斯－波斯纳量度方法	
明顿	0.280	金斯伯格	*ML*
里德	0.275	明顿	*ML*
道格拉斯	0.270	里德	*ML*
戈德堡	0.250	索托马约尔	*ML*
斯图尔特	0.250	怀特	*ML*
文森	0.250	惠特克	*ML*
沃伦	0.250	布莱克	*SL*
索托马约尔	0.220	伯恩斯	*SL*
布莱克	0.125	道格拉斯	*SL*
哈伦	0.125	福塔斯	*SL*
布伦南	0.000	法兰克福特	*SL*
福塔斯	0.000	戈德堡	*SL*
杰克逊	0.000	杰克逊	*SL*
马歇尔	0.000	马歇尔	*SL*
墨菲	0.000	墨菲	*SL*
拉特利奇	0.000	拉特利奇	*SL*

说明：1. *SC* 指强烈保守主义者，*MC* 指温和保守主义者，*ML* 指温和自由主义者，而 *SL* 指强烈自由主义者；

2. 在右边一栏里，对于四个组别中的每一组法官，我们都是按照字母顺序来进行排列的。

第五章　联邦地区法院和选择效应

在关于法官行为的学术研究领域中，较之联邦最高法院大法官和联邦上诉法院法官，联邦地区法院法官所受到的关注程度要小了不少。[①] 其中原因是多方面的。对于联邦地区法院的裁判行为记录来说，缺乏与联邦最高法院和联邦上诉法院等量齐观的数据库（当然了，这不仅是一个原因，也是学术兴趣不足所导致的一个结果）。联邦地区法院的裁决无法创制先例，但法律人训练和学术研究兴趣的焦点往往就是司法先例。况且，较之层级更高的法院，无法形成先例的联邦地区法院裁决也较难产生有形的政策影响力。联邦地区法院所审理的案件中，有相当大的比例是没有任何法理基础的（提起诉讼的许多当事人也并没有聘请律师），因此它们只是数据信息中的噪声而已。此外，人们很难获得关于联邦地区法院的裁判信息，因为大多数裁决的作出并不附带有书面的司法意见书，其中很多案件是以程序理由而结案的，很少有案件的裁决经过了开庭审理。以 2009 年 3 月之前的一个 12 个月周期为例，联邦地区法院所受理的 237,802 件民事案件中，只有不到 2% 的案件是经过开庭审理之后才作出裁决的。[②] 207

然而，联邦地区法院构成了联邦司法体系中最大的组成部分，它们所裁判的案件数量是联邦上诉法院的 6.9 倍，大约是联邦最高法院的 3000 倍。[③] 联邦地区法院的法官职位数量是联邦上诉法院的 3.8 倍（678/179）。此外，联邦地区法院法官拥有大量的自由裁量权力，并且他们所行使的这

---

① 当然并不是完全没有研究。请参见本书第二章附录部分所列出的关于联邦地区法院的研究成果。

② U. S. Courts, "Federal Judicial Caseload Statistics 2009," www. uscourts. gov/Statistics/FederalJudicialCaseloadStatistics. aspx (visited Feb. 8, 2012).

③ 基于前引脚注而作出的计算，另外的依据还有 John Roberts, "2009 Year-End Report on the Federal Judiciary," www. supremecourt. gov/publicinfo/year-end/2009year-endreport. pdf (visited Jan. 17, 2012)。

些权力中仅有一小部分是会受到上诉法院审查的。例如,他们有权决定法官审理程序(bench trial)或者其他由法官主导的证据听证会上的证人证言是否可信,有权在庭审或者其他程序中接受或者排除某项证据材料,有权在国会设定的刑期范围内决定量刑的结果。

我们利用了5个数据库的内容来进行分析。其一是我们在之前章节中广泛使用的桑斯坦数据库。该数据库中有4498个裁决是针对962位联邦地区法院法官所裁判案件的上诉申请而作出的,④在本章中我们又增加了关于这些案件在联邦地区法院进行审理时的信息。这些信息包括:案件的裁决是否经过了开庭审理的程序;如果案件经过了开庭审理,那么所适用的是陪审团审理(jury trial)程序还是法官审理(bench trial)程序;如果适用的是陪审团审理程序,是否出现了法官在陪审团开始审议之前接手了案件并由自己作出案件裁判;联邦地区法院裁决的意识形态倾向;胜诉的是原告还是被告;审理案件的联邦地区法院法官是谁,以及提名该法官的是共和党总统还是民主党总统;法官自身的党派归属(如果该信息可以获得的话);法官的参议员礼遇得分;⑤法官自身的各种属性,例如,种族、性别、年龄、就读的法学院、职业经历、获得联邦地区法院法官职位提名的日期。

208 由于使用了这些数据,再加上之前章节的数据,那我们就可以检验如下的假设:当案件的司法层级逐步地提升之后,意识形态在法官裁判案件过程的重要作用会不断增大。⑥ 在本章的后半部分,我们将会讨论选择效应(selection effect)以及与之相关的,被我们称为自由裁量权悖论(paradox of discretion)的问题。这一悖论指的是:联邦上诉法院越是小心谨慎地对

---

④ 在这962位法官中,到2008年还有443位处于在任状态,其余519位法官要么退休了,要么成为了资深法官。我们排除了那些由联邦地区法院法官之外的行政机构、治安法官或者破产法官所作出的裁决;另外我们也排除了11个无法确认主审法官身份的案件。

⑤ 较之基于*R/D*这种比较粗放的归类方式,其他关于法官意识形态的代理变量(法官自身的党派归属以及他们的参议员礼遇得分)并没有显著地改变前者所得出的结论,即便有时候总统也会提名一位非本党的法官,或者更常见的情况是,提名无党派的法官。所以,一般情况下,我们不再报告基于*R/D*之外其他量度方法而产生的结论。

⑥ 关于在我们之前对此假设的检验,可以参见 Jeffrey A. Segal, Harold J. Spaeth, and Sara C. Benesh, *The Supreme Court in the American Legal System* 201 (2005); Daniel R. Pinello, "Linking Party to Judicial Ideology in American Courts: A Meta-Analysis," 20 *Justice System Journal* 219 (1999)。正如我们在本书第二章中提及的,皮内罗(Pinello)的研究发现了,意识形态对联邦最高法院大法官表决行为的影响要两倍于对联邦上诉法院法官表决行为的影响;我们会看到,在联邦地区法院层面,意识形态的影响力会进一步弱于其在联邦上诉法院层面的影响力。

待那些要求其尊重联邦地区法院某些类型裁判行为(例如,关于证据采信和证人可信度的裁判)的司法审查标准,联邦地区法院享有的让其自身意识形态偏好影响案件裁决的自由度就越大。我们的第二个数据库是由柯里·杨编辑的(我们在本书第四章中使用了这个数据库中的不少数据)。借助这个数据库,我们希望验证上述悖论的存在与否。这一数据库根据"能动主义"(activism)的程度来对联邦上诉法院进行排序,"能动主义"指的是,当所适用的上诉审查标准要求联邦上诉法院尊重联邦地区法院的裁判行为时,联邦上诉法院表现出来的与之相反的态度。

我们还利用桑斯坦数据库来研究联邦地区法院裁决被推翻的情况。针对第八巡回上诉法院推翻联邦地区法院裁决情况的研究发现了,那个司法巡回区的上诉法院(在共和党总统提名任职的法官控制之下)推翻联邦地区法院中由民主党总统提名任职的法官所作出裁决的比例要显著地高于推翻由共和党总统提名的法官所作出裁决的比例。[7]

我们在分析联邦地区法院法官行使自由裁量权问题过程中所使用到的第三个数据库收录了量刑委员会(Sentencing Commission)汇编和出版的关于联邦刑事犯罪量刑的数据。传统上,对于特定的犯罪行为,在决定被告的刑期时,联邦地区法院法官在国会规定的量刑上限与下限之间几乎享有不受限制的自由裁权权力。量刑委员会根据 1984 年《联邦量刑改革法案》出台的《联邦量刑指南》大幅度削弱了联邦地区法院法官的自由裁量空间;但是在 2005 年,最高法院在布克(Booker)案的裁决中以宪法的名义又 209
重新授予了地区法院法官大量的自由裁量权力。[8] 法官在量刑时的自由裁量权力行使是人们预期意识形态可能会影响地区法院法官裁判行为的一个领域。在本章的最后部分,我们将会使用量刑委员会在布克案之后的量刑数据去分析其中的可能性。我们使用的另一个数据库的内容是由锡拉丘兹大学(Syracuse University)的交易记录信息获取中心(Transactional Records Access Clearinghouse,TRAC)所汇编的联邦地区法院法官个体的量刑行为信息。我们将使用这个数据库来进一步分析联邦法官量刑时自由裁量权的行使。

---

⑦ Robert Steinbuch,"An Empirical Analysis of Reversal Rates in the Eighth Circuit during 2008" 43 *Loyola of Los Angeles Law Review* 51 (2009).

⑧ United States v. Booker,543 U. S. 220 (2005).

我们所使用的第五个数据库覆盖了3893个向联邦地区法院提起的诉讼案件，它们的内容都是被告基于《联邦民事诉讼规则》的第12(b)(6)规则以案件缺乏具体请求事由而要求法官驳回该诉讼。[9] 这些数据所覆盖的时间是从2006年至2010年，即从贝尔大西洋公司诉托姆布雷公司(*Bell Atlantic Corp. v. Twombly*)一案[10]的前一年到阿什克罗夫特诉伊克巴尔(*Ashcroft v. Iqbal*)一案[11]的后一年。上述两个由联邦最高法院作出裁决的案件使得联邦地区法院更容易地在审前证据开示程序之前就可以将案件驳回。我们将会使用这些数据来判断意识形态、联邦地区法院的工作量、案件在上诉阶段被驳回的可能性以及托姆布雷案和伊克巴尔案所带来的
210 认定标准的变化对于联邦地区法院法官支持驳回案件倾向的影响。[12]

桑斯坦数据库中的联邦地区法院裁决

桑斯坦数据库在分析联邦地区法院法官行为时的一个局限性在于，我

---

⑨ 我们一开始先使用了肯德尔·W.汉诺(Kendall W. Hannon)在其论文"Much Ado about *Twombly*? A Study of the Impact of *Bell Atlantic Corp. v. Twombly* on 12(b)(6) Motions," 83*Notre Dame Law Review*1811 (2008)中所使用的数据。由于上述数据的范围限于2006年6月至2007年12月引用了托姆布雷一案裁决或者被该案推翻的康利诉吉布森一案裁决[355 U. S. 41 (1957)]的案件，因此其中并不包括在联邦最高法院阿什克罗夫特诉伊克巴尔一案裁决[129 S. Ct. 1937 (2009)]之后的案件裁判信息。我们通过万律检索了所有在2006年5月至2010年6月基于12(b)(6)规则提出动议，并且引用了托姆布雷、康利或伊克巴尔一案裁决的案件，从中随机抽取了25%的裁判结果，将其补充到上述数据中去。不过我们排除了并非由联邦地区法院法官作出裁决的案件。

⑩ 550 U. S. 544 (2007).

⑪ 参见上文脚注⑨。

⑫ 其他关于对这些裁判行为影响的经验研究还包括了：Hannon的论文，参见本章前文脚注⑨，该文发现托姆布雷案产生的影响非常小；Patricia W. Hatamyar, "The Tao of Pleading: Do *Twombly* and *Iqbal* Matter Empirically?" 59*American University Law Review*,553 (2010)，该文发现是伊克巴尔案而非托姆布雷案影响了案件被驳回的比例(不过她的研究只限于伊克巴尔案之后三个月内作出的裁决)以及Andrea Kupperman, "Review of Case Law Applying *Bell Atlantic v. Twombly* and *Ashcroft v. Iqbal*: Memo to the Civil and Standing Rules Committees of the Judicial Conference Advisory Committee," www. uscourts. gov/uscourts/RulesAndPolicies/rules/Iqbal_memo_072610. pdf (visited Dec. 9, 2011)，该文通过对大量案件的调查发现，伊克巴尔一案并没有"剧烈地改变认定标准的适用"。Id., p. 2. William H. J. Hubbard, "The Problem of Measuring Legal Change, with Application to Bell Atlantic v. Twombly" (University of Chicago Law School, June 13, 2011)这项仅针对托姆布雷案所产生影响的研究发现了，该案并没有对法官驳回案件的决定产生影响。这和我们的观点是一致的。

们只能从中调取那些最终形成了公开的上诉审司法意见的案件;而正如我们所知的,在民事案件中,这些案件并不具有代表性。[13] 大多数由联邦地区法院作出终局裁决的案件甚至是不被允许上诉的,这些案件要么是以和解的方式处理的,要么就是简单地就被撤销了。在 2008 年,联邦地区法院所有民事案件中有 80%(我们在这里排除了囚犯请愿案件,平均起来这类案件较之其他民事案件更是缺乏法理基础,因此若案件被驳回后原告对驳回的裁决提起上诉的话,它们在联邦上诉法院层面更不可能形成公开的司法意见书)最终是以案件被驳回的裁决(通常是因为已经达成了和解)或者以判决被告胜诉的即席判决(summary judgment)而告终的。[14] 我们的估算是,联邦地区法院的案件因为法院的某些行为被提起上诉之后,上诉审裁判是以公开的司法意见书的形式来作出的还不到 1%,尽管我们对上诉比例的计算是十分粗略的,这是因为我们关于联邦地区法院和联邦上诉法院案件的信息是 2008 年之后的,虽然不少在 2008 年获得上诉审裁判的案件针对的是 2007 年或者更早之前的联邦地区法院的裁判。

表 5.1 根据案件处理结果、联邦地区法院法官的意识形态立场(代理变量是法官由共和党总统提名的还是由民主党总统提名的)以及案件裁决的意识形态倾向来对桑斯坦数据库中的联邦地区法院样本进行了分类处理。表格显示了,大约 1/3 的案件是经过庭审程序的(15% 的案件是由陪审团审理的,14% 的案件是由法官审理的,而有 3% 的案件在陪审团审理程序过程中被法官接手,并由后者单独作出裁决),而其余案件的处理都是裁决驳回案件起诉或者以即席判决的形式结案。这些数据表明,桑斯坦数据 211
库中所收录的经过上诉审程序而解决的联邦地区法院案件在性质上是不具有代表性的,这不仅是因为桑斯坦数据库收录的案件最后都形成了公开的司法意见书,而且是因为数据库所收录的都是那些意识形态成分高于平均水平的案件类型。

⑬ 桑斯坦数据库的内容不限于民事案件,它还收录了三个联邦上诉法院中的所有刑事案件(参见本书第八章),另外还有死刑案件。在本章中,我们对除了死刑案件之外的这些刑事案件予以忽略,研究死刑案件是因为这类案件涉及的意识形态色彩极重。

⑭ U. S. Courts, "Federal Judicial Caseload Statistics 2008," www. uscourts. gov/uscourts/Statistics/FederalJudicialCaseloadStatistics/2008/tables/C04Mar08. pdf (visited Dec. 9, 2011).

表 5.1 不同的案件处理方式、行使法官提名权的总统所属的不同党派以及案件裁决的不同意识形态条件下的联邦地区法院裁决数量情况(桑斯坦数据库,1995—2008)

案件处理方式	联邦地区法院案件数量			保守主义裁决的比例		
	所有法官	*R*	*D*	所有法官	*R*	*D*
开庭审理						
陪审团审理	669	362	307	0.23	0.232	0.228
法官审理	608	342	266	0.503	0.500	0.508
法官从陪审团处接手案件	138	89	49	0.725	0.742	0.694
开庭审理的案件总数	1415	793	622	0.396	0.405	0.384
不开庭审理的案件总数	3083	1847	1236	0.835	0.851 **	0.812
所有案件总数	4498	2640	1858	0.697	0.717 **	0.669

在样本案件中,尽管联邦地区法院中77%的经由陪审团审理的案件最终的裁决都被记作是自由主义的(通常是作出支持原告的裁决),但是由法官审理的案件中,裁决结果是保守主义的案件与裁决结果是自由主义的案件是持平的。对于那些在陪审团程序中由法官在裁判之前接手(即法官径直作出支持原告诉请的判决)的案件,73%的案件裁决结果是保守主义的。由此,未经听审程序的保守主义裁判与经过陪审团程序的保守主义裁判的比率是3.17。

在审前程序就作出裁判的案件(主要是因为未能提出一项在法律上可被审理的权利主张而遭遇法官驳回案件起诉或者作出即席判决)中,84%的裁决是保守主义的,但这并不能成为我们了解联邦地区法院法官意识形态状况的可靠线索。这不仅是因为原告一方要在审前程序就获得诉讼胜利本来较之被告一方就更加困难(因为原告需要负担证明责任),而且还因为在审前程序中,一个案件可能因为被具有任何意识形态倾向的任何一个法官驳回从而在程序中就被过滤出去,因此法官在审前程序的裁决多数是支持被告一方的,这和意识形态因素是没有关系的。但是,正如我们所知的,大多数民事案件中,支持被告主张的裁决会被记作是保守主义的。自由主义倾向的裁决与支持原告主张的裁决这两者之间的相关性是0.64;样本中

80%由陪审团审理的案件最终都是以原告胜诉而告终，但是在数量更为众多的未经开庭程序的案件裁决中，原告的胜诉比例只有13%，这与人们预料 212
之中的大部分原告败诉的情形是一致的，原因是对于在审前程序就告终结的案件来说，举证规则以及案件过滤机制的存在是不利于原告的。我们必须提及的是，陪审团审理的案件中原告的胜诉比例夸大了胜诉一方的实际诉讼成果，因为最终裁决的金额可能非常小，而获得案件的胜诉却要付出极大的代价。

表格显示了，除了那些未经开庭审理的案件之外，联邦地区法院法官是由民主党总统提名的，还是由共和党总统提名的，这一因素对于案件裁判的意识形态倾向的影响不存在统计学上的显著性。即便对于那些未经开庭审理的案件，*Rs* 与 *Ds* 所审理案件之间的差异也仅仅是4%（*Rs* 作出保守主义裁决的概率是85%，而 *Ds* 作出保守主义裁决的概率是81%）。当我们把各类经由开庭审理程序而作出裁决的案件也纳入进来的时候，发现确实存在着显著的差异，不过同样的，这一差异非常小，只有5%（*Rs* 作出保守主义裁决的概率是72%，而 *Ds* 作出保守主义裁决的概率是67%）。

表5.2对比了联邦上诉法院层面 *Rs* 与 *Ds* 在意识形态方面的差异（数据来自本书第四章的表4.13）。*R* 一栏与 *D* 一栏分别列出了，在审理案件的法庭是混合法庭（即其他两位成员是一位 *R* 和一位 *D*）的情况下，一位 *R* 和一位 *D* 投出保守主义一票的比例；后两栏则假定审理案件的法庭是由同一党派的总统所提名的法官担任的。较之联邦地区法院，联邦上诉法院层面的 *Rs* 与 *Ds* 在意识形态方面的差异确实更为明显：对于混合法庭来说，*Rs* 与 *Ds* 之间的平均差异是15%；而对于全部由 *Rs* 或者 *Ds* 组成的法庭来说，*Rs* 与 *Ds* 之间的平均差异是20%至30%。这些结论并不会受到联 213
邦地区法院裁决的意识形态倾向的影响，这是因为，正如我们所知的，联邦上诉法院法官倾向于维持地区法院的裁决，他们的这一行为是和意识形态因素无关的。

表 5.2 不同意识形态倾向的联邦地区法院裁决条件下的联邦上诉法院法官投票情况(桑斯坦数据库,1995—2008)

	保守主义投票的比例			
	其他两位法庭成员是一位 *R* 和一位 *D*		全部由 *Rs* 或者 *Ds* 组成的法庭	
联邦地区法院裁决	*R*	*D*	*RRR*	*DDD*
保守主义的	0.725**	0.578	0.775**	0.454
自由主义的	0.357**	0.207	0.388**	0.189
所有的	0.605**	0.453	0.657**	0.371

表5.1和表5.2显示了,在桑斯坦数据库中,联邦地区法院法官所作出的保守主义裁决要多于联邦上诉法院的法官:在联邦地区法院,一位 *R* 作出保守主义裁决的概率是72%,一位 *D* 作出保守主义裁决的概率是67%(参见表5.1中最后一行标记为 *R* 和 *D* 的两格);而在联邦上诉法院层面,如果不考虑法庭组成效应的因素,这一数据分别是61%和45%(参见表5.2中最后一行标记为 *R* 和 *D* 的两格)。联邦地区法院有着更高的保守主义裁决,这一点似乎是很令人惊奇的,原因是尽管联邦地区法院所审理的案件中有相当比例是没什么法理依据的,但是桑斯坦数据库中的案件不是这样的,它们包含了不少的法律争议点,以至于联邦上诉法院需要以公开的司法意见书的方式来作出裁判。惰怠可能是一个解释原因。联邦地区法院法官的工作量要大于联邦上诉法院法官,对于法官来说,驳回案件的裁决较之作出支持原告立场的裁判要省时省力;而大多数驳回案件的裁决会被记作是保守主义的。在诉讼过程中,驳回案件的裁决往往在一开始阶段就会作出,因此节省了法官的不少时间;并且,如果案件被驳回了,这意味着法官不必再去花时间去计算损失的金额或者颁布司法禁令(而之后为了执行司法禁令,有可能还需要启动有关藐视法庭行为的程序)。[15]

接下来的两张表格分别列出了,在桑斯坦数据库中,针对14个案件主题

⑮ 其他给出了有关地区法院法官惰怠行为证据的文献。See Stephen J. Choi, Mitu Gulati, and Eric A. Posner, "What Do Federal District Judges Want? An Analysis of Publications, Citations, and Reversals," *Journal of Law, Economics, and Organization* (forthcoming); Ahmed E. Taha, "Publish or Paris? Evidence of How Judges Allocate Their Time," 6 *American Law and Economics Review* 1, 27 (2004).

领域,联邦地区法院和联邦上诉法院的意识形态倾向(表 5.3)以及 12 个司
法巡回区中,联邦地区法院和联邦上诉法院的意识形态倾向(表 5.4)。表
5.3 显示了,只在 3 个司法巡回区(第五、第六和第八)和 3 个主题领域的案
件(《美国残疾人保护法》、就业歧视以及堕胎)中,联邦地区法院的 *R* 和 *D*
之间存在显著的差异。由于一个司法巡回区内的地区法院法官会倾向于遵
从本司法巡回区的先例(要不然他们所作裁决被推翻的可能性就很大),因
此我们并不会惊诧于在 2/3 的司法巡回区以及在桑斯坦数据库所界定的大
部分类型案件范围内不存在 *R* 与 *D* 之间的显著差异,尽管当桑斯坦数据库 214
中各类型案件被看作为一个整体时,我们会发现法官之间的意识形态差异
可能会影响其裁判行为。这表明,对于联邦地区法院法官来说,他们是希望
避免案件裁决在上诉审程序中被推翻的。相反,在联邦上诉法院层面,针对
同样上述 3 个主题领域以及其他 6 个主题领域的案件,以及在 12 个司法巡
回区中的 8 个(当然其中包括了上述 3 个存在联邦地区法院法官之间显著
差异的司法巡回区),*Rs* 较之 *Ds* 在表决时体现了更多的保守主义(同样的,
我们在这里也是通过假定其他两位法庭成员是一位 *R* 和一位 *D* 的方式来排
除法庭组成效应的因素)。 215

表 5.3　在部分主题领域的案件中,联邦上诉法官和联邦地区法院法官中的 *R* 和 *D* 的保守主义投票的比例(桑斯坦数据库,1995—2008)

	联邦地区法院		联邦上诉法院	
	R	*D*	*R*	*D*
堕胎	0.42* (67)	0.22 (50)	0.58** (110)	0.19 (48)
《美国残疾人保护法》	0.86** (562)	0.77 (399)	0.66** (840)	0.51 (569)
平权措施	0.39 (41)	0.33 (24)	0.53 (61)	0.35 (29)
年龄歧视	0.85 (338)	0.82 (271)	0.70** (518)	0.61 (300)
竞选资金募集	0.44 (39)	0.48 (27)	0.75* (53)	0.54 (26)

续表

	联邦地区法院		联邦上诉法院	
	R	*D*	*R*	*D*
死刑	0.87 (197)	0.80 (112)	0.78** (252)	0.52 (196)
合同条款	0.37 (27)	0.35 (17)	0.24 (29)	0.19 (26)
同工同酬	0.14 (7)	0.17 (6)	0.37 (109)	0.36 (84)
联邦制度	0.06 (222)	0.04 (157)	0.06 (277)	0.09 (226)
刺破公司面纱	0.51 (91)	0.61 (54)	0.67 (124)	0.68 (75)
性别歧视	0.81 (335)	0.74 (252)	0.67** (517)	0.51 (280)
性骚扰	0.79 (344)	0.72 (217)	0.58** (502)	0.39 (308)
征收条款	0.11 (71)	0.24 (34)	0.27* (96)	0.11 (57)
《民权法案》第七条	0.89** (299)	0.80 (238)	0.71** (487)	0.55 (258)
所有案件	0.72** (2640)	0.67 (1858)	0.61** (3975)	0.45 (2482)

说明：括号中的数字指的是联邦地区法院法官的裁决数量（联邦地区法院这一栏）或者法庭的其他成员是一位 *R* 和一位 *D* 时，联邦上诉法院法官的投票次数（联邦上诉法院这一栏）。

表 5.4　联邦地区法院法官和联邦上诉法院法官的保守主义投票比例（桑斯坦数据库，1995—2008）

	联邦地区法院		联邦上诉法院	
司法巡回区	*R*	*D*	*R*	*D*
第一	0.64 (174)	0.69 (126)	0.57 (297)	0.54 (134)
第二	0.66 (192)	0.71 (171)	0.47 (255)	0.50 (278)
第三	0.71 (141)	0.69 (71)	0.44 (186)	0.40 (92)
第四	0.74 (149)	0.66 (86)	0.62* (202)	0.49 (132)
第五	0.70* (255)	0.60 (127)	0.66* (368)	0.57 (159)
第六	0.71* (204)	0.60 (197)	0.64** (279)	0.40 (272)
第七	0.80 (457)	0.80 (285)	0.69** (784)	0.54 (218)
第八	0.78** (393)	0.65 (290)	0.67** (631)	0.49 (280)
第九	0.60 (230)	0.60 (181)	0.55** (203)	0.30 (373)
第十	0.69 (214)	0.66 (116)	0.53* (283)	0.44 (213)
第十一	0.69 (183)	0.64 (137)	0.60* (281)	0.49 (187)
哥伦比亚特区	0.67 (48)	0.62 (71)	0.48 (206)	0.42 (144)
所有司法巡回区	0.72** (2640)	0.67 (1858)	0.61** (3975)	0.45 (2482)

说明：参见表 5.3 的说明。

意识形态对联邦地区法院法官的影响

我们采用回归分析的方法来确立联邦地区法院法官保守主义裁决与案件处理方式(包括不经过开庭审理程序、陪审团审理、法官审理以及法官从陪审团处接手案件并自行裁决等类型)、提名法官的总统所属党派以及其他我们认为可能影响法官裁判行为的因素之间的关联性。因变量是一个虚拟变量,1 代表保守主义立场的裁决,0 代表自由主义立场的裁决。表 5.5 列出了这些变量及其均值。

表 5.5 关于联邦地区法院的回归分析中的变量定义及其平均值

变量	定义	平均值
District Court Decision	1 = 保守主义的联邦地区法院裁决,0 = 自由主义的联邦地区法院裁决	0.70
President	提名法官任职的总统所属的党派:1 = 共和党,0 = 民主党	0.59
Adjusted President	法官的党派:1 = 共和党,0 = 民主党或独立派	0.57
Independent	不依附于任何政党的法官:1 = 独立的,0 = 共和党或民主党	0.05
Jury	1 = 陪审团审理,0 = 所有的其他案件处理方式	0.15
Bench	1 = 法官审理,0 = 所有的其他案件处理方式	0.14
Remove	1 = 法官从陪审团处接手案件,0 = 所有的其他案件处理方式	0.03
Nontrial	1 = 案件在进入审理程序之前终结(案件被驳回或者法官作出即席判决),0 = 所有的其他案件处理方式(陪审团审理、法官审理或者法官从陪审团处接手案件)	0.69
Nonwhite	1 = 非洲裔、西班牙裔或亚裔法官	0.15
Sex	1 = 女性法官	0.16
Fraction Republican	在任法官中由共和党总统提名任职的比例	0.60
Circuit Dummies	代表每一个司法巡回区的虚拟变量	—
Subject-Matter Dummies	代表 14 个案件主题类型的虚拟变量	—
Date Dummies	代表联邦上诉法院裁决的每一个年份(1995—2008)	—

表 5.6　联邦地区法院作出保守主义裁决概率的 Logit 回归分析
（桑斯坦数据库，1995—2008）

	保守主义投票的比例				
	所有的案件	未经审理程序	陪审团审理、法官审理或者法官从陪审团处接手案件	所有的案件	未经审理程序
	（1）	（2）	（3）	（4）	（5）
President	0.050 *	0.040 **	0.015	—	—
	（2.41）	（2.85）	（0.48）		
Adjusted President	—	—	—	0.049 *	0.041 **
				（2.33）	（2.93）
Independent	—	—	—	0.097	0.072
				（1.78）	（1.64）
Other	0.587 **	—	—	0.587 **	—
	（22.58）			（22.47）	
Jury	—	—	-0.419 **	—	—
			（7.67）		
Bench	0.278 **	—	-0.203 **	0.279 **	—
	（8.45）		（3.74）	（8.41）	
Remove	0.373 **	—	—	0.371 **	—
	（8.06）			（8.00）	
Nonwhite	-0.043	-0.0001	-0.091 **	-0.047	-0.002
	（1.46）	（0.00）	（2007）	（1.53）	（1.02）
Sex	-0.053	—	-0.053	-.060 *	-0.026
	（1.83）	（1.03）	（1.25）	（2.21）	（1.31）
Fraction Republican	0.127	0.055	0.141	0.122 *	0.054
	（1.95）	（1.28）	（1.31）	（1.90）	（1.27）
Subject-Matter Dummies	Yes **	Yes **	Yes **	Yes **	Yes **
Year Dummies	Yes *	Yes	Yes	Yes	Yes
观测数量	4498	3083	1414	4498	3083

说明：1. 回归系数是所有变量平均值水平上的边际效应。

2. 我们以法官为单位对标准误进行了聚类处理。

216 表5.6列出了相关系数的边际效应,其结果与表5.1是相近的。保守主义裁决由未经开庭审理程序而作出的预期概率是经过陪审团审理程序而作出的2.5倍(前者概率是0.59,而陪审团作出保守主义裁决的平均概率是0.23)。经由陪审团程序而作出的裁决是最为自由主义的,而另一个极端则是未经开庭审理程序而由法官作出的裁决(在表5.1中它们两者的比率为3.17)。即便对于那些进入开庭审理程序的案件,保守主义裁决在法官审理程序的案件中作出的预期概率和在那些法官从陪审团处接手后自行裁决的案件中作出的预期概率也要超过由陪审团作出裁决的案件中的预期概率(概率分别是0.28和0.37,而陪审团作出保守主义裁决的平均概率是0.23)。

对于一个未经开庭审理程序的案件裁决来说,联邦地区法院法官中的*Rs*作出保守主义裁决的概率仅仅比*Ds*高了0.04[参见方程式(2)]。较之一位*D*作出保守主义裁决的平均概率,一位*R*作出保守主义裁决的概率高
217 出了4.6%,这是一个很小的差异,而且对于那些进入了开庭审理程序的案件来说,这一差异就更小了,并且不具有统计学上的显著性[请比较方程式(2)和方程式(3)]。这并不令人感到奇怪。除非法官认为原告一方握有一定程度的法理依据,否则法官是不会让案件进入开庭审理程序的。保守派的法官可能会让更少的案件进入开庭审理程序,这是因为在大多数案件中,保守派法官对原告并不友好,而获得他们的许可而进入开庭程序的案件,一定是由于原告的法理依据非常充分。对于自由派法官来说,他们或许倾向于在开庭审理程序之前就作出有利于原告的裁决,但正如前文提及的,这样做是有难度的,因此自由派法官可能转而向被告一方施加压力进而促成原
218 被告双方达成和解。

有时候,总统会提名一位属于对方党派或者中立的联邦地区法院法官。在考虑到这一背离常规的因素之后,我们对分析进行了微调,但这并不会改变我们得出的结论[请比较方程式(4)和(5)的第二行以及方程式(1)和(2)的第一行]。较之作为一个整体的法官群体,中立法官的投票更加倾向于保守主义。不过,民主党总统一定程度上更倾向于提名中立法官(自1980年以来,民主党总统提名的7%法官是中立法官;共和党总统提名中立法官的比例是5%)。这与之前章节所展示的证据是相符合的,即民主党总统对法官意识形态立场的重视程度要低于共和党总统。不过,*Rs*与中立法官之间的差异以及*Ds*与中立法官之间的差异都不具有统计学上的显著性。

在那些保守主义占主导的司法巡回区（量度标准是共和党总统所提名的在任联邦上诉法院法官的比例，即变量 *Fraction Republican*）中，联邦地区法院法官更有可能作出保守主义的裁决，然而这一差异从不具有统计学上的显著性。回归分析显示了，即便是法官出现了大幅度的变动（联邦上诉法院12位法官中的4位共和党总统的被提名人增加到8位），它对联邦地区法院裁判结果的影响只有0.04（相比较保守主义裁决的平均概率0.70只有5.7%的变化幅度）。这表明联邦地区法院法官避免案件裁决被推翻的行为倾向是比较弱的，不过就此问题，我们在下一部分还将重新讨论。

案件主题类型变量而非任职初始年份变量具有联合显著性［方程式(1)除外］：较之其他类型案件，雇佣歧视和其他歧视案件获得保守主义裁决的概率更大，联邦制度和征收案件则更有可能获得自由主义的裁决。较之男性或白人法官，女性和非白人法官作出保守主义裁决的可能性更小，不过这一结论只在五个回归方程式中的一个中具有统计学上的显著性。

案件裁决被推翻

表5.7显示了，不同案件主题以及不同的提名法官任职的总统所属党派条件下的案件裁决被推翻的比例（表5.8是以司法巡回区来进行分类）。总体上，联邦地区法院的 *Ds* 所作裁决被推翻的比例是32%，而 *Rs* 的这一比例是31%。这样一种畸高的数据反映了桑斯坦数据库在收录数据时特别关注 219
那些容易引发争议的案件类型。在这两个表格中，不同案件类型中以及不同司法巡回区的案件被推翻的比例与作出案件裁决的法官是 *R* 还是 *D* 是没有关系的，除了以下两种情况下：在平权措施案件和性别歧视案件中，*Ds* 所作出裁决被推翻的概率要高于 *Rs*。前者的65个案件中是67%对39%，后者的587个案件中是41%对32%。

表 5.7　不同主题领域的案件中联邦地区法院法官中的 *R* 和 *D* 所裁决的案件被推翻的比率(桑斯坦数据库,1995—2008)

	案件被推翻的比率	
	R	*D*
堕胎	0.37 (67)	0.38 (50)
《美国残疾人保护法》	0.33 (562)	0.34 (399)
平权措施	0.39* (41)	0.67* (24)
年龄歧视	0.28 (338)	0.29 (271)
竞选资金募集	0.33 (39)	0.41 (27)
死刑	0.32 (197)	0.29 (112)
合同条款	0.30 (27)	0.12 (17)
同工同酬	0.29 (7)	0.33 (6)
联邦制度	0.12 (222)	0.08 (157)
刺破公司面纱	0.41 (91)	0.41 (54)
性别歧视	0.32* (335)	0.41 (252)

续表

	案件被推翻的比率	
	R	*D*
性骚扰	0.39 (344)	0.40 (217)
征收条款	0.24 (71)	0.21 (34)
《民权法案》第七条	0.33 (299)	0.32 (238)
所有主题领域的案件	0.31 (2640)	0.32 (1858)

表 5.8　不同司法巡回区中由共和党总统和民主党总统提名任职的联邦地区法院法官所裁决案件被推翻的比率

	案件被推翻的比率	
司法巡回区	*R*	*D*
第一	0.22 (174)	0.29 (126)
第二	0.34 (192)	0.40 (171)
第三	0.44 (141)	0.49 (71)
第四	0.33 (149)	0.29 (86)
第五	0.34 (255)	0.35 (127)
第六	0.32 (204)	0.39 (197)

续表

司法巡回区	案件被推翻的比率	
	R	*D*
第七	0.23	0.35
	(457)	(285)
第八	0.24	0.22
	(393)	(290)
第九	0.43	0.45
	(230)	(181)
第十	0.31	0.27
	(214)	(116)
第十一	0.40	0.33
	(183)	(137)
哥伦比亚特区	0.44	0.32
	(48)	(71)
所有的司法巡回区	0.31	0.32
	(2640)	(1858)

表5.9确认了,共和党总统提名的联邦地区法院法官和民主党总统提名的联邦地区法院法官之间不存在显著的差异(请参见表格的最后两行)。不220 过,表格也显示了,联邦地区法院裁决的意识形态倾向(区别于联邦地区法院法官的意识形态立场)以及上诉审法庭的意识形态组成结构对案件裁决是否会被推翻有着显著的影响。例如,相比较于自由主义的裁决,由3位*Rs*组成的法庭就不大可能推翻保守主义的裁决(38%比23%),而在一个由3位*Ds*组成的法庭里,这一概率却是18%和56%。保守主义法官占多数的混合法庭推翻保守主义裁决的概率要低于推翻自由主义裁决的概率(29%比33%);而当混合法庭中的多数法官属于自由派时,这一概率变为41%和20%。

表 5.9　联邦地区法院裁决的不同意识形态立场以及提名联邦地区法院法官的总统所隶属的不同党派条件下的案件被推翻的比率（桑斯坦数据库，1995—2008）

	上诉审法庭的组成结构				
	RRR	*RRD*	*DDR*	*DDD*	所有的法庭
联邦地区法院的保守主义裁决	0.23** (741)	0.29 (1324)	0.41** (839)	0.56** (231)	0.33* (3135)
联邦地区法院的自由主义裁决	0.38 (301)	0.33 (582)	0.2 (383)	0.18 (97)	0.29 (1363)
联邦地区法院法官中的 *R*	0.26 (611)	0.3 (1137)	0.36 (717)	0.43 (175)	0.31 (2640)
联邦地区法院法官中的 *D*	0.29 (431)	0.32 (769)	0.32 (505)	0.46 (153)	0.32 (1858)

影响案件裁决被推翻可能性的因素是联邦地区法院裁决的意识形态倾 221 向，而非联邦地区法院法官本身的意识形态立场，这一结论是讲得通的。具有意识形态动机的联邦上诉法院法官当然会在意地区法院裁决的意识形态倾向，不过他们有什么必要去在意地区法院法官的意识形态立场呢？这样看起来，某个联邦地区法院法官自身的意识形态立场并不能很好地让我们判断他所作裁决的意识形态倾向。我们可以回想一下，联邦地区法院中，一位 *R* 和一位 *D* 所作的保守主义裁决的比例差异其实是非常微弱的。

表 5.10 分别列出了联邦地区法院中 *R* 和 *D* 所作裁判被推翻的单独 Logit 回归结果。法庭组成效应看起来是对案件裁决是否被推翻有着最显著的影响。原因不仅在于其几乎所有的变量都具有统计学上的显著性，而且任何两个变量之间的差异都具有显著性，唯一的例外是方程式（2）和（4）中由 *DDR* 结构的法庭推翻联邦地区法院自由主义裁决的比例并不显著大于由 *DDD* 结构的法庭（被我们作为缺省变量）所推翻的该种案件裁决的比例。方程式（1）中的相关系数意味着，如果法庭是由 3 位 *Ds* 组成的，那么联邦地区法院的保守主义裁决被推翻的概率是 0.49；如果法庭是一位 *R* 和两位 *Ds* 组成的，那么这一概率是 0.38；若是两位 *Rs* 和一位 *D*，那概率是 0.30；若 3 位全是 *Rs*，那概率就是 0.24。方程式（2）告诉我们，如果法庭是由 3 位 *Ds*

组成的,那么联邦地区法院的自由主义裁决被推翻的概率是0.11;如果法庭是一位R和两位*Ds*组成的,那么这一概率是0.15;若是两位*Rs*和一位*D*,那概率是0.27;若3位全是*Rs*,那概率就是0.35。这些概率是按照预期顺序排列的。方程式(3)和(4)中,我们用司法巡回区的虚拟变量取代了两个司法巡回区的专属变量,最后得出的结论是一致的。

表5.10 联邦地区法院裁决被推翻的Logit回归分析

(桑斯坦数据库,1995—2008)

	案件被推翻的概率			
	联邦地区法院的保守主义裁决	联邦地区法院的自由主义裁决	联邦地区法院的保守主义裁决	联邦地区法院的自由主义裁决
	(1)	(2)	(3)	(4)
RRR	-2.45** (5.58)	0.254** (4.21)	-0.250** (5.84)	0.240** (3.97)
RRD	-0.182** (4.37)	0.185** (3.20)	-0.187** (4.49)	0.167** (2.87)
DDR	-0.103* (2.43)	0.051 (0.88)	-0.106* (2.58)	0.035 (0.59)
Jury	-0.041 (0.82)	-0.054 (1.53)	-0.054 (1.05)	-0.051 (1.53)
Bench	0.074* (2.31)	-0.034 (1.00)	0.058 (1.78)	-0.022 (0.66)
Remove	0.106* (2.52)	-0.029 (0.45)	0.105* (2.55)	-0.015 (0.23)
President	0.017 (0.74)	-0.028 (1.09)	0.012 (0.49)	-0.19 (0.75)
Nonwhite	-0.002 (0.09)	0.013 (0.35)	-0.01 (0.36)	0.015 (0.47)
Sex	-0.023 (0.89)	-0.021 (0.61)	-0.024 (0.88)	-0.013 (0.40)

续表

	案件被推翻的概率			
	联邦地区法院的保守主义裁决	联邦地区法院的自由主义裁决	联邦地区法院的保守主义裁决	联邦地区法院的自由主义裁决
	(1)	(2)	(3)	(4)
Fraction Republican	-0.358** (4.92)	0.019 (0.18)	—	—
Number of Judges	0.007** (4.08)	0.089** (2.92)	—	—
Subject Dummies	Yes**	Yes**	Yes**	Yes**
Year Dummies	Yes	Yes	Yes	Yes
Circuit Dummies	—	—	Yes**	Yes**
观测数量	3133	1363	3133	1363

说明：1. 回归系数是所有变量平均值水平上的边际效应。
2. 我们以法官为单位对标准误进行了聚类处理。

方程式(1)显示了，若联邦上诉法院中 *Rs* 的比例加倍，那么保守主义裁决被推翻的概率则下降 0.13(为 39%，而案件被推翻的平均比例是 0.32)。[16] 222
然而，我们发现司法巡回区的意识形态倾向对自由主义裁决被推翻的概率变化不存在显著影响，可能的原因是随着联邦上诉法院趋于保守化，联邦地
区法院法官作了自我调整，在那些模棱两可的案件中减少自由主义裁决的 223
比例，以降低案件被推翻的可能性。

我们用参议员礼遇得分替换 *Rs* 比例作为量度法官意识形态的方法，并对此进行回归估算。替换之后，关于司法巡回区意识形态的回归结果是类似的，并且不会影响其他变量的回归系数。这并不令人惊奇。在本书第四章中，我们看到，用参议员礼遇得分来替换提名总统所属党派这一变量并不会提升我们对联邦上诉法院法官投票行为的预判能力。

我们预计，在那些法官人数更多的联邦上诉法院中，联邦地区法院案件裁决被推翻的比率会更高，原因是在这些司法巡回区中，不同法官所确立的

---

⑯ 为了计算从最自由主义的司法巡回区到最保守主义的司法巡回区案件裁决被推翻概率的变化幅度，我们将方程式(1)中 *Rs* 比例的相关系数(-0.358)乘以 0.73 和 0.365 之间的差异。

先例彼此之间出现不一致情形的概率会变大，而这种情况导致了联邦地区法院法官在适用该司法巡回区法律制度时候的无所适从。方程式（1）和（2）可以支持上述假说。这意味着，如果某家联邦上诉法院的法官人数增加一位，那么联邦地区法院裁决被推翻的概率就会增加1%［方程式（1）］到1.5%［方程式（2）］。看起来这种影响不大，但我们仅仅是增加了一位法官而已。如果我们比较第七巡回上诉法院（在2008年有11位在任法官）和第九巡回法院（在2009年有27位在任法官），就会发现变量*Number of Judges*的相关系数可以告诉我们，当联邦上诉法院的法官规模由11人增加到27人的时候，联邦地区法院保守主义裁决被推翻的概率增加15%，自由主义裁决被推翻的概率增加24%；作为对比基准的是，所有司法巡回区中案件被推翻的平均概率是32%（根据桑斯坦数据库的统计，从1995年至2008年的这段期间内，第七巡回上诉法院作出推翻联邦地区法院裁决的案件比例是23%，而第九巡回上诉法院是44%）。当我们在回归分析中纳入关于司法巡回区的虚拟变量时［方程式（3）和（4）］，第九巡回上诉法院推翻原审裁决的比例要显著地高于其他联邦上诉法院；也没有任何一家其他的联邦上诉法院所推翻的联邦地区法院保守主义裁决或者自由主义裁决的比例要显著地高于第九巡回上诉法院。这一事实与我们之前的联邦上诉法院规模假说是一致的。

如果一个案件是由法官从陪审团那儿接手的，并且法官对此作出了保守主义立场的裁决，这种情况下案件裁决被推翻的可能性会显著地增加［请对比方程式（1）和方程式（2），以及方程式（3）和方程式（4）］。由于陪审团的立场是倾向于自由主义的，因此联邦上诉法院可能认为联邦地区法院法官会对陪审团表示出对立的态度，不过这并不能解释保守主义立场的联邦上诉法院为什么会不乐于见到这种对立态度的存在。对于那些由法官负责审理的案件，若其裁决为保守主义的，则较之自由主义的裁决更容易被推翻［在方程式（1）中，变量*Bench*具有显著性，但是在方程式（3）中是不明显
224 的］；对此，我们无法给出解释。

在任何的回归分析中，指向联邦地区法院法官属性特征的变量（变量*Nonwhite*、*Sex*以及*President*）对于裁决被推翻的概率没有显著影响。

案件被驳回

我们关于被驳回案件的数据库中有 3893 个案件。在这些案件中,被告一方提出动议,要求法官驳回原告的诉讼请求。共有 791 位联邦地区法院法官对这些动议进行了裁决,而这 791 位法官分布于除了怀俄明州之外的所有美国的联邦组成部分。

通常情况下,这种动议是根据《联邦民事诉讼规则》中的 12(b)(6)规则而提出的,该规则的内容是关于因未能提出一个可给予救济的请求而驳回案件。我们不会把那些动议获得部分支持的案件也算进来,因为在这些案件中,被法官驳回的是一个或几个诉讼请求,而非案件本身。

我们从万律获取数据并创建了我们的数据库,该数据库囊括了所有的司法裁决,包括公开的和未公开的,包括主审法官认为构成一份"书面意见"[17]的案件裁决以及一些不被法官认为构成"书名意见"的案件裁决。[18] 万律会把那些它认为属于常规性质且不存在异议的司法命令予以排除,包括一些驳回案件的裁决。一些法律学者认为,针对法官的即席判决,如果依靠电子数据库而不是法院日程表(docket sheet)来进行研究工作的话,这会导致结论的偏差。[19] 同样的道理也适用于 12(b)(6)规则下的司法动议,不过对此我们不作深究。有时候,原告的起诉之所以被驳回,法律依据并不是 12(b)(6)规则,对此我们也不准备特地把这个问题拿出来讨论。除了这些局限之外,没有道理认为我们的研究样本会走偏。

在我们的样本中,请求驳回案件的动议获得法官批准的案件有 1990 个,占 51%。在 971 个我们无法界定裁决是属于自由主义还是保守主义倾向的案件(169 个裁决无意识形态倾向的案件以及 802 个混合意识形态裁决的案件)中,案件被驳回的比例只有 9%;而在 2922 个我们可以界定裁决意识形 225

⑰ 美国司法大会(Judiciary Conference of the United States)将书面意见界定为"对法庭的裁决作出合理解释的……任何由法官签发的文件"。David A. Hoffman, Alan J. Izenman, and Jeffrey R. Lidicker, "Docketology, District Courts, and Doctrine," 85 *Washington University Law Review* 681 (2007).

⑱ Taha,参见本章前文脚注⑮,第 4 页。

⑲ 例如,参见 Stephen B. Burbank, "Vanishing Trials and Summary Judgment in Federal Civil Cases," 1 *Journal of Empirical Legal Studies* 591 (2004)。

态倾向的案件中,有65%的案件被驳回了。看起来,这样的一种分别是因为大多数我们无法界定裁决意识形态倾向的案件是部分地被驳回了;而不同于整体性地批准请求驳回一个案件的动议,部分驳回案件的裁决是意识形态混合类型的案件。

在这个样本的基础上,我们对以下几个假说进行了检验。

1. 对于存在惰怠倾向的联邦地区法院法官来说,裁决驳回原审案件会增大他们的效用;并且,法官的工作量越大,这样做给他们带来的效用会越多,因此法官的工作量对其驳回案件的行为有着积极的影响。不过在此因果关系中,裁决驳回案件是因,法官的工作量是果,而不是相反。这是因为:如果法官不愿意批准类似动议的话,这等于激励更多的起诉行为,进而就增加了法官的工作负担。

2. 如果联邦上诉法院推翻了联邦地区法院法官驳回案件的裁定,同时要求进一步启动而非终结案件程序的话(联邦上诉法院通常都会这么做),联邦地区法院法官就该案件要承担更多的工作量。这会增加该法官整体的工作负担,因为联邦上诉法院的要求并不会缓解这位法官被分配处理新案件的数量和难度(在联邦地区法院里,每一位法官都是被平均地分配到新的案件)。另一种可能导致法官避免案件裁决被推翻的原因是,法官的效用函数中可能包括了希望在其他法官、法院职员、(可能)出现在他面前的律师以及其他人心目中获得良好评价的因素。由于驳回案件的裁决是可以上诉的,但是拒绝驳回案件的裁决基本上是不可以上诉的(这样的裁决意味着案件程序并没有被终结,而在联邦司法体系内通常情况下只有终局性的司法决定才是可以上诉的),因此裁决可能被联邦上诉法院推翻的结果以及由此而带来的法官声誉损失(如果这位法官有望晋升为联邦上诉法院法官,那么这个因素将会尤其重要——参见本书第八章)是一位法官裁决驳回案件的附加成本。

基于上述原因,我们的判断是,案件裁决被推翻的可能性越大,则联邦地区法院法官裁决驳回案件的可能性就越小。

3. 我们判断,一位联邦地区法院法官的个人意识形态可以影响他所作的一些裁决,但是可能只在很小一部分案件中存在这种影响,这是因为裁决如果背离其所在司法巡回区的上诉法院法官所确立的先例及其已知的意识形态立场的话,案件裁决会被推翻。在民事案件中,因为裁决被推翻的概率较低,因此我们预计联邦地区法院中的 *Ds* 会倾向于支持原告,因此较之 *Rs*

其对请求驳回案件的动议给予批准的概率要低。[20] 因此,我们在分析的时候,将会把样本中的 3893 个案件进行区分处理,其中 2922 个案件是属于我们可以对其裁决界定意识形态倾向的。 226

4. 联邦最高法院在托姆布雷案中所作的裁决提高了原告提起诉讼的标准,至少在复杂的案件中是这样的。也许,联邦最高法院的裁决让民事案件变得更加容易被驳回了,由此增加了案件被驳回的比率;但事实可能并非如此,因为存在选择效应(我们这里所说的选择效应是不同于本章之后要谈到的选择效应的)。潜在的原告可能调高起诉标准来调整其行为,这就减少了在新标准下还能继续存在的诉讼的数量;而被告一方的行为调整可能就是更多地援引 12(b)(6)规则来提出动议,这是因为他们预期动议被法官批准的概率会变高。如果原告和被告双方都充分地调整了其行为,那么基于 12(b)(6)规则而驳回案件的裁决出现的概率可能恰好又回复到旧的起诉标准之下的水平,尽管新标准会降低原告提起未达标诉讼的激励,因此仍然会减少诉讼的数量。[21] 不过,被告不大可能像原告那样调整自身的行为,因为我们会期待原告一方调整行为,在不符合起诉标准的情况下减少诉讼的提起数量。

被告一方可能会理所当然地提出请求驳回案件的动议,而不论原告诉讼理由的充分与否,毕竟提出这样的动议是低成本的行为。然而,事实上,只在 5% 到 15% 的案件中出现了这样的动议。[22] 伊克巴尔案之后,这个比率也许会上升,不过到目前为止,这一上升趋势还并未出现,原因是存在前文所分析的行为调整,或者是因为律师们还不大确定这一关于驳回案件的新规将如何被实施。首先,托姆布雷案所确立的更高的起诉标准所适用的范围是不确定的。如果这一新标准只是适用于复杂案件的话,那它能够带来的影响是有限的,因为大多数案件都不属于复杂案件的范畴。当联邦最高法院对伊克巴尔一案作出裁决之后,人们才弄清楚了,新标准是要适用于联邦地区法院的所有案件的。

此外,如果新的规定只涉及起诉标准的话,那原告的律师可以有办法做 227

---

⑳ 这一相关性适用于 86% 能够被我们界定为自由主义或者保守主义裁决的案件。

㉑ 关于这一问题,更加充分的分析可参见 Hubbard,本章前文脚注⑫。

㉒ Joe S. Cecil et al., "Motions to Dismiss for Failure to State a Claim After *Iqbal*" (Federal Judicial Center, March 2011), www.fjc.gov/public/pdf.nsf/lookup/motioniqbal.pdf/$file/motioniqbal.pdf (visited Dec. 9, 2011).

出应对，具体做法就是在起诉之前进行更加缜密的调查（除非为了满足新标准，额外的调查使诉讼的预期净收益变为负值），这会令原告方可以不必担心对方基于12(b)(6)规则而提出的动议。不过，由于原告提起诉讼的预期成本上升了，这会使案件的数量变少了。

先把选择效应的因素放一边，托姆布雷案的裁决的出现可能只是认可了针对较低层级的联邦法院对康利诉吉布森（*Conley v. Gibson*）案[23]的极端自由主义立场裁决的与日俱增的不满情绪。康利诉吉布森一案的裁决导致被告一方承担极重的审前调查成本，这使得原告一方可以在一些站不住脚的案件中也能够强行地获得和解的结果。看起来，对于在任何时候都会因为惰怠的原因而裁决驳回案件的联邦地区法院法官来说，在联邦最高法院推翻康利诉吉布森案的裁决之前，他们就已经逾越了红线，驳回那些原告站不住脚的案件（“诉讼程序一直要扮演最外面的看门人角色，去过滤掉那些轻率的起诉”[24]）。基于上述原因，我们无法得出结论说，托姆布雷案的裁决会导致案件被驳回的比率增加。

表5.11报告了下列变量对法官裁决驳回案件行为影响的回归分析结果，包括：*President*、*Ideologically Classifiable*、裁决作出的时间（具体分为托姆布雷案之前、托姆布雷案之后但伊克巴尔案之前以及伊克巴尔案之后，托姆布雷案之前这一类型作为缺省项）、*Workload*（每位法官在每年中需要裁决案件数量的加权平局数的对数）[25]、*Civil Rights*（民权案件或者宪法案件）、
228 *Reversal*（裁决作出当年该司法巡回区中案件被推翻的比率）[26]、*Fraction Republican*、*Reversal*、*Circuit Dummies* 以及代表加利福尼亚东区和哥伦比亚

㉓ 参见本章前文脚注⑨。

㉔ Colleen McNamara，“*Iqbal* as Judicial Rorschach Test：An Empirical Study of District Court Interpretations of *Ashcroft v. Iqbal*，” 105 *Northwestern University Law Review* 401，429（2011）.

㉕ 数据来源于“Federal Court Management Statistics，” www. uscourts. gov/Statistics/Federal Court Management Statistics. aspx （visited Dec. 9，2011），这些数据由美国法院行政管理局（Administrative Office of the U. S. Courts）在每个年度进行汇编。由于我们没有计算单个法官的工作量数据，因此我们设定每位法官的工作量就是针对请求驳回案件的动议作出裁决当年该联邦地区法院的法官加权平均工作量。

㉖ 这些数据来源于美国法院行政管理局年度报告中表B－5。这些年度报告以12个月为一个周期，在2006－2008年期间，统计的截止日为3月的最后一天。参见 www. uscourts. gov/FederalCourts/Un der stand ingtheFederalCourts/AdministrativeOffice/DirectorAnnualReport. aspx （visited Dec. 9，2011）。同样的，由于我们不掌握单个法官的工作量数据，因此我们设定每位法官裁定驳回案件的比例就是针对请求驳回案件的动议作出裁决当年该联邦地区法院的加权平均比例。

特区联邦地区法院法官的虚拟变量，这两个联邦地区法院在数据库中属于异常值。在所有的联邦地区法院中，加利福尼亚东区法院的加权平均工作量是最大的（平均每位法官1012起案件，而工作量第二大的法院是779起案件，除了加利福尼亚东区法院之外的其他法院平均数是470起），但是它裁决驳回案件的比例是低于平均水平的（具体为47%，而其他法院的平均比例是51%）。哥伦比亚特区联邦地区法院的加权平均工作量是第三少的（每位法官247起），但是其裁决驳回案件的比例却要高得多（64%）。在两个回归分析中，我们排除了司法巡回区层面的 *Fraction Republican* 变量和 *Reversal* 虚拟变量，而是采用了司法巡回区虚拟变量（缺省项是第十一司法巡回区以
及哥伦比亚特区司法巡回区，因为我们已经纳入了代表哥伦比亚特区联邦 229
地区法院的虚拟变量）。

表5.11　联邦地区法院法官裁决驳回案件情况的Logit回归分析
（2006.5—2010.6）

	所有案件		所有能用意识形态归类的案件	
	（1）	（2）	（3）	（4）
President	0.039*	0.033	0.046*	0.040*
	（1.98）	（1.69）	（2.54）	（2.21）
Ideologically Classifiable	0.790**	0.790**	—	—
	（24.94）	（25.09）		
After *Twombly* Before *Iqbal*	0.016	0.079	0.013	0.016
	（0.73）	（0.78）	（0.67）	（0.82）
After *Iqbal*	0.238**	0.236**	0.210**	0.210**
	（8.24）	（8.19）	（7.39）	（7.40）
Workload	0.034	0.032	0.039	0.028
	（0.66）	（0.75）	（0.80）	（0.70）
Civil Rights	0.081**	0.077**	0.116**	0.112**
	（3.92）	（3.80）	（5.80）	（5.66）
Fraction Republican	—	-0.220**	—	-0.212**
		（2.70）		（2.84）
Reversal	—	-0.415		-0.256
		（1.24）		（0.83）

续表

	所有案件		所有能用意识形态归类的案件	
	(1)	(2)	(3)	(4)
关于司法巡回区的虚拟变量	Yes *	No	Yes **	No
加利福尼亚东区联邦地区法院	-0.087	-0.073	-0.035	-0.19
	(1.18)	(1.04)	(0.46)	(0.26)
哥伦比亚特区联邦地区法院	0.177 *	0.201 **	0.202 **	0.212 **
	(2.53)	(4.28)	(3.05)	(4.17)
观测数量	3893	3892	2922	2922

说明:1. 因变量为案件被裁决驳回(=0)或者案件没有被裁决驳回(=1)。

2. 在所有的回归分析中,我们都以联邦地区法院法官为单位对标准误进行了聚类处理。

3. 若联邦上诉法院法官曾经担任联邦地区法院法官,则变量 *District Judge* 的值为1。

在四个回归方程式的三个之中,变量 *President* 的回归系数具有显著性,但该效应不大。联邦地区法院的 *Rs* 裁决驳回案件的比例只比 *Ds* 高出0.03至0.05,也就是比全体样本的51%比例高出6%,或者比可界定意识形态倾向的案件样本的65%比例高出7%。在方程式(1)和(2)中,我们基于t比率值而认为最可靠的变量就是 *Ideologically Classifiable*。对于那些我们能够界定意识形态倾向的案件,裁决被驳回的概率要高出0.79。尽管在所有的回归分析中 *workload* 这一变量的相关系数都为正值(和我们的预期一样),但都不具有显著性。

关于司法巡回区的几个虚拟变量都不具有单独的显著性,尽管它们具有联合显著性。当我们用变量 *Fraction Republican* 和 *Reversal* 来替换这些虚拟变量的时候,变量 *Reversal* 具有消极的影响,但不具有显著性,可能是因为我们用一个司法巡回区中民事案件被驳回的比例数据来量度单个法官裁决推翻案件的比例,这么做实际上是不切实际地假定司法巡回区中的所有地区法院法官有着相同的裁决推翻案件的比例。相反,*Fraction Republican* 这一变量在回归分析中具有显著的消极影响。我们的预期是相反的,即当联邦上诉法院中由共和党总统提名的法官人数增加时,联邦地区法院法官应该是更加愿意而非更加不愿意裁定驳回案件。由于绝大多数被驳回案件的裁决是被记作保守主义的(在2002个保守主义的案件裁决中,89%是驳回案件的裁决,11%是拒绝驳回案件的裁决;在920个自由主义的案件裁决中,13%是驳回案件的裁决,87%是拒绝驳回案件的裁决),所以一个司法巡回区中*Rs*的人数增多,则应当会导致驳回案件的裁决被推翻的可能性减少,进而增加案件被裁决驳回的比例。

不过,如果对联邦地区法院中的*D*和*R*分开进行回归估算的话,我们会发现当联邦上诉法院中*Rs*比例增加的时候,只有前者裁决驳回案件的比例会减少。联邦地区法院中的*R*本来就倾向于驳回案件,因此联邦上诉法院层面的保守主义程度加重对其是没有影响的。然而,为什么联邦地区法院中的*D*对此的反应是减少驳回案件的数量呢？一方面,对于一个没 230
有被驳回的案件来说,随着程序的推进,原告可能会胜诉;即便联邦上诉法院越是趋于保守主义,裁决原告获胜的案件越是有可能被推翻,但是联邦上诉法院所具有的不问意识形态而维持原审裁决的行为倾向可能压过了随着*Rs*的比例增加,自由主义裁决被推翻的可能性增大的倾向。通过降低案件被驳回的比例,联邦地区法院中的*D*可以在一定程度上抵消联邦上诉法院保守主义程度加重的效应。另一方面,如果不驳回案件,那意味着联邦地区法院法官的工作量加大,因此惰怠的因素会弱化法官的意识形态立场;当联邦上诉法院变得更为保守的时候,一个自由派的联邦地区法院法官可能不大愿意看到如下的情形:他承担了为审理案件而付出的工作成本,到头来却是自由主义的裁决结果(如果他这样裁决的话)在上诉审层面被宣告无效了。

我们发现,托姆布雷案对案件被驳回的比例没有显著影响,但是伊克巴尔案具有高度显著的影响。在伊克巴尔案裁决之后的时间阶段里(表5.11中的2009年6月至2010年6月),全样本中的案件被驳回的预期概率上升了0.24,在可被界定意识形态倾向的案件样本中上升了0.21;相对于伊克巴尔案裁决之前的水平,上升的幅度分别为49%和35%。若我们对方程式(1)中的971个无意识形态裁决的案件重新进行估算,伊克巴尔案的边际相关系数为0.053(t比率值为2.45),即相对于伊克巴尔案裁决之前9%比例水平的该类案件被驳回的概率,增长的幅度超过了50%。较之对那些可以界定意识形态立场的案件,这一裁决对那些无法界定意识形态立场的案件有着更大的影响,这一点令人感觉奇怪,不过可能是因为在伊克巴尔案裁决之前的许多案件中,法官是否作出驳回案件的裁定是受到了意识形态因素的驱使。

较之作为一个整体的民事案件，公民权利案件被驳回的可能性要大出17%至19%（通过将 *Civil Rights* 这一变量的相关系数除以其他主题类型案件被驳回的比例而计算得出），这无疑是因为许多这类案件（不少是由囚犯提起的）严重地缺乏法理基础。最后，哥伦比亚特区和加利福尼亚东区联邦地区法院的异常状态可以获得验证，尽管只有代表哥伦比亚特区联邦地方法院的变量具有显著性。

另一种选择效应

在一个案件从司法体系中最低层级的联邦地区法院逐步上升到联邦最
231 高法院的过程中，我们预计意识形态对于法官裁判行为的影响会渐趋增加。即便是在第一个司法层级，我们仍会发现许多案件是无法通过标准的法条主义方法来解决的，因为那些可以如此得以解决的案件通常是以和解或者撤销的方式结案的。然而，相当数量案件的原告并没有聘请律师或者他们是由于情感冲动而提起的诉讼，还有许多案件的代理律师是不称职或者缺乏经验的，因此在联邦地区法院层面，大部分案件都可以很快地通过法条主义的分析，以裁决驳回案件的方式来解决的。而法官自身的惰怠因素以及法官内心对法条主义者裁决方式的认同感共同激励着法官作出驳回案件的裁决。

上诉程序则进一步地提供了案件过滤机制。对于民事诉讼中败诉的一方来说，如果他是理性的且他的律师是称职的话，他通常应该不愿提起上诉，除非他有很大的机会在上诉审中获胜，并且案件争议双方对于他有多大的胜诉机会存在不同的判断（原因在于，如果争议双方的判断是相同的话，他们应该会在上诉程序中达成和解，毕竟和解的成本要比诉讼和上诉都要低）。除非存在上诉法院裁判行为的不确定性，否则上述情况不大可能出现。而当一个案件无法通过法条主义的分析方法来获得解决时，这种不确定性就会变大。由此，案件抽签时的运气（也就是随机产生的法庭在意识形态上的组成结构）就更有可能决定了案件的裁判结果。

然而，许多民事案件的上诉并没有伴随着足够的法理依据，因此法官很容易就会作出维持原审裁判的决定。许多律师的能力也不强，无法准确地评估上诉的可能结果；较之初审程序，上诉程序的成本相对要低，因此在上诉审阶段的和解并不会给成本的节省带来多大的帮助；因此有时候就会出现基于策略性的原因或者财务上的原因在一宗没有获胜希望的案件中提起上诉；而有些上诉的提起是出于当事人的情绪化决定，或者是因为律师想借此挣钱。除此之外，还有自我代理的囚犯提起的上诉，其中不少都是轻率的决定。由于联邦上诉法院的管辖权行使是强制性的，而非基于自由裁量的，它不能仅仅以一项上诉本不应该被提起为由而予以拒绝受理和审理。因此，联邦上诉法院会裁决很多"一边倒"的案件，在这些案件的裁决过程中，上诉法官的意识形态立场是无所谓的。

我们所描述的现象就是当案件沿着司法层级往上发展时出现的选择效应。在关于诉讼的经验分析中，"选择效应"这个词通常用来指代的是潜在的诉讼当事人为了适应特定类型司法诉讼可能产生结果的变化而进行行为调整的趋势。在我们讨论托姆布雷案和伊克巴尔案裁决可能造成的影响时就是使用了该术语的这一含义。不过，选择效应还能够直接作用于法官身上，我们之前给出的例证就是法官会挑选出一部分案件进入开庭审理程序， 232
而过滤掉那些原告完全站不住脚的案件（即不经开庭审理程序就直接作出裁决）。我们假定，在整个联邦司法体系中都存在类似这样的一种过滤效应。

在表5.12中，我们对这个假说进行了间接的验证，具体是通过比较联邦上诉法院的混合法庭中 *Rs* 与 *Ds* 投出保守主义一票的比例和联邦地区法院中 *Rs* 与 *Ds* 作出保守主义裁决的比例。为了让法庭组成效应维持不变，我们将样本限定为那些混合法庭中 *Rs* 和 *Ds* 所作投票数量相等的联邦上诉法院。其他的自变量与表4.19中的方程式(2)和方程式(4)基本相同，不同之处在于我们还增加了关于联邦上诉法院法官所在司法巡回区、案件类型以及裁决年份的虚拟变量。为了直接检验司法巡回区的意识形态结构是否会影响单个联邦上诉法院法官的投票行为，我们用司法巡回区中 *Rs* 的比例来替代关于司法巡回区的虚拟变量。 233

表 5.12　混合法庭中的联邦上诉法院法官的保守主义投票的 Logit 回归分析

	(1)	(2)
President	0.144**	0.143**
	-8.85	-8.85
Ideological Direction of District Court Decision	0.322**	0.319**
	(18.41)	(18.31)
Former District Judge	0.020	0.021
	(1.27)	(1.42)
Nonwhite	-0.018	-0.015
	(0.78)	(0.64)
Sex	-0.004	-0.009
	(0.19)	(0.45)
Tenure	-0.002	-0.002
	(1.83)	(1.55)
Senior Judge	0.002	-0.01
	(0.07)	(0.45)
Fraction Republican	—	0.298**
		(5.66)
关于案件主题类型的虚拟变量	Yes**	Yes**
关于司法巡回区的虚拟变量	Yes**	No
关于裁决作出的年份的虚拟变量	Yes**	Yes**
观测数量	6430	6430

说明:1. 回归系数是所有变量平均值水平上的边际效应。

2. 我们在所有的回归分析中都使用了稳健标准误。

两项回归分析都显示了,对于 *Rs* 来说,如果他们是联邦上诉法院法官而不是联邦地区法院法官的话,他们在表决时会显著地表现出更多的保守主义立场,在概率上要高出 0.14(相比混合法庭中 *Ds* 的平均概率 0.45 增加了 32%),是联邦地区法院未经开庭审理程序案件中 *Rs* 和 *Ds* 差异[表 5.6 中的方程式(2)]的 3.5 倍。我们还发现,在 *Rs* 比例更高的司法巡回区中,联邦上诉法院法官中的 *R* 和 *D* 在表决时都显著地表现出更多的保守主义立场［在法庭组成效应和方程式(2)中的其他变量维持不变的情况下］。例如，*Fraction Republican* 变量的相关系数意味着，如果由 12 位法官组成的联邦上诉法院中的 *Rs* 由 4 人增加到 8 人，则出现保守主义投票的概率上升 0.10（相对于保守主义投票平均概率 0.55，上升了 18%）。关于司法巡回区、案件主题类型以及裁决年份的虚拟变量具有联合显著性，这意味着不同司法巡回区之间、不同案件主题类型之间以及不同裁决年份之间的保守主义投票概率存在不明原因的差异。关于法官个人属性的变量都不具有统计学上的显著性，这和表 4.15 的结论是类似的。

较之联邦上诉法院（更何况联邦地区法院），联邦最高法院所裁决案件的争议双方的理由更为均衡。“一边倒”的案件一般来说不会有什么重大的意义。相比较于联邦上诉法院和各州最高法院每年数千起的案件裁决，联邦最高法院所审理的案件数量是极其有限的。[27] 刑事案件可以明显地反映联邦上诉法院和联邦最高法院在案件选择方面的差异。大多数刑事案件的上诉人是获得政府资金支持的，且他们缺乏上诉的法理依据，因此即便自由派法官也通常是投票支持维持原判。正如我们看到的，这也就是为什么在研究意识形态对联邦上诉法院裁判行为的影响时，最好集中于民事上诉案件而非覆盖全部的上诉案件。然而，联邦最高法院只会审查数量非常少且比例不固定的案件，法院会根据案件的重要性程度来进行选择，这意味着案件至少会存在法律争议点。这样一来，联邦最高法院刑事案件中保守主义投票与自由主义投票之比只有 1.17:1，而在联邦上诉法院层面，这一比例是 1.59:1（根据表 4.7 之前的正文内容计算得出）。

我们在联邦司法体系的结构中所观察到的现象可对应于企业或者政府
组织中的“例外管理”。那些容易解决，周期性发生的事务（例如常见的顾客 234
投诉）可以由最低位阶的雇员予以处理。复杂一点的问题就会提交给第一层的管理人员，而更加复杂的问题则转由管理层级中的第二个级别人员进行决策，然后依次往上。每往上一个层级，需要作出的决策数量就越少，因此需要的决策人员数量就越少，并且由于所处理事务的难度在增加，层级越往上，则有能力的或者至少有经验的决策人员数量就越少。

---

[27] 美国联邦最高法院也可以对位于中间层级的各州上诉法院所作的裁决进行司法审查。不过，只有当州法院的裁决中涉及联邦法律问题时，该裁决才能被联邦最高法院审查。

在联邦法院体系中,例外管理模式起作用的方式是不同的。联邦法官的人选是政治家们挑选的。在挑选的过程中,法官的能力不是一个无关的因素,但基本上不会是唯一的因素。通常情况下,更高层级的法官不是由低一个层级的法官晋升上来的,而多是由横向进入者(lateral entrant)来担任的(我们在本书第八章中给出了关于法官晋升的统计数据);通常情况下,更高层级的法官也并非会比较低层级的法官经验更为丰富。在平均水平上,联邦上诉法院法官的能力要强于联邦地区法院法官,联邦最高法院大法官的能力要强于联邦上诉法院法官,但是例外的情形也有不少,并且这种平均水平上的差异本来就不大。对于案件沿着司法层级上升过程中不断加大的难度,这套司法体系的应对措施是增加相对于案件数量的法院工作人员规模。司法体系从下至上的过程中,案件数量不断减少,但是法院工作人员的数量却在增加,因此每件案件的工作人员数量呈现出剧烈的增长趋势。在这个过程中,法院工作人员的质量也会呈现为增长趋势,因为随着法官级别的上升,法官助理工作所带来的社会声誉和对未来工作机会的积极影响也是趋于增加的。

联邦最高法院所审理案件中的大多数是新型案件,这些案件是无法通过适用既有法律规则来给出裁决的;反过来说,如果可以的话,那它们本来就不算是新型案件了。由此,为了解决这些案件,我们需要创制新的法律规则,或者修正既有的法律规则,这可以说是一种立法的行为,而非传统的司法裁判行为。当一位法官或者大法官需要进行一项立法性质的决定,而非仅仅根据明确的成文法律、宪法文本或清晰的先例规则来裁决一个案件的时候,决定案件结果的就可能是意识形态。

比较了我们在本书第三章分析联邦最高法院时选用的公民自由案件与本书第四章分析联邦上诉法院时选用的宪法案件(涉及公民权利、第一修正案、正当程序以及隐私权)中的司法表决行为之后,我们可以进一步
235 地看到案件过滤机制对意识形态化司法裁判行为的影响。在联邦上诉法院层面,*Rs* 和 *Ds* 投出保守主义一票的概率分别为 0.59 和 0.51;而联邦最高法院的对应数据分别为 0.57 和 0.41。因此在联邦上诉法院,*Rs* 的保守主义投票与 *Ds* 的保守主义投票之比为 1.14∶1(0.588/0.514);在联邦最高法院,这一比率为 1.33∶1(0.570/0.428)。这表明了,联邦最高法院有着更多的意识形态化的表决行为。如果我们把比较的对象限定为 1981 年之后获得提名的联邦上诉法院法官,则联邦上诉法院的这一比率从1.14∶1

上升为 1.16:1,尽管上升的幅度非常微弱。在 1981 年,里根总统很大程度上终结了以往在提名联邦上诉法院法官时遵循的参议员礼遇传统。

正如前文所述,在联邦上诉法院层面,保守主义投票的比例是要高于联邦最高法院的。这里的保守主义投票比例是不同于 *Rs* 和 *Ds* 各自的保守主义投票与自由主义投票之比率的。选择效应可以解释这个现象。民事案件中,自由主义的立场通常就是原告的立场。但是,在大部分案件中,原告都是败诉一方。比如说,大多数雇佣歧视案件(公民权利案件的主要种类)是被裁定驳回的,且驳回的裁定在上诉审中也得到了维持。对于一个初审被驳回的或者裁决被告胜诉的民事案件,上诉审的维持裁决会被归类为保守主义的投票立场。所以,由于大多数被裁决驳回的民事案件在上诉审都是获得维持的裁决,除非法官是极端自由主义的,所以即便是自由主义立场的联邦上诉法院法官,他在大多数民事案件中还是会投出保守主义的一票。联邦最高法院推翻了大约 2/3 它所审理的案件,由此可以看出,联邦最高法院所受理的包括公民权利案件在内的上诉审查案件在平均水平上要比联邦上诉法院受理的案件有着更多的法律争议点(联邦最高法院不会把时间浪费在败诉一方身上)。联邦最高法院所审理的原告关于公民权利的上诉案件在平均水平上比上诉法院审理的同类案件有着更加多的法律争议点,这使得联邦最高法院在作出裁决时会有更高比例的自由主义投票。与这一现象同样道理的还有:在刑事案件中,联邦最高法院保守主义投票与自由主义投票的比率要低于上诉法院。

想要比较《宪法》第三条所界定的 3 个司法层级中 *Rs* 和 *Ds* 所作的保守主义(或自由主义)投票的比例,这是非常困难的,原因是不同层级法院的案件结构是不一样的。不过我们可以针对小规模样本的案件来进行比较,即扩展之后的桑斯坦数据库中的 73 个案件,3 个层级的法院都审理过这些 236
案件。这一样本包含了 16 位大法官的投票记录以及所有 12 个司法巡回区和 41 个联邦地区法院审理过的案件。表 5.13 列出了研究结论。在最后一栏里,我们可以看到,当案件的司法层级逐步上升之后,*Rs* 的保守主义投票与 *Ds* 的保守主义投票比率会增大,这与意识形态的作用会逐级上升的判断是一致的,原因是法院层级越高,对法官自由裁量权的约束就越少。

表 5.13 针对同样的案件，*Rs* 和 *Ds* 的投票情况
（桑斯坦数据库，1995—2008）

	保守主义投票比例		
	R	*D*	*R* 与 *D* 的比值
联邦最高法院大法官	0.527 （499）	0.217** （143）	2.429
联邦上诉法院法官	0.574 （122）	0.299** （97）	1.92
联邦地区法院法官	0.587 （46）	0.519 （27）	1.131

说明：表格中，联邦上诉法院和联邦地区法院的案件数量都是 73 个；联邦最高法院的案件数量是 72 个，这是因为法院将其中的两个案件进行了合并。括号中的数字是法官的投票数量。

自由裁量权的悖论

我们刚刚讨论的选择效应以及作为整体的本章内容揭示了，意识形态化的司法裁判行为是司法体系结构所导致的，而不仅仅是因为法官个人意识形态偏好的原因。当案件的司法层级逐步上升之后，基于法条主义分析的方法对案件作出裁决的可能性就降低了，这是因为逐级增加的案件选择行为将不可避免地决定了，那些被选择出来接受进一步司法审查的案件是无法通过法条主义分析的方法来予以即刻解决的。而随着案件层级的逐步下移，意识形态的作用就变小了，这反映了法官的惰怠因素以及法官对于在可行的范围内适用法条主义方法来裁判案件的认同感（尽管不是百分之百的），这些构成了意识形态的竞争效应。

然而，这里还存在复杂的问题。我们在一开始提到，部分地由于上诉审查标准要求尊重联邦地区法院的诸多裁判行为（例如，对事实的认定，裁决接受还是排除证据，在成文法的限制范围内进行量刑），联邦地区法院的法官因此可以行使大量的自由裁量权，借此影响并决定在许多案件中裁判结
237 果。自由裁量权的行使是规则适用的对立面。规则的存在限制了自由裁量权，因而堵塞了意识形态化表决行为的出现；被授予自由裁量权的官员可以

尽情展示其主观的、特殊的（包括意识形态方面的）偏好。

这就导致了一个悖论的出现：大多数审慎的上诉法官适用了要求尊重联邦地区法院裁判的案件审查标准，这等于鼓励了联邦地区法院法官作出意识形态化的裁决，正因如此，上诉法官越是遵守规则，地区法院法官就有更多的不遵守规则的自由。正如科里·杨所系统性展示的，不同的联邦上诉法院法官在尊重联邦地区法院法官裁判行为方面的程度是不一样的，即便上诉审的标准是要求尊重联邦地区法院的裁判行为，但有些法官还是会较其他法官更加彻底地对初审裁判进行审查，这样一来就削弱了联邦地区法院法官的自由裁量权行使。[28] 不同的联邦上诉法院之间的差异可能反映了尊重联邦地区法院裁判行为的上诉审查标准本身是模糊不清的（"明显的差错""实质性的证据""自由裁量权的滥用"等）；这有可能是反映了联邦上诉法院对其自身相对于接受其审查的联邦地区法院所拥有能力的信心差异；可能是反映了在对联邦地区法院法官的裁决进行审查时所投入关注和努力程度的差异；可能是反映了法院在知识和自信方面的差异；可能是反映了一些法官对于特定的案件裁判结果有更大的欲望；也有可能是上述若干因素的综合。不过，不管原因是什么，不同的联邦上诉法院法官对联邦地区法院法官裁判行为的尊重程度是不同的，而这就意味着，对于联邦地区法院法官是否利用了部分联邦上诉法院法官给予他们的行为空间而作出意识形态化的裁决这一问题，我们是可能给出一个经验答案的。[29]

我们用回归分析来验证如下假说：联邦上诉法院在进行司法审查时对联邦地区法院法官的裁判行为给予尊重与联邦地区法院层面的意识形态化裁决呈正相关的关系。表5.6报告了意识形态在联邦地区法院中的作用，我们对该表作了修改，增加了杨论文中的数据。这些数据将他所称的"能动主义"（activism）进行了量化，即将"能动主义"定义为，当联邦上诉法院适用尊重联邦地区法院裁判行为的标准时其法官投票推翻后者裁决的比例与当联 238
邦上诉法院不适用该标准时（也被称为"满席"或"重新"审理）这一比例的

㉘ Corey Rayburn Yung, "Flexing Judicial Muscle: An Empirical Study of Judicial Activism in the Federal Courts," 105 *Northwestern University Law Review* 1 (2011).

㉙ 联邦最高法院在审查其受理的案件时，倾向于不适用尊重原审裁决的审查标准，原因是联邦最高法院通常只是针对案件的法律问题作出裁决。而由于联邦最高法院只会对联邦上诉法院裁决中的一小部分进行司法审查，因此这必然导致了联邦上诉法院法官可以拥有很大的自由裁量权力。

差异。之所以要减去后一个比例，这是因为当联邦上诉法院法官没有被要求对联邦地区法院裁判行为给予尊重的情况下，他没有这么做，这并不能被视为能动主义的表现。这就好比当其被要求对联邦地区法院裁判行为给予尊重的时候，他去这么做了（通常情况下，做了减法之后得到的是负数，原因在于重审案件的标准更容易让法官推翻初审裁决）。

杨综合了法官在刑事和民事案件中的差异来对每位法官的原始差异数据进行了调整，在作了进一步调整之后，他对其数据库中的法官进行了排序（和我们在本书第四章中所使用的是同一个数据库，杨自己作了一处修改）。排序的分数是从100分（最为能动主义）到0分（最尊重初审裁判）。[30] 为避免混淆，我们用“不尊重初审裁判行为”这一表述来替代“能动主义”。

我们把表5.6所使用的样本中的4498个联邦地区法院裁决根据杨数据库中每个司法巡回区中样本法官不尊重初审裁判程度的平均得分而分为3组。[31] 尊重初审裁判程度较低的司法巡回区是第一、第三、第八和第九司法巡回区（根据杨的打分都≥57.0分）；尊重初审裁决程度中等的司法巡回区是第二、第六、第七、第十和第十一司法巡回区（得分为22.4分至34.9分）；尊重初审裁判程度较高的司法巡回区是第四和第五司法巡回区。[32] 接着，针
239 对每一组别，我们对表5.6中的方程式(1)重新进行了Logit回归估算。因变量是保守主义投票的概率，而这里的自变量则与我们在此方程式中使用过的自变量相同。

变量*President*（即提名法官的总统所属党派）的相关系数的值越大、显著性越强，则联邦地区法院中的*Rs*和*Ds*之间关于作出保守主义裁决概率的预期差异就越大（其他自变量保持不变的情况下），因此意识形态对裁判行

---

[30] 在他的列表中，对初审裁判给予最多尊重的是第四巡回法院的威尔金森（Wilkinson）法官，他的“能动主义”得分是3.7分，而非0分。原因在于，尽管杨计算了177位上诉法官的差异得分，但是他只报告了142位法官的得分，这些法官在其样本期间（2008年）内至少在100个案件中进行了投票。

[31] Yung，参见本章前文脚注[28]。较之杨对单个法官进行的排序，他对司法巡回区进行的排序更为可靠，这是因为后者是基于更多数量的观测值而作出的。事实上，法官个人排序中反映出来的差异可能不具有统计学上的显著性，这是因为对于一个法官来说，在另外一个年度里（杨的数据限于2008年）出现的推翻原审裁决数量只要有很小的变化，这就可能会导致法官排序的很大变化。尽管如此，杨所作的粗糙的排序似乎也是讲得通的。例如，在对初审裁判给予尊重方面，熟悉联邦上诉法院的人不会质疑威尔金森法官有非常高的得分。

[32] 请记住，杨的法官样本中排除了哥伦比亚特区联邦上诉法院以及美国联邦巡回上诉法院。

为的假定影响就越大。表 5.14 中的第一行报告了三个司法巡回区的组别中,变量 *President* 的边际效应(我们不再报告其他自变量的相关系数,因为与表 5.6 中的数值相比,它们只存在轻微的差异)。回归分析并不能支持如下假说:当该司法巡回区中的上诉法院对地区法院的裁判行为有着更多尊重的时候,地区法院的法官会更加频繁地基于意识形态的立场来作出案件的裁决。而事实上,在尊重初审裁判程度较低的司法巡回区中,地区法院法官显著地表现得更为意识形态化。

表 5.14　关于联邦上诉法院尊重联邦地区法院裁判行为的程度对联邦地区法院法官中的 *R* 与 *D* 两者作出保守主义裁决的概率之比影响的回归分析

不尊重初审裁判行为的量度	联邦上诉法院不尊重初审裁判行为的程度		
	高	中	低
杨的打分	0.075* (2.05)	0.030 (1.04)	0.054 (0.98)
杨数据库中经过调整后的案件裁决被推翻的比例	0.042 (0.83)	0.015 (0.50)	0.082* (2.46)
桑斯坦数据库中的案件裁决被推翻的比例	0.091 (1.49)	0.078* (2.22)	0.028 (1.02)

说明:"桑斯坦数据库中的案件裁决被推翻的比例"是桑斯坦数据库中各个司法巡回区中案件裁决被推翻比例的平均值。

不过我们必须考虑这样一种可能性,即这一结果的出现是因为不同司法巡回区之间整体推翻初审裁决比例的差异。假定在司法巡回区 A 中,上诉法院推翻地区法院的裁决比例是 20%,无论是否适用尊重初审裁判的司法审查标准;在司法巡回区 B,上诉法院推翻地区法院两类裁决的比例是 10%。尽管在这两个法院中,杨对它们尊重初审裁判程度的打分是一样的,但在司法巡回区 A,案件被推翻的可能性是司法巡回区的两倍,而我们预计,假定联邦地区法院法官具有避免案件被推翻的行为倾向(这就是现实),那么听任其个人意识形态偏好影响案件裁决的做法就会被抑制。

为了检验这一假说,我们首先把杨制作的关于调整之后的司法巡回区 240

案件裁决被推翻比例的表格[33]分为3组：案件裁决被推翻比例高的司法巡回区、案件裁决被推翻比例中等的司法巡回区以及案件裁决被推翻比例低的司法巡回区。高比例是在0.23至0.27之间（第一、第六和第九司法巡回区），中等比例是在0.19至0.21之间（第二、第四、第七和第十司法巡回区），低比例是在0.16至0.18之间（第三、第五、第八和第十一司法巡回区）。然后，我们针对上述3组，对表5.6中方程式（1）重新进行回归估算。估算结果显示在表5.14的第二和第三行，这一结果是混杂的。在第二行，我们可以看到，在案件裁决被推翻比例低的司法巡回区，联邦地区法院中的*Rs*较之*Ds*会显著地更倾向于作出保守主义的裁决，这意味着在这些司法巡回区中，法官会表现出更多的意识形态偏好，这与我们的假说是一致的。但是，在其他司法巡回区，变量*President*的相关系数是不显著的，这意味着在这些司法巡回区，地区法院中的*Rs*和*Ds*作出保守主义倾向裁决的概率是相同的。

表格中第三行则代之以根据桑斯坦数据库计算的司法巡回区案件裁决被推翻比例。和我们的假设相反，回归系数显示，当联邦地区法院所在司法巡回区的上诉法院对初审裁判给予更多尊重的时候，地区法院中*Rs*和*Ds*之间的意识形态差异会越小。

我们的结论是，即便将不同司法巡回区的上诉审查程序给予初审裁判的尊重程度不一以及案件裁决被推翻的比例不一这些可能影响联邦地区法院法官作出意识形态化裁决的因素考虑进去，本章之前的部分关于选择效应的讨论结果依然可以成立。即便当联邦上诉法院法官谨小慎微地适用了尊重初审裁判的司法审查标准的时候，它显然还是可以对联邦地区法院法官施加足够多的控制，从而弱化了联邦地区法院法官让意识形态来决定其司法裁判结果的倾向。

法官量刑过程中的意识形态

沿着前文的主题，我们将用经验分析的方法来总结，联邦地区法院法官
241 是否利用了布克案[34]裁决给予他们的自由裁量权来将自身的意识形态注入

㉝ 参见Yung，本章前文脚注㉘，第32页表6。

㉞ 参见本章脚注⑧以及对应的正文内容。

到对刑事案件被告人的量刑中。[35]

正如表5.15所显示的，即便是在布克案裁决之前，就存在法官突破量刑指南规定的幅度来进行量刑的做法。这种做法被称为“背离”(departure)，而量刑委员会则开立了一张单子，列出了允许法官进行背离的情形。例如，当被告人的犯罪记录未能完全反映他参与犯罪活动的历史，这时法官有权在量刑时进行向上背离；而当被告人的犯罪记录过度强调了他参与犯罪活动的历史，则法官有权在量刑时进行向下背离。但是，由于量刑委员会列出允许法官进行背离的这个单子并非是穷尽的，这样一来就使量刑指南不构成一份强制性的，而只是建议性的文件，从而法官可以在更大比例的案件中超出量刑指南规定的幅度来对被告人进行量刑。

表5.15　突破量刑指南的下限进行量刑和突破量刑指南的上限进行量刑的比例(2000—2010财政年度)

	突破量刑指南的下限进行量刑的比例	突破量刑指南的上限进行量刑的比例
2000年	34.9	0.7
2001年	35.4	0.6
2002年	34.2	0.8
2003年	29.7	0.8
2004年	27.0	0.8
2005年布克案之前	28.4	0.7
2005年布克案之后	36.8	1.6
2006年	36.7	1.6
2007年	37.7	1.5
2008年	39.0	1.6
2009年	41.3	1.9
2010年	43.2	1.8
2000年至2005年布克案之前	32.1	0.7
2005年至2010年布克案之后	39.4	1.7

说明：在计算年度平均数的时候，我们基于各个联邦地区法院的量刑对象的占比进行了加权处理。

---

[35] 我们所使用数据的来源是各个年份的 U. S. Sentencing Commission,“Federal Sentencing Data by State, District & Circuit”, www. ussc. gov/Data_and_Statistics/Federal_Sentencing_Statistics/State_District_Circuit/index. cfm (visited Dec. 9, 2011)。

首先的一个问题是,2005 年布克案裁决作出之后多久,联邦地区法院法官会改变其行为模式?和其他人一样,法官也是习惯的动物,在量刑问题上获得了更多的自由裁量权力之后,他们可能要在一段时间之后才开始利用这一权力。然而,表 5.15 提供的数据揭示的情况恰恰相反。几乎在布克案裁决一作出之后,联邦地区法院的法官就改变了其量刑的行为模式。案件的裁决是在 2005 年 1 月 11 日作出的,而在这一财政年度的之后的 8 个月内,法官突破量刑指南的下限进行量刑的案件比例由 2000 年至 2005 年布克案裁决之前的平均 32.1% 升至了 36.8;而法官突破量刑指南的上限进行量刑的案件比例则从 0.7% 上升至了 1.6%,以超过翻倍的速度在增长(不过原来基数比较低)。[36] 请注意 2005 财政年度数据的陡然变化:法官突破量刑指南的下限进行量刑的案件比例由 28.4% 增加到 36.8%(较布克案裁决之前的 2005 年数据增长了 33%);而法官突破量刑指南的上限进行量刑的案件
242 比例由 0.7% 增加到 1.6%(增幅为 129%)。

表格也显示了,自布克案裁决之后的一年开始,量刑情况没有太大的改变,尽管主要在 2009 年至 2010 年,法官突破量刑指南的上限和下限进行量刑的做法略微(但是我们可以发现这是具有显著性的)有所增加。

无论在布克案裁决之前还是之后,突破量刑指南下限进行量刑的比例和突破量刑指南上限进行量刑的比例悬殊,这一现象是令人吃惊的,但这与广为接受的一种观点是一致的,即量刑指南的规定过于苛刻,特别是针对构成了联邦刑事犯罪中很大比例的毒品犯罪行为。在 2010 年,法官突破量刑指南下限而进行量刑的案件中,有 30% 的被告人是被控毒品犯罪;在 2000 年和 2001 年,这一比例是 40%(目前而言,联邦层面最大比例的量刑针对的是非法移民犯罪,在 2010 年为 34%,而在 2000 年至 2001 年则为 20%)。这样一种悬殊差距意味着,联邦地区法院的法官们是普遍地承认量刑指南的规定过于严苛了。并且,这样一种看法是不以传统的意识形态立场为分界线的,因为在这整段时间内地区法官中的 *Rs* 比 *Ds* 人数更多:在 2000 年至
243 2001 年期间内的某个时间点,53.6% 的在任法官是 *Rs*,而在布克案裁决之后

[36] 由于表 5.15 中的数据是基于 10 月 1 日至次年 9 月 30 日的财政年度单位而作的统计,因此量刑委员会把 2005 财政年度的数据分为布克案裁决之前(即 2004 年 10 月 1 日至 2005 年 1 月 11 日)和布克案裁决之后(即 2005 年 1 月 12 日至 2005 年 9 月 30 日)的两部分。

的2005年至2010年，这一比例是56.4%。[37]

表5.16列出了我们所推定的联邦地区法官意识形态立场和其他变量影响法官突破量刑指南上限或下限进行量刑的回归分析结果。每一个回归分析都包含了1092个观测值，即2000年至2010年间11个年份中91位联邦地区法院法官的量刑数据，再加上2005年布克案裁决之前和之后的月度数据。我们把2005年布克案裁决之前的阶段和裁决之后的阶段视为两个单独的期间。因变量是每一个联邦地区法院突破量刑指南下限进行量刑的比例[方程式(1)和(2)]以及突破量刑指南上限进行量刑的比例[方程式(3)和(4)]。为了调整不同联邦地区法院之间的巨大差异（俄克拉荷马东区联邦地区法院在2000年仅对65名被告进行了量刑，而德克萨斯南区联邦地方法院在2010年对多达8497名被告进行了量刑），我们根据每个联邦地区法院所量刑的被告人数来对所有观测值进行了加权处理。本来我们是希望将单个法官的量刑行为，而不是法院的量刑行为设定为因变量，但是量刑委员会并没有公布单个法官的量刑数据。这可能是出于安全的考虑，例如减少那些给出重刑判决的法官受到人身威胁的可能性。不过，在2012年3月，就在我们的分析工作结束之后，锡拉丘兹大学的交易记录信息获取中心[38]开始向我们提供联邦地区法院单个法官的量刑数据。在本章的最后部分，我们将基于这些数据做一个有限的分析。

表5.16　关于刑事案件中超出联邦量刑指南下限或上限进行量刑的比例的回归分析(2000—2010)

	超出联邦量刑指南下限进行量刑的比例		超出联邦量刑指南下限进行量刑的比例	
	(1)	(2)	(3)	(4)
Fraction Republican District	-0.040	-0.045	0.0001	-0.0000
	(1.02)	(1.12)	(0.02)	(0.01)
Fraction Republican Circuit	-0.503**	-0.506**	0.009	0.009
	(4.27)	(4.26)	(1.42)	(1.41)

[37] 平均起来，在2000年至2010年这段时间内，每年的联邦地区法官人数是658人，其中305人为*Ds*，353人为*Rs*。Federal Judicial Center, "Biographical Dictionary of Federal Judges," www.fjc.gov/his tory/home.nsf/page/export.html) (visited Dec. 9, 2011).

[38] 参见http://trac.syr.edu/ (visited Apr. 8, 2012)。

续表

	超出联邦量刑指南下限进行量刑的比例		超出联邦量刑指南下限进行量刑的比例	
	(1)	(2)	(3)	(4)
Caseload	0.0000	0.0000	-0.0000	-0.0000
	(0.44)	(0.21)	(1.50)	(1.76)
Fraud	0.010	0.010	0.003	0.003
	(0.14)	(0.14)	(0.40)	(0.42)
D. C. District	0.108**	0.106**	-0.002	-0.002
	(6.03)	(5.67)	(1.28)	(1.42)
Booker	0.115**	0.085**	0.009**	0.008**
	(8.14)	(7.77)	(9.35)	(9.04)
Year 2006	—	-0.004	—	-0.0001
		(0.48)		(0.08)
Year 2007	—	0.12	—	-0.001
		(0.98)		(1.02)
Year 2008	—	0.037**	—	-0.001
		(2.77)		(0.45)
Year 2009	—	0.063**	—	0.003*
		(4.15)		(2.14)
Year 2010	—	0.060**	—	0.003*
		(2.84)		(2.09)
常量	0.588**	0.598**	0.004	0.005
	(648)	(6.52)	(0.85)	(0.96)
R^2	0.36	0.38	0.19	0.20
观测数量	1092	1092	1092	1092

说明:我们以联邦地区法院为单位对标准误进行了聚类处理。

在这里,我们使用的是法院而非法官个人的数据,而我们要检验的一个主要假说是:在对有罪的被告人进行量刑时,联邦地区法官中的 *Rs* 比 *Ds* 更为严苛。我们把一个联邦地区法院中 *Rs* 的比例（变量 *Fraction Republican District*）作为该法院法官保守主义程度的代理变量。基于此，我们预计，这一比例越高，该法院突破量刑指南的下限进行量刑的比例就越低，而突破量刑指南的上限进行量刑的比例就越高（联邦地区法院拥有的平均法官数量是7.24位）。 244

表5.16中的变量 *Fraction Republican Circuit* 代表了在任联邦上诉法院法官中由共和党总统提名的比例。之前我们在回归分析中使用这一变量时通常用的是 *Fraction Republican* 这一名称，但在这里就会产生误会，因为我们也要关注每一家联邦地区法院的 *Rs* 人数比例。我们预计，对突破量刑指南下限的行为进行的回归分析得出的相关系数为负值，这是因为联邦地区法院中的 *Rs* 和 *Ds* 为了应对一个更加保守的联邦上诉法院，他们会减少突破量刑指南下限对被告人进行量刑的行为；同时我们预计，对突破量刑指南上限的行为进行的回归分析得出的相关系数为正值。 245

变量 *Caseload* 的值等于每个法院所审理的民事案件数量和刑事案件数量的总和除以该法院在任法官的人数。我们预计，法院的工作量越大，法官突破量刑指南的上限或者下限的做法概率就越低，这是因为如果法官要这么做的话，他需要花费更多的时间来论证其量刑行为的合理性。

变量 *D. C. District* 是一个虚拟变量，当对应的法院是哥伦比亚特区联邦地方法院的时候，该变量的值为1，其他情况下变量的值为0。我们之所以纳入这个变量，是为了解释该法院平均每位法官异乎寻常低的刑事案件工作量（该法院法官的平均工作量是28.3个案件，而其他法院的平均数是102个案件）。另一个虚拟变量是布克，当处于布克案裁决之后的时间阶段时，它的值为1，而当处于布克案裁决之前的时间阶段时，该变量的值为0。我们在方程式(2)和方程式(4)中加入了代表布克案裁决之后五个年份的虚拟变量（缺省的变量是布克案裁决之前的年份再加上2005年），目的是检验如下假说：联邦地区法院法官要用几年的时间来调整他们的量刑行为，从而完全达到联邦最高法院的这一裁决而带来的更大量刑自由度。

变量 *Fraud* 指的是被告人因为欺诈犯罪而被处刑罚的比例。我们加入这一变量的目的是试图检验以下假说：在这类案件中，因为被告人群体中包括了商人，因此保守主义法官较之自由主义法官会对被告人给予更多的同情。在所有的联邦地区法院，被告人因为欺诈犯罪而被量刑的加权平均比例是9.4%。 246

在方程式(1)和方程式(2)中,*Fraction Republican District* 这一变量的回归系数为负值,这表明较之 *Ds*,*Rs* 突破量刑指南的下限对被告人进行量刑的概率要低,但这在统计学上并非是显著的;而针对法官突破量刑指南的下限进行量刑的行为所进行的回归分析,显示的结果也是不具有显著性的[方程式(3)和方程式(4)]。但是在方程式(1)和方程式(2)中,变量 *Fraction Republican Circuit* 具有高度的显著性,且效应很大;这一变量的相关系数表明,把联邦上诉法院中 *Rs* 的人数比例加倍,由40%(第九巡回上诉法院)增加到80%(第八巡回上诉法院),这会导致突破量刑指南下限的量刑行为比例减少0.20(即相对于0.36的加权平均值,降低了56%)。不过在方程式(3)和方程式(4)中,因变量是法官突破量刑指南上限的量刑行为比例,而 *Fraction Republican District* 这一变量的回归系数为正值,但不具有显著性。这就进一步证明了,即便是保守主义法官都认为量刑指南的规定过于严苛了。

在所有的回归分析中,变量 *Fraud* 都不具有显著性,可能是因为只有非常少的欺诈犯罪指控是针对“受尊敬的”商人而作出的,尽管这些案件会吸引媒体的注意。

方程式(3)和方程式(4)中,变量 *Caseload* 的相关系数为负值,这与我们的预计是一致的,即工作量越大,法官突破量刑指南的上限进行量刑的可能性就越小,不过这在统计学上是不显著的(我们还使用已经终结的案件数量来替代已经开始的案件数量来对变量 *Caseload* 进行回归分析,但这样做对回归分析的结果没有影响)。在关于突破量刑指南下限进行量刑行为的方程式(1)和方程式(2)中,我们预计相关系数为负值;而事实上却为正值,但同样不具有显著性。这些结论令我们感到奇怪,毕竟法官存在着惰怠的倾向,当他希望在量刑指南范围之外进行量刑时,他需要承担额外的论证责任。对于突破量刑指南的上限进行量刑的行为来说,这些结果让人大跌眼镜。相对于政府对一项突破量刑指南下限的量刑裁决提起上诉的可能性,被告人有更大的可能对一项突破量刑指南上限的量刑裁决提起上诉,而一旦被告的上诉得到了支持,那么案件将重新回到联邦地区法院法官手里,这时法官需要重新进行量刑,这会导致他工作量的增加。为了避免由此带来的额外工作量,法官可以选择从不突破量刑指南上限进行量刑裁决。

在所有的方程式中,布克这一虚拟变量的相关系数都是高度显著的,并且和我们预计的趋势保持一致。例如,方程式(1)显示了,在布克案裁决之后的年份里,突破量刑指南下限进行量刑裁决的比例增加了0.12(相对于布克案裁决之前的平均值增长了38%);而方程式(3)显示了,在布克案裁决之后的年份里,突破量刑指南上限进行量刑裁决的比例增加了0.009(相对于布克案裁决之前的平均值增长了128%)。

方程式(2)和方程式(4)中间增加了布克案裁决之后每一个年份的虚拟变量。这使我们可以检验以下的假说:法官们需要花上若干年的时间来完成他们的裁判行为模式调整。由于布克案裁决在某一个特定年度的影响等于布克这一虚拟变量和年份虚拟变量的回归系数总和,因此对布克案裁决的最初反应越大,较之于布克案裁决之后的单独年份变量,布克这一虚拟变量的相关系数就会越大。回归分析反映了,联邦地区法院的法官对布克案裁决即刻作出了反应,但是他们的行为调整一直到2008年或2009年才完成。例如,在方程式(2)中,我们发现在2005、2006和2007财政年度,突破量刑指南下限的量刑裁决比例增加了0.085,不过我们发现在2008年出现了0.037的显著增幅,2009年为0.063,而2010年为0.060。从百分数的角度 247
来看,就突破量刑指南下限的量刑裁决的比例而言,一开始的增加幅度占到了总体增幅的60%。至于突破量刑指南上限的量刑裁决行为,情况也是类似的[方程式(4)]。

只有在2009年和2010年,年份虚拟变量才具有显著性。这意味着,在突破量刑指南上限的量刑裁决比例方面,在布克案裁决之后的最初增长幅度是0.008,这一增长趋势一直持续到2008年,此后在2009年和2010年又出现了0.003幅度的进一步增长。对于突破量刑指南上限的量刑裁决比例而言,最初的增加幅度占到了总体增幅的67%。

在量度量刑的严厉程度时,我们考察的是在量刑指南所规定的量度幅度的上限或下限之外的量刑裁决比例,而不是刑期的长度,这是因为刑期的长度与各个联邦地区法院关于是否认定构成一项犯罪的差异性做法密切相关。我们就挑选一种犯罪类型——枪支犯罪来做试验,以对实际的量刑长度进行比较,这是考虑到枪支犯罪在各个司法区域中都数量极大,也相对同质化,因此量刑严厉程度的不同就可以反映出法官在量刑时的个人倾向差异,而不是犯罪行为本身的严重程度差异。确实,枪支犯罪的数量极多,是第三大联邦犯罪类型,仅次于非法移民犯罪和毒品犯罪,在2010年一共有7986人因此而被定罪。但是,这些犯罪行为却并非是同质化的。在2010

年,枪支犯罪案件的平均量刑幅度是 90 个月,但是标准差达到了 38 个月。每个联邦地方法院的平均量刑幅度从爱达荷联邦地区法院的 36 个月到加利福尼亚东区联邦地区法院的 303 个月不等。这么大的量刑差异不可能是因为联邦地区法院法官之间不同的个体偏好而导致的。

现在我们转向 TRAC 数据,在这里我们使用的是量刑长度数据,而非量刑指南所规定的量度幅度的上限或下限之外的量刑裁决比例。TRAC 提供给我们的数据包括了 2003 年至 2011 年的 581,193 起案件中的量刑情况。根据司法部的标准,这些案件被分为了 108 个种类。我们将研究范围限定为布克案裁决之后(2006 年至 2011 年)的 4 个最大的犯罪种类:毒品——有组织范围特别行动小组(有组织的毒品犯罪)、毒品——贩毒(其他种类的毒品犯罪)、武器——主要的枪支操作(武器犯罪)以及非法移民犯罪。由于在每个地区法院,分配给法官的案件是随机决定的,因此在同一个地区法院,分配给 *Rs* 和 *Ds* 的同一个种类的案件应该是没有系统性差异的。

248 表 5.17 列出了针对上述四个犯罪种类,*Rs* 和 *Ds* 所裁决的监禁刑与缓刑的平均值。*Rs* 针对其中的两类犯罪(有组织毒品犯罪和武器犯罪)会作出平均期限显著更长的监禁刑罚;而 *Ds* 则针对一种类型犯罪(非法移民犯罪)会作出平均期限显著更长的监禁刑罚;至于余下的一种犯罪(其他类型的毒品犯罪),*Rs* 和 *Ds* 的所裁决的平均刑期是相同的。这些结果是令人吃惊的。我们本来预计的是,对于有组织犯罪的案件,*Rs* 和 *Ds* 所作的裁决应当是区别很小的。这是因为就我们所了解的,没有哪个联邦法官会对有组织犯罪的罪犯心慈手软。另外,我们本来还预计对于武器犯罪,*Ds* 较之 *Rs* 会更加严厉。这是因为 *Rs* 对私人枪支的拥有者会表现出更多的同情。

尽管 *Rs* 的量刑裁决和 *Ds* 的量刑裁决之间存在着统计学上显著的差异,不过这种差异其实并不大。尽管有组织毒品犯罪这一类别中的 *R/D* 比例是最高的,然而 *Rs* 所裁决的刑期平均起来只是比 *Ds* 所裁决的刑期高出 8.5 个月(8.9%)。

表 5.17　共和党总统和民主党总统所提名任职的联邦地区法院法官所作的监禁刑与缓刑裁决(2006—2011 财政年度)

犯罪的种类	平均的监禁刑长度(以月为单位)			
	所有的法官	*R*	*D*	*R/D*
有组织的毒品犯罪	100.76 (32,457)	104.19 (19,361)	95.69 (13,096)	1.09 **
其他毒品犯罪	73.4 (86,028)	73.39 (55,277)	73.42 (30,751)	1.00
武器犯罪	81.97 (39,925)	84.12 (25,028)	78.37 (14,897)	1.07 **
移民犯罪	18.96 (123,079)	18.61 (82,863)	19.68 (40,216)	0.95 **
	平均的缓刑长度(以月为单位)			
有组织的毒品犯罪	39.73 (2084)	38.99 (1243)	40.83 (841)	0.96
其他毒品犯罪	43.35 (4482)	43.78 (2932)	42.53 (1550)	1.03
武器犯罪	40.91 (3002)	41.15 (1885)	40.47 (1117)	1.02
移民犯罪	41.06 (4847)	43.06 (3461)	36.06 (1386)	1.19 **

说明:括号中的数字是案件的数量。

为了评估表 5.17 所显示结果的稳健性,我们做了三项检验。我们分别检验了开庭审理的案件和未开庭审理的案件(表 5.17 包括了这两类案件)。249 在所有四类犯罪中,被告人被判处监禁刑罚的案件中只有 2.97% 是经过了开庭审理的,但绝对数字可不小,共有 8372 件。[39] 平均起来,若案件进入开

[39] 和人们预计一致的是,案件在经过开庭审理程序之后,被告人获得缓刑判决的可能性就更小了——在 12,649 个法官作出缓刑裁决的 4 种犯罪类型案件中,仅有 1.1% 是经过了开庭审理程序的。

庭审理程序，则法官所裁决的监禁刑罚期限会更长（表5.18）：在有组织毒品犯罪案件中，对比关系是314个月比89个月；在其他类型毒品犯罪中，对比关系是243个月比67个月；在武器犯罪中，对比关系是210个月比73个月；在非法移民犯罪案件中则是54个月比19个月。请注意，在所有这4个类型的犯罪案件中，进入开庭审理程序的案件被告人的监禁刑期都超过了那些认罪被告人刑期的两倍。

表5.18　在进入开庭程序的案件中，共和党总统和民主党总统提名任职的联邦地区法院法官所作的监禁刑裁决（2006—2011财政年度）

	平均的监禁刑长度（以月为单位）			
犯罪种类	所有的法官	*R*	*D*	*R/D*
有组织的毒品犯罪	313.82 （1678）	330.53 （970）	290.93 （708）	1.13*
其他毒品犯罪	242.53 （3001）	250.00 （1885）	229.91 （1116）	1.09
武器犯罪	209.62 （2727）	219.03 （1702）	193.99 （1025）	1.13*
移民犯罪	53.85 （996）	53.20 （604）	54.93 （362）	0.97

说明：括号中的是案件的数量。

在这里，关于*Rs*和*Ds*的结果与表5.17的结果是基本类似的，但也有不同之处，且十分有趣。在进入开庭审理程序的有组织毒品犯罪和武器犯罪案件中，*R/D*比例会更高，达到1.13（两类案件都是）；若被告人认罪，案件未进入开庭审理程序，则该比例为1.09（有组织毒品犯罪案件）以及1.07（武器犯罪案件）。和之前的结论一样，在其他类型的毒品犯罪案件中*Rs*和*Ds*是没有差异的；不过针对非法移民案件，与表5.17中的数据相反，在这里*Rs*和*Ds*的差异在统计学意义上是无法辨别的。这些结论是值得一提的，因为实际上法官在那些进入开庭审理程序的案件中会有更大的量刑空间；若
250 存在辩诉交易的话，通常法官会尊重各方协商之后的建议。因此，较之作为整体的所有案件，那部分进入开庭审理程序的案件可以更好地被我们用来说明作为量刑法官的*Rs*和*Ds*的相对严厉程度，因为大部分案件都是未经

开庭审理程序的。

我们还将观察法官所在的地区是北方还是南方，[40]以此为标准来进一步地对数据分类。我们之所以这么做，是因为就历史传统而言，南方的联邦法官往往在量刑的时候要重于北方的联邦法官。结果显示在表5.19中。和我们的预期相同，在南方的联邦地区法院中，无论是 *Rs* 还是 *Ds*，他们所裁决的监禁刑期会更长。和之前的结论相同，无论在南方还是在北方，*R/D* 比例都超过了1，唯一的例外是，在南方地区，针对非法移民案件，*Ds* 在量刑的时候要重于 *Rs*。不过这要完全地归因于一家特定的法院，即新墨西哥州联邦地 251
方法院。在这家法院里，*Ds* 所裁决的监禁刑罚期限要远远长于 *Rs*，至于究竟是什么原因导致的，我们还没有研究过。

表5.19　共和党总统和民主党总统提名任职的北方和南方的联邦地区法院法官所作的监禁刑和缓刑裁决（2006—2011财政年度）

	北方的联邦地区法院法官			南方的联邦地区法院法官		
	R	D	R/D	*R*	D	R/D
平均的监禁刑长度（以月为单位）						
有组织的毒品犯罪	92.58 (10,871)	87.35 (874)	1.06**	118.77 (8580)	110.49 (4722)	1.07**
其他毒品犯罪	68.4 (29,163)	69.45 (19,055)	0.98	78.96 (26,114)	79.90 (11,696)	0.99
武器犯罪	73.37 (13,143)	69.43 (9359)	1.05**	94.38 (11,885)	90.89 (5538)	1.04
移民犯罪	18.23 (42,690)	21.57 (21,425)	0.84**	19.02 (39,903)	17.52 (18,791)	1.09**
平均的缓刑长度（以月为单位）						
有组织的毒品犯罪	34.79 (772)	41.92 (606)	0.83**	45.88 (471)	38.011.21* (235)	

[40] 我们所界定的南方地区指的是曾经属于南部邦联的州，它们是：阿拉巴马州、阿肯色州、佛罗里达州、佐治亚州、路易斯安那州、密西西比州、北卡罗来纳、南卡罗来纳州、田纳西州、得克萨斯州和弗吉尼亚州。

续表

	北方的联邦地区法院法官			南方的联邦地区法院法官		
	R	D	R/D	*R*	D	R/D
其他毒品犯罪	42.3 (1698)	42.58 (975)	0.99	45.82 (1234)	42.44 (575)	1.08**
武器犯罪	40.32 (1108)	38.57 (765)	1.05	41.84 (777)	43.97 (352)	0.97
移民犯罪	40.76 (1393)	37.43 (707)	1.09**	42.83 (2434)	35.31 (903)	1.21**

在最后一项检验中，我们进行了如下的回归估算：因变量是监禁刑罚的期限长度或者缓刑的期限长度；自变量是案件是否进入了开庭审理程序（是=1；否=0）、提名法官的总统所属党派以及90个虚拟变量（1代表每一个联邦地区法院，而怀俄明州地区法院被排除在外）。我们引入联邦地区法院的虚拟变量是为了让各地区之间关于犯罪严重程度、检察官的政策以及除了意识形态之外其他可能影响量刑严厉程度的因素的差异保持恒定。最后一个因变量则是在任联邦上诉法院法官中由共和党总统提名而任职的法官比例，我们在分析布克案裁决对法官量刑行为影响的时候也曾经纳入了
252 这一变量。表5.20列出了回归分析的结果。

这里的结论与我们之前的研究发现是一致的。针对四大犯罪类型中的三类，联邦上诉法院中*Rs*的比例增大会显著地延长监禁刑期的长度。针对有组织毒品犯罪，我们预计第八司法巡回区的地区法院法官在对被告人进行量刑时，所裁决的监禁刑期会比第九司法巡回区的地区法院法官长出25个月（26%的增加幅度）。在第八司法巡回区中，80%的上诉法官是*Rs*；而在第九司法巡回区，只有40%的上诉法官是*Rs*。在其他类型的毒品犯罪案件中，两者的差异是19个月（22%的增加幅度）；在武器犯罪案件中，差异是8个月（15%的增加幅度）；在非法移民犯罪案件中，差异是4个月（65%的增加幅度）。

表 5.20　关于监禁刑和缓刑量刑裁决的回归分析(2006—2011 财政年度)

(括号中为 t 统计量)

	有组织的毒品犯罪	其他毒品犯罪	武器犯罪	移民犯罪
监禁刑量刑裁决				
提名法官任职的总统所属党派	5.20**	4.63**	3.68**	1.00**
(1 = R; 0 = D)	(3.45)	(6.81)	(3.34)	(7.08)
是否经过了开庭审理程序	220.80**	162.55**	130.01**	34.20**
(1 = 经过了;0 = 没经过)	(72.09)	(97.13)	(66.19)	(47.64)
联邦上诉法院中 R 的比例	58.70**	44.39**	20.18*	10.24*
	(4.00)	(6.19)	(2.00)	(6.16)
关于联邦地区法院的虚拟变量	Yes	Yes	Yes	Yes
常量	66.43**	63.94**	45.07**	1.54
	(6.10)	(9.76)	(5.34)	(0.99)
缓刑量刑裁决				
提名法官任职的总统所属党派	-1.33	1.16	0.45	5.96
(1 = R; 0 = D)	(0.52)	(1.37)	(.33)	(1.91)
是否经过了开庭审理程序	—	—	—	—
(1 = 经过了; 0 = 没经过)				
联邦上诉法院中 R 的比例	29.95**	-5.96	-28.79*	-7.83
	(3.06)	(0.70)	(2.25)	(0.43)
关于联邦地区法院的虚拟变量	No	Yes	Yes	No
常量	23.11**	35.17**	49.14**	41.09**
	(3.82)	(3.11)	(4.33)	(3.71)

说明:除了有组织毒品犯罪和移民犯罪的缓刑量刑问题之外,所有其他的回归分析都纳入了关于每一个联邦地区法院的虚拟变量。由于共线性的问题,我们没有办法把 90 个虚拟变量都纳入进来。我们在对这些模型进行估算时,以联邦地区法院为单位进行了聚类处理。

若我们让地区效应和其他自变量保持恒定的话,*Rs* 与 *Ds* 之间的差异仍然存在,尽管这时候的差异已经非常小了。我们预期,平均起来,在有组织毒品犯罪案件中,*Rs* 所作出的监禁刑罚裁决在期限上要比 *Ds* 长 6.5 个月(6.6% 的增幅);在其他类型毒品犯罪案件中,这一差异是 4.4 个月(4.8% 的增幅);在武器犯罪案件中,差异是 3.5 个月(6.4% 的增幅);在非法移民犯罪案件中,这一数据是 1.1 个月(17.7% 的增幅)。

我们来总结一下关于法官量刑的研究。有证据可以证明意识形态影响了法官的量刑行为,具体表现为:当其他影响量刑的因素得到校正的时候,共和党总统提名的法官所裁决的刑罚通常会更重。不过,意识形态对法官量刑行为的影响是比较温和的,这与我们在本章中的总体分析结论是一致的,即尽管联邦地区法院法官享有很大的自由裁量权,但是在联邦地区法院层面,意识形态所起到的作用是比较微弱的。这一结论为我们在本章之前的部分所讨论的选择效应提供了进一步的支撑;同时这也更加广泛地支持了如下命题:联邦法官的大量行为可以用法条主义分析,而非意识形态裁判来解释。我们还发现有证据可以证明法官具有避免案件被推翻的行为倾
253 向;还有证据可以更广泛地证明联邦地区法官和联邦上诉法院一样,身上存在惰怠的因素。

第六章　发表不同意见和避免发表不同意见

这一章将使用我们关于法官行为的模型来探讨联邦最高法院和联邦上诉法院中不同意见发表的问题，其中将着重分析我们在之前章节中所提到的法官“避免发表不同意见”(dissent aversion)[1]的倾向，即一位法官即便不同意案件裁决的内容，他也不会发表不同意见。我们关于联邦最高法院的数据是1963年、1980年和1990年开庭期的全部司法意见，排除在外的是5个投票结果不相上下的案件以及11个不存在多数意见的案件。我们之所以选择这些年份，是因为这些年份担任首席大法官的是不同的三位，分别是：沃伦、伯格以及伦奎斯特。

我们关于联邦上诉法院的数据主要包括了桑格数据库中在1989年至1991年这段期间内由1025份公开的司法意见书(大约每家联邦上诉法院30份)组成的随机样本。我们选择这一个时间阶段是为了获得每一份多数意见书和不同意见书的接近完整的被引用记录，因为很少有联邦上诉法院
裁决在作出20年之后还有被引用的情况[2](关于引用的数据是来自律商和 255
万律数据库的检索)。我们基于桑格数据库中编码错误的原因而排除了58份意见书，之前在第四章中对此已有了讨论；同时我们也排除了7份满席审理的裁决意见书，不过，我们会对此进行专门的讨论。不够幸运的是，我们的桑格数据库样本中仅有80份不同意见书，占数据库中裁决数量的比

---

① 波斯纳的著作引入了该术语并提供了一个非正式的模型。See Richard A. Posner, *How Judges Think* 31 - 34 (2008).

② 最近的研究表明了，超过20年的联邦最高法院或联邦上诉法院先例较之最近的先例被法官引用的概率要低75%。Ryan C. Black and James F. Spriggs II, “The Depreciation of U. S. Supreme Court Precedent” (Jan. 3, 2011), http://polisci. wustl. edu/files/polisci/black_spriggs_depreciation. pdf (visited Dec. 9, 2011).

例不足8%。不过我们还从桑斯坦数据库中抽取司法意见书，从中我们拿到了422份不同意见书。

发表不同意见的成本和收益

法官会被分配到撰写多数意见书的工作，为了与其同事彼此之间保持良好的关系，他一定会去完成这项工作的，但发表不同意见对于法官来说却是可选择的。由于撰写不同意见书需要耗费法官的精力，因此除非法官预期这样做的收益可以覆盖成本，否则他不会去发表不同意见的。这样做的一项收益就是可以弱化一份他并不支持的多数意见书的影响力，但这种作用可能会被抵消，这是因为不同意见书会让公众的注意力聚焦于多数意见书，并且甚至因为不同意见书要强调多数意见书的有害之处，所以会夸大其潜在的适用范围，这样反而放大了多数意见书的重要性。此外，弱化多数意见书的影响力并非发表不同意见法官的本来意图，其目的在于提高其自身法律观点的影响力。

因此，发表不同意见的主要收益就来自不同意见书所发挥的影响力，以及与之相关的撰写不同意见书的法官个人的声誉强化。在我们的经验研究中，我们用不同意见书被引用的次数作为这一收益的代理变量。③ 不过，对于联邦上诉法院的不同意见书来说，另一个可能的收益在于联邦最
256 高法院更加倾向于向那些存在不同意见的案件发出调卷令。④ 此外，案件中的不同意见还可能触发国会的审查机制，甚至导致国会决定推翻案件裁

③ 关于利用引用数量来量度司法意见书和法官的影响力这一问题，例如可参见以下论文。James H. Fowler et al.,"Network Analysis and the Law: Measuring the Legal Importance of Precedents at the U. S. Supreme Court," 15 *Political Analysis*, 324 (2007)。Also see Richard A. Posner, "An Economic Analysis of the Use of Citations Analysis in the Law," 2 *American Law and Economics Review* 381 (2000); William M. Landes, Lawrence Lessig, and Michael E. Solimine, "Judicial Influence: A Citation Analysis of Federal Court of Appeals Judges," 27 *Journal of Legal Studies*, 271 (1998); Richard A. Posner, *Cardozo: A Study in Reputation* 80 – 91 (1990).

④ Gregory A. Caldeira, John R. Wright, and Christopher J. W. Zorn, "Sophisticated Voting and Gate – Keeping in the Supreme Court," 15 *Journal of Law, Economics, and Organization* 549 (1999); Ryan C. Black and Ryan J. Owens, "Agenda Setting in the Supreme Court: The Collision of Policy and Jurisprudence," 71 *Journal of Politics* 1062 (2009); Adam Hallowell, "Colleagues and Contexts: Dissent Rates on the United States Courts of Appeals" (Harvard College, Dept. of Economics, March 19, 2009, on file with the authors).

决中所确立的法律规则或法律原则。⑤

不同的法官避免发表不同意见的行为倾向在程度上是有所不同的。一份司法意见书除了可以影响手头需要处理的案件以及法律的发展进程之外，它还具有自我表达的特性。对于一个法官来说，如果可以通过自我观点的表达而获得很大效用，那么经常性地发表不同意见给他带来的收益将会超过因为辛劳的工作和同事关系的破坏而给他带来的损失，尤其是当他发现法庭里并没有什么其他的法官支持他的观点的时候。不同意见的发表可以为法官的个人声誉增色不少。霍姆斯大法官的司法声誉很大程度上来自于他的不同意见，类似的还有第二位哈伦大法官，他在沃伦法院中是一位孤独的异见者，他在27%的案件中发表了不同意见，而大法官的这一平均值是18%。

为了解释法官发表不同意见的行为，我们必须先解释一下，为什么在对案件进行裁决的时候，法官们没有办法解决他们彼此之间的分歧。如果可以通过妥协或者放弃自身立场而解决分歧的话，法官之间的意见不一致可以不必公之于众。法官的个性毫无疑问是一个因素。但我们暂且把这一因素放一边，对于一个法庭来说，组成法庭的法官越是具有多样性（也就是说，不同的法官在教育背景、宗教信仰、种族、性别、社会阶层、担任法官之前的职业经历等方面差异越大），他们之间有共同想法的可能性就越小，彼此理解和互信的可能性就越小，有共同偏好的可能性就越小，简言之就是愿意赞同他人的可能性就越小。⑥ 这意味着，较之意识形态分歧而导致的法官意见不一，那些法律技术上的分歧不大容易让法官发表不同意见，这是因为不同的法官进行法律推理的前提都是一致的，因此针对技术性问题，人们比较容易判断答案是正确的还是错误的。而对于意识形态问题上的分歧，那就很难通过协商或者妥协来解决了，因为这些问题更加植根于法官的价值观、个人经历、个性与身份特征以及性情，而不是存在于基于可 257
验证事实的法律信念之中的。对于大多数法官来说，这些意识形态的问题

⑤ William N. Eskridge, Jr., "Overriding Supreme Court Statutory Interpretation Decisions," 101 *Yale Law Journal* 331 (1991).

⑥ 关于支持这一观点的证据（不过是基于州法院中而非联邦法院中不同意见的情况），可参见 Joanna Shepherd Bailey, "Diversity, Tenure, and Dissent," 2010 Judicial Workshop Symposium, Duke Law Journal Legal Workshop (March 2, 2010), http://legalworkshop.org/2010/03/02/diversity-tenure-and-dissent (visited Dec. 9, 2011).

显得更为重要。我们在表6.1和表6.2中分别针对联邦最高法院和联邦上诉法院列出了验证这些推测的证据。

在表6.1中,我们可以看到,在公民自由案件中以及在经济案件中(程度略轻),当不同意见的投票数量增加时,保守派大法官的保守主义立场投票与自由主义立场投票比率的变化。当案件的裁决是以一致同意的方式作出的(表格第一行),即案件的裁决结果是保守派大法官和自由派大法官都同意的,该比率在两类案件中分别为1.15和1.08(表格中该比率超过1,这只是因为在我们的数据所覆盖的时间范围内,保守派大法官的数量要超过自由派大法官的数量)。当案件无法以一致同意的方式作出裁决时,该比率会随着不同意见的投票数量的增加而同比例增长。由此,以5:4的方式作出裁决的公民自由案件中,保守派大法官投出保守主义一票的概率是投出自由主义一票概率的11倍,自由派大法官(如沃伦、金斯伯格和布雷耶)在这一类型案件中投出保守主义一票的概率是8%,而保守派大法官(如伦奎斯特和斯卡利亚)的概率要超过90%。也正如表6.1所示,无论较低层级法院是自由主义倾向的,还是保守主义倾向的,这一失衡的比率总是成立的。这一点和联邦上诉法院是有区别的。正如我们在本书第四章中所分析的,联邦上诉法院法官会受到联邦地区法院裁决的影响,即便该裁决的意识形态倾向与联邦上诉法院法官的倾向并不一致。

我们的推断是,联邦最高法院中那些投票立场有鲜明差异的案件往往是意识形态色彩比较重的案件,而如果大法官之间是因为法律技术原因或者法条主义分析的考量而产生的分歧,我们不会认为这同意识形态有什么关联。我们把不同意见出现的高比例归因于法官的意识形态差异(假定和提名法官的总统所属党派的差异保持一致),但尽管较高的比例反映了作出裁决背后的意识形态因素,但较低的比例并不必然反映对立的一面(基于法条主义分析而作出裁决)。除了法官有避免发表不同意见的行为倾向之外,在一个意识形态化的法院中,之所以会呈现出较低的不同意见出现比例,这可能仅仅是因为法院的所有法官都拥有同样的意识形态立场。

表 6.1　自由主义的大法官(L)、中立的大法官(M)和保守主义的大法官(C)投反对票的情况(1953—2008)

	公民自由案件				经济案件			
	保守主义投票的比例			C/L 的比率	保守主义投票的比例			C/L 的比率
反对票	L	M	C		L	M	C	
0	0.364	0.373	0.418	1.15	0.307	0.315	0.331	1.08
1	0.336	0.464	0.628	1.87	0.406	0.464	0.504	1.24
2	0.270	0.661	0.794	2.94	0.287	0.599	0.603	2.10
3	0.169	0.670	0.846	5.01	0.268	0.62	0.640	2.39
4	0.083	0.653	0.908	10.94	0.202	0.642	0.749	3.71
	较低层级法院的保守主义裁决							
	保守主义投票的比例			C/L 的比率	保守主义投票的比例			C/L 的比率
反对票	L	M	C		L	M	C	
0	0.211	0.217	0.253	1.20	0.200	0.216	0.216	1.08
1	0.259	0.341	0.529	2.04	0.282	0.296	0.358	1.27
2	0.235	0.550	0.731	3.11	0.186	0.533	0.583	3.13
3	0.177	0.604	0.803	4.54	0.255	0.597	0.581	2.28
4	0.097	0.670	0.896	9.24	0.202	0.618	0.747	3.70
	较低层级法院的自由主义裁决							
	保守主义投票的比例			C/L 的比率	保守主义投票的比例			C/L 的比率
反对票	L	M	C		L	M	C	
0	0.620	0.597	0.657	1.06	0.427	0.416	0.444	1.04
1	0.477	0.647	0.776	1.63	0.554	0.633	0.634	1.14
2	0.316	0.756	0.868	2.75	0.412	0.659	0.628	1.52
3	0.160	0.723	0.889	5.56	0.284	0.641	0.702	2.47
4	0.064	0.635	0.924	14.44	0.205	0.675	0.746	3.64

说明:保守派大法官包括:明顿、伯顿、克拉克、里德、哈伦、伯格、伦奎斯特、斯卡利亚、肯尼迪、托马斯、罗伯茨以及阿利托;中立的大法官包括:杰克逊、惠特克、法兰克福特、斯图尔特、鲍威尔、怀特、布莱克门以及奥康纳;而自由派大法官包括:戈德堡、沃伦、福塔斯、布莱克、道格拉斯、布伦南、马歇尔、金斯伯格、史蒂文斯、布雷耶以及苏特。关于这样的一种分类,本书第三章已经作了解释。

我们现在转向关于联邦上诉法院的表6.2,在这里我们首先需要区分每个法庭的不同意见出现比率和每个法官的不同意见出现比率,后者才是我们的主要兴趣所在。在一个由3位法官组成的法庭中,如果所有的法官发表不同意见有着同样的倾向,且法官个体发表不同意见的概率比较低,那么该法庭出现不同意见的概率大致等于一个法官个体发表不同意见概率的3倍。
258 这样的话,如果每个法官发表不同意见的概率为2%,那么整个法庭出现不同意见的概率就是$1-(1-0.02)^3=5.9\%$。如果每个法官发表不同意见的概率为15%,那么整个法庭出现不同意见的概率为$1-(1-0.15)^3=38.6\%$。由
259 于每个法官的不同意见出现比率更加接近于2%,而非15%,所以出于简化计算的考虑,我们假定一个3人法官组成的法庭出现不同意见的概率为该法庭中任一法官个体发表不同意见的概率的3倍。

表6.2　发表不同意见与法庭组成效应(桑斯坦数据库,1995—2008)

	发表不同意见的比率					
	总投票数		投票支持推翻联邦地区法院的裁决		投票支持维持联邦地区法院的裁决	
法庭中其他成员的*R*和*D*结构	*R*	*D*	*R*	*D*	*R*	*D*
RR	1.89	5.94	3.65	8.04	1.22	5.07
	(3287)	(1986)	(905)	(597)	(2376)	(1380)
RD	1.73	2.74	3.01	2.5	1.19	2.88
	(3980)	(2483)	(1197)	(841)	(2764)	(1634)
DD	6.45	2.63	11.75	2.91	3.79	2.43
	(1240)	(952)	(417)	(413)	(819)	(536)
所有的法庭	2.48	3.89	4.68	4.38	1.56	3.66
	(8507)	(5421)	(2519)	(1851)	(5959)	(3550)

说明:1."投票支持推翻联邦地区法院的裁决"一栏的投票数量加上"投票支持维持联邦地区法院的裁决"一栏的投票数量要小于所有投票数的总和,这是因为针对数据库中的49项投票记录,我们无法知道联邦上诉法院究竟是维持还是推翻了联邦地区法院的裁决。

2.括号中时投票的次数。

我们把表6.2中桑斯坦数据库中关于不同意见投票的数据在法庭层面进行加总,得到的结果是,每个法庭出现不同意见的概率为9.1%。[⑦] 这比我们从桑格数据库中所抽取样本而计算出的不同意见出现比率(7.8%)要高。不同于桑格数据库中的样本,桑斯坦数据库中的样本主要是那些意识形态成分超过平均水平的案件,正因如此,不同意见出现概率的差异恰恰说明了,在意识形态色彩较浓的案件中,出现不同意见的可能性会更大。正如我们将会看到的,这两个数据库都将未公开发表的司法意见书排除在外,因此它们实际上都高估了在总体情况下联邦上诉法院法官发表不同意见的平均比率。

在全部由 *Rs* 组成的法庭中,*R* 法官发表不同意见的比率只有1.9%,而当法庭中有两位 *Ds* 的时候,这一比率上升至6.5%。当法庭是推翻而非维持联邦地区法院的裁决时,这一比率会更高。例如,对于一个全部由 *Rs* 组成的法庭来说,当决定维持联邦地区法院裁决时,出现不同意见的概率是1.2%,而当决定推翻该裁决时,这一概率为2.7%。当法庭决定推翻一个裁 260
决时,法官有更大的动力发表不同意见,这是因为异见者可以在联邦地区法院中找到他的同盟军,即那些与他有相同表决立场的法官,异见者可以从这些法官那儿借鉴推理的方法,同时他也可以援引尊重原审裁判的原则来要求联邦上诉法院认同联邦地区法院法官所作出的大部分裁判行为,关于这一点我们在本书第五章中已经提及了。在关于联邦最高法院的表6.1中,我们没有发现这一影响因素的存在,但这同联邦上诉法院法官因为工作量更大而具有了更多的避免发表不同意见的行为倾向是相关的,并且正如我们将会看到的,这同联邦上诉法院的不同意见书所产生的影响力较小也是有关系的。

不同意见也会给多数派的法官带来工作负担上的成本,而且有时候还会给他们带来声誉上的成本,如果不同意见书对多数派法官提出了强有力的批评的话。为了让异见者的批评意见最小化,并且确保多数派阵营中的其他法官不变更投票立场,多数意见书的撰写人往往会修改他的意见书以回应异见者的观点。修改意见书需要付出辛劳的工作,异见法官会因为受到批评而心怀怨恨,由此给他施加了同事关系恶化的成本,令其不受其他法

---

⑦　我们的计算方法是将 *Rs* 和 *Ds* 的不同意见投票比例根据他们各自投票的数量进行加权处理 = (2.48% ×8507 + 3.89% ×5421)/13928) = 3.03%,然后再乘以3。

官的喜爱,而这也会让他在未来的案件中说服其他法官加入多数阵营的难度增大了。[⑧] 这意味着,法官们在未来与异见者的互动过程中不会把这些成本当做如烟的往事。不过,这样的一种拒绝行为是理性的,因为通过在未来的案件中拒绝或者减少同事间的合作关系,多数派法官实现了对异见者的惩罚,因此可以阻止后者经常性地发表不同意见。因此我们预计,在规模较小的联邦上诉法院中,出现异见者的频率会降低,这是因为法官两两之间会有更多的机会在同一法庭中审理案件,由此使得法官有更大的激励在同事关系方面进行投资。[⑨]

当法院的工作量变重之后,撰写不同意见书的工作负担成本会趋于变大;[⑩]同样的,发表不同意见而招致的怨恨也会加重。因为我们预计,在其他
261 情况不变的条件下,异见者的数量与法院的工作量成反比。联邦最高法院的工作量要比联邦上诉法院轻,尤其是当考虑到他所拥有的工作人员数量时。一位联邦上诉法院法官有 3 ~4 位法官助理,他每年要签发 54 份司法意见书,[⑪]这样算来,司法意见书数量与法官助理数量之比为 18:1 至 13.5:1。在 2009 年开庭期(即我们的研究所覆盖的最后一个开庭期),平均每位大法官签发了 8 份多数意见书和 13 份单独意见书(不同意见书加上协同意见书),因此司法意见书数量与法官助理数量之比仅为 5:1(每位大法官有 4 位法官助理)。的确,联邦最高法院的法官助理还要负责对每年数千份调卷令申请进行筛选。不过,对于联邦上诉法院法官的助理来说,他们的工作不仅涉及公开的司法意见书,也涉及那些未公开的司法意见书,而后者的数量更为庞大。通常来说,较之联邦上诉法院的法官助理,联邦最高法院的法官助理们有更为丰富的经验,经过了更为严格的挑选,此外他们的工作更为努力,这与联邦最高法院当下的组织文化是一致的。由此,经过工作质量调整

⑧ See Collins J. Seitz, "Collegiality and the Court of Appeals," 75 *Judicature* 26, 27 (1991).

⑨ Stefanie A. Lindquist, "Bureaucratization and Balkanization: The Origins and Effects of Decision-Making Norms in the Federal Appellate Courts," 41 *University of Richmond Law Review* 659, 695 - 696 and tab. 5 (2007).

⑩ 论文 Virginia A. Hettinger, Stefanie A. Lindquist, and Wendy L. Martinek, *Judging on a Collegial Court* 61 (2006) 提出了一个类似的假设。对于文中所谓的法院"工作量",我们指的是每个法官的工作量,是对每一位法官工作负担的量度,而不是一个法院所审理案件的绝对数量。

⑪ 这里指的是在 2008 年,平均每位联邦上诉法院在任法官所签署的司法意见书。See U. S. Courts, "Federal Court Management Statistics, 2008, Courts of Appeals," www. uscourts. gov/cgi-bin/cmsa, 2008, p. 1 (visited Dec. 9, 2011).

和时间调整之后的联邦最高法院司法意见书数量与法官助理数量的比率还要低于5:1。

经过调整之后的大法官的案件数量显得更少了，这就降低了其发表不同意见的机会成本。而机会成本的降低也部分地来源于如下事实：联邦最高法院在审理案件时倾向于只考虑案件中涉及的一个或者两个事项，并且联邦最高法院可以受益于联邦上诉法院的司法意见书，并从后者那儿得到更为详尽的案件综述和观点阐述，一般情况下这种条件是较低层级的法院所不具备的。如今，联邦最高法院还会收到海量的法庭之友（amicus curiae）意见，其中不乏高质量的内容。联邦最高法院的司法意见书中，协同意见和不同意见占62%（正如我们将会看到的，即便在联邦最高法院层面，大多数协同意见和不同意见所产生的影响都是非常短暂的，除非是像霍姆斯大法官、布兰代斯大法官以及第二位哈伦大法官那样的著名异见者所发表的司法意见），超过了多数意见书所占的比例。由于发表协同意见和不同意见对于法官来说是可选择的行为，因此上述事实很好地说明了联邦最高法院的工作量确实不大。

此外，尽管平均起来联邦最高法院的案件难度要超过联邦上诉法院，但这些案件的难度并不在于分析上的复杂性，而在于其不确定性，这种不确定性要么是来自于大法官们对于案件所包含的意识形态问题存在着无法调和 262
的观点分歧，要么是来自于进行法条主义分析的正统法律渊源缺失或者法律规则中间存在无法解决的含义不清或自相矛盾。案件的不确定性可能并不会造成工作量的增加，但对于联邦最高法院较之联邦上诉法院有更高比例的不同意见这一现象，案件的不确定性就是其中的一个原因。这恰好也反映了本书第五章所讨论的选择效应问题。对于一个案件来说，裁判的难度越大，它进入司法层级最顶端的可能性也就越大。

法官的工作量既影响成本，也影响收益。法院的案件量越大，它对先例进行重新审查的可能性就越小。法官根据先例来裁决案件，这可以减少他在司法裁判过程中因为花费精力而承担的成本，同时这样做也使得法律规则更加具有可预见性，从而减少了法院的案件数量。法院对先例进行重新审查的可能性越小，不同意见书可能具有的影响力就越小，这是因为案件裁判的多数意见会成为先例，而在未来的案件中，先例不大可能被重新审查，联邦最高法院的案件量要相对较少，这必然使得它更加愿意去重新审查先例，而这就增大了联邦最高法院大法官因为发表不同意见而给其带来的收益。此外，当联邦最高法院通过推翻一个先例或者限制一个先例的适用范围导致法律的确定性被破坏之后,案件数量增加带来的压力主要集中在较低层级的法院。

联邦最高法院所审理的许多案件具有很强的政治属性,而且并不存在一个更高层级的法院来约束它的裁判行为。在这种情况下,如果大法官们被要求遵从前任们所确立的先例规则,他们一定不会乐意的(托马斯大法官就曾经明确表示,他不会遵从先例)。较之由 3 人组成的法庭,在联邦最高法院由九位大法官组成的法庭中,发生意见分歧的可能性也就越大,所以我们可以预计的是,听审案件的法官人数越多,不同的意见也就会越多。因此,法庭的人员规模越大,不止一位法官发表不同意见的可能性就越大,同时发表不同意见的成本就越低,这是因为异议法官的行为可能受到其他一位或几位法官(作为不同意见的附和者)的欢迎。如果发表不同意见的法官只有一位的话,那他就没有同盟军了。

反对以上说法的观点可能认为,在联邦最高法院层面,发表不同意见所带来的同事关系恶化成本会更大,因为每一个案件都是由全体大法官共同组成法庭来审理的,而在联邦上诉法院,尤其是在那些较大司法巡回区的上诉法院,一名法官不会很频繁地与另外某一名法官共同审理案件。有人可能会认为,联邦最高法院非常高比例的不同意见会让法官们的生活变得难以忍受,由
263 此会催生法官避免发表不同意见的行为倾向。的确,曾经有一段时间里,大法官们彼此之间的关系很糟糕(例如在 20 世纪 40 年代,以及在 20 世纪 70 年代和 20 世纪 80 年代初的伯格法院);而在其他的时间阶段里,大法官们彼此之间会保持良好的关系,就比如现在。不过,这种同事间关系的起伏变化似乎与大法官发表不同意见的频率并没有什么关系。经常性发表不同意见之外的其他因素所导致的大法官之间的嫌隙当然也会激励大法官们发表不同意见的行为。

此外,当法院的工作量比较小的时候,正如现今联邦最高法院的情况(我们在本书第一章中提及现任大法官们参加了大量业余活动,这可以作为进一步的证据),对于多数派的法官来说,一份不同意见书给他带来的增量成本是非常少的,法官不大会因为其他人发表不同意见而被大大惹怒,他为此需要负担的成本其实非常微弱。而且,在某些情况下,高比例的不同意见实际上可能会降低法官避免发表不同意见的行为倾向,这是因为如果每个人都经常发表不同意见的话,那么多数派的法官就没有什么理由为此而恼火,反而不发表不同意见的法官会发觉自己像局外人一样。

通过前文的分析，我们预计联邦最高法院大法官发表不同意见的比例要高于联邦上诉法院的法官，而我们得到的结论恰恰如此。正如表6.3所揭示的，在联邦最高法院层面，出现不同意见的比例是57.4%，而在联邦上诉法院层面只有2.7%，不过在不同司法巡回区和在不同的时间阶段内，这一数据的差异是非常大的（请参见表中的最小值和最大值两栏）。这些数据反映了"所有司法意见"中不同意见的比例，即用不同意见的数量除以所有作出实体问题裁判的案件。不过，这个数据会有略微的偏差，因为作为"所有司法意见"中不同意见的数据来源，律商和万律实际上并没有提供联邦上诉法院所有的未公开的司法意见（法院会认为某些司法意见的重要性有限，没有必要刊载于《联邦判例汇编》上；而将司法意见公开则意味着法院认为其裁判具有一定的先例作用）。不过，这种偏差是非常轻微的，因为在上述案件中，不同意见是极其罕见的。

表6.3　联邦上诉法院和联邦最高法院的不同意见比例（1990—2007）　（%）

法院	平均值	最大值	最小值	将因为程序原因而审理终结的案件纳入之后的平均值
司法巡回区				
第一	1.7	0.8	3.1	1.4
第二	1.7	0.6	3.8	1.3
第三	2.4	1.5	3.2	1.8
第四	2.5	1.8	3.4	1.8
第五	1.2	0.5	1.7	0.8
第六	4.8	3.5	6.2	3.5
第七	3.0	1.6	4.4	2.2
第八	4.1	2.6	6.1	3.2
第九	4.1	3.1	4.8	3.0
第十	2.3	1.6	3.3	1.9
第十一	1.0	0.6	2.4	0.7
哥伦比亚特区	4.6	2.4	6.6	3.6
所有司法巡回区	2.7	—	—	2.0
联邦最高法院	57.4	45.6	68.7	

说明:1. 关于联邦上诉法院的不同意见比例:根据律商数据库的检索结果,我们把 1990 年至 2007 年每一个司法巡回区中附有不同意见书的司法裁决(包括了公开的或者未公开的)的数量除以每一个司法巡回区每一年度以实体裁判审理终结的案件数量,我们将计算出的结果制成了表格。参见 U. S. Courts, "Judicial Caseload Statistics," tab. B, various years, www. uscourts. gov/Statistics/Federal Judicial Caseload Statistics/Federal Judicial Caseload Statistics. aspx (visited Dec. 9, 2011)。每一个司法巡回区的"平均值"指的是经过当年度以实体裁判审理终结的案件数量加权的该司法巡回区每一年度的不同意见百分比。"最小值"指的是 1990 年至 2007 年最低的年度不同意见比例,而"最大值"则指的是最高的不同意见比例。所有司法巡回区的平均值指的是经过以实体裁判审理终结的案件数量加权的各个司法巡回区数据的平均值。

2. 表格中,纳入了因为程序原因而审理终结的案件这一栏所计算的司法巡回区的不同意见的平均比例是将该司法巡回区中各个年度的不同意见数量除以因为程序原因以及以实体裁判而审理终结的案件总数而得出的。

3. 联邦最高法院的不同意见比例指的是经过言词辩论程序之后所作出的裁决中出现至少一票反对票的百分比(数据来源于斯佩思数据库,覆盖 1990 年至 2007 年开庭期)。和联邦上诉法院的相关计算一样,不同意见比例的最小值和最大值分别指的是最低的和最高的年度不同意见比例。

4. 我们也收集了万律数据库中关于联邦上诉法院中存在不同意见的裁决。万律所记录的不同意见的数量(12,909)与律商所记录的数量(13,288)十分接近,其中的微小差异不会影响我们的分析结果。

表格中的最后一栏修正了计算联邦上诉法院发表不同意见比例的分母,将原先作出实体问题裁判的案件数量调整为作出实体问题的裁判加上作出程序问题裁判的案件数量。这些针对程序问题作出裁判的案件主要是囚犯权利诉讼案件,它们由于程序上的瑕疵,比如不属于联邦法院的管辖范围或者未能及时提出上诉而结案。多数情况下这些案件是以即决命令(summary order)的形式结案的,不会经历案件陈述和言词辩论的程序,裁判
264 文书也不会公开;在这类案件中很少会出现不同意见,这也就解释了为什么当我们把这类案件数量算进去的时候,联邦上诉法院发表不同意见的比例会下降(从 2.7% 降至 2%)。基于桑格数据库和桑斯坦数据库中的样本而计算出来的比例则会高得多。而在和联邦最高法院的这一数据进行对比时,较之基于所有司法意见书数量或者所有结案数量而计算出来的比例数据,这些基于桑格数据库和桑斯坦数据库中的样本而计算出来的数据则是

更有意义的。对于一项并不会公开的司法裁判，法官们不大会费事去公开提出不同意见，这是因为在大多数法院中，这样的司法裁判是不能作为先例 265
而被援引的，因此对其提出不同意见是没什么意义的。

联邦最高法院出现不同意见的比例很高，这是后来才有的现象。根据图6.1的显示，直到20世纪40年代早期，这一比例还是非常低的，而此后这一比例陡然上升，尽管那时所有的大法官都是由同一位总统，即富兰克林·罗斯福提名的。对于这一现象，我们的推断是：这一比例的飙升要归因于大法官们观察到霍姆斯、布兰代斯、斯通以及卡多佐所发表的不同意见成为了这个国家的法律，而在此之前的不同意见很少具有这样的效果。霍姆斯成为了约翰·马歇尔之后联邦最高法院最为杰出的大法官，这主要是因为他非常擅长发表不同意见。大法官们由此感觉到了，发表不同意见具有非同寻常的价值。

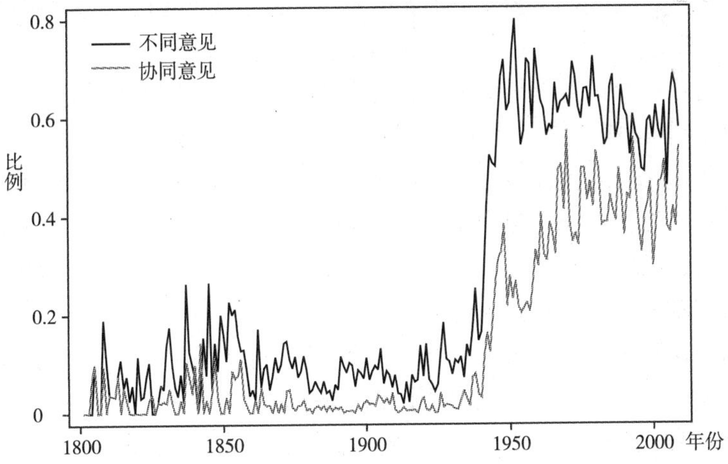

图6.1　联邦最高法院的不同意见和协同意见（1950—2010开庭期）

对于不同意见数量的猛增，一个更为常见的解释是：自斯通在1941年成为首席大法官之后，联邦最高法院对于大法官之间的分歧管理变弱了。[12] 确实，作为首席大法官，众所周知斯通的工作是失败的，不过如果这一解释成立的话，我们应当预期他的继任者会让联邦最高法院回复到塔夫脱和休斯担任首席大法官时期的那种共识典范。不同意见比例呈现长期的增长趋势，对此现象一个更好的解释是出现了一些并非短暂性的发展势头。因此， 266

⑫　参见本书第六章的脚注⑥。

联邦最高法院大法官的不同意见获得持续增加的声誉可能才是真正的原因。

和不同意见书的情形一样，联邦最高法院出现协同意见书的频率要高于联邦上诉法院。在 1953 年至 2008 年的时间范围内，联邦最高法院40.3%的案件中出现了至少一份协同意见书；而在我们联邦上诉法院的案件样本中，这一比例仅为 0.6%。[13] 许多协同意见书表达了不赞同多数意见的观点，不过这些分歧主要在于案件裁判的理由或推理，或者对未来案件的意义，而不是案件裁判结果本身。因此，并不令人奇怪的是，正如图 6.1 所揭示的，从 20 世纪 40 年代早期开始，协同意见书和不同意见书一样，出现了数量飙升的趋势。现如今，协同意见书几乎和不同意见书一样的常见。

我们有必要考虑这样一种可能性：随着法庭规模的扩大，法官之间出现分歧的概率会变大。有鉴于此，联邦最高法院之所以拥有更高的不同意见比例，可能就是因为九人法庭和三人法庭的差异而导致的。

假定在一个人数规模为 n 的法庭中，所有的法官投票支持上诉人 A（概率为 p）或者投票支持上诉人 B［概率为 $(1-p)$］的概率是相同的且彼此独立的。我们用 $\delta(<1)$ 代表当一位法官因不同意法庭中的多数法官而发表不同意见的意愿。在极端地避免发表不同意见的行为倾向下，δ 的值接近于零。我们暂且假定所有法官的 δ 值相同，这样便于我们纯粹地检验法庭规模对法官发表不同意见倾向的影响。

由于出现一致意见裁决的概率是 $p^n+(1-p)^n$，因此在一个人数规模为 n 的法庭中出现至少 1 份不同意见书的概率 $Pd=\delta[1-p^n-(1-p)^n]$。当 δ 值变大或法庭人数规模变大时，Pd 会随之增大，这是因为当 $p<1$ 时，$\partial Pd/\partial\delta>0$，并且 $\partial Pd/\partial n=-\delta p^n \ell np-\delta(1-p)^n \ell n(1-p)>0$。当 $p=0.5$ 时，Pd 的值最大化；当 p 从 0.5 开始偏离时（法庭规模保持不变），Pd 会对称地递减。也就是说，当 $p=0.5$ 时，$\partial Pd/\partial p=-np^{n-1}+n(1-p)^{n-1}=0$。这一结果背后的直觉就是，如果法官们认为该案件当事双方获胜概率差不多时（p
267 的值为 0.5 则意味着案件当事双方势均力敌），出现不同意见的概率会变大。

表 6.4 显示了，法庭的人数规模、法官们投票支持上诉人的概率（p）以及法官避免发表不同意见的行为倾向（或其对立面 δ）是如何决定了出现至

---

[13] Lee Epstein, William M. Landes, and Richard A. Posner, "When and Why Judges Dissent: A Theoretical and Empirical Analysis," 3 *Journal of Legal Analysis* 101, 107 (2011).

少1份不同意见书的概率。例如，如果法官避免发表不同意见的行为倾向保持不变，当法庭的人数规模从3人增加到9人之后，出现至少1份不同意见书的概率会从25%上升至50%；若法庭人数规模保持不变，而当法官避免发表不同意见的行为倾向由90%（δ=0.10）降至0（δ=1）的时候，至少出现1份不同意见书的概率则翻了10倍。当法庭支持上诉人立场的概率由0.90降至0.50的时候，出现至少1份不同意见书的概率也会增加。当p的值为1或者0时，不会出现不同意见书，因为这时候所有的法官要么全部投票支持上诉人（p=1），要么全部支持被上诉人（p=0）。

表6.4　法庭人数规模为n时出现至少一份不同意见书的概率

		法庭人数规模（n）	
ρ	δ	3	9
0.90	0.100	0.027	0.061
0.90	0.250	0.068	0.153
0.90	1.00	0.270	0.613
0.70	0.100	0.063	0.096
0.70	0.250	0.158	0.24
0.70	1.00	0.630	0.96
0.50	0.01	0.075	0.100
0.50	0.25	0.188	0.249
0.50	1.00	0.750	0.996

表6.5将分析扩展至意识形态立场对立的法官，该表显示法官在意识形态上的对立会增加不同意见书出现的可能性。当法官避免发表不同意见的行为倾向不变（从上到下观察表格的各行数据）时，由9位法官组成的法庭出现不同意见书的概率是3人法庭的差不多2倍。这是纯粹的法庭规模效应。不过我们知道，联邦最高法院实际上的不同意见比例要接近10倍于联邦上诉法院，而若我们把未公开的联邦上诉法院裁判也纳入进来的话，这一差距将达到20倍。这些比率数据强有力地证明了，较之联邦最高法院，联邦上诉法院法官拥有的避免发表不同意见的行为倾向要高得多。

表 6.5　法庭人数规模为 n 时法官不同意识形态条件下出现至少一份不同意见书的概率

			法庭规模和组成结构			
ρR	ρD	δ	2*Rs* & 1*D*	2*Ds* & 1*R*	5*Rs* & 4*Ds*	4*Rs* & 5*Ds*
0.9	0.7	0.1	0.043	0.055	0.086	0.089
0.9	0.7	0.25	0.108	0.138	0.215	0.222
0.9	0.7	0.7	0.301	0.399	0.601	0.623
0.9	0.7	1	0.43	0.55	0.858	0.89

说明:ρR 和 ρD 分别是指一位 *R* 和一位 *D* 发表不同意见的概率。

一个原因是,在我们的数据所覆盖的时间范围内,联邦最高法院“法庭”的人员组成一直是混合的,也就是说,其中包括了不同党派总统所提名任职
268 的大法官;从来没有出现过 9 名 *Rs* 或者 9 名 *Ds* 的情形。区别于全部法官由同一党派总统提名的法庭,联邦上诉法院中的混合法庭可以被适当地用来与联邦最高法院作对比,我们也的确发现,在 1025 件公开的联邦上诉法院司法意见书样本中,混合法庭有着更高的不同意见比例,达到了 8.6%(626 份司法意见书对应有 54 份不同意见);而其他法庭的这一比例为6.5%(399 份司法意见书对应有 26 份不同意见)。不过这一差别不具有统计学上的显著性,而且即便是更高的那个百分比数据也要远低于联邦最高法院不同意见的比例数据。

就法庭规模、意识形态的多元化、案件的处理难度或其重要性、法庭对经过挑选的案件而非所有的案件进行裁判这一事实(这与案件的处理难度尤其是案件的重要性相关)而言,满席裁决是联邦上诉法院中最接近联邦最高法院裁决的情形。所以毫不奇怪的是,在桑格数据库的样本中,只有满席裁决的不同意见比例才比得上联邦最高法院。总共 7 份满席裁决中出现了 3 份不同意见书,比例达到了 43%。

不过,7 个样本的数量太小了,以至于我们没办法据此作出一个具有统计学上显著性的推断。因此我们从万律数据库中搜集了 2005 年至 2010 年这 5 年所有的满席裁决。表 6.6 列出了分析结果。不同意见的比例是 77%,这要远高于之前我们 7 份样本中的不同意见比例(说明如果根据小样本进行推断的话,会落入陷阱),同时也要比联邦最高法院的这一数据高出许多。然而,这并不能驳倒如下观点:联邦上诉法院法官避免发表不同意见

的行为倾向要甚于联邦最高法院的大法官。首先一点就是,参与满席审理 269
的平均法官数量大致是12.5人。⑭

表6.6　联邦上诉法院满席审理中的不同意见(2005—2010)

司法巡回区	法定的在任法官职位数量	以实体裁判形式审理终结的案件数量	根据万律数据检索而计算出的2005—2010满席审理的裁决数量	以实体裁判审理终结的案件中满席审理裁决的百分比	存在不同意见的满席审理裁决数量	满席审理中出现不同意见的比例
第一	6	5157	10	0.19	8	0.80
第二	13	16,072	6	0.04	5	0.80
第三	14	11,672	15	0.12	9	0.60
第四	15	14,348	8	0.06	7	0.88
第五	17	21,148	22	0.10	18	0.82
第六	16	12,888	29	0.23	27	0.93
第七	11	7679	12	0.16	7	0.58
第八	11	10,431	33	0.32	28	0.85
第九	29	30,523	88	0.26	70	0.80
第十	12	7584	15	0.2	9	0.60
第十一	12	16,714	19	0.11	10	0.53
哥伦比亚特区	12	2763	7	0.22	5	0.71
总计	179	156,979	264	0.17	203	0.77

更重要的是以下事实:正如表6.6所显示的,接受满席审理的案件占全部联邦上诉法院案件的数量不到0.25%,这就有力地说明了联邦上诉法院法官存在强烈的避免发表不同意见的行为倾向。除了额外的工作负担这一因素之外(在绝大多数情况下,满席审理是一种对案件进行重新审理的程序,也就是说案件之前已经由一个三人法庭审理并作出裁判),对于作出的裁判被其同事驳回,法官们会高度敏感,这不同于裁决被陌生人(比如联邦最高法院大法官)驳回。联邦最高法院大法官不是他们的同事,即便部分或

⑭　数据系根据表6.5计算得出,但第九巡回上诉法院除外,尽管那儿有29个法定的法官职位,但其满席审理是由11位法官(首席法官加上另外10位随机产生的法官)组成的法庭来进行的。我们之所以说“大致是12.5人”,这是因为法官的职位可能遇到空缺的情形,或者因为原先审理案件的法庭中的某位资深法官后来又被允许参加对该案件进行复审的满席审理。

者所有的大法官会对个别联邦上诉法院法官非常熟悉。这样一来,如果经常进行满席审理的话,联邦上诉法院法官之间的同事关系将会受到极大的
270 影响,所以很少有案件能进入满席审理程序,除非法院的成员强烈反对法庭所作出的裁判。而一个案件进入满席审理程序的前提几乎就是法官们彼此之间存在严重的分歧,由此出现不同意见书的比例自然就会很高。相反,在联邦最高法院层面,决定受理某个案件可能反映了联邦最高法院与较低层级法院之间的分歧(可以从2/3的案件被驳回的这一比例中推断出来),但这并不必然反映了大法官们在实体问题上的分歧,尽管常常的确如此。

我们所作的研究似乎暗示了,联邦最高法院大法官不存在避免发表不同意见的行为倾向。然而,我们知道事实并非如此,这一判断不仅是来自于20世纪50年代和20世纪60年代联邦最高法院大法官们在种族隔离案件的裁决上结成了统一战线,还来自于我们在本书第三章中对联邦最高法院一致意见裁决的分析(我们在其中发现,联邦最高法院大法官们至少存在着微弱地避免发表不同意见的行为倾向)。我们还必须考虑这样一种被称为投票"流动"(fluidity)的情形,即大法官变更了其投票立场,在最后签发案件裁决时的投票立场不同于其在庭后会议(postargument conference)时的观点立场。从1969年到1985年的开庭期内,至少有1位大法官在36.6%的案件中改变了其投票立场,⑮尽管平均起来,单个法官只是在7.5%的案件中变换了其投票立场。⑯ 这些转换投票立场的法官通常是站在了多数派意见一边。例如,当怀特大法官最初与多数法官投票立场一致时,他只是在3.3%的概率情形下会最终成为异议者;而当他最初的投票立场属于少数意见时,他在22.5%的概率情形下会最终成为多数意见者的一员。⑰

尽管造成投票流动的原因可能是多数意见有很强的说服力,而不是因为法官避免发表不同意见的行为倾向,这一结果可能也是由一种组织压力所导致的,这种压力让大法官们在相当一部分的案件中作出了一致意见裁决,为的是让联邦最高法院的法律属性看起来更强,而政治属性看起来较弱。在欧洲大陆国家的司法体制中,这样的一种组织性对不同意见发表的抑制是其所具

---

⑮ Forrest Maltzman and Paul J. Wahlbeck, "Strategic Policy Considerations and Voting Fluidity on the Burger Court," 90 *American Political Science Review*, 581, 587 (1996).

⑯ Id. at 588 (tab. 1).

⑰ Id.

有的明显特征。传统上，这些国家不允许法官公开地发表不同意见。

我们甚至没有办法肯定，联邦最高法院大法官避免发表不同意见的行为倾向会小于联邦上诉法院的法官。我们可以回忆一下，联邦上诉法院全部案件中的不同意见比例不到3%，桑格数据库中公开裁决的案件样本的这一比例为7.8%，桑斯坦数据库中那些公开裁决的、具有意识形态重要性的联邦上诉法院案件样本的这一比例为9.1%，而满席审理案件的这一比例是 271 77%。这一阶梯状的比例数据意味着，案件的属性决定了法官是否发表不同意见（尽管在满席审理的情形下，法庭的人数规模几乎肯定也是一个因素），反过来也就说明了这样一种可能性：联邦最高法院出现更高的不同意见比例主要反映了那些被挑选出来进行审理的案件的属性特征。

法庭组成效应

为了检验法庭人员结构对不同意见书出现频率的影响，我们必须更加仔细地思索一下，为什么法庭中的多数派法官会对少数派法官进行让步（我们假定法庭由3位法官组成）。一种可能性是，那个落单的法官扮演了一个检举者的角色。[18] 另一种可能性是，他可能在法庭评议过程中带来了更加深刻的见解，而这些见解是与其立场不同的法官们在此前忽略的。[19]

当然，这一解释的前提就是存在法庭的评议活动。然而，法官们对案件的评议并没有外界认为的那么多，至少在我们对评议这一词语的通常意义理解层面上是这样的（在下一章中我们还将回到这一问题）。作为继勒恩德·汉德法官之后最有才干，也是最具影响力的联邦上诉法院法官，亨利·弗兰德里会经常性地发表不同意见。“在其接近27年的法官生涯（从1959年9月至1986年3月）中，弗兰德里法官不仅撰写了800份左右的其所在法院的公开的多数司法意见书，他还撰写了103份不同意见书以及88份协同意见书或者部分反对意见书。而所有这些单独意见书在某种程度上都可以被视为其发表了不同意见。即便弗兰德里法官所撰写的一份意见书是用

⑱ Frank B. Cross and Emerson H. Tiller, "Judicial Partisanship and Obedience to Legal Doctrine: Whistleblowing on the Federal Courts of Appeals," 107 *Yale Law Journal* 2155, 2175–2176 (1998).

⑲ See Matthew Spitzer and Eric Talley, "Left, Right, and Center: Strategic Information Acquisition and Diversity in Judicial Panels," *Journal of Law, Economics, and Organization* (*forthcoming*).

'弗兰德里同样认为'这样的短语开头或者即便他同意法庭的裁决时,他给出的论证也是和多数派法官不一样的。不同的论证方式当然是非常重要的,因为它可以指出基于略有差异的案件事实而导出不一样的结论”。[20] 那么,为什么弗兰德里法官在这么多的案件中都没有能够说服他的同事呢?意识形态方面的紧张关系似乎不是主要的因素。原因(或原因之一)可能是弗兰德里法官所在的第二巡回上诉法院在其任职期间并没有通常形式的案件评议活动。在言词辩论的庭审程序结束之后,法庭通常并不会召集会议,尽管在把多数意见书的撰写任务具体分配给法庭中的某位法官之前,法官们会常常交换各自的庭后备忘录。[21] 这意味着,一个法官可能在听取别的法官意见之前就开始动笔撰写司法意见书了,而一旦这个法官完成了司法意见书的撰写,他就不大会再改变其投票立场了,因为这是很没面子的事情。

272

显然,影响不同意见书出现概率的一个主要因素是法庭成员之间就某一个特定案件结果的偏好差异程度,这会通过异议法官与多数法官在某个特定案件上的意识形态分歧表现出来。分歧越大,出现不同意见书的概率就越高。[22] 若一个法官强烈地认为案件应当以某种方式裁判,而其他两位法官尽管倾向于以另一种裁判方式,但并非强烈地如此认为,这时候两人之中的一人也许会决定附和前一位法官的意见以避免招致其憎恶,可能也希望在未来的案件中,若他对某种裁判方式有强烈的意愿而其他法官没有的话,他能够获得类似的互惠对待。而一旦一位法官决定倒向最初的异议法官,余下的那个法官基于同样的原因,或者出于避免发表不同意见的行为倾向,可能也会作出同样的选择。

意识形态上的分歧可不像在追求共同目标的过程中,彼此对于如何选择最佳实现方式存在不同意见,这是因为持有不同意识形态立场的人进行论理的前提是不一样的。在一个法庭中,一个自由派法官不可能提出让另

---

⑳ Michael Boudin, "Friendly, J., Dissenting," 61 *Duke Law Journal* 881, 882 (2012). 他撰写了800份公开的司法意见书,这意味着他大约听审了2400起案件,而如果我们根据布丁(Boudin)的口径,把他撰写的88份协同意见书或者部分不同意见书都视为不同意见书的话,那么他总共撰写的不同意见书有191份,这相当于8%的发表不同意见比例。

㉑ See David M. Dorsen, *Henry Friendly: Greatest Judge of His Era* 87 (2012).

㉒ Virginia A. Hettinger, Stefanie A. Lindquist, and Wendy L. Martinek, "Separate Opinion Writing on the United States Courts of Appeals," 31 *American Politics Research* 215 (2003).

两位保守派法官改变其意识形态的事实和论点，反之亦然。不过，当这位法官较之其他法官对案件裁判结果有更为强烈的倾向时，这意味着案件的裁判结果会给这位法官来带来更多的收益，因此他会愿意承担更多的成本（通过撰写不同意见书）来追求这一裁判结果。因此，这位可能发表不同意见的法官对于其他法官来说是一个可置信的威胁（credible threat），令他们付出更大的工作强度，并可能带来面子上的损失。如果法庭作出该名法官所希望获得的裁判结果导致其他法官的成本并没有超过收益（因为其他法官对案件裁判结果没有强烈的倾向），那么其他法官是会作出让步的。 273

一个类似的例子就是陪审团的钉子户（jury holdout）。如果一位陪审员对其参与陪审的案件的裁判结果有着某种强烈的倾向，那么他会愿意拖延陪审团的审议程序，并承担更大的成本负担。这样一来就增加了陪审团中多数派的工作成本，由此导致其他陪审员作出让步，或至少作出某些妥协。通常来说，陪审团的裁决必须以一致同意的方式作出，这就使陪审团中的反对者较 3 人法庭中的异议法官处于更为有利的地位。此外，在包括陪审团评议在内的各类社会环境中，通常都会存在的迎合主流观点的压力在联邦上诉法院的法庭中显得较弱，这是因为联邦上诉法院有着悠久而光荣的发表不同意见的传统。不过这种压力也并非不存在，正如我们在本书第四章中所得出的结论，联邦上诉法院的案件审理中存在从众效应。

一个关于法官决定是否发表不同意见的正式模型

借助于一个正式的模型，我们可以更好地了解法官可能发表不同意见的行为。在这个模型中，决定法官的表决立场的因素包括他对适用成文法律和先例的观点、他的意识形态倾向、法庭的组成结构以及该法官避免发表不同意见的行为倾向有多大。

我们用 C_R 和 C_D 分别代表共和党总统和民主党总统所提名的法官在一个案件中希望支持作出保守主义裁决的概率，其中 $1 > C_R > C_D > 0$（我们忽略那些没有意识形态成分或者属于混合意识形态类型的案件结果）。我们用 V_R 和 V_D 分别代表共和党总统和民主党总统所提名任职的法官在一个案件中实际支持作出保守主义裁决的概率。此概率不仅取决于 C_R 和 C_D，还取决于法庭组成结构、法官不同意多数意见的概率以及当法官反对多数意见时愿意撰写不同意见书的概率。由此： 274

$$V_R = \mu_R(CR) + (1 - \mu_R)\,[C_D(1 - \delta) + C_R\delta] \tag{1}$$

$$V_D = \mu_D(C_D) + (1 - \mu_D)\,[C_R(1 - \delta) + C_D\delta] \tag{2}$$

其中，μ_R 和$(1-\mu_R)$分别代表当我们讨论的法官是一位 *R* 时，*Rs* 占据多数的法庭和 *Ds* 占据多数的法庭的比例；μ_D 和$(1-\mu_D)$则分别代表当我们讨论的法官是一位 *D* 时，*Rs* 占据多数的法庭和 *Ds* 占据多数的法庭的比例。和前面的一样，δ 代表法官发表不同意见的意愿。我们也可以把 δ 理解为一名法官在多少比例的案件中会不同意多数法官的意见并且实际上撰写了不同意见书。

在我们的模型中，

$$\delta = f(N, X/N, z) \tag{3}$$

N 是一个司法巡回区中的法官人数，*X/N* 是该司法巡回区每位法官平均处理的案件数量，*z* 则是影响 δ 的其他因素。我们的预期是，*N* 的值越大，维持良好的同事关系给一个法官带来的益处就越小，因此他发表不同意见的意愿就会越大。我们还预期，*X/N* 的值越大，发表不同意见给法官带来的勤劳工作和维持良好同事关系的边际成本就会越大，由此就降低了法官发表不同意见的行为激励。

由于在联邦最高法院层面不存在法庭组成效应，因此对其来说，若假定 *Rs* 是多数派大法官，那么 $\mu_R = 1$，而 $\mu_D = 0$，则方程式(1)和(2)可简化为 $V_R = C_R$ 以及 $V_D = C_R(1-\delta) + C_D\delta$。如果联邦最高法院的 δ 的值趋近于 1(基于前文所讨论的理由，我们认为 δ 的值趋近于 1 的可能性是非常大)，那么大法官们的表决行为几乎总是取决于他们自身真实的意识形态偏好以及 C_R 和 C_D。

尽管 δ 代表了一位法官发表不同意见的意愿，但反对票的比例实际上要低于人们基于上述意愿水平而作出的预期，尤其是在联邦上诉法院的 3 人法庭中。试想一下，对于一位 *R* 来说，当他与法庭中其他两位 *Ds* 法官产生分歧时，他的 δ 值是 25%。此外，假定该法院的法官中还有四位 *Rs* 和七位 *Ds*。
275 平均起来，在 38% 的案件中，这位法官将是法庭中唯一的一名 *R*，而他在同一个法庭中与其他一位或两位 *Rs* 共事的概率是 0.62。我们进一步假定 *Rs* 和 *Ds* 之间的意识形态立场差距非常大——比如说 C_R 和 C_D 的值分别是 0.7 和 0.3。这样一来，一位 *R* 和一位 *D* 在 40% 的情形下会出现意见分歧。而

因为 δ 的值为 25%，则一位 *R* 会在 10% 的他作为法庭少数派的案件中发表不同意见（40% 的 25%）。但是，总体上不同意见的出现比例要比这低，这是因为在一些案件中他是作为了法庭中的多数派。在我们的例子中，一位 *R* 只在 3.8% 的情形下会发表不同意见，这是因为他只是在 38% 的情形下会与两位 *Ds* 共同组成审判法庭，而他只在其中 10% 的案件中发表不同意见。与此相反，一位 *D* 会在 1.8% 的案件中发表不同意见，这是因为他只在 18.1% 的情形下会与两位 *Rs* 共同组成审判法庭。

在我们的例子中，所有法官发表不同意见的平均比例是 5 位 *Rs* 发表不同意见比例与 7 位 *Ds* 发表不同意见比例的加权平均数，因此计算得 2.6%，这远比我们开始探讨的 25% 的 δ 数值要低。不过，不同意见的数量占已决案件的比例（大约是）2.6% 的 3 倍，这是因为在每个案件中都会有 3 个投票记录。所以，如果每个法官每年听审 100 起案件，那么由 12 位法官组成的司法巡回区中就有 1200 起案件，这样就有总共 3600 项投票记录，其中有 94 票的反对票，换句话说每 100 起已决案件中会出现 7.8 份不同意见书。

对于我们假定的一个由 12 位法官组成的司法巡回区，表 6.7 显示了人们会如何期待不同意见的比例会随着法庭人员组成结构、避免发表不同意见的行为倾向以及 *Rs* 和 *Ds* 之间的意识形态差距的改变而改变。为了简化起见，我们假定（稍后我们会放宽这一假设），只有当一位法官与其他两位由对立政党的总统提名而任职的法官共同组成审判法庭的时候，他才会发表不同意见。因此，如果法院中有 10 位 *Rs* 和 2 位 *Ds*，那么一位 *R* 与两位 *Ds* 共同组成审判法庭的概率只有 1.8%，而一位 *D* 与两位 *Rs* 共同组成审判法庭的概率达到了 81.8%。正如我们在第（5）栏和第（6）栏中看到的，假定一位少数派的法官在 40% 的情形下会与多数派法官产生意见分歧，并且在 25% 的这些产生意见分歧的案件中会发表不同意见，那么 *Rs* 只会在 0.2% 的案件中发表不同意见，而 *Ds* 的这一比例为 8%。与之形成对照的是，在表格中有阴影的一行中，*Rs* 和 *Ds* 的数量是相等的，这样一来 *Rs* 和 *Ds* 发表不同意见的比例则均为 2.7%。

表6.7　作为发表不同意见的意愿、意识形态差异以及法庭组成结构函数的法官发表不同意见行为

法院的组成结构		司法巡回区中出现不同意见的概率		反对票的比例		出现一票反对票的案件比例			
				$C_R = 0.7$ $C_D = 0.3$		$C_R = 0.7$ $C_D = 0.3$		$C_R = 0.6$ $C_D = 0.4$	
				$\delta = 0.25$	$\delta = 0.25$	$\delta = 0.25$	$\delta = 0.10$	$\delta = 25$	$\delta = 1$
R	*D*	*R*	*D*	*R*	*D*	所有法官	所有法官	所有法官	所有法官
(1)	(2)	(3)	(4)	(5)	(6)	(7)	(8)	(9)	(10)
10	2	0.018	0.818	0.002	0.082	0.045	0.009	0.023	0.091
9	3	0.055	0.655	0.006	0.066	0.062	0.012	0.031	0.123
8	4	0.109	0.509	0.011	0.051	0.073	0.015	0.034	0.145
7	5	0.181	0.382	0.018	0.038	0.079	0.016	0.040	0.159
6	6	0.272	0.272	0.027	0.027	0.082	0.016	0.041	0.163
5	7	0.382	0.181	0.038	0.028	0.079	0.016	0.040	0.159
4	8	0.509	0.109	0.051	0.011	0.073	0.015	0.034	0.145
3	9	0.655	0.055	0.066	0.006	0.062	0.012	0.031	0.123
2	10	0.818	0.018	0.082	0.082	0.045	0.009	0.023	0.091

如果*Rs*与*Ds*之间的意识形态立场差距缩小了，这样的话出现潜在观点分歧的机会也会减少，进而出现不同意见的比例就会降低。举例而言，假
276 如意识形态变量C_R和C_D分别是0.6和0.4（而不是之前的0.7和0.3），这使两者意识形态立场差距由0.4缩小至0.2，也就是说同一法庭中的一位*R*和一位*D*只在20%的案件，而非40%的案件中会出现观点分歧，这样一来出现不同意见的比例就会减少一半［请比较第（7）栏和第（9）栏］。然而，正如第（10）栏所示，即便法官避免发表不同意见的行为倾向不复存在（$\delta = 1$），每个法官发表不同意见的比例仍然很低；若司法巡回区中的*Rs*和*Ds*人数相当，即最大化了混合法庭的比例，同时在我们假设的条件下，这也最大化了一位法官发表不同意见的可能性。一位法官只会在5.4%的案件中发表不同意见（0.2×0.272），尽管在16.2%（$3 \times 5.4\%$）的案件中会出现不同意见。

方程式（1）至（3）中的假设是，只有当一位*R*或者*D*与其他两位对立党派总统所提名的法官共同组成审判法庭时，他才会发表不同意见，但这并不符合实际，因为这等于是假设所有的*Ds*在所有的案件中都是自由派法官，

而所有的 *Rs* 在所有的案件中都是保守派法官。但事实上存在以下情况的案件:(1)即便组成法庭的全部是 *Rs* 或者 *Ds*,其中的某位法官仍然会发表不同意见;或者(2)如果法庭中某位法官较之其他法官对案件的裁判结果有更为强烈的倾向时,则其他一位或者两位法官会转变立场,反而支持这位潜在的异议法官;以及(3)有时候,考虑到第三位法官对裁决内容的关切,多数派法官会限缩裁决的理由,或者软化司法意见书的语言表述,从而避免了不同意见的出现。[23] 第(1)种情况下,不同意见的比例会上升;第(2)种情况下,如果一位法官改变了其投票立场,则不同意见的比例没有改变,而如果两位法官都改变了其投票立场,那么不同意见的比例会降低;第(3)种情形则会降低不同意见的比例。

避免发表不同意见的效应以及意识形态多元化的效应这两者的叠加会使法官表决行为中的意识形态成分减少,这意味着 $V_R < C_R$ 并且 $V_D > C_D$,也就是说 *Rs* 和 *Ds* 实际投票行为的差异要小于人们基于提名他们任职的总统所属党派而对其投票行为差异所作出的预期。由此,我们改写了关于法官投票行为的方程式[方程式(1)和(2)],用该法官的意识形态以及他所在司法巡回区中由另一政党的总统所提名任职的那些法官的意识形态进行加权平均,而这些权重则同时取决于法庭的意识形态结构以及法官规避发表不同意见的行为倾向。由此: 278

$$V_R = C_R(\mu_R + (1-\mu_R)\delta) + C_D(1-\mu_R)(1-\delta) \tag{4}$$

$$V_D = C_D(\mu_D + (1-\mu_D)\delta) + C_R(1-\mu_D)(1-\delta) \tag{5}$$

若一位法官赋予对立意识形态法官的意识形态权重以正值的话,那么只要他或多或少存有规避发表不同意见的行为倾向,我们就可以在公式(4)和(5)中观察到意识形态立场得以缓和的现象。

在表格 6.8 中,我们可以看到,若 δ 与法官自身的意识形态保持不变的时候(只要 $\delta < 1$),当 *Rs* 与 *Ds* 的比值下降,则所有的法官在表决时都会表现出更少的保守主义。因此,如果我们对 *Rs* 与 *Ds* 比值不同的法院中的法官

㉓ 对于"当法庭中只有两位而非三位法官是因同一党派总统的提名而任职的时候,多数派的意识形态立场会受到节制"这一现象,桑斯坦的著作给出了证据。Cass R. Sunstein et al., *Are Judges Political? An Empirical Analysis of the Federal Judiciary* 20－21 (2006) (tab. 2－1).

投票行为进行比较,从而来推断法官的意识形态立场的话,这会产生误导性的结果。例如,对于一位 R 来说,若 δ 的值小于等于 0.25,假定一种情况是他所在的法院中另有 3 位 Rs 和 9 位 Ds,而第二种情况是另有 10 位 Rs 和 2 位 Ds,那么前一种情况下这位法官会表现出较少的保守主义立场。

表 6.8 意识形态化的投票行为

法庭组成结构		假定实际的意识形态偏好为 C_R 等于 0.7、C_D 等于 0.3 的条件下,同一党派和不同党派总统所提名任职的法官的保守主义投票的比例							
		δ=0		δ=0.25		δ=0.50		δ=1	
R	D	V_R	V_D	V_R	V_D	V_R	V_D	V_R	V_D
(1)	(2)	(3)	(4)	(5)	(6)	(7)	(8)	(9)	(10)
10	2	0.693	0.627	0.694	0.545	0.696	0.464	0.7	0.3
9	3	0.678	0.562	0.684	0.497	0.689	0.431	0.7	0.3
8	4	0.656	0.503	0.667	0.453	0.678	0.402	0.7	0.3
7	5	0.628	0.453	0.646	0.414	0.664	0.376	0.7	0.3
6	6	0.591	0.408	0.618	0.382	0.646	0.354	0.7	0.3
5	7	0.547	0.372	0.585	0.354	0.624	0.336	0.7	0.3
4	8	0.496	0.344	0.547	0.333	0.598	0.322	0.7	0.3
3	9	0.438	0.322	0.503	0.317	0.569	0.311	0.7	0.3
2	10	0.372	0.307	0.455	0.305	0.536	0.304	0.7	0.3

说明:1. V_R 指的是共和党总统所提名任职的法官的保守主义投票比例;

V_D 指的是民主总统所提名任职的法官的保守主义投票比例。

2. 参见表 6.7 的第二项说明。

这就意味着,如果我们用联邦上诉法院中某位法官的所有表决记录来推测其一旦被任命为联邦最高法院大法官之后会如何投票,那可能是靠不住的,这是因为在联邦最高法院层面,大法官避免发表不同意见的行为倾向是非常弱的。所以我们可以看一下那些曾经较长时间担任联邦上诉法院法官,而目前在联邦最高法院任职的大法官(以及最近退休的史蒂文斯大法官)。在我们的桑格数据库样本中,那些后来被提名到联邦最高法院任职的联邦上诉法院法官的保守主义立场投票比例为(括号中为投票的次数):史蒂文斯 0.372(43),斯卡利亚 0.571(35),肯尼迪 0.421(19),金斯伯格

0.371(97),布雷耶0.592(103)以及阿利托0.386(44)。[24] 除了史蒂文斯之外,这些数据与这些法官在联邦最高法院任职期间内的保守主义投票比例(根据斯佩思数据库统计)没什么关联度,后者分别是:史蒂文斯0.313,斯卡 279
利亚0.774,肯尼迪0.655,金斯伯格0.274,布雷耶0.327以及阿利托0.756。斯卡利亚和肯尼迪所任职的联邦上诉法院是由民主党总统提名的大法官占主导的,他们那时候的投票较之后来在联邦最高法院的投票显得更为自由主义。史蒂文斯和金斯伯格所任职的联邦上诉法院也是由民主党总统提名的大法官占主导的,他们二位在联邦上诉法院的投票和在联邦最高法院的投票同样是自由主义倾向的。布雷耶在联邦上诉法院任职时,大多数法官是由共和党总统提名的,他在联邦上诉法院的投票较之后来在联邦最高法院的投票显得更为保守主义;阿利托在联邦上诉法院任职时,大多数法官也是由共和党总统提名的,不过他在联邦最高法院的投票更为保守主义。

经验分析

我们的预计是,司法工作量的减少会降低法官发表不同意见的机会成本,并由此增加其发表不同意见的频率。此外,我们还预计,法官群体的意识形态异质性越强,他们彼此之间发生观点分歧的可能性就越大,因此出现不同意见的比例就会增加。对于协同意见,我们预计其和不同意见的效应是类似的。为了验证这些假设,我们在表6.9中对联邦最高法院1953年至2008年开庭期范围内的年度数据进行了回归分析。

---

[24] 我们将罗伯茨、索托马约尔、苏特以及托马斯排除在外,这是因为桑格数据库中关于他们的投票记录很少,其中记录托马斯的投票次数只有15次,苏特是3次,而罗伯茨和索托马约尔均为0。我们将联邦上诉法院中在任 *Rs* 在其所属司法巡回区中供职期间各个年度的保守主义投票比例进行平均处理,以此来估算这些法官的保守主义投票比例。由于在法官的任职期间内,联邦上诉法院的法官组成结构是会发生变化的,所以我们并不清楚样本法官的投票记录在多大程度上与司法巡回区中的法官组成结构相对应。同样我们也无法将法庭组成效应与法官的投票情况相对应,这是因为我们的样本案例中的法官投票所反映的法庭组成效应可能不同于该司法巡回区的平均法庭组成效应。

表 6.9 对联邦最高法院不同意见和协同意见比例的对数所进行的回归分析(1953—2008)

	Log(不同意见书的总数/裁决总数) (1)	Log(协同意见书的总数/裁决总数) (2)
Log Caseload	-.330*	-0.059
	(2.52)	(0.29)
Log Other Cases	-0.015	0.211**
	(0.45)	(3.10)
西格尔-科韦尔得分的标准差	0.596**	0.307
	(3.95)	(0.93)
时间趋势	-0.004	0.017**
	(1.94)	(3.18)
代表 1953—1955 年的虚拟变量	-0.351**	-0.36
	(3.63)	(1.64)
常数	8.867**	-33.912**
	(2.02)	(2.99)
R^2	0.34	0.70
观测数量	56	56

说明:所有的回归分析都包括了 56 个观测值,并且使用了稳健的标准误。

因变量分别是不同意见书的数量除以案件裁判数量[方程式(1)]以及协同意见书的数量除以案件裁决的数量[方程式(2)]。[25] 如果一个法院裁决了 100 个案件,其中 40 个案件中出现了各一份不同意见书,20 个案件中出现了各 2 份不同意见书,5 个案件中出现了各 3 份不同意见书,这样总共有了 95 份不同意见书(40×1+20×2+5×3),那么算起来平均每个案件就出现了 0.95 份不同意见书。而自变量有:*Caseload*(经过言词辩论程序的案

㉕ 我们也采用了替代性的因变量来进行回归估算。这些替代性的因变量,例如至少出现一份不同意见书的案件比例(这样就不再区分出现一份不同意见书的案件以及出现两份或两份以上不同意见书的案件)、每份司法意见书中出现反对票的平均数量、出现一份或者一份以上协同意见书的案件比例。回归估算的结果与我们在本章中报告的结果是类似的。

件裁决数量）、*Other Cases*（未经言词辩论程序的案件裁决数量加上一小部 281
分有别于上诉案件的初审案件裁判数量以及一些投票结果为平局的案件）、大法官们西格尔－科韦尔得分的标准差、用以解释诸如针对拒绝发出调卷令而发表的不同意见书数量的上升、文字处理和利用电子文档进行研究的增多、法官助理人数的增加等其他因素对法官发表不同意见所产生综合效应的时间趋势变量以及一个代表1953年至1955年开庭期的虚拟变量。纳入这一虚拟变量是因为，在这段开庭期内，作出司法裁决的案件总量（包括经过以及未经言
词辩论程序的案件）格外地少（较之1956年以及之后的年份要少50%）。[26] 282

由于不同意见变量和法院案件变量都是对数形式的，因此回归系数表明了，法院案件总量减少10%将导致不同意见的比例增加3.3%。此外，大法官们的意识形态异质性越强，不同意见的数量就会越多。其他的变量之中，只有1953年至1955年开庭期的虚拟变量具有显著性。这一变量具有很强的负效应，导致了不同意见的比例降低35%。不过这一效应被法院案件数量这一变量产生的负效应抵消了，最终使对不同意见比例产生的净效应趋近于零。

方程式（2）中的时间变量显示了，协同意见出现的频率以每年1.7%的速度在增加。变量 *Caseload* 对协同意见的数量没有显著的效应，不过变量 *Other Cases* 则具有显著的正效应。对此我们无法给出解释。

不同意见的出现对于多数派法官来说会带来工作成本，这是因为多数意见书的撰写者有可能会去修改他的意见书，以回应异议法官提出的反对意见。如果我们的上述判断是正确的话，那意味着若出现不同的意见，多数意见书通常会有更长的篇幅。为了检验这一假设，我们在联邦最高法院和联邦上诉法院司法意见书样本中收集了它们的字数数据。

我们的联邦最高法院案件样本（446个案件）中包括了202个出现一份

㉖ 经过言词辩论程序而作出裁决的案件数量分别为84（1954年）、93（1954年）以及98（1955年）；与之对照的数量分别为121（1956年）和127（1957年），而在此后的15年中，这一数量保持在101至153。其他案件裁决的数量分别为4（1953年）、5（1954年）以及6（1955年），而此后为6（1956年）和28（1957年），再之后15年间的数量为11至75。可能有几个因素共同导致了1953年至1955年开庭期范围内的裁决数量比较少。1953年开庭期开始前不久，首席大法官文森突然于1953年9月8日逝世，沃伦在开庭期首日宣誓就职。那时候联邦最高法院可能还没有来得及发出较多的调卷令。此外布朗诉教育委员会一案在1953年12月9日进行了重新开庭审理，这耗费了联邦最高法院不少的时间。另外，杰克逊法官在1954年开庭期伊始逝世，而他的位置直到1955年3月才得到填补。

不同意见书的案件(占45.3%)、60个出现了两份或者两份以上不同意见书的案件(占13.5%)以及147个出现了一份或一份以上协同意见书的案件(占33%)。表6.10显示了如果出现了一份不同意见书,则联邦最高法院多数意见书的篇幅会变长,而如果不同意见书多于一份,则多数意见书的篇幅会更长。对于完整的案件样本以及我们汇总三年之内335个经过言词辩论程序而作出裁决的案件样本来说,这一差异都具有统计学上的显著性;在大多数的单独年份里,这一差异也具有显著性。

表6.10 1963年、1980年和1990年开庭期中联邦最高法院多数意见书的平均字数(括号中为案件数量)

	所有案件			经过言词辩论程序之后由法官签署司法意见书的案件		
	不同意见书的数量			不同意见书的数量		
年份	0	1	2或者更多	0	1	2或者更多
1963	2337	2399	4206*	3432	4059	5624*
(179)	(72)	(84)	(23)	(44)	(48)	(17)
1980	4530	5527	5570	5307	6082	6910
(143)	(54)	(71)	(18)	(41)	(62)	(14)
1990	3564	4536*	5884*	4376	4687	6130*
(124)	(54)	(51)	(19)	(42)	(49)	(18)
所有年份	3362	4006*	5146*	4308	5041*	6177*
(446)	(180)	(206)	(60)	(127)	(159)	(49)

在解释这些数据的时候,一个困难在于,案件的难度和案件的重要性可能会影响多数意见书的篇幅,也会影响法官是否发表不同意见以及不同意见书的数量。为了辨别出不同意见的效应,我们对不同意见、案件的重要性以及可能的其他因素对多数意见书篇幅的影响进行了回归分析,具体如下:

$$W_{sc} = f(Oral, Dissent1, Dissent2, Mention, Concur, Term, \\ Subject\ Matter, Importance, u)$$

283 W_{sc}是联邦最高法院多数意见书的字数(包括脚注的字数)。*Oral* 指的是既经历了言词辩论程序,也有法官署名签发的意见书,*Dissent1* 指的是出现了一份不同意见书而 *Dissent2* 则指的是出现了一份以上的不同意见书，*Mention* 代表多数意见书提及了法官的不同意见，*Concur* 指的是出现了协同意见书。*Term* 所包含的虚拟变量代表了联邦最高法院的开庭期(1963 年、1980 年或 1990 年)，*Subject* 所包含的虚拟变量代表了案件的主题类型。*Importance* 代表了案件的重要性，可用联邦最高法院多数意见书被联邦最高法院和联邦上诉法院裁决引用的平均次数来衡量；对于一个经过言词辩论程序的案件，这一平均次数为 172 次。

回归分析的结果显示在表 6.11 中。方程式(1)中，*Oral* 是一个显著的变量，这表明了经过言词辩论程序的案件的司法意见书篇幅比起其他案件的司法意见书篇幅平均要长了差不多 3000 字。在方程式(2)中，我们把样本限制为 335 个经过言词辩论程序、由法官署名签发司法意见书的案件，如果多数意见书提及了不同意见，那么一份不同意见书将导致多数意见书的篇幅增加至少 1000 字。如果多数意见书没有提及不同意见，尽管也出现了正效应(篇幅增加了 277 个字)，但这一效应要小得多，且不具有统计学上的显著性，除非 *Dissent1* 和 *Mention* 这两个变量在两个方程式中具有联合显著性。当存在两份或者更多的不同意见书时，不仅多数意见书的篇幅会增加至少 1000 字，并且无论多数意见书是否提及了不同意见，篇幅的差异都具有统计学上显著性。如果多数意见书提及了不同意见，则其篇幅会额外地增加 700 字至 900 字，具体多少则取决于不同方程式的计算结果。

在两个方程式中，用联邦最高法院和联邦上诉法院对多数意见书的综合引用次数来衡量的案件重要性程度均为正向的，并且与多数意见书的篇 284 幅显著相关。但是，如果仅计算联邦上诉法院的引用次数的话，那它与联邦最高法院多数意见书的篇幅长度不具有显著的相关性；对此我们无法给出解释。

在任何回归分析中，*Concur* 或者 *Subject Matter* 都不具有显著性。协同意见书的存在并没有导致多数意见书的篇幅变长，这一情况是反常的，因为协同意见书通常反映了多数派法官在案件论证上的分歧。当然，事实并非总是这样。协同意见书可能只是提出一个被多数意见书忽略的观点，因为这一观点并未得到多数大法官的认可；或者是为了批评其他大法官的不同意见，从而充当多数意见撰写者的“守护人”(riding shotgun)。

表 6.11　对 1963 年、1980 年和 1990 年开庭期中联邦最高法院多数意见书的字数的回归分析

	(1)	(2)
Oral	2924**	—
	(10.17)	
Dissent1	141	277
	(0.58)	(0.87)
Dissent2	913*	1357**
	(2.51)	(2.93)
Mention	867*	725
	(2.63)	(1.86)
S. Ct. Citations	91.6**	93.8**
	(7.63)	(6.88)
Ct. App. Citations	-0.721	-0.823
	(1.51)	(1.52)
Concurrences	75.6	76.1
	(0.32)	(0.26)
1980 年开庭期	1751**	2056**
	(6.52)	(5.87)
1990 年开庭期	957**	1202**
	(3.29)	(3.29)
案件主题类型	Yes	Yes
常量	308	2673**
	(0.72)	(4.66)
R^2	0.49	0.23
观测量	446	335

说明：S. Ct. Citations 指的是联邦最高法院在之后的案件中对联邦最高法院多数意见书的引用；Ct. App. Citations 指的是联邦上诉法院在之后的案件中对联邦最高法院多数意见书的引用。

时间虚拟变量具有高度显著性，这表明1980年开庭期和1990年开庭期的多数意见书篇幅更长。由于裁决的数量由1963年的179件减少到1980年的143件以及1990年的124件，联邦最高法院的大法官们撰写了（或者让他们的法官助理撰写了）更长篇幅的司法意见书。这可能是由于法院工作人员数量与案件数量之比上升而导致的。在1963年，每位大法官只有两名法官助理；而在1990年，尽管多数意见书的数量显著减少了，但每位大法官拥有的法律助理却增加到了4名。 285

我们现在转向联邦上诉法院中的不同意见书。我们从《联邦判例汇编》（第二辑）第888卷至第921卷中被我们随机挑选出来的500个案件开始。其中大多数的司法意见书是在1990年公开的。我们排除了67份不是在那一年公开司法意见书的案件、21个重复的案件以及8个裁决未公开的案件。经过这些调整之后，我们的样本中还剩下404个案件，之后我们会扩展至1025个案件，覆盖了1989年至1991年。

表6.12显示了，当存在不同意见书时，我们样本中的多数意见书的平均篇幅增加了41%[27]（根据表6.9的计算，对应的联邦最高法院的这一数据是23%）。由于不同案件的重要性程度不同，因此导致有的案件有不同意见书而有的案件没有，为了修正这一差异，我们把联邦上诉法院的样本案例分为推翻原审裁决和维持原审裁决两类。由于前一种类型的案件更有可能涉及疑难事项，因此我们预期这些案件的多数意见书会有更长的篇幅并且会存在更多的不同意见书。表格显示作出推翻原审裁决的司法意见书的确不出所料地比作出维持原审裁决的司法意见书有更长的篇幅，并且会引致更多的不同意见（9.6%比6.5%）。不过只有篇幅长度的差异具有统计学上的显著性。如果存在不同意见，一份作出推翻原审裁决的意见书会额外增加26%的篇幅。不过，当存在不同意见的时候，一份作出维持原审裁决的意见书会额外增加54%的篇幅。这一结果可能是由于边际工作成本的上升而导致的，因为即便不存在不同意见书，作出推翻原审裁决的意见书已经比作出维持原审裁决的意见书有更长的篇幅。

[27] Frank B. Cross, *Decision Making in the U. S. Courts of Appeals* 174 (2007)一书利用了不同的数据库，不过同样发现当存在不同意见的时候，多数意见书的篇幅会更长。

表 6.12 联邦上诉法院案件中多数意见书的字数(1989—1991)

(括号中数字为案件数量)

不同意见	所有情况	裁决被推翻	裁决被维持
没有	3354	3799	3046
	(945)	(387)	(558)
有	4733*	4774*	4690*
	(80)	(41)	(39)
所有情况	3462	2893	3153
	(1025)	(428)	(597)

说明:"裁决被推翻"包括了裁决被推翻、裁决被部分地推翻以及裁决被宣告无效的情形。

为了更加严密地确定不同意见书对联邦上诉法院多数意见书篇幅长度的影响,我们对以下回归方程式进行了估算:

$$W_{CA} = f(Dissent, Reverse, First, Caseload, Circuit, Civil, Subject\ Matter, u)$$

286 主要的自变量包括:*Dissent*、*Reverse*、*First*(意为案件是首次作出裁决,而不是经过复审或者发回重审之后而作出的裁决[28])以及 *Caseload*(每个司法巡回区每年作出实体性裁决的上诉案件数量除以在任法官和资深法官的人数总和——基于其相对于在任法官的投票次数,我们对资深法官的人数进行了加权处理)。我们预计,*Dissent*、*Reverse* 和 *First*(当一个案件是首次被审理时,也许有更多的事项需要被法官们讨论)这三个变量的相关系数为正值,而 *Caseload* 这一变量的相关系数为负值。我们增加了虚拟变量(*Circuit*)以解释与某一特定司法巡回区有关的可能影响公开的司法意见书篇幅的因素,诸如不同司法巡回区关于司法意见书公开的规则和标准。我

㉘ 在我们的 1025 个联邦上诉法院案件样本中,949 个案件是首次作出裁决的案件,9 个案件是复审案件,20 个案件是发回联邦地区法院重审之后又进入联邦上诉法院的,有 9 个案件是联邦最高法院发回联邦上诉法院重审的,还有 34 个案件无法进行归类。我们只对 949 个首次作出裁决的案件赋予变量的值为 1。

们还增加了案件主题类型变量(对于一个民事案件,变量 *Civil* 的值为 1,而对于一个刑事案件,这一变量的值为 0;或者是使用 *Subject Matter* 变量,其中包含了分别代表刑事案件、公民权利案件、劳工案件、经济案件、正当程序案件、隐私权案件以及第一修正案案件的虚拟变量),以便考虑案件的类型对于多数意见书篇幅的影响。

表 6.13 列出了回归分析的结果。我们可以看见,*Dissent*、*Reverse* 和 *First* 这三个变量都为正值,且对多数意见书的篇幅具有高度显著的影响。不同意见书导致多数意见书篇幅的增加幅度(1380 字)和作出推翻原审裁决(654 字)和诉讼程序中首次作出裁决(820 字)带来的总和效应差不多相同。正如法官惰怠的行为倾向所暗示的那样,司法巡回区的案件数量对于多数意见书的篇幅长度来说具有显著的负效应。当案件数量从较低的平均每位法官 66.8 件(哥伦比亚特区联邦上诉法院的平均水平)增加到 130.1 件(所 287
有司法巡回区的平均水平)时,此多数意见书的平均篇幅要短了 468 字。然而,未经加工处理的案件量数据不能够反映不同司法巡回区所审理案件的平均难度差异,我们也还未试图调整这一差异。在两个方程式中,关于司法巡回区的各个虚拟变量具有联合显著性。不过,当司法巡回区案件数量、案件主题类型以及其他变量保持不变时,只有第二和第八巡回上诉法院的多数意见书较之其他司法巡回区的司法意见书篇幅更短,而只有第三巡回上诉法院的多数意见书有更长的篇幅。对于不同的案件种类,我们并没有发现存在显著的影响。

迄今为止我们都在关注发表不同意见的成本问题。通过比较法官对多数意见书和不同意见书的引用数量,我们可以估算发表不同意见的行为收益。表 6.14 比较了联邦最高法院和联邦上诉法院对联邦最高法院多数意见书和不同意见书的引用数量。

表 6.13　对美国联邦上诉法院案件中多数意见书中单词数量的回归分析 (1989—1991)

	(1)	(2)
Dissent	1384**	1382**
	(4.65)	(4.54)
Reversal	654**	654**
	(4.44)	(4.33)
First	819**	822**
	(2.73)	(2.70)
Civil	139	—
	(0.99)	
Caseload	-7.34**	-7.45**
	(2.49)	(2.46)
代表司法巡回区的虚拟变量	Yes**	Yes**
代表案件主题类型的虚拟变量	No	Yes
常量	3829**	3812**
	(6.71)	(6.52)
R^2	0.11	0.12

说明:所有的回归分析都包含了 1025 个观测量并且使用了稳健性标准误。

表 6.14　1963 年、1980 年和 1990 年开庭期中 266 个存在不同意见书的联邦最高法院裁决多数意见书和不同意见书被引用的情况

	联邦最高法院的引用		联邦上诉法院的引用	
	平均值	中位数	平均值	中位数
存在一份不同意见书的裁决				
多数意见书被引用	7.81	5	144.96	60
一份不同意见书被引用	0.24	0	1.54	0
比率	32.1	—	94.2	—
存在两份或者更多的不同意见书的裁决				
多数意见书被引用	9.93	6	146.97	87
两份或者更多的不同意见书被引用	0.53	0	3.00	1.5
比率	18.6	—	49.0	—

说明：在206个案件中出现了一份不同意见书，而在60个案件中出现了两份或者更多的不同意见书，总计有266个案件。在前述出现了一份不同意见书的206个案件中，有175份不同意见书从未被联邦最高法院引用过，有108份不同意见书从未被联邦上诉法院引用过。在前述出现了两份或者更多不同意见书的60个案件中，有38个案件中的不同意见书从未被联邦最高法院引用过，有17个案件中的不同意见书从未被联邦上诉法院引用过。与之相反的是，在这266个案件中，只有34个案件的多数意见书从未被联邦最高法院引用过，只有19个案件的多数意见书从未被联邦上诉法院引用过。

平均算起来，联邦最高法院的不同意见书被引用的次数并不是很多。在联邦最高法院1963年、1980年和1990年开庭期内作出裁决的所有案件中，不同意见书平均被联邦最高法院引用的次数只有0.24次，被联邦上诉法院引用的次数为1.54次。当然，比起联邦最高法院的裁决，联邦上诉法院的裁决数量要多得多；但是，在修正了这一差异之后，我们发现联邦上诉法院法官引用联邦最高法院不同意见书的可能性要小于联邦最高法院大法官， 288
这可能是因为，较之联邦最高法院的大法官，较低层级法院的法官在裁决案件时会更多地受制于联邦最高法院多数裁决的内容。大法官们不仅较少地受到先例的拘束，并且因为这一原因，大量的联邦最高法院不同意见后来成为了法律，其中不少成为了标志性的法律规则（例如普莱西诉弗格森、洛克纳诉纽约州、亚布拉罕诉美国、奥姆斯特德诉美国、迈纳斯维尔学区诉高比提斯以及贝茨诉布雷迪等案件中的不同意见），而这些不同意见事实上成为了多数意见。

在联邦最高法院层面，引用联邦最高法院多数意见的次数与引用有一份不同意见书的案件中该不同意见的次数之比平均为32∶1；不过在联邦上诉法院层面这一比率为94∶1。当存在两份或者两份以上的不同意见书时，不同意见书被引用的频率会高一些，但仍然不常见。在联邦最高法院层面，该比率降至19∶1；而在联邦上诉法院层面，该比率为49∶1。

表6.15中的回归分析显示了，若多数意见书被引用的频率更高，则不同意见书被引用的频率也会更高；此外，当联邦最高法院的多数意见书提及了不同意见时，或者当有更多的大法官发表了不同意见时，联邦上诉法院引用联邦最高法院不同意见书的次数会增多。但是，在联邦最高法院引用不同意见书的次数方面，我们并没有发现类似效应的存在。 289

表 6.15　联邦最高法院引用 1963 年、1980 年和 1990 年不同意见书情况的回归分析

	联邦最高法院的引用	联邦上诉法院的引用
联邦最高法院对多数意见书的引用	0.012** (2.77)	—
联邦上诉法院对多数意见书的引用	—	0.002** (2.90)
经过言词辩论程序之后由法官签署的司法意见书	0.077 (0.64)	0.640 (1.32)
存在两份或更多的不同意见书	0.228* (2.05)	0.837 (1.75)
联邦最高法院的多数意见书提及了不同意见	-0.025 (0.23)	0.968* (2.06)
反对票的数量	0.038 (0.83)	0.415* (2.09)
1980 年开庭期	0.266* (2.42)	0.536 (1.14)
1990 年开庭期	0.149 (1.19)	0.646 (1.21)
常量	-0.12 (0.93)	-0.803 (1.45)
R^2	0.08	0.15
观测量	266	266

说明：对于引用多数意见书的情况，我们也作了回归分析。经过言词辩论程序之后由法官签署的司法意见书这一变量对联邦最高法院和联邦上诉法院的引用都具有显著的正效应。另外具有显著性的变量仅有 1980 年和 1990 年这两个年份变量，它们在至少一个回归分析中具有显著的正效应。

正如表6.16所显示的，联邦上诉法院几乎从来不会引用联邦上诉法院的不同意见书。不同意见书在司法巡回区内部被引用或者被其他司法巡回区引用的平均次数是0.138次，中位数为0；对于那些存在不同意见的案件，该案件的多数意见书在司法巡回区内部平均被引用的次数为13.2次，被其他司法巡回区平均引用的次数为5.3次，中位数分别为7次和3.5次。[29] 在我们的82个联邦上诉法院不同意见书样本中，有72份不同意见书在司法巡回区内部从未被引用过，有75份不同意见书从未被其他司法巡回区引用过。这样看来，似乎对于联邦上诉法院法官来说，撰写不同意见书的回报十分微弱。就不同意见书的影响力而言，若我们用被引用次数来衡量的话，那可能就是零。这就有助于我们去解释，相对于人们对法官彼此之间出现观点分歧的合理估计，为什么联邦上诉法院出现不同意见 290
的比例会那么低。

表6.16 对1990年82份附有不同意见书的联邦上诉法院裁决的引用情况

	司法巡回区内部		司法巡回区外部	
司法意见书	平均值	中位数	平均值	中位数
多数意见书	13.188	7	5.338	3.5
不同意见书	0.138	0	0.1375	0
比率	95.9	—	38.8	—

发表不同意见的另一项可能收益在于，当联邦上诉法院的裁决附有不同意见书时，联邦最高法院更有可能发出调卷令。根据表6.17，如果比较1986年至1994年开庭期范围内693份获得通过的调卷令申请书（要求复审满席裁决的申请除外）和同一时间范围内随机抽取的683份未获通过的请求审查联邦上诉法院裁决的申请书，我们会发现，对于那些成功获得调卷令的申请，联邦上诉法院裁决中的33%存在有不同意见；而对于那些没能够获得调卷令的申请，联邦上诉法院裁决中存在有不同意见的比例不到10%。

[29] 不同意见书被引用的次数与多数意见书被引用的次数之间存在正相关的关系，但这一相关性很弱，且不具有统计学上的显著性。

表 6.17　1986—1994 年开庭期范围内请求审查联邦上诉法院裁决的调卷令申请被拒绝或者被核准的情况

	联邦上诉法院裁决	
	没有不同意见	存在不同意见
调卷令申请被拒绝的随机样本案件(N =683)	90.6% (619)	9.4% (64)
调卷令被核准的所有案件(N =693)	67.7% (469)	32.3% (224)
案件总数	1088	288

说明:1. 括号中的数字代表案件的数量。

2. 表格中数据的来源是本书第三章的脚注㉜中提及的爱泼斯坦 - 西格尔数据库。

然而,联邦最高法院决定审查存在不同意见的联邦上诉法院的一项裁决并推翻该项裁决的概率是非常低的,以至于它无法成为联邦上诉法院法官发表不同意见的强烈行为动机,除非法官可以从发表不同意见的行为中获得非常多的自我表现效用(self-expressive utility)。从 1986 年至 1994 年
291 开庭期,经历了言词辩论程序的联邦上诉法院案件裁决一共有 89,942 个;[30]
这一案件池包含了几乎所有可能进入联邦最高法院的联邦上诉法院案件。假定案件池中的不同意见比例为 7.8(我们的桑格数据库中的比例数据),那么在 7015 个案件中会存在不同意见。然而,我们从表格中可得知,在那段时间内,仅有 224 份针对存在不同意见的联邦上诉法院裁决的调卷令申请获得了通过。假定联邦最高法院作出的裁判中有 2/3 是推翻原审裁决,那意味着有 149 个存在不同意见的上诉法院裁判案件被联邦最高法院推翻了。也就是说,我们估计的所有存在不同意见的联邦上诉法院案件中,只有 2% 的案件裁决被联邦最高法院推翻了,这意味着法官虽然希望通过发表不同意见来使联邦最高法院作出推翻原审裁决,但他从中可以获得的回报是十分微弱的。此外,还存在双重挫败的危险:如果一位法官发表了不同意见,但联邦最高法院却维持了他所反对的裁决,这样一来他不仅会被他的同事所看轻,还会被较高层级的法院所看轻。

㉚ 基于 Richard A. Posner, *The Federal Courts: Challenge and Reform* 72 (tab.3 – 6) (1996) 而计算得出。

我们的预计是,当司法巡回区的法官人数较多、他们的工作量较轻或者意识形态分歧较严重时,该司法巡回区出现不同意见书的比例会增大。法官人数众多意味着因为发表不同意见而损害同事关系的成本降低了;较轻的工作量会减少发表不同意见的机会成本;较严重的意识形态分歧则增加了法官希望发表不同意见的机会。

为了验证这些假设,我们在表 6.18 中基于各种可能的解释因素对联邦上诉法院不同意见书的比例进行了回归分析。我们把不同意见书的总数除以经过实体性裁判而结案的案件数量,从而计算出了不同意见书的比例;我们把在任法官的数量加上资深法官的数量,从而计算出法官的总数(我们用资深法官参与的平均案件数量与在任法官参与的平均案件数量的比值来对资深法官的人数进行向下修正);我们把经过实体性裁判而结案的案件数量除以法官的人数,从而计算出法官的工作量;[31]我们用参议员礼遇方法来量度法官的意识形态立场,并用法官们意识形态的标准差来反映他们之间的 292
意识形态差异。我们还引入了关于年份的虚拟变量,并以司法巡回区为单位进行聚类分析。除了关于年份的虚拟变量之外,所有的变量都是对数形式的。

表 6.18 显示了,不同意见书的比例与法官的人数和司法巡回区内部法官彼此之间的意识形态差异呈正相关关系,与司法巡回区的案件量呈负相关关系。相关系数的值很高。例如,司法巡回区中法官人数若增加 10%,那么不同意见的比例会增加 6.5%;若每位法官审理的案件数量增加 10%,不同意见的比例会降低 7%。从 1990 年至 1992 年到 2005 年至 2007 年这两段时间内,联邦上诉法院的不同意见书比例由 3.4% 降至 2.4%,降幅为 23% [(3.1 - 2.4) / 3.1 = 0.23]。这一降幅大致与这段时间内 33% 的案件量增幅相一致。之前各个司法巡回区平均每位在任法官未经加权的平均案件数量为 155 个,而之后增加到了 204 个。不过我们还不能得出一个因果关系上的结论,因为案件数量的增加和随之而来的不同意见书比例的降低可能都是由于无法理依据案件的比重增加而导致的。

㉛ 用案件的数量来衡量法官的工作量,这并不是一种完美的方法,因为裁决不同的案件所需要的时间和工作量是不相同的。美国法院行政管理局计算了加权的案件量统计数据,但这仅针对联邦地区法院,而不适用于联邦上诉法院。波斯纳(本章前文脚注㉚,第 227 ~ 236 页)计算了 1993 年的联邦上诉法院的加权案件量统计数据,1993 年在我们的样本期间范围内,但我们还没有计算样本中其他年份的加权案件量统计数据。

表 6.18　对联邦上诉法院不同意见比例的对数进行的回归分析(1990—2006)

	(1)	(2)
法官人数(经过调整之后)	0.634**	0.676**
	(3.88)	(3.65)
案件数量(经过调整之后)	-0.685**	-0.714**
	(2.98)	(3.06)
意识形态的标准差	0.584*	0.689*
	(2.09)	(2.51)
代表年份的虚拟变量	No	Yes**
年份	-0.037**	—
	(4.52)	
常量	72.34**	-1.168
	(4.44)	(1.14)
R^2	0.47	0.49
观测数量	204	204

说明：表 6.4 中所包含的 2007 年的数据在这个表格中是被略去的,原因是我们没有该年度关于意识形态标准差的数据。

我们还应当考虑一下有关的实证资料,以分析司法巡回区的规模和案件量可能对不同意见书比例产生的影响。在 1982 年,第五司法巡回区被一
293 分为二,新设了第十一司法巡回区。在被拆分之前,第五司法巡回区有 25 位法官;在被拆分之后,第五司法巡回区的法官人数是 13 人,而第十一司法巡回区是 12 人。由于法官人数越少,发表不同意见的行为带来的同事关系损害成本就越大,因此第五司法巡回区法官人数的锐减使得我们预计,这会导致法官发表不同意见的频率降低。并且,由于在新设的第十一司法巡回区中,发表不同意见行为的同事关系成本和第五司法巡回区差不多是相同的,这样的话,这两个司法巡回区的不同意见的加总比例应当低于分拆之前的第五司法巡回区。正如图 6.2 所显示的,上述判断是成立的。从 1971 年至 1982 年,第五司法巡回区的平均不同意见比例为 3.6%;从 1983 年至 2007 年,这一比例为 1.7%;而这期间,第十一司法巡回区的比例和两个司法巡回

区的加总比例也均为1.7%。

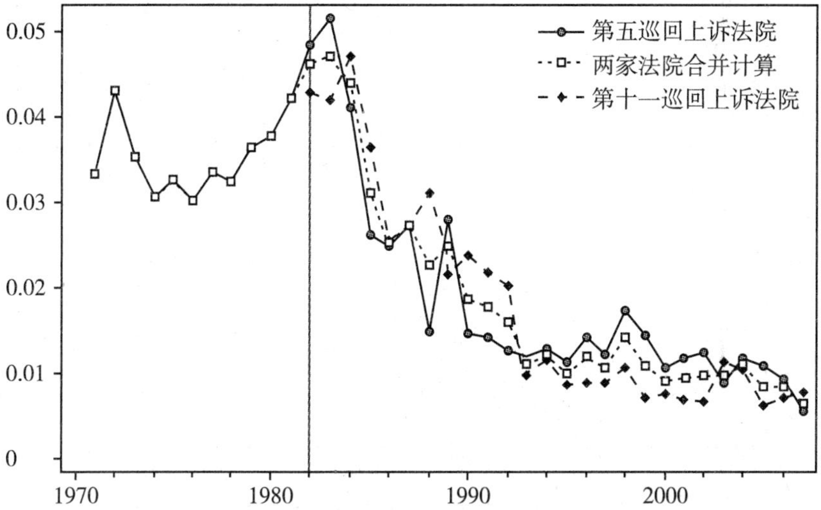

图6.2　第五和第十一巡回上诉法院中不同意见数量与以实体裁判审理终结的案件数的比率(1971—2007)

然而,若仔细看一下数据,我们会发现不同意见书比例在1982年之后的降低并非是由于司法巡回区规模的缩减,而是因为案件数量增加的缘故(参见图6.3)。案件数量的增加会提升发表不同意见行为的成本。尽管第五司法巡回区在被分拆之前有25位法官,但其中的10位是在1980年才刚刚被任命的,所以在被分拆之前的绝大多数时间里,法官的数量(15人)仅仅比分拆之后的法官数量(13人)稍微多一些。因此,把1982年至2007年这段时间内不同意见书比例的急剧下降归因于法官人数的略微减少,这是没有说服力的。回归分析可以确认这一判断,其中显示了由于案件量的增加导致了不同意见书比例的显著减少,但并没有发现法官人数的变化对不同意见书比例有显著的影响。[32]

---

[32] 回归结果为:

$$D = 0.062^{**} - 0.0002(C/J)^{**} - 0.0003J \qquad R^2 = 0.74$$

(7.67)　(10.07)　　　(0.80)

其中,D为不同意见的比例,C/J为案件量,J为法官数量。

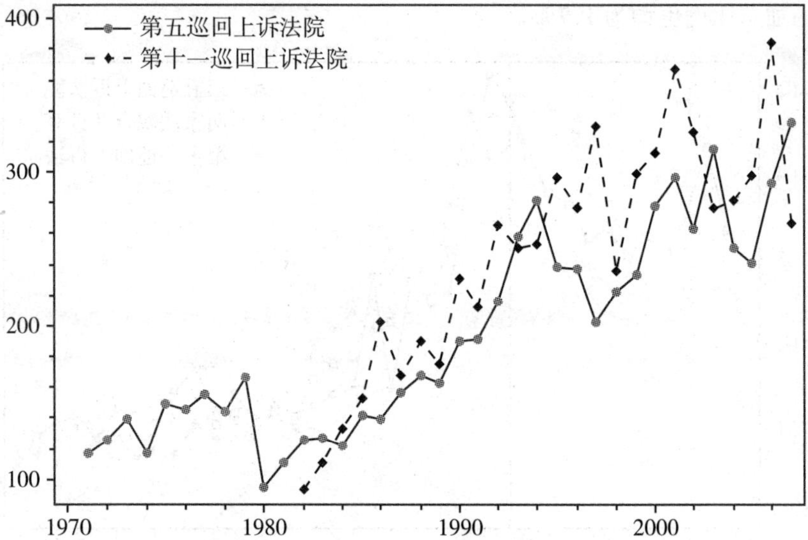

图 6.3　第五和第十一巡回上诉法院的案件数量(1971—2007)

说明:图中案件数量指的是以实体裁判审理终结的案件数量除以法官的人数。

法官的资深状态和年龄对不同意见比例的影响

我们之前强调了,法官的个人行为动机,例如避免发表不同意见的行为倾向,会影响他与多数法官观点相左时是否决定发表不同意见。还有两个
294 相关的因素我们尚未讨论过,它们也可能影响法官的行为动机,一个是法官的年龄,另一个是法官是否进入了资深状态(年龄底线是 65 岁)。进入资深状态总是意味着法官可以减少他负责审理的案件数量,不过有时候成为资深法官是为了减少法院所有法官的案件量,因为某位法官进入资深状态之后,他的职位就空缺出来了。为了检验法官自身状态和法官年龄对不同意见书比例的影响,我们利用了两个数据库的数据,分别是 1995 年至 2008 年期间的桑斯坦数据库的数据以及我们自己制作的数据库,该数据库是关于资深法官的工作记录,这些法官保持资深状态的时期尽管有重叠,但不完全相同。

当一位法官决定进入资深状态时,这意味着他希望减少自身的工作量;同时,作为资深法官,他参与听审的案件也会减少,进而降低了发表不同意见的工作量。考虑到这一因素,资深法官发表不同意见的比例会低于在职

法官。不过，我们已经发现了，为了维持良好的同事关系，联邦上诉法院法官会减少发表不同意见的频率，而对于资深法官来说，维持良好同事关系的收益是不大的，因为他们和其他法官之间的互动是不怎么频繁的。一个相关的因素是，资深法官不时地，甚至有时候会经常性地在其他司法巡回区听审案件（在任法官几乎不会这样做），而这意味着资深法官们不会在其他司法巡回区的法官身上进行太多的同事关系投资。此外，资深法官到别的司法巡回区开庭越多，意味着他们与自己所在法院的法官共事的机会就越少，这就进一步降低了资深法官们对同事关系的投资。我们无法自然而然就知道到底哪些因素占了主导，因此也就无法确定较之在任法官，资深法官发表不同意见书的比例到底是更高还是更低（或者两者拥有一样的比例）。

我们从桑斯坦数据库中抽取了一些法官样本，这些法官在 1996 年至 2007 年成为了资深法官，并在这段期间内先后作为在任法官和资深法官对案件进行了投票；这使我们可以比较法官处于不同身份状态时的投票行为，但是基于我们设定的条件，我们从数据库中超过 300 名法官中仅选择了 72 名法官作为研究样本。不过，这也使样本包含了 3756 项投票记录，其中有 2571 项投票记录来自样本法官进入资深状态之前，而 1185 项记录来自于他们进入资深状态之后。这样算起来，这些法官一共听审了 3756 个案件，因为每位法官在每个案件中有一项投票记录。

为了控制法庭组成效应，表 6.19 分别列出了针对共和党总统提名任职的法官和民主党总统任职提名的法官的比较结果。和预期一样，我们发现，若组成审判法庭的其他法官是由对立党派的总统提名的，则 *Rs* 和 *Ds* 发表 296
不同意见的可能性会更大。我们还发现，资深状态非但不会降低，反而提升了法官发表不同意见的比例。在关于 *Rs* 和 *Ds* 进入资深状态之前和之后的六组可能比较中（审判庭其他法官的意识形态身份保持不变），有五组的结果是，法官进入资深状态之后发表不同意见的比例超过了他在任的时候，尽管这几组比较的结果都不具有统计学上的显著性。

表 6.19 在 1996—2007 年进入资深状态的 72 位法官发表不同意见的情况以及法庭组成效应

法庭中其他法官的 R 或者 D 身份	法官处于在任状态时的投票行为		同一法官进入资深状态之后的投票行为	
	R	*D*	*R*	*D*
RR	1.26%(712)	3.28%(183)	1.85%(324)	3.74%(107)
RD	1.42(986)	1.10(272)	1.78(393)	3.01(133)
DD	5.45(312)	2.83(106)	9.72(144)	2.48(84)
所有的法庭	1.99(2010)	2.14(561)	3.14(861)	3.09(324)

说明:在这一表格以及本章中的后续表格中,括号中的数字为案件的数量。

我们还分别对 *Rs* 和 *Ds* 发表不同意见的概率进行了 Logit 回归估算(如果法官发表不同意见,则赋值为 1,否则为 0)。自变量中包括了若干虚拟变量,首先一个虚拟变量反映的是法官在投票时的身份状态(如果是在进入资深状态之前的投票,则变量值为 0,否则为 1),其次的一个虚拟变量是关于审判庭的人员组成结构(缺省的种类是 *DD*),另一个虚拟变量则反映了法庭是推翻还是维持了联邦地区法院的裁决(之所以纳入这一虚拟变量,原因是在之前的章节里我们就发现了,如果法庭要推翻联邦地区法院的裁决,那么不同意见书的比例会显著地上升),还有一组虚拟变量是关于法官的性别、种族、是否从联邦地区法院法官的职务上取得的晋升、桑斯坦数据库对 14 种案件主题类型的区分、单独的司法巡回区以及作出裁决的时间。尽管我们在回归分析时对所有的变量进行了控制,但可能还是有一些法官会或多或少地比其他法官更加经常性地发表不同意见。考虑到这种可能性,我们以法官为单位对回归结果进行了聚类处理。在对 *R* 和 *D* 进行的回归分析中,资深状态的相关系数都为正值,但不具有统计学上的显著性。我们还发现,当 *Rs* 和 *Ds* 被合并放在同一个回归分析之中,并且我们只纳入混合 *R/D* 法庭中的法官投票,以便让法庭组成效应保持恒定,这时候相关系数亦为正值,且资深状态对法官发表不同意见的频率具有统计
297 学上显著的效应。

我们还可以使用桑斯坦数据库中的数据,以检验资深法官是在自己所

在的司法巡回区中审理案件还是在其他司法巡回区审理案件这一因素会不会影响他发表不同意见的比例。样本中，在资深法官的共1185项投票记录之中，有125项投票记录是来自于资深法官在其他司法巡回区所审理的案件（占10.5%），而这些法官在未进入资深状态之前的2570项投票记录仅有3项是来自于他们在其他司法巡回区审理的案件。表6.20揭示了，包括混合法庭在内的各种资深法官在其所属司法巡回区发表不同意见的比例要超过其在别的司法巡回区发表不同意见的比例，无论后者的比例是基于各种组合类型的法庭计算得出的，还是仅仅基于混合法庭而计算得出的，但这一差异不具有统计学上的显著性。在上一段所描述的回归分析中，我们增加一项关于法官在其他司法巡回区投出反对票的虚拟变量，得出的相关系数同样地不具有显著性。

表6.20　在1996—2007年进入资深状态的72位法官在本司法巡回区和其他司法巡回区发表不同意见的情况

	所有法庭中资深法官发表不同意见的比例	在混合（*RD*）法庭中资深法官发表不同意见的比例
本司法巡回区	3.4%（1058）	2.4%（526）
其他的司法巡回区	1.6%（127）	0%（60）
所有的司法巡回区	3.12%（1185）	2.1%（526）

为了检验年龄对法官发表不同意见行为的影响，而且不混淆年龄和资深状态的效应，我们将分析的范围限制于在任法官的年龄对投票行为的影响。我们的预计是，当法官超过一定年龄之后，他用于工作的精力会减少，这会使得发表不同意见的比例降低。但是，随着法官年龄的增长，未来同事关系的收益贴现也会减少，因此法官年龄对发表不同意见比例的净效应是不确定的。正如表6.21所显示的，我们区分了5个年龄组别。第一栏包括了所有法官的投票（总计听审案件为10,928个）；第二栏仅包括了混合法庭 298
中法官的投票记录，这可以让法庭组成效应保持恒定。对于65岁以上的法官而言，第（1）栏和第（2）栏中的不同意见书比例有时候更低，有时候却更高，不过不同年龄组别的差异不具有统计学上的显著性。我们分别对*Rs*和*Ds*进行了Logit回归估算，其中在对资深状态的回归分析中增加了4个关于

年龄的虚拟变量(缺省的年龄组别为 <65),以作为自变量。同样的,我们发现不存在显著的年龄效应。

基于上述目的而使用桑斯坦数据库的一个缺陷在于,它所覆盖的时间范围(1995—2008)是有限的,这使法官在进入资深状态之前或者年龄达到65岁之前的投票记录是没有被包括在其中的。不过一个抵消的因素是,使用桑斯坦数据库的一个好处在于前后时间阶段(无论是进入资深状态的前后还是年龄达到65岁前后)是非常接近的,因此他们的投票不大可能受到过去20年间联邦上诉法院法官总体上发表不同意见书比例的下降趋势(参见表6.18)以及不同司法巡回区的意识形态结构变化的影响。

表6.21 不同意见和法官的年龄

年龄组别	在任法官发表不同意见的比例	
	所有的法庭(1)	混合的(*RD*)法庭(2)
<65	3.10%(7941)	2.23%(3721)
66~69	2.24(1918)	1.33(901)
70~74	3.14(636)	2.81(285)
75~79	4.46(269)	1.65(121)
≥80	1.22(184)	2.50(80)

为了弥补桑斯坦数据库样本所覆盖的时间范围过窄的问题,我们建立了一个由每个联邦上诉法院(美国联邦巡回上诉法院除外,我们在整本书中都不把这家法院纳入分析范围)中两位法官的投票记录而组成的样本。这两位法官是从有限制的名单池中随机挑选出来的,限定的条件就是截止样本的结束期间(2011年)至少在该法院服务了20年,其中至少5年是作为资深法官的身份。表6.22列出了分析结果。

表 6.22　24 位联邦上诉法院法官发表不同意见比例的统计

	司法巡回区 (1)	法官获得提名的年份 (2)	法官进入资深状态的年份 (3)	作为在任法官的年份数 (4)	作为资深法官的年份数 (5)	法官在其前半部分在任服务期中发表不同意见的比例 (6)	法官在其后半部分在任服务期中发表不同意见的比例 (7)	资深法官发表不同意见的比例 (8)	资深法官在本司法巡回区发表不同意见的比例 (9)	资深法官作为访问法官发表不同意见的比例 (10)	法官进入资深状态时的年龄 (11)
Selya	第一	1986	2006	20	6	0.7% (2373)	0.5% (1884)	0.5% (828)	0.5% (827)	0 (1)	72
Stahl	第一	1992	2001	9	11	0.8% (1028)	0.9% (909)	1.1% (926)	1.0% (881)	2.2% (45)	70
Kearse	第二	1979	2002	23	10	3.4% ** (1117)	1.8% (2167)	1.0% (1274)	1.0% (1274)	NA (0)	65
Newman	第二	1979	1997	18	15	2.2% (920)	2.5% ** (1092)	0.3% (2837)	0.3% (2820)	0 (17)	65
Nygaard	第三	1988	2005	17	7	5.0% * (641)	2.9% ** (1259)	1.1% (1238)	1.1% (1238)	NA (0)	65
Aldisert	第三	1968	1986	18	26	4.4% * (911)	7.3% ** (600)	1.6% (2229)	1.5% (1476)	1.9% (753)	67
Hamilton	第四	1991	1999	8	13	0.7% (2307)	0.6% * (3178)	0.3% (10,080)	0.3% ** (10,025)	3.6% (55)	65

续表

	司法巡回区	法官获得提名的年份	法官进入资深状态的年份	作为在任法官的年份数	作为资深法官的年份数	法官在其前半部分在任服务期中发表不同意见的比例	法官在其后半部分在任服务期中发表不同意见的比例	资深法官发表不同意见的比例	资深法官在本司法巡回区发表不同意见的比例	资深法官作为访问法官发表不同意见的比例	法官进入资深状态时的年龄
	(1)	(2)	(3)	(4)	(5)	(6)	(7)	(8)	(9)	(10)	(11)
Phillips	第四	1978	1994	16	18	2.3% ** (1017)	0.8% (4581)	0.6% (3226)	0.6% (3166)	0.6% (60)	72
Higginbotham	第五	1982	2006	24	6	1.1% ** (3195)	0.1% (7627)	0.2% (3240)	0.2% (3226)	NA (0)	68
Reavley	第五	1979	1990	11	22	2.4% (889)	2.0% ** (1041)	0.6% (6308)	0.6% (5418)	0.6% (890)	69
Merritt	第六	1977	2001	24	11	3.9% ** (2828)	2.4% ** (3033)	5.8% (1113)	5.8% (1080)	3.0% (33)	65
Keith	第六	1977	1995	18	17	1.6% (2593)	2.1% (2069)	2.3% (1253)	2.3% (1193)	1.7% (60)	73
Cudahy	第七	1979	1994	15	18	7.9% (925)	5.8% (2031)	2.2% (2406)	2.1% (1819)	2.6% (587)	68
Bauer	第七	1974	1994	20	18	2.5% ** (1091)	1.2% ** (2641)	0.5% (5429)	0.5% (5429)	NA (0)	68

续表

	司法巡回区	法官获得提名的年份	法官进入资深状态的年份	作为在任法官的年份数	作为资深法官的年份数	法官在其前半部分在任服务期中发表不同意见的比例	法官在其后半部分在任服务期中发表不同意见的比例	资深法官发表不同意见的比例	资深法官在本司法巡回区发表不同意见的比例	资深法官作为访问法官发表不同意见的比例	法官进入资深状态时的年龄
	(1)	(2)	(3)	(4)	(5)	(6)	(7)	(8)	(9)	(10)	(11)
Bowman	第八	1983	2003	20	9	2.5%** (2249)	0.4% (3682)	0.4% (1457)	0.4% (1358)	0% (99)	70
Bright	第八	1968	1985	17	17	2.4% (1054)	2.8%** (1828)	6.7% (2821)	8.5%** (1937)	2.6% (884)	66
Wallace	第九	1972	1996	24	16	5.5%** (1371)	1.9% (3074)	1.4% (5287)	1.4% (4824)	1.3% (463)	68
Hug	第九	1977	2002	25	10	1.6%** (1276)	0.5% (4526)	0.6% (1690)	0.5% (1669)	4.8% (21)	71
Holloway	第十	1968	1992	24	20	3.9%* (845)	2.0%* (1021)	3.5% (1419)	3.5% (1419)	NA (0)	69
Seymour	第十	1979	2005	26	7	2.1%** (1836)	1.1% (3407)	0.5% (917)	0.4% (899)	5.6% (18)	65
Cox	第十一	1988	2000	12	12	2.7% (744)	3.6%* (568)	1.3% (1104)	1.2% (1083)	4.8% (21)	65

续表

	司法巡回区	法官获得提名的年份	法官进入资深状态的年份	作为在任法官的年份数	作为资深法官的年份数	法官在其前半部分在任服务期中发表不同意见的比例	法官在其后半部分在任服务期中发表不同意见的比例	资深法官发表不同意见的比例	资深法官在本司法巡回区发表不同意见的比例	资深法官作为访问法官发表不同意见的比例	法官进入资深状态时的年龄
	(1)	(2)	(3)	(4)	(5)	(6)	(7)	(8)	(9)	(10)	(11)
Kravitch	第十一	1981	1996	15	16	3.2% (1298)	2.7% * (1039)	1.5% (2187)	1.5% (2110)	1.3% (77)	76
Edwards	哥伦比亚特区	1980	2001	21	11	2.8% * (1042)	1.7% ** (2636)	0.7% (1360)	0.7% (1360)	NA (0)	65
Silberman	哥伦比亚特区	1985	2000	15	12	3.0% ** (936)	0.9% (2083)	0.9% (339)	0.9% (338)	0% (1)	65
所有法官的平均情况		1980	1998	18	14	2.5% ** (34,486)	1.4% ** (57,949)	1.2% (60,954)	1.3% * (42,923)	1.8% (4085)	68

说明:1. “NA”意为该法官未曾在别的司法巡回区担任过访问法官。

2. 资深法官的投票总数(60,954)要超过了资深法官在本司法巡回区的投票数量(42,923)与资深法官在其他司法巡回区的投票数量(4085)之和,这是因为在计算投票总数时覆盖了24位法官,而后两项数据的计算只覆盖了18位曾经在其他司法巡回区访问的法官。

3. 第(6)栏中的星号代表的是前半部分在任服务期与后半部分在任服务期之间差异的显著性水平(* 表明在0.05的水平上具有显著性, **a 表明在0.01的水平上具有显著性)。在第(7)栏中,显著性水平指向的是后半部分在任服务期与资深状态之间的差异;在第(9)栏中指向的是资深法官在本司法巡回区和其他司法巡回区投票行为的差异。

4. 所有法官的平均情况经过了加权处理,每一位法官的权重为他的投票次数。

表6.22显示了在任法官在其前半部分在任服务期和后半部分在任服务期之间,发表不同意见的比例趋于下降。尽管差异非常微小[参见第(6)栏和第(7)栏末端的平均数],却具有统计学上的显著性,原因是样本规模非常大(>90,000项投票记录)。我们发现,有14位法官在其后半段服务期内发表不同意见的比例要显著地低于其在前半段服务期内发表不同意见的比例,有1位法官在其后半段服务期内发表不同意见的比例要显著地高,其余9位法官在这方面的差异是不显著的。较之处于后半段服务期的在任法官,资深法官发表不同意见的频率仅略微低一点,这一差异具有统计学上的显著性。全部24位样本法官中,有10位法官以在任法官身份发表不同意见的比例显著地更高,有3位法官显著地更低,而其余11位法官在这方面没有显著的差异。

表6.22还显示了,平均起来,当资深法官去别的司法巡回区听审案件的时候,他发表不同意见的比例会显著上升,尽管从法官个体的统计数据看起 299
来不是那么明显。在这18位法官中,有3位法官在担任访问法官时发表不同意见的比例显著地更高,有1位法官显著地更低,其余14位法官在这方面的差异不显著。

我们现在回到法官年龄对发表不同意见比例的影响这一问题上。我们可以看到,有9位法官在65岁时进入资深状态,而有15位法官是在65岁之后才进入资深状态。对于前者来说,他们在担任法官时发表不同意见的比例要显著高于那些在65岁之后进入资深状态的法官发表不同意见的比例——2%比1.7%。不过,他们在进入资深状态之后发表不同意见的比例较之此前会显著地降低。对此,我们无法给出解释。

表6.22所列出的结果是建议性的,而并非确定性的,这是因为我们并没有收集个案的数据,因此也就没有针对其他可能影响法官发表不同意见的因素作出修正,这些因素包括法庭组成效应以及桑斯坦数据库回归分析中纳入的其他变量。我们也没有针对联邦上诉法院在1990年至2007年这段时期内不同意见比例的下降趋势而作出修正。这一比例从1990年至1993年的3.1%下降至了2004年至2007年2.5%,并且表6.18对不同意见书比例所作的回归分析中的时间趋势变量的相关系数为负值,且具有高度显著性。如果我们针对上述趋势变化对不同意见书的比例进行修正,这会使表6.22中诸多与法官年龄和资深状态相关联的差异会被忽略掉。此外,对于一些法官来说,尤其是鲍尔(Bauer)、汉密尔顿(Hamiltan)以及希金博瑟姆

(Higginbotham),我们根据万律而检索出来的他们作为资深法官每年审理的案件数量过高。我们无法理解这一异常现象(可能是万律的问题),不过把这些法官排除在我们的样本之外并不会对分析结果有显著的影响。

我们之所以列出了每一位法官的分析结果,而不只是列出汇总的结果(最后两行),原因是两方面的。其一,正如表格所显示的,样本中的法官数量太少(只有 24 位,尽管投票总数达到了 153,389 项),不同法官的投票次数并非平均分布的,因此如果存在异常法官的话,那会扭曲汇总的分析结果。其二,我们希望展示不同法官之间在发表不同意见比例方面的显著差异。而这一差异的存在强调了认识到法官个体之间区别的重要性(关于这一问题,本书没有详细展开论述,但同第三章和第七章关于联邦最高法院大法官的内容以及第八章关于联邦上诉法院法官的内容有相关性)。这些差
302 异就引发了进一步分析的必要性。例如,本章开头部分简要提及的法官偏好发表不同意见的行为倾向,它不同于更为常见的法官避免发表不同意见的行为倾向。在这里,另一个需要拓展的方面就是关于联邦上诉法院法官的完整职业生涯的分析。桑斯坦数据库和桑格数据库都没有办法让我们开
303 展这项研究,因此这需要在数据收集方面有更加实质性的投入。

第七章　言词辩论程序中对律师的发问

首席大法官约翰·罗伯茨和其他人都曾经注意到这样的一种现象,即在联邦最高法院言词辩论程序中,被更多发问的一方律师较之另一方有更大的可能性迎来败诉的结果。罗伯茨对28个案件进行了检验,其中每14个案件来源于1980年开庭期以及2003年开庭期。在其中的24个案件中,大法官们对败诉一方提出了更多的问题,这让罗伯茨给出了以下结论:“成功辩护的秘诀很简单,就是想办法让法庭向你的对手更多地发问。”①(在联邦上诉法院层面,这个判断可能也是成立的,不过我们的研究限于联邦最高法院;联邦上诉法院的言词辩论是不做记录的,因此我们没有办法对法官的问题进行计数,更不用说把特定的问题和特定的提问法官联系在一起了)

另外有三项研究也得出了类似的结论。其中的两项研究和罗伯茨的研究一样,使用的样本规模很小。② 相反的是,蒂莫西·约翰逊(Timothy Johnson)和他的合作者分析了1979年至1995年开庭期范围内所有案件的 305
言词辩论程序,对其他可能对结果形成影响的因素进行了控制之后,他们发现联邦最高法院确实倾向于作出对被发问较多的一方不利的裁决。③ 我们使用了这项研究的数据,并且将其更新至2009年开庭期。

对于上述研究所揭示的现象,存在两种对立的解释。一种是从法条主义的进路进行的解释。假定一位法官向某一位律师提出了问题,得到的答

---

① John G. Roberts, Jr. ,“Oral Advocacy and Re-emergence of a Supreme Court Bar,”30 *Journal of Supreme Court History* 68(2005).

② Sarah Shullman,“The Illusion of Devil' s Advocacy: How the Justices of the Supreme Court Foreshadow Their Decisions during Oral Argument,”6 *Journal of Appellate Practice and Process* 271 (2004); Lawrence S. Wrightsman, *Oral Arguments before the Supreme Court*, 138 – 141(2008).

③ Timothy R. Johnson et al. ,“Inquiring Minds Want to Know: Do Justices Tip Their Hands with Questions at Oral Argument in the U. S. Supreme Court?”29 *Journal of Lawand Policy*, 241(2009).

案却不能令他满意,因此法官会继续发问,并且假定他这次得到的答案仍然不能令他满意。法官所提的问题越长,他越是有可能认为该律师理屈词穷,因此他就越是有可能作出对该律师所代表的当事人不利的裁决。此外,法官如果在言词辩论程序之前已经阅读了案件摘要并进行了在先的研究(事实上这很有可能),那么他在言词辩论程序中可能会对他并不支持的一方律师提出更多的问题,以验证这个案件是不是果真如他事先研究所得出的结论那样。[4]

与之对立的一种解释是从现实主义进路出发,认为这是由于正式司法审议活动的内在局限而导致的法官策略性行为,即在上诉审中,法官们会向他们希望败诉的一方集中发问。尽管上诉法官们会说,在作出正式裁决之前,他们会慎重考虑,但是在大多数上诉法院中,司法审议活动存在时间上的限制,形式上矫揉造作,内容上呆板僵化,[5]并且在一般情况下,对于司法审议活动在促使法官们之间有效地交换意见、深入论证并形成共识方面的作用,人们总是给予了过高的估计。通常的情形是,司法审议仅仅是在若干个案件的言词辩论听审结束之后,法官们召开的一个简短会议;在这种庭后会议召开之前,法官们彼此之间很少有机会对案件进行讨论。在会议上,法官们会说出各自的意见,然后通常会很快就以各位法官表明各自的投票立场而告终。他们的发言顺序要么是按照资历的深浅,由资历最深的法官先发言(比如联邦最高法院),要么是反过来,由资历最浅的法官先
306 发言(比如许多联邦上诉法院)。会议通常并不包括讨论的环节,而仅仅是宣布法官们的投票结果而已。在庭后会议上,打断一位法官的发言是极其缺乏礼节的行为,因此这同样也就减少了法官们彼此之间的互动。

司法审议程序的结构是精心设计出来的,以避免那些不习惯与他人发生争论的法官在讨论过程中可能感受到的尴尬(这一程序设计也有节省时间的考虑)。法官们并不能选择他们的同事,也不能选择他们的继任者,尽管联邦最高法院的大法官有时候会对如何选择与他们将来共事的人发表

---

④ 我们感谢克里斯·诺斯克(Chris Nosko)向我们提示了第一种理论解释。第二种理论解释是由金斯伯格大法官向琳达·格林豪斯(Linda Greenhouse)所提示的。

⑤ Richard A. Posner, *How Judges Think*, 2 - 3, 302 - 304(2008).

意见。⑥ 而之所以会被选择出任法官,原因和标准也是不一样的。简言之,包括联邦最高法院在内的上诉审法院的法官不是被要求去组成一个有效的委员会。即便不同的法官是由同一位总统提名而任职的,他们获得提名的原因是非常多样化的,如与参议员的友情、既往的政治服务经历、感人的人生故事、与提名人契合的意识形态立场或者诸如种族、性别、民族等个人身份特征(在一些涉及种族、性别、宗教、罪犯权利、移民权利等法律问题的案件以及其他可能引发强烈情感倾向的案件类型中,这些个人身份特征可能因为引发敏感问题而导致会议的讨论无法持续),而这些原因并不能保证被提名人就会与其他法官形成意见一致的观点同盟。联邦上诉法院法官和联邦最高法院大法官所面临的这一情形就好比在某种社会形态下,夫妻双方的结合是他人安排的结果,并且离婚是不被允许的。

不过,当讨论的议题在性质上属于技术性问题时,司法审议活动就有可能形成积极的效果,这不同于当讨论的议题涉及道德或政治争议时,开诚布公的讨论反而会引致法官之间的彼此敌视。然而,到了上诉审层面的不少案件并不是可以用法条主义分析的方法来解决的;而当案件的结果并非取决于客观的询问方法时(通常是因为法官彼此之间没有共同的推理前提),司法审议活动对法官的投票行为是不会有太大影响的。正如亚里士 307
多德所言:“我们考虑的并非是目的,而是其中所使用的方法。”⑦

法院内部有着特别强调法官之间彼此平等的准则,即便对于首席法官来说,他可以对他的同事行使权力的空间也是非常有限的,这种情况下形成的同事关系准则在某个方面就会使法官们谨小慎微地处理同事关系,避免发生激烈的争论,尤其是在涉及敏感事项的时候。一个著名的例外是,首席大法官法兰克福特曾经试图利用其显著过人的智慧和学识来让他的同事们拜倒在他的光芒之下,结果却是他的影响力被削弱了。对大多数法官而言,无论实际水平是怎样的,他们都会理所当然地认为自己是重要的人物,因此会期待获得来自他们的同事、律师以及法院工作人员的尊重。

---

⑥ 在19世纪50年代,联邦最高法院的大法官们曾经集体要求皮尔斯总统提名约翰·坎贝尔出任大法官。See Henry J. Abraham, *Justices, Presidents, and Senators*, 84(1999). 一个世纪之后,首席大法官伯格经常性地[向尼克松政府]提供可以出任“他的”法院大法官职位的人选名单。See John W. Dean, *The Rehnquist Choice*, 52(2001).

⑦ *Nicomachean Ethics*, bk. 3, ch. 2, p. 11, in *Aristotle*, Vol. 19, p. 137(Loeb Classical Library, H. Rackham trans., 2d ed. 1934).

简言之,司法审议的作用是被高估的。英格兰的法官根本没有进行司法审议的传统,直到不久之前才由于案件数量的压力使得他们改变了这一传统。他们坚持"口头性"(orality)原则,即法官做的任何事情都应该公之于众,以便公众对法官的行为进行监督。实际上,他们可以说是被禁止进行司法审议活动;相反,在律师们的上诉辩论程序之后,每一位法官都要表明其对案件的观点。不过,英国的司法体系是具有很高威望的。正如我们在本书第六章中提及的,当亨利·弗兰德里法官主政时,联邦第二巡回上诉法院具有很高的威望,在那个年代该法院的法庭并没有常规性的司法审议活动;作为替代机制,法官们只是在言词辩论程序结束之后互换备忘录。

在言词辩论程序中的发问可以起到补充甚至是替代司法审议活动的功能。[8] 发问的机会成本为零,这是因为法官们本来就是要参加言词辩论程序的。尽管法官们也要参加庭后会议,但这一会议的时间长度不固定,
308 因此法官们如果在会议上耗费时间去进行争论的话,会给他们带来额外的成本。在言词辩论程序中,法官彼此之间尖锐的、充满对抗的争辩得以缓解,这是因为法官们进行直接对话的对象是律师,而法官们彼此之间的对话是间接的。在某次发问中,法官可以暗示律师的观点是可笑的,但是在庭后会议上,法官却不能对持有同样观点的同事说这是可笑的。所以说,在法官召开会议之前进行的言词辩论程序给了法官一个机会,以尝试在决定如何投票之前,用非对抗的方式来说服他的同事。

言词辩论程序中的发问还使得法官有机会向那些在特定案件中会尊重资深专家意见的同事释放出信号。如果没有这些信号,那么这些同事就有可能投出"错误"的一票,因为按照规定的讨论发言顺序,他们的发言可能是被安排在那些有更多专业知识的法官之前。尽管在这个过程中的投票是试探性的,但是在进行了试探性投票之后,若一位法官在会议上因为别的法官而改变自己的观点,这可能使他感到没面子。我们从本书第三章

---

⑧ 好几位大法官都提到了这一点。例如,参见 William H. Rehnquist, *The Supreme Court* 244 (1999),其中提道"尽管名义上法官的发问是针对代理案件的律师的,但实际上会给他的同事们带来收益";以及 Ruth Bader Ginsburg, "Remarks on Appellate Advocacy," 50 *South Carolina Law Review*, 567, 569 (1999),其中提及"有时候我们之所发问,是为了说服我们的同事"。Also see Joseph T. Thai and Andrew M. Coats, "The Case for Oral Argument in the Supreme Court of Oklahoma," 61 *Oklahoma Law Review*, 695 (2008); Timothy R. Johnson, *Oral Arguments and Decision Making on the United States Supreme Court*, (2004).

所讨论的投票“流动”现象中可以得知，联邦最高法院大法官有时候会在庭后会议到最终作出裁决的这段时间内改变自己的投票立场。不过这种情况非常罕见，除非转变投票立场的法官加入了多数派阵营，而非异见者阵营，而这可被看作法官为了尊重多数意见而放弃了个人观点，以求得一致意见的裁决。当投票立场的转变是发生在会议之后，而不是在其他大法官在场的时候发生的话，则丢面子的程度会轻一些。

以上，我们以现实主义的理论进路对言词辩论程序中的法官向律师发问的行为进行了详细阐述，这种阐述尤其可以适用于联邦最高法院。由于大量案件的裁决并非取决于律师的言词辩论，因此大法官们常常在言词辩论程序之前（也就是律师代表当事人完成出庭之前）就已经决定好了裁决内容。的确，由于大法官们可以决定听审哪些案件，那么当法院作出是否受理案件的决定时，他就已经想好了如何对案件进行裁决，不管他是否支持法院受理该案件，至于言词辩论程序那是很久之后的事了。不过，只要大法官中间还有人对如何裁判案件没有作出决定，那么已经作出决定的大法官就可以在辩论过程中用发问的方法来尝试着说服那些还没有作出决定的大法官。这意味着大法官会对他并不支持的一方律师提出更多的问题，这针对的是那个律师所代理的案件本身，因此有可能使得律师没有办 309
法阐述最有利的观点（这是某种形式的阻挠议事策略）。带有敌意的向律师发问类似于庭审中的交叉询问，比起向大法官所支持的一方提出的简单问题，前者会带来更好的效果；不过大法官也会向他所倾向于支持的一方发问，而此时提出的问题基本上是为了引出可以支持该案件当事方的信息或者观点。此外，并非所有言词辩论程序中的发问都是带有倾向性的，有一些问题是中立的，目的是获得相关信息，以帮助尚未作出决定的大法官来作出决定。

如果所有的大法官在言词辩论程序进行之前就已经决定了投票立场，那么这时候希望通过向律师发问来动摇其他大法官立场的做法就是徒劳的。不过在现实中，我们这里所说的大法官在言词辩论程序之前就已经决定了投票立场最好被理解为在听审案件之前就形成的投票支持某一方案件当事人的概率。这与实际情况相符合，因为在言词辩论程序中所揭示的一些事实或者理由可能说服了某些大法官，而这些事实和理由很可能是在回答大法官的发问时被提出来的，而并非来自律师事先就准备好的法庭发言内容。

我们前面说过,在某些法律问题上,一位法官可能被他的同事视为专家,因此他通过向律师发问而传递出的对案件的看法可以在表决之前对他的同事产生影响。不过较之联邦最高法院,这一影响因素更有可能存在于联邦上诉法院层面,因为联邦上诉法院的案件数量更多,案件所涉及的范围更广,并且有更大比例的案件对于法官来说并不存在情感的或者意识形态的色彩。此外,对于联邦最高法院的大法官来说,法院的案件数量较少,法官助理的相对数量较多,案件的类型近乎单一(相当比例的案件集中于宪法领域),再加上杰出人士自命不凡的倾向,这使得一位大法官不大可能看重其他大法官给出的所谓资深专家意见。

正如同研究言论自由的学者区分言论的工具性(instrumental)功能和表达性(expressive)功能一样,法官对律师发问以表明其对该案件实体争议的立场,除了有影响其他法官的作用之外,这样做还能显示出法官的表现力。这一情况更有可能发生在联邦最高法院层面,因为大法官们所表达出来的观点是具有新闻价值的。带有倾向性的发问使得大法官可以向潜在的庞大受众表达其观点,而不局限于通过司法意见书、演讲或者采访(在采
310 访活动中,司法伦理要求法官不得谈论待决案件和待审案件)等形式。大法官对律师发问的持续增加可能缘于他们对名人文化(celebrity culture)的越来越看重。之所以这么说,一个可能的证据就是大法官在法庭上的发问或者评论越来越频繁地引发哄堂大笑。⑨

尽管我们的分析针对的是策略性发问,但有证据表明,大法官的某些发问的的确确纯粹是为了获取信息。经过对2005年至2008年开庭期范围内57个案件的言词辩论记录的内容分析,人们发现为了获取信息而发问的数量与大法官在言词辩论程序中发言的字数呈反比关系。除了几乎从不发问的托马斯之外,阿利托是说得最少的,却是最好问的大法官,而布雷耶、斯卡利亚和苏特则是说得最多的,却是发问次数最少的大法官。⑩

---

⑨ See Adam Liptak, "A Taxonomy of Supreme Court Humor," *New York Times*, Jan. 24, 2011, p. A16; Adam Liptak, "So, Guy Walks Up to the Bar, and Scalia Says...," *New York Times*, Dec. 31, 2005, p. A1.

⑩ James C. Phillips and Edward L. Carter, "Oral Argument in the Early Roberts Court: A Qualitative and Quantitative Analysis of Individual Justice Behavior," 11 *Journal of Appellate Practice and Process*, 325 (2010).

经验分析

本章开头我们曾提及蒂莫西·约翰逊(Timothy Johnson)和他的同事们所做的研究工作,他们在研究过程中下载了所有可以获得的联邦最高法院的言词辩论记录,然后使用计算机程序来计算大法官们发问的次数以及这些发问中所包含的单词数量。[11] 我们采用类似的方法更新了自 2009 年开庭期以来的数据。和约翰逊他们一样,我们使用的最早数据是来自 1979 年开庭期,原因是更早期的数据不具备可用于分析的形式。不过,1979 年至 2003 年开庭期的数据并不完整,因为这段时间内的记录稿并没有载明提出特定问题的大法官的姓名。关于案件的属性类别,我们还是沿袭了斯佩思数据库的分类方法。

在 1970 年,联邦最高法院将分配给案件当事各方的发言时间由一个 311
小时正式地减少为半个小时[12](有例外情形,但非常罕见)。由此人们可能的预期是,随着留给大法官发问的时间减少了,那么每个案件中的发问次数会降低。我们没有办法给出直接的判断,因为我们缺乏时间分配政策改变之前的数据,在此之后的几个开庭期的数据也无法获得。不过,图 7.1 提供了间接的答案。该图显示了从 1979 年到 2009 年期间,平均每个案件中的法官发问次数增加了 7%(从 112 次增加到了 120 次);而每个案件中法官发问的单词总数增加了 90%(从 2154 个单词增加到 4075 个单词)。发问次数的增加幅度不是很大,并且我们将会看到,当修正了一些其他影响这一数字的变量之后,这一增长趋势就不存在了。不过在言词辩论程序中大法官相对于律师的发言总量增加幅度是很大的,这是因为大法官所提问题的长度增加了。

---

⑪ 参见 Johnson et al.,本章前文脚注③。我们进行了一个可靠性分析,从数据中随机调取了 10% 的样本,结果发现约翰逊和他的同事们的计算是准确的。

⑫ 这一规则变化正式地确认了之前已经成为常态的时间分配政策。See Eugene Gressman et al.,*Supreme Court Practice*,672 – 673(2007).

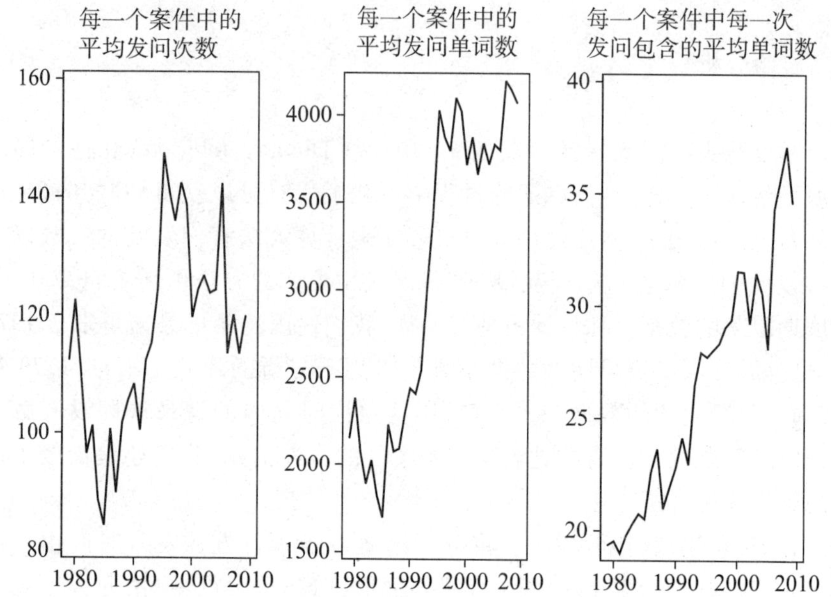

图 7.1　发问的次数和发问中包含的单词数量(1979—2009 开庭期)

为了更好地确定这一发展趋势,也为了更好地确定解释这一趋势的原
312 因,我们对在每个开庭期每个案件中法官平均发问次数的对数(*lnQ*)以及每个开庭期每个案件中法官发问的平均单词数的对数(*lnW*)进行了回归分析,自变量包括时间(开庭期)变量和代表每个开庭期案件数量的变量。每个回归分析都包含了 31 个观测值,覆盖了 1979 年至 2009 年开庭期的范围。

回归分析的结果为:

$$lnQ = 19.41 - 0.569 lnCases - 0.006 Term \qquad R^2 = 0.66$$
$$(2.67) \qquad (5.18) \qquad (1.76)$$
$$lnW = -12.16 - 0.704 lnCases + 0.012 Term \qquad R^2 = 0.92$$
$$(1.59) \qquad (6.08) \qquad (3.24)$$

在两个回归分析中,案件数量具有显著的负效应。例如,案件数量若减少 10%,则会导致发问次数增加 5.7%,法官发问所包含的单词数量增加 7%。这可能是因为随着案件数量减少,大法官们可以有(也可以付出)更多的时间来为每一次的言词辩论进行准备;而大法官的准备工作越是充分，他们越会向律师提出更多和更长的问题。对于法官发问所包含的单词总数来说，保持案件数量恒定的情况下，具有显著的正向时间趋势效应（大约为每年增加1.2%），但是对于发问次数来说，不具有显著的时间趋势效应。

大法官发问次数减少的同时，其提问中所包含的单词数量却在增加。对此，一个可能的解释是“法学教授”效应。这一效应的起源是，金斯伯格在1993年接替了怀特以及在之后的开庭期布雷耶接替了布莱克门，在此之前斯卡利亚是大法官中唯一曾经担任教授的。而我们的推断是，在布雷耶被任命之前，斯卡利亚是联邦最高法院最健谈的提问者。之所以说这是我们的推断，是因为我们并没有2004年开庭期之前大法官个人的发问记录，不过有一个事实可以证实我们的推断，即在我们掌握大法官个人发问数据的时间范围内，在言词辩论程序中发问单词数量第二多的大法官就是斯卡利亚，他仅次于布雷耶。但是，作为另一位曾经担任教授的大法官，金斯伯格在这方面仅排在第六位（现在已经有了第四位这样的大法官，就是卡根，不过她是最近才被任命的，还没有被包括在我们的研究范围内）。

斯卡利亚和罗伯茨的发问次数最多，紧接着的是并没有差多少的布雷耶，金斯伯格仍然是排在第六位。我们没有关于怀特和布莱克门的个人数据，不过如果他们的数据只是在平均水平上（大约450次），布雷耶出任大 313
法官也足以解释了自20世纪90年代早期以来大法官发问单词数量变化的时间趋势（参见图7.1的中间部分）。为了验证这一假设，我们在回归分析中增添了一个代表1994年的虚拟变量（1994年为布雷耶的第一个开庭期），这一变量果然具有正效应。[13]

随着索托马约尔取代了苏特以及卡根取代了史蒂文斯，大法官们显得越发健谈了，以至于律师们都几乎插不上话了。罗伯茨曾经提及，如今的大法官们在言词辩论程序中变得更为积极了，甚至有时候过于“忘乎所以”了。[14]

---

[13] 回归分析的结果是：

$$lnQ = 28.06 - 0.393 lnCases - 0.011 Term + 0.196 Dummy\ 94 \qquad R^2 = 0.74$$
$$(3.98) \quad (3.46) \quad (-3.16) \quad (2.98)$$

$$lnW = -0.820 - 0.473 lnCases + 0.005 Term + 0.257 Dummy\ 94 \qquad R^2 = 0.95$$
$$(0.12) \quad (4.36) \quad (1.66) \quad (4.09)$$

在代表1994年的虚拟变量被添加到回归分析中之后，时间趋势在关于大法官发问次数的回归分析中具有显著性，而在关于大法官发问所包含单词数量的回归分析中不具有显著性。

[14] 首席大法官约翰·罗伯茨在第四巡回上诉法院的司法会议上的发言（2009年6月27日于西弗吉尼亚州的白硫磺泉镇）。

大法官们插科打诨，互相打断发言，[15]以至于让人们觉得他们是在对公众进行一场表演，并且看起来兴致极高。托马斯大法官从不发问，不过他会和法庭上坐在他身旁的布雷耶进行交谈，还会咯咯地笑。

对于大法官越来越健谈的现象，一个解释或许是壁花（wallflower）效应。一旦有几位大法官开始扮演积极的发问者角色，观察者们就会认为那些没有经常发问的大法官是不是因为没有办法跟上积极发问者所设定的快速提问和回答的节奏，所以才保持了沉默；因此，在言词辩论程序中几乎完全一言不发的托马斯（在过去很多年里，他没有进行过任何发问）也开始行使发问的权力了。所以说，大法官们会迫于压力去遵守正在形成的法庭发言准则。另一种观点则认为，法院里一部分大法官爱说话，而另一部分则沉默寡言，这不是一种均衡状态，而只有当所有的大法官都爱说话，或者所有的大法官都沉默寡言时，这才构成了一种均衡状态。眼下的大法官们十分健谈，这是一种均衡状态，只是要把托马斯看作一个无法解释的例外
314 情形。

目前联邦最高法院的均衡状态是大法官们十分健谈，甚至可以说是异常健谈。对这一现象的解释也许可以回到之前的一个观点，即大法官们越发看重名人文化（参见本书第一章），而对于这一现象的抵抗只来自现在已经退休的苏特大法官。目前的这一均衡状态反映出了联邦司法体系中层级系统的弱点。对于法院来说，在处理公共关系时，最有效的策略是保持庄严而沉默（并且没有不同意见），以投射出超然的神秘感、不偏不倚的智慧、高度的共识以及外行难以理解的技能。许多机构都希望保持一种不透明的状态，其中多数是为了控制有关自身的信息。但是，对于单个的大法官而言，保持不透明状态未必是一种最优的策略选择。大法官会在机构声誉（可能还有机构的效能）和个人声誉之间进行权衡，而成为某个政治派别的知名人士（成为公众心目中的杰出人物，或者至少成为受过高等教育群体心目中的杰出人物）可以成为获取个人声誉的手段。

如今，大法官们的公共活动空间被前所未有地拓展了（在20世纪的前

---

[15] See Timothy R. Johnson, Ryan Black, and Justin Wedeking, "Pardon the Interruption: An Empirical Analysis of Supreme Court Justices' Behavior during Oral Argument," 55 *Loyola Law Review* 331(2009); Adam Liptak, "Nice Argument, Counselor, But Let's Hear Mine," *New York Times*, Apr. 5, 2011, p. A12.

80 年中,只有威廉·O. 道格拉斯试图并成功地获得了名人地位[16]),因此他们始终坚持反对在电视中播放联邦最高法院言词辩论的态度就不免令人费解了。一个可能的解释在于,出于安全的考虑,除了在他们所选择的场合之外,大法官们不希望被普罗大众辨认出来。另一个解释[由埃米莉·贝兹伦(Emily Bazelon)提出]是,大法官们对于是否能够在混乱的言词辩论程序中完全控制其“演出”效果缺乏自信。

发问的次数还是发问的单词数量?

让我们回到一开始的话题,即从言词辩论程序中法官发问的方式来推断案件的可能裁决结果。我们需要考虑的是,到底是法官发问的次数,还是法官所提问题中包含的单词数量可以更好地帮助我们判断案件的可能裁决结果。这两者量度方法的有效性都受制于特定大法官的个人喜好。假定大法官 A 是话比较多的,发言比较冗长的,而大法官 B 则是言简意赅 315
的。这样一来,A 可能会耗费某一方更多的时间,即便他发问的次数较少。不过,实际上,法官发问的次数和法官所提问题中所包含的单词数量这两者之间存在很强的正相关关系(相关系数为 0.76)。

图 7.2 和图 7.3 列出了 1979 年至 2009 年开庭期范围内,大法官向申请方和答辩方发问次数的频数分布以及这些发问中所包含单词数量的频数分布(当然,我们在这里实际上指的是向申请方律师和答辩方律师的发问,不过为了简洁起见,我们不准备说得那么精确)。向案件双方当事人发问的平均次数和所提问题包含的平均单词数量分别是 113 次和 2838 个单词;因此平均起来每次发问的单词量是 25 个。分别针对申请方和答辩方的发问次数为 56 次和 57 次,单词数量分别是 1391 个和 1448 个。对于发问的单词数量来说,双方的差异具有统计学上的显著性;但对于发问的次数来说,则不存在显著的差异。标准差的值非常大:对于发问次数来说,分别是 23(申请方)和 223(答辩方);对于发问的单词数量来说,分别是 630(申请方)和 669(答辩方)。

---

[16] 休斯因为在 1916 年辞去联邦最高法院的职务去竞选总统而成为名人,但显然他的目的不是成为知名人士。塔夫脱是一位名人,这完全是因为他曾经担任过总统,而且他并没有试图通过担任首席大法官来强化其知名度;休斯在 1930 年接替塔夫脱成为首席大法官时也没有这样的想法。

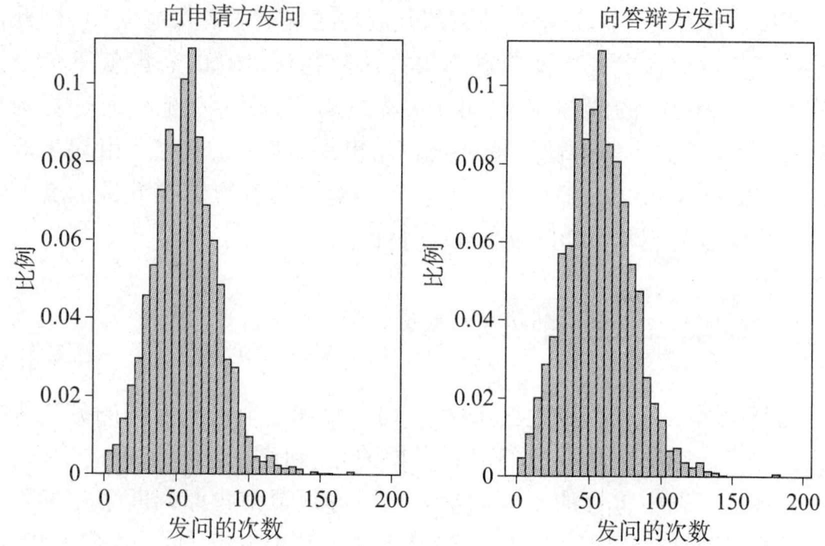

图 7.2　向申请方和答辩方发问数量的分布情况(1979—2009 开庭期)

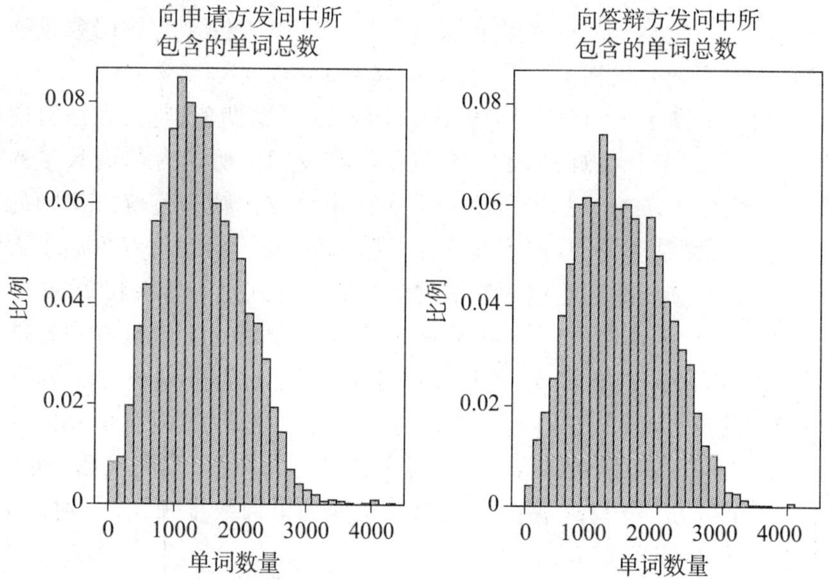

图 7.3　向申请方和答辩方发问中所包含单词总数的分布情况(1979—2009 开庭期)

在图 7.4 和图 7.5 中,我们可以看到,较之胜诉一方,败诉的一方的确是受到了大法官更多的发问(提问所包含的单词数量也更多)。具体来看(没有显示在图表中),当答辩方胜诉时,平均起来大法官对申请方的发问次数要多6.3次,提问所包含的单词数量要多157个;而当申请方胜诉时,平均起来大法官对答辩方的发问次数要多4.4次,提问所包含的单词数量要多185个。 316

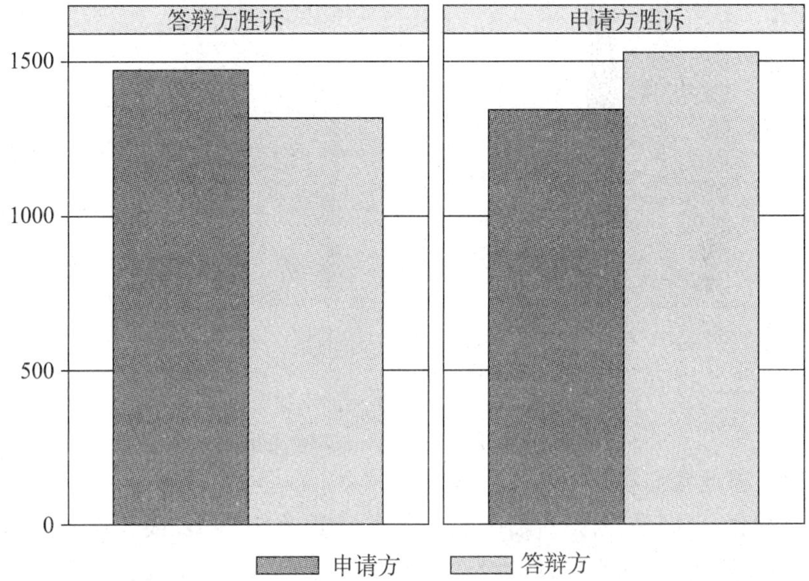

图7.4　向案件双方发问的平均单词数量

(区分不同的胜诉方,1979—2009开庭期)

在我们的3110个样本案件中,申请方在62%的案件中获得了胜诉的结果。不过,当申请方被发问的次数少于答辩方时,申请方的胜诉率升至了72%;而当答辩方被发问的次数更少时,其胜诉率由38%(100%减去62%)升至了46%。如果我们用发问的单词数量来替代发问的次数,得出的结果是类似的。例如,向答辩方发问的总单词数量更少时,其胜诉率升至了50%。在少量案件中(55个案件),双方当事人被发问的次数是相同的,这种情况下,申请方和答辩方胜诉的比例与其总体上胜诉的比例没有显著区别。[17] 当然,除了每一方被发问的比例之外,其他因素也会影响案件 317

⑰　由于每一方被大法官发问的单词数量相同的情况只出现在一个样本案件中,因此我们无法针对这类案件来研究胜诉的比例。

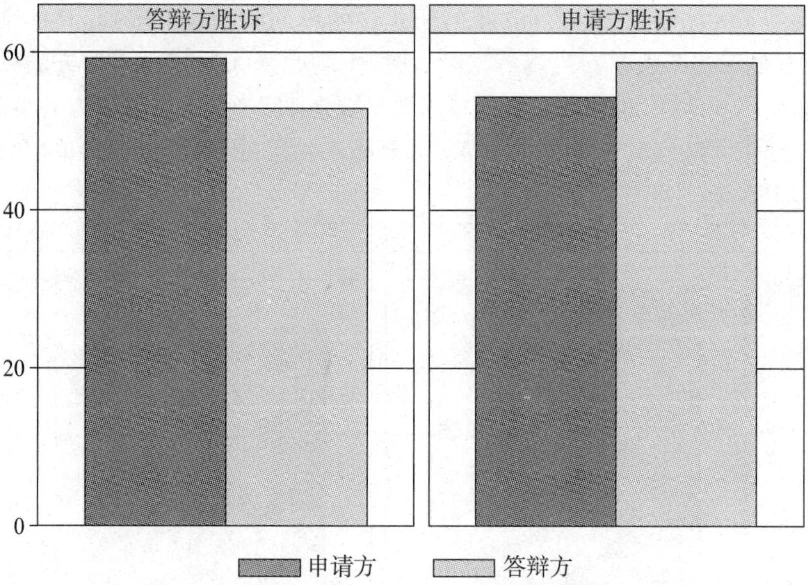

图 7.5　向案件双方发问的平均次数

(区分不同的胜诉方,1979—2009 开庭期)

的结果,对此我们将在下文作出解释。

我们的预期是,若案件各方被发问的次数差距越小,或者被发问的单词数量差距越小,那么案件的投票结果越是接近。表 7.1 支持我们的这一假设。这一表格排除了那些并非 9 位大法官共同参与审理的案件,一共大概占我们样本案件的 12%。之所排除这些案件,是因为发问的次数很可能取决于参与案件的大法官人数。之后我们会检验这一命题,并且会发现它是成立的。

我们用回归分析的方法来作进一步的分析。回归方程式为:

$$Win = f(Q, T, US, S, A, u)$$

因变量为申请方是否胜诉。自变量则包括如下几项:Q 是一组关于发问的变量——对每一方发问的次数、总的单词数量、每次发问的平均单词数量(具体使用上述哪个变量不影响回归分析的结果);T 是一组虚拟变量,代表联邦最高法院的开庭期;US 表示在案件中联邦政府成为了申请方或者答辩方;S 代表四种案件的主题类型(公民权利案件、经济案件、司法

表 7.1　向申请方和答辩方发问的次数以及其与案件投票结果的关联程度（1979—2009 开庭期）

		申请方胜诉			答辩方胜诉		
	案件数量	向申请方发问	向答辩方发问	比率	向申请方发问	向答辩方发问	比率
	(1)	(2)	(3)	(4)	(5)	(6)	(7)
5:4	618	58.2	58.2	1	60.5	59.9	1.01
6:3	461	58.8	58.5	1.005	60.3	55.8	1.081
7:2	358	58.4	63.1	0.926	63.2	54.5	1.160
8:1	253	54.5	59.9	0.910	60.2	52.4	1.149
9:0	1076	51.2	58.9	0.869	58.9	49.1	1.200
所有的投票结果	2746	55.2	59.4	0.929	60.2	54.0	1.115

说明：那些由不足 9 位大法官投票裁决的案件不计入在内。

权案件以及联邦制度案件）；*A* 是与法庭之友参与案件相关的一组变量，包括提交给法庭用以支持相关当事方的陈述书数量、首席检察官是否提交了法庭之友陈述书以及如果他提交了的话，目的是支持哪一方。⑱ 政府变量和法庭之友（尤其是政府作为法庭之友）变量的值非常大，并且具有高度显著性。

表 7.2 列出了这些变量以及这些变量的平均值，另外还有与之相关的其他信息。表 7.3 列出了回归分析的结果。我们感兴趣的是关于法官发问的变量，其他的则是控制变量，也就是说，其他因素也在影响因变量，但并不能验证我们的假设。不过，有两个控制变量的回归结果是值得注意的。一个

⑱ 我们采用的是保罗·柯林斯（Paul Collins）建立的数据库，其中包含了截至 2001 年开庭期的法庭之友参与案件的数据。参见 www.psci.unt.edu/~pmcollins/data.htm（visited Dec. 9,2011）。我们将数据库更新至了 2009 年开庭期。

319 是，当政府作为申请方时，其胜诉的概率为76%，而申请方的总体胜诉概率为62%；而当政府作为答辩方时，其胜诉概率为56%，而答辩方的总体胜诉概率为38%。政府会经常性地成为联邦最高法院案件的当事方，它会去让大法官们相信政府是一个严谨的当事方，从而来寻求胜诉比例的最大化（首席检察官有时候会被称作“第十位大法官”）。另一个是法庭之友陈述书对其所支持一方的胜诉概率有显著的正效应。准备一份陈述书是很费事的，因此只有当预期陈述书可以对案件结果产生影响时，案件的当事一方才会去这么做。另一种动机在于，某个组织提交法庭之友陈述书是为了表明支持隶属于它的案件当事方，或者是为了吸引公众的注意力，或者是为了公开表达其观点。不过我们的预期是，政府不大愿意去为了很可能败诉的一方提交法庭之友陈述书，这大概是基于政府时常作为联邦最高法院案件当事
321 方的缘故。回归分析确认了我们的这一预期。

和我们的预期一致的是，在对方接受的发问次数不变的情况下，大法官向某方律师发问的次数越少（或者发问中的单词数量越少），这一方胜诉的概率就越大。无论胜诉方是申请方还是答辩方，上述结论都成立。所以我们可以用一个单一的变量来替换关于向申请方发问和向答辩方发问的分离变量。这个单一变量就是向申请方的发问与向答辩方发问的比值。我们采用这一特定变量来进行了若干回归估算，不过从表7.3中可以看出，结果大同小异。

322 当大法官们向案件当事各方发问的次数相同时，申请方在63%的案件中获胜。不过，当大法官向申请方发问的次数相对于答辩方逐渐增多时，其优势就会迅速减少。例如，当答辩方受到的发问次数保持在57次的水平上时（答辩方被发问的平均次数），如果胜诉方被发问的次数多25次的话，那么其胜诉的概率将会降至51%。[19] 如果大法官们特别爱发问，问了申请方125个问题，那么根据我们的回归分析的预计，其胜诉概率会降至32%；如果大法官们向申请方发问57次，而向答辩方发问次数只有其大约一半时，申请方胜诉的概率为48%。所有这些数据都在我们的样本范围之内，也就是说，我们并不打算去推测当大法官向案件当事双方发问次数之比超过或低于实

---

[19] 我们基于缩略的方程式(3)来计算了这些预期的概率。其中，我们没有增加代表每一个开庭期的虚拟变量，而是对开庭期进行了聚类处理。对于我们所感兴趣的变量来说，计算得出的结果几乎是完全相同的。

际情况时出现某种案件裁判结果的概率。 323

表 7.2　对申请方胜诉比例的回归分析中的变量情况(1979—2009 开庭期)

	平均值	标准差	最小值	最大值
申请方胜诉比例	0.62	0.48	0	1
向申请方发问次数	56.2	21.8	1	174
向答辩方发问次数	56.5	22.7	1	184
向申请方发问的单词数	1390.5	630.3	1	4375
向答辩方发问的单词数	1447.8	669.4	1	4123
向申请方发问的单词数/发问次数	24.9	7.5	1	61.9
向答辩方发问的单词数/发问次数	25.8	7.9	1	67.5
美国政府作为申请方	0.17	0.38	0	1
美国政府作为答辩方	0.14	0.35	0	1
公民自由案件	0.56	0.5	0	1
经济案件	0.24	0.43	0	1
司法权力案件	0.14	0.34	0	1
联邦制度案件	0.05	0.23	0	1
支持申请方的法庭之友陈述书	2.29	3.5	0	44
支持答辩方的法庭之友陈述书	2.26	4	0	83
首席检察官提交了支持申请方的法庭之友陈述书	0.19	0.4	0	1
首席检察官提交了支持答辩方的法庭之友陈述书	0.11	0.31	0	1

表 7.3　申请方胜诉概率的 Logit 回归分析(1979—2009 开庭期)

	(1)	(2)	(3)
向申请方发问次数	-0.020** (9.34)	—	0.025** (10.80)
向答辩方发问次数	0.020** (9.31)	—	0.025** (11.10)

续表

	(1)	(2)	(3)
向申请方发问的单词数	—	0.001 **	—
		(11.62)	
向答辩方发问的单词数	—	0.001 **	—
		(12.20)	
向申请方发问的单词数/发问次数	—	—	0.055 **
			(6.86)
向答辩方发问的单词数/发问次数	—	—	0.061 **
			(7.80)
美国政府作为申请方	0.711 **	0.739 **	0.742 **
	(5.68)	(5.82)	(5.84)
美国政府作为答辩方	0.897 **	0.948 **	0.954 **
	(7.37)	(7.61)	(7.68)
支持申请方的法庭之友陈述书	0.052 **	0.053 **	0.052 **
	(3.00)	(3.07)	(3.04)
支持答辩方的法庭之友陈述书	0.069 **	0.071 **	0.069 **
	(4.66)	(4.46)	(4.47)
首席检察官提交了支持申请方的法庭之友陈述书	0.759 **	0.711 **	0.695 **
	(6.10)	(5.63)	(5.52)
首席检察官提交了支持答辩方的法庭之友陈述书	1.20 **	1.090 **	1.086 **
	(8.05)	(7.67)	(7.67)
案件主题类型虚拟变量	Yes	Yes	Yes
开庭期虚拟变量	Yes	Yes	Yes
常量	0.514	0.458	0.515
	(1.40)	(1.40)	(1.17)

说明:这里的观测数量仍然为3110。

为了进行试验,我们在表7.3中的方程式(1)至(3)中新增加了3个变量,分别是:用马丁－奎恩方法量度的大法官意识形态立场的中位值;层级较低法院的裁决是自由主义倾向的还是保守主义倾向的；以及意识形态和法院裁决的相互作用项。这种情况下，关于发问次数和发问单词数量的变量仍然具有统计学上的显著性，并且具有预测的价值。

表7.4分别列出了政府作为申请方、政府作为答辩方、政府既不作为申请方也不作为答辩方等情形下回归分析。回归系数显示，对于联邦政府来说，给定发问次数变化百分比的情况下，作为申请方的胜诉概率的变化比例

表7.4　美国政府作为当事方的案件中申请方胜诉概率的Logit回归分析（1979—2009开庭期）

	美国政府作为申请方 (1)	美国政府作为答辩方 (2)	美国政府不作为案件当事方 (3)
向申请方发问的次数	-0.033** (5.21)	-0.018** (2.97)	-0.019** (7.45)
向答辩方发问的次数	0.017** (3.03)	0.042** (6.48)	0.017** (6.71)
支持申请方的法庭之友陈述书	0.062 (1.18)	0.144** (2.66)	0.080** (4.10)
支持答辩方的法庭之友陈述书	-0.115** (2.64)	-0.094* (1.98)	-0.101** (5.49)
公民自由案件	0.486 (0.75)	-1.016 (1.57)	0.017 (0.08)
经济案件	0.106 (0.16)	-0.746 (1.07)	-0.218 (1.03)
司法权力案件	-0.166 (0.23)	0.746 -1.07	-0.391 (1.73)
开庭期虚拟变量	Yes	Yes	Yes
常量	1.741* (1.97)	-1.086 (-1.12)	0.609 (1.61)
观测数量	537	436	2137

会更大。对此的解释可能是这样的,大法官们会尊重首席检察官的能力和操守,所以如果政府的律师无法解决大法官们在提问中反映出来的疑惑的话,那就意味着这个案件本身对政府是比较不利的;而如果这个案件本身对政府是比较有利的,大法官们会比较少地发问,会认为没有必要再去通过发问来挖掘出案件当事方的薄弱之处。

解释发问次数和发问单词总数的变化

关于如何解释发问次数和发问单词总数的变化,我们可以提供几种假设:

参与言词辩论程序的大法官人数越多,发问的次数(N)和每次发问中包含的单词总数(W)就会越多。尽管我们不知道在一场特定的言词辩论中有多少大法官出席,但是投票的人数可以大致表明出席的人数。在我们的3110个样本案件中的2746个案件中,9位大法官进行了投票,在323个案件中8位大法官进行了投票,有35个案件中参与投票的大法官是7位,而只有6位大法官参与投票的案件数是6个。

案件当事双方越是势均力敌,大法官的发问次数就会越多。我们用以下代理变量来表明案件双方优势程序的差异:*Unanimous* 变量代表案件的表决是以一致同意的方式作出的(9:0、8:0、7:0、6:0,不过在我们的样本中,1251个以一致同意方式作出裁决的案件中的98%是9:0或者8:0的投票结果),*Close* 变量代表案件的投票结果是5:4、4:3、4:2(一共有698个案件符合这一条件,其中618个案件的投票结果是5:4)。缺省的变量是针对既非一致意见裁决的案件也非势均力敌的案件。我们预计,*Unanimous* 变量的相关系数为负值,而 *Close* 变量的相关系数为正值。

案件越是重要,大法官发问的次数就越多,发问的长度就会越长。我们
324 用两种方法来量度案件的重要性:一种是爱泼斯坦和西格尔(Segal)使用《纽约时报》头版报道的数量来进行的量度;[20]另一种是用法庭之友陈述书的

[20] See Lee Epstein and Jeffrey A. Segal, "Measuring Issue Salience," 44 *American Journal of Political Science* 66(2000).

数量来进行的量度。[21] 这两种变量具有高度相关性。[22]

表 7.5 列出了我们用来检验前述假设的各种变量；表 7.6 列出了回归分析的结果。我们以开庭期为单位对观测值进行了聚类处理，以解释在给定的开庭期范围内，发问的次数和发问中所包含的单词数量这两者之间的关联性。

表 7.5　对发问情况进行回归分析中的变量情况（1979—2009 开庭期）

	平均值	标准差	最小值	最大值
发问次数	112.7	37.22	16	322
发问的单词书	2838.4	1161.53	175	8134
参与投票的法官人数	8.87	0.39	6	9
势均力敌的投票	0.22	0.42	0	1
一致意见投票	0.4	0.49	0	1
既非势均力敌也非一致同意的投票	0.37	0.48	0	1
美国政府作为案件当事方	0.31	0.46	0	1
《纽约时报》头版报道的数量	0.13	0.34	0	1
法庭之友陈述书的数量	4.55	6.63	0	102

说明：观测数量仍为 3110。

---

[21] See Forest Maltzman and Paul J. Wahlbeck, "May It Please the Chief? Opinion Assignments in the Rehnquist Court," 40 American Journal of Political Science 421 (1996).

[22] 我们对以下回归分析进行了估算（括号里的是 t 统计量）：

$$AC = -512.67 + 5.86NYT + 0.259Term - 0.004Cases \quad R^2 = 0.19 \quad N = 3110$$
$$(11.86) \quad (10.74) \quad (12.01) \quad (1.01)$$

其中 *AC* 代表案件审理过程中提交的法庭之友陈述书的数量，虚拟变量 *NYT* 代表《纽约时报》头版报道的数量，*Term* 代表联邦最高法院的开庭期（这一变量是同律师数量和游说者数量的增长是联系在一起的），*Cases* 代表每个开庭期的案件数量。《纽约时报》变量（每一次的头版新闻报道会伴随着超过 5.9 份的法庭之友陈述书）和联邦最高法院开庭期变量（在每一个开庭期中，法庭之友陈述书的平均数量都要比上一年度开庭期平均增加 0.26 份）具有强烈的正向效应。

表 7.6　对发问情况的回归分析(1979—2009 开庭期)

	Ln (发问次数) (1)	Ln (单词数量) (2)
美国政府作为案件的当事方	0.047 **	0.031 *
	(3.55)	(2.39)
公民自由案件	0.104 **	0.130 **
	(3.82)	(4.76)
经济案件	0.058 *	0.040
	(2.03)	(1.38)
司法权力案件	0.086 **	0.105 **
	(2.78)	(3.39)
一致意见投票	-0.077 **	0.078 **
	(5.52)	(5.58)
势均力敌的投票	-0.012	0.000
	(-0.72)	(0.02)
参与投票的法官数量	0.084 **	0.078 **
	(5.32)	(4.91)
1994 年开庭期虚拟变量	0.312 **	0.406 **
	(12.59)	(16.06)
开庭期	-0.004	0.014 **
	(0.86)	(10.70)
《纽约时报》头版报道数量	0.084 **	0.070 ***
	(4.36)	(3.63)
法庭之友陈述书数量	0.002	0.002
	(1.47)	(1.60)
常量	11.46 **	20.25 **
	(4.02)	(7.12)
调整之后的 R^2	0.17	0.48
观测数量	3110	3110

回归分析揭示了参与投票的大法官人数越多(也因此,除了一些罕见的例外情况,参加言词辩论的大法官人数也就越多),他们发问的次数和发问中所包含的单词数量就越多。每增加一名大法官,就会使发问的次数或者发问中所包含的单词数量增加8%。但是,当案件性质属于双方势均力敌的 325
状况时,参加投票(因此假定参与言词辩论)的大法官人数即便更多,也不会导致发问的次数或者发问中所包含的单词数量显著增加。这与如下事实是相符合的,即在势均力敌的案件中,大法官们需要更多的回答,因此法庭的人数越少,每一位大法官拥有的发问时间就越多,这意味着他发问的次数也就越多。

同预期的一致,*Unanimous* 变量对于大法官发问的次数和发问中包含的单词数量具有负效应。这些案件具有的争议性最小,因此对于每个大法官来说,发问的价值(无论这种价值在于自我表现、偏袒某一方或者是为了获取信息)也就最小。

较之经济案件和联邦制度(缺省类别)案件,大法官们在公民权利案件和司法权力案件中会有更多的发问。这一点是令人吃惊的,原因是我们对 326
案件重要性进行量度的两种方法都与发问次数和发问中所包含单词数量呈正相关关系(尽管只有 *Times* 变量具有统计学上的显著性),因此我们会预期这两个反映案件重要性的变量可以用来解释公民权利案件和司法权力案件具有更大程度的重要性。

代表1994年开庭期(布雷耶大法官的首个开庭期)的虚拟变量会带来发问次数和发问中所包含的单词数量大幅度的(31%至41%)以及具有统计学上高度显著的增加。回归分析显示了,对于发问次数来说,不存在时间趋势效应;但对于发问中所包含的单词数量来说,存在时间趋势效应;当联邦政府是案件一方当事人时,无论是发问的次数还是发问中所包含的单词数量都会减少。

大法官个体

现在我们要研究的是,单个的大法官表决行为与其自身的发问以及其他法官的发问存在何种联系。在我们关于2004年至2009年开庭期范围内关于大法官个体发问情况的数据库中,奥康纳和伦奎斯特是被排除在外的,因为他们分别在这段时间内只参与了41个和22个案件。表7.11中,我们排除了索托马约尔，因为在该表格所覆盖的我们分析范围内，她参与的案件数量太少(68个)。（在相关的时间段里面，卡根还没有成为大法官）

我们针对每一位大法官进行了多元回归分析，方程式如下：

$$Win_i = f(Q, T, US, S, LC, u)$$

我们用 *LC* 变量（较低层级法院裁决的意识形态立场）来解释自由派大法官投票支持推翻保守主义裁决和保守派大法官投票支持推翻自由主义裁决的趋势。

表7.7列出了关于大法官发问变量的回归分析结果，而其他变量的回归分析结果与之前得出的回归分析结果是类似的。作为一个整体的法庭向申请方发问的次数越多，某一特定大法官投票支持申请方的概率就越低（同理适用于答辩方）。这样的话，对于金斯伯格大法官来说，如果我们假定答辩方和申请方受到的发问次数为平均值的水平（在其为联邦最高法院服务的年份里，答
327 辩方平均被发问65次，申请方平均被发问63次），她有72%的概率去投票支持推翻一项保守主义裁决。不过，如果大法官们总体上向申请方的发问次数超过向答辩方发问的次数25次的话，金斯伯格投票支持申请方的概率就会降至60%；而如果多发问的次数是50次的话，则概率将会低于50%。斯卡利亚投票支持推翻一项自由主义裁决的概率为75%，然而当全体大法官向申请方发问的次数超过向答辩方发问的次数25次的话，这一概率会降至66%。

表7.7 所有大法官的发问次数对每一位大法官投票行为影响的逻辑回归分析

	所有的案件		仅非一致意见裁决案件	
	向申请方发问	向答辩方发问	向申请方发问	向答辩方发问
大法官	(1)	(2)	(3)	(4)
阿利托	-0.022**	0.015*	—	—
(N=315)	(2.52)	(1.94)		
布雷耶	-0.022**	0.020**	-0.015**	0.014**
(N=1186/677)	(5.8)	(5.58)	(2.82)	(2.99)
金斯伯格	-0.02**	0.015**	-0.011*	0.008**
(N=1287/736)	(6.00)	(4.42)	(2.20)	(2.25)
肯尼迪	-0.019**	-0.018**	-0.005	0.008*

续表

大法官	所有的案件		仅非一致意见裁决案件	
	向申请方发问	向答辩方发问	向申请方发问	向答辩方发问
	(1)	(2)	(3)	(4)
(N = 1927/1115)	(6.60)	(6.49)	(1.45)	(9.444)
奥康纳	-0.016**	0.017**	-0.006*	0.006*
(N = 2505/1468)	(6.72)	(7.36)	(1.94)	(2.00)
伦奎斯特	-0.016**	0.018**	-0.005	0.006
(N = 2700/1616)	(6.56)	(7.76)	(1.45)	(1.86)
罗伯茨	-0.024**	0.016*	-0.016	0.005
(N = 348/206)	(3.30)	(2.26)	(1.46)	(1.34)
斯卡利亚	-0.019**	0.016**	-0.007	0.005
(N = 2143/1259)	(7.07)	(6.09)	(1.89)	(1.34)
索托马约尔	-0.051**	-0.006	—	—
(N = 68)	(2.52)	(0.41)		
苏特	-0.024**	0.017**	-0.054**	0.010**
(N = 1516/868)	(7.38)	(5.49)	(3.52)	(2.38)
史蒂文斯	-0.024**	0.023**	-0.019**	-0.022**
(N = 3056/1831)	(11.13)	(11.12)	(6.41)	(8.00)
托马斯	-0.019**	0.009**	-0.001	-0.004
(N = 1473/843)	(5.58)	(2.78)	(0.23)	(0.85)

说明:1. N 等于观测的数量。其中第一个数字指的是所有案件的数量,第二个数字指的是非一致意见裁决案件的数量。

2. 所有的回归分析中都包含了关于美国政府是否为案件申请方或答辩方的虚拟变量、代表了大法官所服务的每一个开庭期(他或她的第一个开庭期排除在外)的虚拟变量、关于较低层级法院裁决的意识形态倾向(自由主义的或者保守主义的)的虚拟变量以及代表案件类别属于公民自由案件、经济案件和司法权力案件的虚拟变量。

3. 统计数据来源于 1979—2009 年开庭期。为了与我们其他关于单个大法官的分析保持一致,我们也仅针对在 2004—2009 年开庭期范围内任职的大法官进行了回归模型的估算。

4. 由于存在多重共线性,我们没有办法针对阿利托来进行非一致意见裁决模型的估算。我们也没有针对索托马约尔来估算非一致意见裁决模型,这是因为她只在 37 个非一致意见裁决的案件中参与了投票。

大法官个体投票行为是作为整体的联邦最高法院进行发问次数的函数。对这一现象的解释就是,联邦最高法院对于相当一部分案件是以一致同意的方式来作出裁决的。如果我们把样本局限于非一致同意裁决的案件[参见表7.7中的方程式(3)和(4)],那么发问次数的总和这一变量并不能很好地用来预测某个大法官的投票行为。原因在于,如果大法官们发问的总数可以正确地预测多数裁决的话,那它肯定无法正确地预测异见法官的投票行为。

在非一致同意裁决的案件中,作为一个整体的法庭发问总次数在预测布雷耶、金斯伯格、奥康纳、苏特和史蒂文斯的投票行为时具有统计学上的显著性,但在预测保守派大法官时不具有显著性(对于肯尼迪来说,有部分例外),尽管变量的影响方向是可以预见的,并且向申请方而非答辩方发问的次数在预测肯尼迪的投票行为时具有统计学上的显著性。所以,对于保守派大法官来说,非一致意见裁决可以被用来推导出总体上结论,即作为一个整体的法庭所发问的次数可以预测单个大法官的投票行为。这意味着,较之自由派大法官,保守派大法官在言词辩论程序中不那么容易作出迁就和让步,以使自己的观点动摇。

正如表7.8所显示的,大法官们会大幅度地变化其发问的次数。金斯伯格和索托马约尔是仅有的在所有案件中至少发问一次的大法官,不过如果以发问次数来量度的话,斯卡利亚是最好问的,并且在我们的样本中,他仅在四个案件中没有发问。平均起来,他在每个案件中发问22次,但是他的标准差是非常高的(12.8)。罗伯茨的平均发问次数是21.54次,布雷耶为17.45次(布雷耶的标准差为11,仅次于斯卡利亚)。正如前文所提到的,布雷耶是发问单词量最多的大法官,而斯卡利亚和罗伯茨分别排在第二和第三。如果我们把索托马约尔排除在外(因为在样本期间内她参与的言词辩
329 论程序数量很少),金斯伯格在发问的次数和发问的单词量方面都处于居中的位置,但是她在单个案件中发问单词数量的最大值为1846个,仅次于布雷耶的2550个以及苏特的1997个。

就发问的次数而言,大法官们可以被分为三组:斯卡利亚、罗伯茨、布雷耶和索托马约尔显著地高于平均数;苏特和金斯伯格在平均数附近;史蒂文斯、肯尼迪、阿利托,当然还有托马斯,显著地低于平均数。就发问的单词数量而言,大法官们可以被分为两组:布雷耶、斯卡利亚、罗伯茨、苏特、金斯伯

表7.8　单个大法官发问的次数和发问的单词总数(2004—2009开庭期)

		每个案件中的发问次数		每个案件中的发问单词数	
	案件数量	平均值	标准差	平均值	标准差
斯卡利亚	436	22.43	12.8	664.47	315.34
罗伯茨	354	21.54	9.18	630.88	280.74
布雷耶	430	17.45	11.00	862.08	472.20
索托马约尔	68	15.97	8.77	532.81	231.08
苏特	362	14.22	8.98	605.15	348.14
金斯伯格	436	13.56	7.35	526.41	266.36
肯尼迪	435	11.43	7.74	344.00	222.42
史蒂文斯	435	11.05	8.59	294.17	205.75
阿利托	321	5.53	4.27	213.98	185.09
托马斯	433	0.02	0.30	0.64	8.30

格和索托马约尔显著地高于平均数;而史蒂文斯、肯尼迪、阿利托,当然还有托马斯显著地低于平均数。

阿利托的发问平均数为第二低,这可能反映了,根据我们数据库所覆盖的时间阶段,他是一位新近任职的大法官,为此还在“摸着石头过河”。索托马约尔可就不那么羞怯了。在她的首个开庭期内,她的发问次数超过了其他五位大法官。上述两位大法官的差异可能反映的是个性上的差异,一位内向,而另一位外向。性格内向的苏特在其第一个开庭内发问的次数很少。发问次数最多的大法官(苏特和布雷耶)则是外向性格的。

由于在名人文化中,性格外向的人会被选拔出来,并获得回报和鼓励,所以我们会想知道,某位大法官发问的次数(以及其发问中所包含的单词数量)同他的非司法活动之间是不是存在关联性。我们有充分的数据表明,对 330
于索托马约尔之外的所有大法官来说,他们在2004年至2009年期间参加公共活动的次数(参见本书第一章中的表1.1)同其于同一时间范围内参加言词辩论程序中的发问次数(以及单词数量)具有相关性。和我们的预期相反的是,对于发问次数来说,相关系数仅为0.45,而对于发问的单词来说,相关系数仅为0.40(若我们采用排名相关性,即大法官参与公共活动的排名与其进行发问情况排名的相关性,那么对于发问次数来说,相关系数为0.42,而对于发问单词量来说,相关系数为0.47)。无论是发问还是参与公共活动,斯卡利亚和布雷耶都名列前茅,而阿利托和史蒂文斯都相对排名较低。托马斯和苏特则是异常现象:托马斯在参与公共活动方面排在第五,但是在发问方面则是倒数第一。苏特则相反,发问方面排在第四,参与公共活动则排名最后。由于苏特是内向性格的人,他从来不会进行很多的发问,这表明他对于联邦最高法院的工作投入程度是非常高的。

表7.9剖析了大法官们向申请方律师发问和向答辩方律师发问的差异性。索托马约尔、金斯伯格和肯尼迪向申请方发问的次数(和单词数量)要显著地更多。布雷耶向答辩方发问的次数更多,同时他和史蒂文斯向答辩方发问的单词数量更多。罗伯茨、斯卡利亚和阿利托向当事双方发问的次数几乎是相同的(发问的单词数量也几乎是相同的)。对于这些统计结果,
331 我们无法给出解释。

表7.9 向申请方和答辩方发问的平均次数和平均单词数(2004—2009开庭期)

	发问的平均次数			发问中所包含的平均单词数量		
	向申请方	向答辩方	两者差异	向申请方	向答辩方	两者差异
罗伯茨(354)	10.27	11.27	-1.00	291.08	339.80	-48.72
斯卡利亚(436)	11.23	11.20	0.03	328.01	336.46	-8.45
索托马约尔(68)	9.26	6.71	2.55*	313.44	219.37	94.07*
布雷耶(430)	7.26	10.19	-2.93*	351.38	510.70	-159.32*
苏特(362)	7.16	7.06	-0.10	305.29	299.86	5.42
金斯伯格(436)	7.54	6.02	1.52*	287.86	238.55	49.31*
史蒂文斯(435)	5.34	5.71	-0.37	134.46	157.71	-25.26*
肯尼迪(435)	6.19	5.24	0.94*	191.24	152.75	38.49*
阿利托(321)	2.88	2.64	0.24	111.15	102.82	8.33
托马斯(433)	0.00	0.02	-0.02	0.09	0.55	-0.47

说明:1. 括号中的数字为案件数量。

2. 我们排除了大法官没有参与投票的案件。

我们预期大法官个体的发问模式反映了其个人的意识形态偏好，表7.10则证实了这一预期。在我们的研究所覆盖的时间范围内，5位自由派大法官向自由主义立场的申请人的发问次数要少于向保守主义立场的答辩方的发问次数（对于5位大法官中的3位来说，这一差异具有统计学上的显著性），并且这5位大法官中的4位向保守主义立场的申请方发问的次数要显著地多于向自由主义立场的答辩方的发问次数（布雷耶是一个例外，他总是会向答辩方进行更多的发问）。4位保守派大法官中的3位（托马斯被排除在外，因为在我们的统计样本案件中，他参与了433个案件的投票，但他仅仅向一位申请方进行过一次发问，仅向4位答辩方进行过发问）向保守主义立场的当事方（无论是作为申请方还是答辩方）发问的次数要显著地更少。肯尼迪是一个例外，只有当保守主义当事人是作为答辩方的时候，他的发问次数才会显著地更少；而当保守主义当事人时作为申请方的时候，肯尼迪对其 332 反问的次数更有可能多于向自由主义立场的答辩方的发问次数。换句话说，肯尼迪会向申请方更多地发问，这意味着对于他把维持案件的原审裁判（即裁决答辩方胜诉）作为一个默认的立场。这也就表明了，对于肯尼迪大法官来说，他的立场处于极端的保守主义和自由主义的中间，具有了一定程度的中立性，或者说存在矛盾心理，这使他在实践中扮演了摇摆大法官的角色。如果用发问的单词数量为指标来进行分析的话，得出的结论是相同的。

图7.6揭示了，当大法官投票支持答辩方以及投票支持申请方的时候，他向每一方发问的平均次数。和我们的预期一致的是，向某方律师进行更多的发问预示着这位大法官会投票反对该方的立场。对于首席大法官罗伯茨来说，当他投票支持答辩方的时候，平均起来他向申请方发问的次数会多3次。对于其他大多数大法官来说，也是类似的情形。不过，当布雷耶和肯尼迪投票支持答辩方的时候，这方面的差异不具有统计学上的显著性。但是，当采用发问的单词数量来进行分析时，这方面的差异在肯尼迪身上具有显著性。当肯尼迪和索托马约尔投票支持申请方的时候，他们会向申请方进行更多的发问，但是对于索托马约尔来说，这一差异不具有统计学上的显著性。肯尼迪和其他大法官之间的差异进一步说明了他的摇摆大法官的位置。若用发问的单词数量来替代发问的次数进行分析的话，得出的结论几乎是完全相同的。

表7.10　案件当事方不同意识形态倾向的情境之中的大法官发问次数(2004—2009开庭期)

大法官(情境1的案件数量,情境2的案件数量)	情境1:自由主义的申请方 v. 保守主义的答辩方		情境2:保守主义的申请方 v. 自由主义的答辩方	
	发问的平均次数	差异	发问的平均次数	差异
史蒂文斯(231,197)	3.38 v. 7.62	-4.24**	7.09 v. 3.99	+3.10**
苏特(192,164)	5.69 v. 8.18	-2.49**	8.411 v. 6.06	+2.35**
金斯伯格(232,197)	6.95 v.6.91	-0.04	8.01 v. 5.29	+2.79**
布雷耶(69,92)	6.86 v. 10.21	-3.35**	7.67 v. 10.20	-2.53**
索托马约尔(37,30)	7.33 v. 7.67	-0.33	10.84 v. 6.11	+4.73**
肯尼迪(231,197)	6.14 v. 5.10	+1.04**	6.21 v. 5.38	+0.83*
罗伯茨(191,157)	12.10 v. 8.41	+3.69**	8.59 v. 13.65	-5.07**
阿利托(165,150)	4.26 v. 1.53	+2.73**	1.61 v. 3.72	-2.11**
斯卡利亚(232,197)	12.27 v. 9.39	+2.89**	10.16 v. 12.76	-2.60**

说明:根据2004年至2009年开庭期期间内的平均马丁-奎恩得分,我们将大法官们按照最自由主义的(史蒂文斯)到最保守主义的(斯卡利亚)的顺序进行排列。

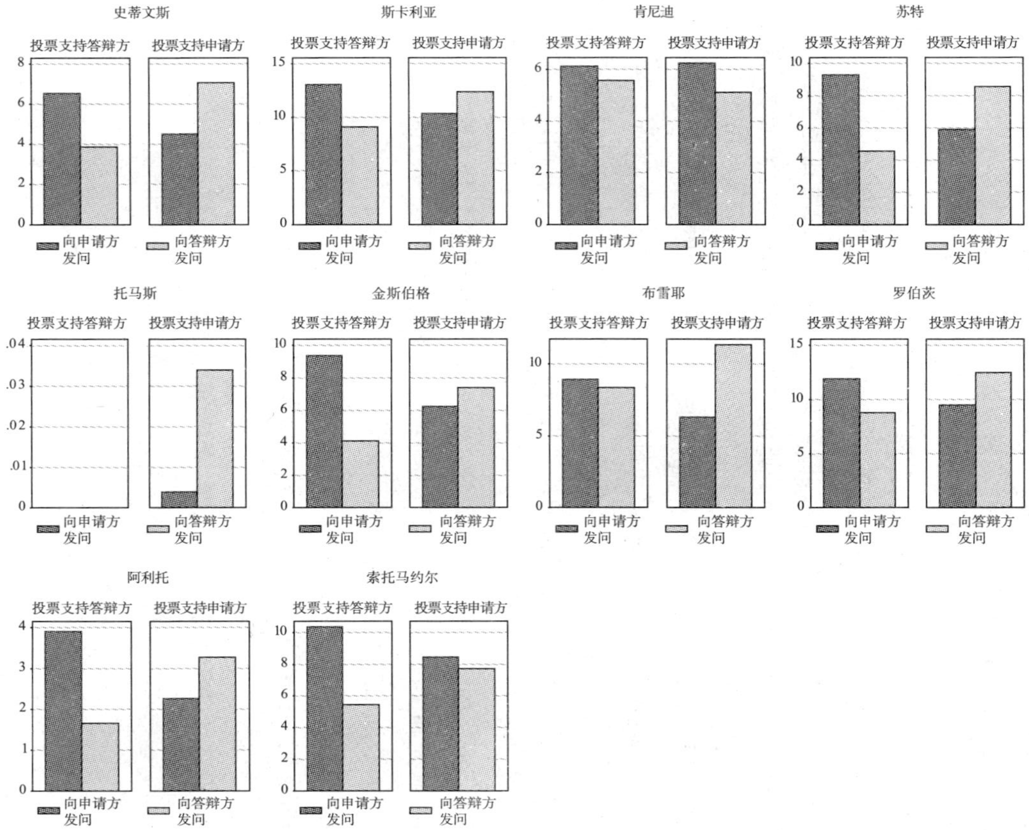

图7.6　向答辩方和申请方发问的平均次数（区分大法官投票支持答辩方或申请方这两种情况，2004—2009开庭期）

我们的预计是，较之作为一个整体的联邦最高法院，大法官个体的行为相对不容易预测。假定大法官 A 向答辩方发问了 20 次，而没有向申请方发问，而其余的大法官由于已经可以充分地意识到被告方立场的薄弱之处，因此也就没有什么兴趣再向答辩方进行更多的发问了；这样一来，这些大法官每人向申请方发问了 3 次，而只向答辩方发问了 1 次。如果把案件双方受到的发问次数加总，我们会发现申请方被发问了 24 次，答辩方被发问了 28 次，然而 9 位大法官中的 8 位向申请方发问的次数要超过向答辩方发问的次数。我们给出的结论是，大法官的发问行为可以被用来判断案件的裁决结果，这一结论与上述情形似乎是矛盾的，但事实上并非如此，因为在上述举例中，其余 8 位大法官的发问模式受到了那位对案件有着最为强烈观点的大法官的发问行为的影响。

为了更深入地分析大法官个体的发问行为，我们针对每一位大法官（托
333 马斯除外，索托马约尔也除外，因为她参与的案件数量较少，不足以进行有意义的分析）进行了多元回归的估算，其中使用了与前文一致的特定变量，除了把法庭发问的总次数替换为特定大法官发问的次数。我们以开庭期为单位对观测值进行了聚类处理。

回归分析的结果显示在表 7.11 中。即便我们把较低层级法院裁决的意识形态倾向和美国政府是否参与案件维持在恒定水平上，发问的次数和发问的单词数量仍然可以很好地被用来预测大多数大法官们的投票行为。不过对于阿利托来说，他向答辩方发问的次数（以及发问的单词数量）较之向申请方发问的次数可以更好地来预测其投票行为。

肯尼迪是一个主要的例外。关于他发问的变量没有一个生成了具有统
336 计学上显著性的相关系数，这就再一次地证明了他是一位摇摆大法官。

表 7.11　每一位大法官的发问次数和发问的单词数量对其投票行为影响的逻辑回归分析(2004—2009 开庭期)

	发问的次数		较低层级法院裁决的意识形态倾向	发问的单词数		较低层级法院裁决的意识形态倾向
	申请方	答辩方		申请方	答辩方	
阿利托(315)	-0.049	0.170**	-0.488	-0.001	0.002*	0.647*
	(1.11)	(2.85)	(1.52)	(1.11)	(1.73)	(2.08)
布雷耶(423)	-0.053**	0.063**	1.358**	-0.002**	0.003**	1.364**
	(3.23)	(3.77)	(5.05)	(3.83)	(4.87)	(4.96)
金斯伯格(429)	-0.159**	0.200**	1.571**	-0.005**	0.007**	1.533**
	(5.77)	(6.21)	(3.31)	(6.52)	(7.07)	(2.77)
肯尼迪(428)	-0.002	-0.030	-0.261	-0.001	0.000	-0.260
	(0.06)	(1.08)	(1.04)	(1.21)	(0.14)	(1.04)
罗伯茨(348)	-0.046*	0.065**	-0.280	-0.002**	0.002**	-0.203
	(2.22)	(3.27)	(0.92)	(3.28)	(2.84)	(0.65)
斯卡利亚(429)	-0.043**	0.065**	-0.727**	-0.003**	0.003**	-0.511*
	(2.90)	(4.01)	(2.89)	(5.13)	(4.73)	(1.94)

续表

	发问的次数		较低层级法院裁决的意识形态倾向	发问的单词数		较低层级法院裁决的意识形态倾向
	申请方	答辩方		申请方	答辩方	
苏特(356)	-0.082**	0.096**	1.683**	-0.002**	0.002**	1.617**
	(4.03)	(3.94)	(5.43)	(4.35)	(4.16)	(5.18)
史蒂文斯(428)	-0.063**	0.116**	1.294**	-0.002**	0.004**	1.331**
	(3.00)	(4.60)	(4.88)	(2.21)	(3.396)	(5.01)

说明:所有的回归分析都包括了关于美国政府在案件中是否作为申请方或答辩方的虚拟变量、关于首席检察官是否为了支持申请方或答辩方而提交了法庭之友陈述书的虚拟变量以及关于较低层级法院裁决的意识形态倾向的虚拟变量(0 为自由主义的;1 为保守主义的)。

第八章　海选竞争者

在职场上，通常来说，渴望获得晋升是一个重要的工作激励因素，而我们预期这一因素同样适用于《宪法》第三条所界定的联邦司法体系中的法官，尽管提名制度和提名年龄会制约法官获得晋升的机会。在许多机构中，内部晋升是比较常见的；而就联邦司法体系而言，内部晋升不仅是被允许的，而且已经成为选拔法官的最为主要的渠道。最近几年来的情况就是如此，几乎所有的联邦最高法院大法官都是从内部获得晋升的，也就是说从联邦上诉法院的职位上被提名为大法官的；只有卡根大法官是从外部选拔的。然而联邦上诉法院法官的人数远远多于联邦最高法院大法官的职位数，以至于他们获得晋升的比率会非常的低。正如表 8.1 所显示的，自 1933 年以来，仅有 3% 的联邦上诉法院法官被提名为联邦最高法院的大法官。

表 8.1　不同总统执政时期联邦上诉法院法官晋升为联邦最高法院大法官的情况

总统(年份)	联邦上诉法院的在任法官人数	被提名至联邦最高法院任职的法官人数	提名联邦上诉法院法官担任大法官的比例	联邦上诉法院法官获得大法官职位提名的比例
罗斯福/杜鲁门(1933—1952)	119	13	0.15 (2/13)	0.02 (2/119)
艾森豪威尔(1953—1960)	108	5	0.60 (3/5)	0.03 (3/108)
肯尼迪/约翰逊(1961—1968)	127	4	0.0 (0/4)	0.0 (0/127)
尼克松/福特(1968—1976)	144	5	0.60 (3/5)	0.02 (3/144)

续表

总统(年份)	联邦上诉法院的在任法官人数	被提名至联邦最高法院任职的法官人数	提名联邦上诉法院法官担任大法官的比例	联邦上诉法院法官获得大法官职位提名的比例
卡特 (1977—1980)	148	0	—	—
里根 (1981—1988)	205	4	0.5 (2/4)	0.01 (2/205)
老布什 (1988—1992)	186	2	1.0 (2/2)	0.01 (2/186)
克林顿 (1993—2000)	211	2	1.0 (2/2)	0.01 (2/211)
小布什 (2001—2008)	201	2	1.0 (2/2)	0.01 (2/201)
奥巴马 (2008—2010)	169	2	0.5 (1/2)	0.01 (1/169)
所有年份 (1933—2010)	588	39 (17/39)	0.44 (17/588)	0.03

说明:1. 在任法官人数指的是在总统任期最后一年之前提名获得通过,并且同时他还未进入资深状态或者虽然已经进入了资深状态,但并非是在总统任期的第一年之前就进入了资深状态的。举例而言,对于杜鲁门和罗斯福总统的任职期间来说,在任的联邦上诉法院法官人数等于在1952年或之前提名获得通过的法官或者是在1932年之后结束在任状态的法官。

2. 获得晋升的法官数量不包括那些曾经担任法官的人士。

正如表8.2所显示的,自1933年以来,10%的联邦地区法院法官被提名为联邦上诉法院法官或联邦最高法院大法官。尽管联邦地区法院法官人数与联邦上诉法院法官人数之比(2216 / 588 = 3.77)要低于联邦上诉法院法官人数与联邦最高法院大法官人数之比(588 / 39 = 15.1),但是在联邦上诉法院层面有更多地经由司法体系外部选拔而来任职的法官。这也就是为什么说,尽管联邦地区法院法官晋升为联邦上诉法院法官的比例两倍于联邦

上诉法院法官晋升为联邦最高法院大法官的比例(0.11 / 0.041 =2.68),但
是该倍数差距却要低于联邦上诉法院法官人数与联邦最高法院大法官人数 337
之比和联邦地区法院法官人数与联邦上诉法院人数之比的倍数差距(15.1 /
3.77 =4.01)。如果所有的联邦上诉法院法官都是由联邦地区法院法官晋升而来,所有的联邦最高法院大法官都是由联邦上诉法院法官晋升而来,那么这一倍数就应当是4.01,而不是2.68。如若这样的话,较之联邦上诉法院法官晋升为联邦最高法院大法官的概率,联邦地区法院法官晋升为联邦上诉法院法官的概率会比现在要大。

联邦法官的提名年龄也进一步地限制了晋升机会的取得。大约50%美
国律师的年龄是在45岁以下,而小于55岁的律师则占了75%。[①] 与之不同 338
的是,在2010年,163位服务于联邦上诉法院的在任法官(换言之并非资深法官)的年龄中位数为62岁,平均年龄则为62.2岁,其中无一人的年龄低于40岁。632位在任的联邦地区法院法官的年龄中位数为60岁(平均年龄为59.9岁);9位联邦最高法院大法官的年龄中位数为62岁(平均年龄为64岁)。这样的一种高龄状况,尤其是联邦地区法院法官的高龄状况(联邦上诉法院法官和联邦最高法院大法官通常是由司法体系中较低位阶的法官职务晋升而来的)反映了,较之进入其他法律职业领域,一名律师不会在他很年轻的时候就成为法官。

正是由于联邦地区法院法官的人数增长快于联邦上诉法院法官的人数增长,联邦上诉法院法官的人数增长又快于联邦最高法院大法官的人数增长(自1869年以来,联邦最高法院大法官的人数一直为9名),所以法官获得晋升的概率是降低了的。在1960年之前提名获得通过的联邦上诉法院法

① 律师年龄的中位数是45岁。美国在2000年的时候执业律师的年龄分布状况可以参见American Bar Association, "Lawyer De mo graphics," http://new. abanet. org/marketresearch/PublicDocuments/Lawyer_De mo graphics. pdf(visited Jan. 5,2012),具体如下:

29岁及以下	7%
30-34岁	12%
35-39岁	14%
40-44岁	15%
45-54岁	28%
55-64岁	13%
65岁及以上	12%
中位数	45岁

表 8.2　不同总统执政时期联邦地区法院法官晋升为联邦上诉法院法官的情况

总统(年份)	(1) 联邦地区法院的在任法官人数	(2) 被提名至联邦上诉法院任职的法官人数	(3) 提名联邦地区法院法官担任联邦上诉法院法官的比例	(4) 联邦地区法院法官获得联邦上诉法院法官职位提名的比例
罗斯福/杜鲁门 (1933—1952)	380	76	0.36 (27/76)	0.07 (27/380)
艾森豪威尔 (1953—1960)	331	45	0.4 (18/45)	0.05 (18/331)
肯尼迪/约翰逊 (1961—1968)	458	61	0.44 (27/61)	0.06 (27/458)
尼克松/福特 (1968—1976)	559	57	0.54 (31/57)	0.05 (31/559)
卡特 (1977—1980)	576	56	0.27 (15/56)	0.03 (15/576)
里根 (1981—1988)	772	78	0.42 (33/78)	0.04 (33/772)
老布什 (1988—1992)	696	37	0.59 (22/37)	0.03 (22/696)
克林顿 (1993—2000)	857	61	0.31 (19/61)	0.02 (19/857)
小布什 (2001—2008)	867	60	0.23 (14/60)	0.02 (14/867)
奥巴马 (2008—2010)	681	15	0.53 (8/15)	0.01 (8/681)
所有年份 (1933—2010)	2216	546	0.39 (214/546)	0.1 (214/2216)

说明:参见表 8.1 的说明。

官中,6.6%的人得以晋升为联邦最高法院大法官,而在此之后这一比例只有2.6%。要不是联邦最高法院大法官提名人选之中联邦上诉法院法官的占比出现了增加，上述获得晋升的法官人数比例的下滑幅度会更大。在1960年，还仅有3位大法官之前曾担任联邦上诉法院的法官；而现在，则只有一位大法官没有这样的经历。

在1960年之前，得以晋升为联邦上诉法院法官的联邦地区法院法官人数比例为17%，而在此之后仅为8.5%。不过这组数据以及类似的得以晋升为联邦最高法院大法官的联邦上诉法院法官的人数比例数据有点夸大了晋升机会的减少状况，这是因为在1960年之后被任命的一些法官可能尚未晋升到联邦最高法院，而在此之后被任命的某些联邦地区法院法官将肯定能够获得晋升到联邦上诉法院的机会。

我们感兴趣的是，获得晋升的渴望是如何影响法官行为的。② 显然，这 339
不同于职务晋升是否应当成为司法系统特征之一这样的问题。历来有争论的一个话题是，若取消法官的晋升机会，这究竟是会强化司法的独立地位，还是会弱化法官实现优异工作的激励。③ 对此，我们不作表态。因为本书的
分析都是基于一种实证的，而非规范的立场。 340

我们的研究既针对那些有现实可能成为联邦最高法院大法官的上诉法院法官，也针对那些有可能晋升至联邦上诉法院的联邦地区法院法官。我们的问题是，这些潜在的“海选竞争者”（auditioner）是否会为了增加获得晋升的机会而改变其行为？这与我们关于法官的现实主义模型是一致的。

② 之前的研究可以参见以下论文。Erin Kaheny, Susan Haire, and Sara C. Benesh, “Change over Tenure: Voting, Variance, and Decision Making on The U. S. Courts of Appeals,” 52 *American Journal of Political Science*, 490 (2008); Gregory C. Sisk, Michael Heise, and Andrew P. Morriss, “Charting the Influences on the Judicial Mind: An Empirical Study of Judicial Reasoning,” 73 *New York University Law Review*, 1377 (1998); Mark A. Cohen, “The Motives of Judges: Empirical Evidence from Antitrust Sentencing,” 12 *International Review of Law and Economics*, 13 (1992), and Cohen, “Explaining Judicial Behavior or What's ‘Unconstitutional’ about the Sentencing Commission,” 7 *Journal of Law, Economics, and Organization*, 183 (1991).

③ Also see Eli Salzberger and Paul Fenn, “Judicial Independence: Some Evidence from the English Court of Appeal,” 42 *Journal of Law and Economics*, 831 (1999); Daniel Klerman, “Nonpromotion and Judicial Independence,” 72 *Southern California Law Review*, 455 (1999).

司法体系中的提名和晋升

表8.3列出了关于联邦法官在获得提名时的年龄和其他特征的历史数据。④ 对于联邦最高法院大法官来说，数据的时间跨度为1789年至2010年；对于联邦上诉法院法官来说，时间跨度为1869年至2010年。司法巡回区的法官职位最早出现在1869年，尽管现代的联邦上诉法院体系是1891年建立起来的，自那时起才有了“巡回法官”(circuit judge)这一官方称谓。

表8.3　联邦法院法官职位的提名情况

	联邦最高法院 (N = 116)	联邦上诉法院 (N = 682)	联邦地区法院 (N = 2671)
获得提名时的平均年龄	53.4	52.9	50
结束任职时的平均年龄 (N)	69.3 (107)	68.2 (504)	66.4 (1782)
获得提名时的职业			
法官（所有类型）	0.47 (55/116)	0.56 (379/682)	0.34 (898/2668)
联邦法官	0.62 (34/55)	0.75 (284/379)	0.17 (157/898)
州法官	0.38 (21/55)	0.25 (95/379)	0.83 (741/898)
私人执业	0.21 (24/116)	0.26 (175/682)	0.45 (1190/2668)

④ 我们关于法官的信息是来自于其传记资料，其中包括了我们所建立的关于联邦司法体系的数据库。我们会在本书的结论部分介绍这一数据库的情况。

续表

	联邦最高法院 (N = 116)	联邦上诉法院 (N = 682)	联邦地区法院 (N = 2671)
政府检察官	0.10 (12/116)	0.07 (48/682)	0.12 (313/2668)
民选职务	0.11 (13/116)	0.03 (18/682)	0.05 (142/2668)
其他政府职位	0.09 (10/116)	0.03 (22/682)	0.03 (87/2668)
法学教授	0.02 (2/116)	0.06 (40/682)	0.01 (38/2668)
获得晋升的比例	—	0.04 (28/682)	0.11 (292/2671)
共和党总统提名任职的比例	0.65 (54/83)	0.56 (382/682)	0.57 (1435/2536)
跨党派提名的比例	0.16 (13/83)	0.08 (57/682)	0.09 (230/2541)
非白人法官的比例(1980—2010)	0.17 (2/12)	0.16 (41/260)	0.18 (199/1101)
女性法官的比例(1980—2010)	0.33 (4/12)	0.20 (52/260)	0.21 (229/1101)

说明:1. 联邦最高法院这一栏包括了所有从1789年至2010年获得提名的大法官。提名被提交至参议院的160位人选中(我们不对休会提名予以重复计算,比如说斯图尔特只被记作一次而非两次),有一些人的提名没有获得通过,有一些人的提名一开始没有获得通过但最后成功通过了。总计有116人的提名获得了通过,其中有四位同时担任大法官和首席大法官(怀特、休斯、斯通以及伦奎斯特),所以他们在数据中会出现两次。

2. 联邦上诉法院这一栏包括了所有自1869年之后获得提名的上诉法官。我们排除了两位没有最终获得通过的休会被提名人,分别是华莱士·麦卡曼特(Wallace McCamant)和查尔斯·皮克林(Charles Pickering)。

3. 联邦地区法院这一栏包括了所有从1789年至2010年获得提名的地区法院法

官，但排除了21位获得休会提名但最终未获通过的被提名人。

4. 关于“获得提名时的年龄”：我们不知道一位法官的出生年份［菲利普·基西克·劳伦斯（Philip Kissick Lawrence）］。

5. 关于“结束任职时的年龄”：对于联邦地区法院和联邦上诉法院来说，结束任职指的是法官进入资深状态或者去世或者辞职。联邦上诉法院一栏中排除了那些晋升至联邦最高法院任职的法官，联邦地区法院一栏则排除了那些晋升至联邦最高法院或联邦上诉法院任职的法官。

6. 关于“获得提名时的职业”：“民选职务”包括了国会议员、州议会议员、州长以及市长。我们不清楚三位联邦地区法院法官之前的职业情况。

7. 关于“在联邦上诉法院法官职位上获得大法官职位的提名”：其中包括了四位曾经担任联邦上诉法院法官，但是在获得大法官职位提名之前已经离开了法官职位的被提名人，他们是麦肯纳（担任司法部长）、塔夫脱（担任教授）、文森（担任财政部长）以及马歇尔（担任美国首席检察官）。

8. 关于“在联邦地区法院法官职位上获得晋升”：其中包括了一项失败的晋升计划（提名皮克林至联邦上诉法院任职）以及六项提名联邦地区法院法官至联邦最高法院任职的记录。我们把两位曾经担任过联邦地区法院法官，但是在获得联邦上诉法院法官职位提名之前离开了法院在他处任职的被提名人也包括了在内，他们是沃尔特·格雷沙姆（Walter Gresham）（担任了邮政局长）和路易斯·麦科马斯（Louis McComas）（担任了联邦参议员）。

9. 关于“党派任命和跨党派任命”：我们统计了1857年至2010年期间联邦最高法院和联邦地区法院的情况以及1868年至2010年期间联邦上诉法院的情况。我们的统计从1857年开始，这是因为现有的两党体制是在那一年被确立的。跨党派的提名意味着：（1）一位共和党总统提名了一位民主党人或者独立派人士；（2）一位民主党总统提名了一位共和党人或者独立派人士。

对于2/3的联邦地区法院法官来说，被提名为联邦地区法院法官是其获得的首次司法提名。不过，有6%的联邦地区法院法官所获得的首次联邦司法提名指向的是治安法官、破产法官或者间或是行政法法官（administrative law judge）的职位，另有28%的联邦地区法院法官曾经担任了州法官。令人吃惊的是，被提名为联邦地区法院法官的法律人士中，那些之前就拥有司法工作经历的被提名人的平均年龄与那些之前并无司法工作经历的被提名人的平均年龄是相同的，都是50岁，尽管曾担任州法官的被提名人在获得提名之前已经为州法院平均服务了9.5年；这些被提名人中，曾经担任州法官的被提名人的平均年龄为50.8岁，曾经担任不适用《宪法》第三条的联邦司法官员的被提名人的平均年龄为49岁。

较之联邦地区法院法官，联邦上诉法院法官在获得提名时的年龄会更大，平均为53岁。在获得提名时，其中大部分人担任其他司法职位：41%为联邦地区法院法官，1%为其他类型的联邦司法官员，14%为州法官。较之那些并非担任司法职位的被提名人，获得联邦上诉法院职位提名的联邦地区法院法官的平均年龄要更大（分别为51岁和55岁）。他们较曾担任州法 341
官的被提名人也更为年长（分别是52岁和51岁）。只不过前者的差异具有统计学上的显著性。在其他司法职位上被提名到联邦上诉法院任职的法官通常已经在原来的司法职位上工作了相当长的一段时间：平均起来，曾任联邦地区法院法官的被提名人为9年，而曾任州法官的被提名人为12年。

联邦最高法院大法官获得提名时的年龄为53.4岁，与联邦上诉法院法官大致相同。其中约有一半的被提名人是直接来自联邦或州的法官职位，不过那些从其他联邦法院职位晋升而来的法官有着略微更大的平均年龄（55岁）。如果他们是在联邦上诉法院法官的职位上获得的提名，那么他们已经在那儿平均工作了7年；而如果他们是在联邦地区法院法官的职位上获得的提名，那么他们已经在那儿平均工作了9年。

对于适用《宪法》第三条的司法体系来说，其包含的三个层级在法官获得提名的年龄方面并没有很大的区别（参见图8.1和图8.2）。最大的平均提名年龄出现在20世纪20年代，那时联邦最高法院大法官的被提名人年龄为58岁，而联邦上诉法院法官的被提名人年龄为56岁。在联邦地区法院层面，法官职位被提名人的平均年龄由1790年的44岁逐步增长至1950年的52岁。关于年份对提名年龄影响的回归分析显示了，联邦最高法院大法官的平均提名年龄每100年大约增加了4岁。不过，如果我们将分析限定于1900年至2010年的范围，就会发现“增加4岁”变成了“减少3岁”，这使得我们预计，（当其他因素保持恒定）在1900年的时候，联邦最高法院大法官的平均提名年龄为55.6岁，在1950年为54.2岁，在2000年为52.7岁。

表8.4显示了，提名年龄和行使提名权的总统所属的党派这两者之间只存在非常微弱的关联性。如果回到1857年（从那年起，民主党与共和党开始轮流控制国会的两院），我们会发现，共和党总统提名的联邦最高法院 343
大法官的平均年龄（55.5岁）要高于民主党总统提名的大法官的平均年龄

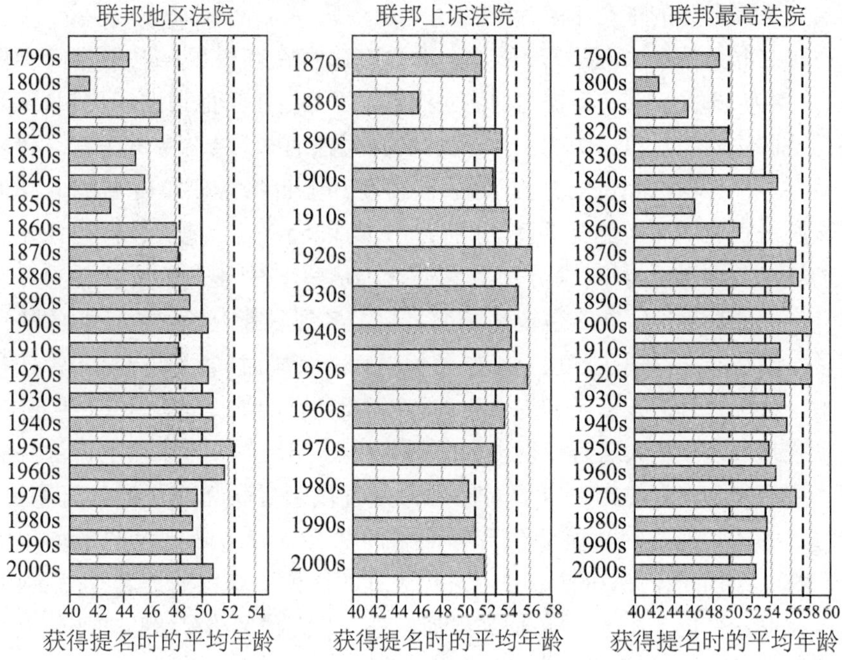

图 8.1　不同年代里联邦法官获得提名时的平均年龄

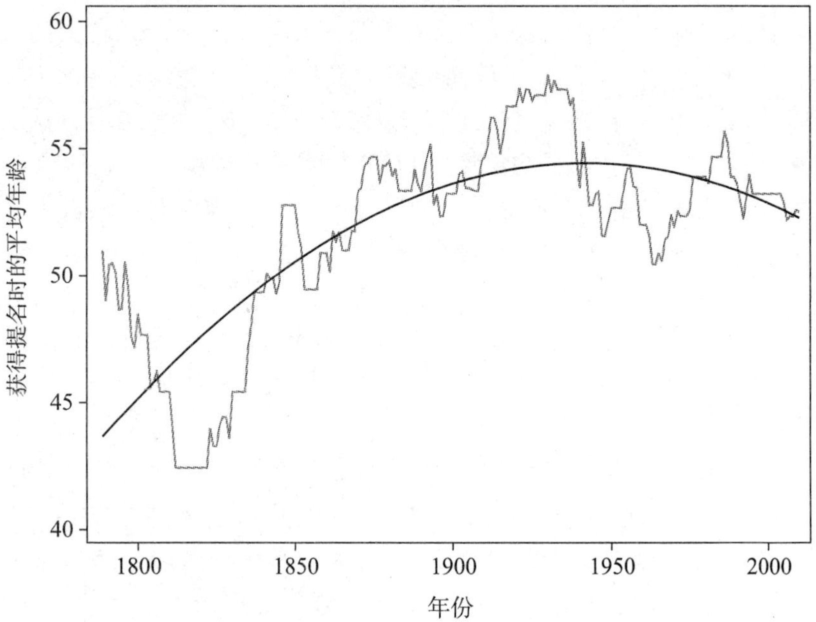

图 8.2　联邦最高法院大法官在获得提名时的平均年龄(1788—2010)

(54.7 岁),但这一差异不具有统计学上的显著性。在 20 世纪,共和党总统所提名的大法官比民主党总统提名的大法官稍稍年长(分别是 55.7 岁和 54.5 岁),不过这一差异同样也不具有统计学上的显著性。自 1950 年起,民主党总统提名的大法官相对更为年长(分别是 54.1 岁和 53.9 岁),不过这一差异仍然不具有显著性。共和党总统提名的联邦上诉法院法官的平均年龄为 52.8 岁,民主党总统提名的联邦上诉法院法官的平均年龄为 53.2 岁,其差异同样不具有显著性。但是,我们从本书第三章中可以得知,从里根总统开始,共和党总统提名的联邦上诉法院法官的平均年龄(50.4 岁)要显著 344
地低于民主党总统提名的人选的年龄(52.8 岁)。其中,共和党总统提名的法官人选中有 23.4% 的年龄为 45 岁及以下;而民主党总统所提名人选的这一比例仅为 13.2%。

表 8.4　不同总统提名的联邦上诉法院法官的平均年龄

总统	被提名人的人数	被提名人的平均年龄	年龄的中位数
哈里森	11	52.5	53
克利夫兰(两度出任)	9	53.3	53
麦金利	6	54.5	53
老罗斯福	18	51.1	51
塔夫脱	13	57.8	58
威尔逊	20	52.7	56
哈定	6	59.8	60
柯立芝	16	55.9	57
胡佛	16	57.1	59
小罗斯福	50	53.4	52
杜鲁门	26	55.6	56

续表

总统	被提名人的人数	被提名人的平均年龄	年龄的中位数
艾森豪威尔	45	56.6	56
肯尼迪	20	54.7	55
约翰逊	41	52.4	52
尼克松	45	54	53
福特	12	52.6	53
卡特	56	52.3	53
里根	78	50.5	51
老布什	37	49.5	49
克林顿	61	52.3	51
小布什	59	51	51
奥巴马(截至2010年)	15	55	56
共和党人	293	53.2	53
民主党人	362	52.8	53
总计	655	53	53

在本书第三章中,我们曾经提及,总统在作出一项提名法官的决定时,会权衡两个方面的因素:一个因素是提名的政治遗产效应,被提名人的年龄越小,这一效应就越大;另一个因素是意识形态转变和意识形态偏离效应,被提名人的年龄越大,这一效应就越小。对于联邦最高法院来说,上述这两项因素都是提名的时候需要特别考虑的问题。最年轻的大法官职位被提名人是32岁的约瑟夫·斯托雷,最年长的是65岁的贺拉斯·勒顿(哈伦·菲斯克·斯通是在68岁的时候被提名为首席大法官,但在此之前他已经担任大法官很多年了),但这些极端情形在如今已经是非常罕见了。自1986年以来获得提名的10位大法官中,没有一位的年龄比43岁(托马斯)更低,也没有一位的年龄比60岁(金斯伯格)更高。这10位大法官的年龄标准差相对要降低4.5岁,而他们的平均年龄(52岁)仍然是与联邦最高法院大法官的
345 总体平均年龄(53岁)相接近的。

对于希望晋升至联邦最高法院的法官们来说,一个可以总结的经验就是:如果法官的年龄接近60岁的话,那么获得晋升的概率就会降低,而当年龄超过60岁之后,则这一概率几乎就是零了。对于希望晋升至联邦上诉法院的地区法院法官来说,经验也是类似的,尽管情况不是那么极端。尽管60岁及以上的法官被提名至联邦上诉法院任职的情况是比较罕见的,但这个年龄的法官被提名至联邦最高法院任职的情况则更为罕见。

被提名人选的范围通常是限于那些与现任总统同一党派的前任总统所提名任职的法官(因为行使提名权的是现任总统)。例如,里根总统提名至联邦上诉法院任职的33位联邦地区法官中,有32位(97%)是被共和党总统提名至联邦地区法院任职的。[⑤] 截至我们的书稿写成,奥巴马总统提名至联邦上诉法院任职的8位联邦地区法院法官都是由民主党总统提名至联邦地区法院任职的。不过,通常来说,较之共和党总统提名的人选,民主党总统提名的人选中,由同一党派总统提名至联邦地区法院任职的法官人数比例相对要小(1933年之后的统计数据分别为92%和79%)。自1933年之后,由同一党派总统提名至联邦上诉法院任职的总体法官人数比例为86%。

---

⑤ 这段之中的统计数据是基于以下表格而获得的:

	被提名至联邦上诉法院任职的联邦地区法院法官		
	总数	同一政党	同一政党的比例
罗斯福/杜鲁门(1933—1952)	23	17	74%
艾森豪威尔(1953—1960)	18	14	78%
肯尼迪/约翰逊(1961—1968)	27	24	89%
尼克松/福特(1969—1976)	31	28	90%
卡特(1977—1980)	15	10	67%
里根(1981—1988)	33	32	97%
老布什(1989—1992)	23	22	96%
克林顿(1993—2000)	19	14	74%
小布什(2001—2008)	13	13	92%
奥巴马(2009—2010)	8	8	100%

说明:这些数据的来源为U. S. Courts,"Biographical Directory of Federal Judges," www. uscourts. gov/JudgesAndJudgeships/BiographicalDirectoryOfJudges. aspx(visited Dec. 9,2011)。我们把没有党派色彩的法官放在分母里,而是放在分子里;自尼克松执政以来,没有党派色彩的法官占2%至6%。

一个著名的例外是索托马约尔,老布什总统提名她到联邦地区法院任职,但提名她到联邦上诉法院和联邦最高法院任职的却都是民主党的总统。

同一党派的法官能够有多大的机会获得晋升,这不仅取决于总统对同一党派的被提名人选有多强烈的偏好,还取决于空缺的职位数和符合担任这些空缺职位的联邦地区法院法官人数。由于里根总统时期的在任地区法院法官中约57%是由共和党总统提名任职的,因此对于那些由共和党总统提名任职的联邦地区法院法官来说,他们获得晋升的概率为7%(32/440),而对于民主党总统提名任职的联邦地区法院法官来说,他们获得晋升的概率几乎为0(1/332)。克林顿一共提名了61位法官到联邦上诉法院任职,曾担任联邦地区法院法官的有19位,其中14位是由民主党总统提名任职的。由于经由民主党总统提名而出任联邦地区法院职位的法官大约有368位,因此对这部分法官来说,在克林顿任期内获得晋升的概率为4%(14/368);而对于那些由共和党总统提名任职的地区法院法官来说,这一概率仅为1%(5/489)。

不过,对于那些与现任总统不属同一党派的总统提名而任职的联邦地区法院法官来说,我们设定的其可能获得晋升机会的条件限制是过于严格的。他们还是有现实的可能性被未来的某位与提名其至联邦地区法院任职的总统属于同一党派的总统提名至联邦上诉法院任职。

联邦最高法院大法官职位的海选

由于联邦上诉法院法官被提名为联邦最高法院大法官的概率十分低,因此人们也许会认为,法官寻求晋升机会的行为并不会常见。这样的话,既然成功获得晋升的机会如此之低,那为什么还有法官会为了追求职业理想而改变其行为呢?

一个可能性在于,即便一位法官只是被纳入了联邦最高法院大法官的人选库,或者即便只是媒体或者其他法官认为他被纳入了人选库,这也会给他带来效用,因为这会增加这位法官的知名度和社会声誉(甚至还会增加著作的销量,罗伯特·伯克就是一个例子)。获得最终的提名,或者仅仅是让大家知道他已经被纳入了考虑人选的范围(或者曾经被纳入考虑人选的范围,尽管实际上获得提名的是其他人)如果可以给法官带来效用的话,那么对于他来说,耗费一定的资源来增加这一喜事发生的概率就是一种理性的选择，即便最大化的可能耗费换来的只是概率的略微提升。这其实是一个简单的成本—收益分析：如果增加成本可以带来 pb（b 代表收益，p 为获得该收益的概率）有更大增加的话，由于 b 相对于 c 更大，那么 c 的额外付出就有可能是值得的，即便 p 的值很低，c 的变化导致 p 的增加值很小。

我们这里所说的而为了提高司法晋升的概率而“耗费的资源”，并不是
花钱的意思。我们都清楚这样的情况存在：为了在职务晋升中成为更具有 348
吸引力的候选人，法官会投票反对给某人定罪；花时间去迎合那些可能在未来的大法官提名中施加影响力的政府官员或者舆论引导者。反对给某人定罪是一种不端的行为，但这不意味着它是不存在的。只不过，法官们在很大程度并没有意识到自己是在进行一个不端的行为。

对于所有的联邦上诉法院法官来说，获得联邦最高法院大法官提名的机会并非是均等的，这和任何买彩票的人都可能中奖是不一样的情况。实际上有晋升机会的人选范围要比全体法官的范围小一些，因此其中每一位人选获得晋升的概率会高一些。[6] 只有这部分法官才有激励去做些什么以增加其被提名至联邦最高法院任职的机会。我们称这些法官为“海选竞争者”，尽管实际上他们只是潜在的海选竞争者，原因是许多大法官职务的人选其实并无意于增加被提名的概率，而之所以这样，要么是他们对成为大法官不感兴趣，要么是因为他们在道德观上反对为了职务晋升而参与海选竞争。

为了界定哪些法官属于海选竞争者（我们在广义上使用这个词，也就是说把潜在的海选竞争者也包括在内），我们查阅了自 1930 年以来关于总统提名联邦最高法院大法官的候选人名单，[7]还研究了同一时期的报纸和学术作品。[8] 这些资料显示了，自 1930 年以来，有超过 20% 的在任联邦上诉法院法官曾经被考虑提名担任最高法院大法官，或者至少让人们相信他们属于被考虑或者值得考虑的人选。我们根据这些资料归纳出了可能获得晋升的人选范围。本章的附录部分列出了这 122 位海选竞争者。

---

⑥　参见 Klerman，本章前文脚注③。

⑦　Christine L. Nemacheck，*Strategic Selection*：*Presidential Nomination of Supreme Court Justices from Herbert Hoover through George W. Bush*，(2007).

⑧　资料来源包括三份报纸（《纽约时报》《华盛顿邮报》《华尔街日报》）；David Alistair Yalof，*Pursuit of Justices*：*Presidential Politics and the Selection of Supreme Court Nominees*(1999)以及 Henry J. Abraham，*Justices*，*Presidents*，*and Senators*，(5th ed. 2007)。

表 8.5　联邦上诉法院在任法官中的海选竞争者和非海选竞争者(1930—2009)

	人数		
	海选竞争者	非海选竞争者	海选竞争者的比例
所有的法官	122	463	20.9
司法巡回区			
第二	15	40	27.3
第五	18	56	24.3
哥伦比亚特区	23	28	45.1
其他	66	339	16.3
属性特征			
获得提名时的年龄	48.6	53.8	
提名获得通过时的平均年份	1970	1971	—
共和党总统提名	74	243	23.3
民主党总统提名	48.6	220	17.9
女性	23	36	39.0
男性	99	427	18.8
白人	104	431	19.4
非白人	18	32	36.0
毕业于哈佛或者耶鲁法学院	41	94	30.3
毕业于其他法学院	81	369	18.0
参议员礼遇得分绝对值的平均值	0.39	0.35	—
之前的职业			
联邦法官或州法官	56	264	17.5
在联邦政府工作	1970	31	38.0
在州政府工作	3	16	15.8
担任法学教授	14	24	36.8
在私人部门工作	30	128	19.0

说明:参见表 8.1 和表 8.3 的说明。

表8.5给出了这些法官的概要统计以及其他475位在1930年至2009年间某个时期任职的在任联邦上诉法院法官的概要统计；后者因此可以作为对照组。这里要提醒的一点是，有一些法官之所以进入了可能获得晋升的人选库，这是为了迎合利益集团的需要，事实上他们从未真正地成为竞争
者。这些虚假的海选竞争者同非海选竞争者基本上是差不多的，而我们所 349
使用的海选竞争者名单中肯定会有这些虚假的海选竞争者，因此我们关于海选竞争者与非海选竞争者之间差异的研究发现有可能是低估了是否存在参与海选激励的两类法官之间的差异。

表8.5的内容揭示了海选竞争者和非海选竞争者之间的诸多差异，分别如下：

1. 海选竞争者集中在第二、第五和哥伦比亚特区司法巡回区，尽管它们并非是最大的司法巡回区，而人们本来预期大一点的司法巡回区中可能会
有更多的海选竞争者。在上述司法巡回区中，海选竞争者占到了全体法官 350
人数的31%，而在其他司法巡回区，这一比例只有16%。哥伦比亚特区司法巡回区更是有超过比例的代表：在我们研究所覆盖的时间范围内，有45.1%的法官在某个时期成为海选竞争者。不过这并不令人感到奇怪。哥伦比亚特区联邦上诉法院管辖了更高比例的重要案件；而这一法院的法官们身处华盛顿，这让他们有更多的机会去和政府高级官员们建立“关系”，而这些政府高级官员在挑选联邦最高法院大法官的被提名人时是可以施加影响力的；而可能最为重要的一点是，哥伦比亚特区是没有参议员代表的，因此总统在挑选哥伦比亚特区司法巡回区的法官时，他的自由度会更大，因此其任期内有大法官职位空缺的话，他很自然地就会利用这一自由度来挑选海选竞争者，从而扩大联邦最高法院大法官候选人的范围。

2. 较之年长的法官，在较年轻的时候就到联邦上诉法院任职的法官明显有更大的机会成为可能获得晋升的人选。海选竞争者当初被提名至联邦上诉法院任职时的平均年龄为48.6岁，而非海选竞争者当初的平均年龄为53.8岁。正如我们在本书第三章中提及的，里根政府在这一问题上的态度很明确，在挑选大法官的过程中，年轻被认为是“一个非常重要”的因素，因

为这可以保证大法官和法官对法律规则形成“长久的影响”。[9]

3. 从比例上来说,共和党总统提名的法官有更多的机会成为可能获得晋升的人选。23.3%的共和党总统提名任职的法官有可能获得进一步晋升的机会,而民主党总统提名任职的法官中只有17.9%获得进一步晋升的机会,这一比率为1.3∶1,而在1930年至2009年期间,共和党总统提名任职的联邦最高法院大法官人数与民主党总统提名任职的联邦最高法院大法官人数之比仅为1.05∶1。这也就再次说明了,如今时代的共和党总统有着更为强烈的意识形态偏好。

4. 可能获得晋升的人选中,非白人法官和女性法官的人数是不成比例的。自1930年以后获得提名的50位西班牙裔法官、黑人法官以及亚裔法官中,有36%的人成为可能获得晋升的人选,而白人法官的这一比例为
351 19.4%。女性法官和男性法官所对应的这一比例分别为39%和18.8%。

5. 美国律师协会会对联邦上诉法院法官候选人的资格进行评估。在我们统计的可能获得晋升的人选中,没有人获得“不合格”的评价,不过非海选竞争者中也只有1%的人得到了这一评价。至于上述两类法官获得美国律师协会的“合格”评价以及“优秀”评价的比例,我们没有发现他们有显著的差异。[10]

6. 海选竞争者曾经就读的法学院的质量水平(或者人们认为的质量水平)是一个影响因素,而就读的法学院有可能也代表了法官的能力。毕业于哈佛法学院或者耶鲁法学院的法官中,有30.3%的人进入了可能获得晋升的人选范围,而其他毕业于其他法学院的法官的这一比例只有18%。我们之所以挑出这两所法学院(后文中我们会提及一处保留),这是因为所有现任的联邦最高法院大法官曾经就读于其中之一,尽管金斯伯格只在里面读了一年(她一开始在哈佛,后来转学去了哥伦比亚大学)。有人提出,要在纯

---

[9] 该话语出自美国司法部副部长。See Edward C. Schmults, in Arnold H. Lubasch, “3 Reported Picked for Appeals Court,” *New York Times*, July 26, 1981, §1, p. 1. Also see Sheldon Goldman, *Picking Federal Judges*, 337 (1997)。

[10] 我们掌握了美国律师协会对485名联邦上诉法院法官的评价信息(其中97位是海选竞争者,388位不是)。36%的海选竞争者被美国律师协会评价为合格,64%被评价为优秀,没有人被评价为不合格。至于非海选竞争者,评价为合格的比例为31%,被评价为优秀的比例为68%,另有1%被评价为不合格。

粹的法官胜任能力的基础上[11]来更加精确地来检验出哪些联邦上诉法院法官最适合成为联邦最高法院大法官的候选人，但是不出意外的是，所检验的因素对大法官的提名毫无影响。

7. 海选竞争者的意识形态化程度略微重一些。如果用参议员礼遇得分的绝对值来量度的话，海选竞争者的得分是0.39，而非海选竞争者的得分是0.35。请记得，参议员礼遇得分的排序是从较高的正值排到较低的负值，所以参议员礼遇的绝对值（其实就是去掉负号）是用来量度法官的自由主义倾向或者保守主义倾向的程度。一位法官的意识形态程度越轻，他在参议院的批准程序中遭遇反对的可能性就越小，但同时他的提名给总统带来的政治遗产也就越少。

8. 较之非海选竞争者，海选竞争者更有可能曾经担任过联邦律师或者 352
国会议员，尽管人数其实是非常少的。31位之前曾经从事联邦法律工作的联邦上诉法院法官中，有12位（39%）进入了可能获得晋升的人选范围；6位曾经担任国会议员的联邦上诉法院法官中，有4位进入了这一人选范围。看起来，这些数据似乎否定了如下判断：美国正趋向于形成和欧洲类似的职业法官体系。[12] 但请不要忽视以下事实：如今的九位联邦最高法院大法官中有八位曾经担任联邦上诉法院法官；40%的联邦上诉法院法官曾经担任联邦地区法院法官，而其余不少人则曾经担任州法官。一些联邦地区法院法官曾经是联邦治安法官或者联邦破产法官。

9. 在可能被晋升至联邦最高法院职位的联邦上诉法院法官人选范围中，曾经在其他法院任职的情况非常少见。在1930年至2009年期间被提名至联邦最高法院任职的19位联邦上诉法院法官中，仅有索托马约尔和惠特

---

[11] 例如，参见 Stephen Choi and Mitu Gulati, "Choosing the Next Supreme Court Justice: An Empirical Ranking of Judicial Performance," 78 *Southern California Law Review*, 23 (2004)，以及 Frank B. Cross and Stefanie Lindquist, "Judging the Judges," 58, *Duke Law Journal*, 1383 (2009) 一文中全面的文献综述。

[12] See William H. Rehnquist, "2001 Year-End Report on the Federal Judiciary," www.supremecourt.gov/publicinfo/year-end/2001year-endreport.aspx (visited Dec. 9, 2011); Teddy Davis, "Justice Scalia Praises Elena Kagan's Lack of Judicial Experience," ABC News, May 26, 2010. http://blogs.abcnews.com/politicalpunch/2010/05/justice-scalia-praiseselena-kagans-lack-of-judicial-experience.html (visited Dec. 9, 2011); Stephen Breyer, "FederalJudicial Compensation," Testimony before the House Committee on the Judiciary, Apr. 19, 2007, http://judiciary.house.gov/hearings/printers/110th/34757.PDF (visited Dec. 9, 2011).

克是担任了联邦地区法院法官之后再到联邦上诉法院任职的。当一位已经在两个法院任职的法官被考虑提名至第三个法院(即联邦最高法院)任职的时候,他可能已经年龄太大了。上述19位大法官中的一位(苏特)是在州法院开始其司法职业生涯的,在被提名为联邦最高法院大法官之前,他曾经短暂地(几个月的时间)在联邦上诉法院任职。

我们基于表8.5中的各项变量,对成为海选竞争者的概率进行回归分析,结果显示在表8.6中。表8.6中两组回归方程式的唯一区别在于,第二组回归方程式中包括了代表第二、第五和哥伦比亚特区司法巡回区的虚拟变量。[13] 毫不奇怪的是,*Age at Appointment* 这一变量具有显著的负效应;法
353 官年龄每增加一岁,成为海选竞争者的概率就降低0.015。一位在53岁的时候(我们的样本中法官获得提名时的平均年龄)被提名至联邦上诉法院任职的法官,他有16%的概率进入可能获得晋升的人选范围。而在其他条件相同的情况下,若该法官是在46岁的时候(平均提名年龄之下的一个标准差)被提名的,那么这一概率会升至28%;若是在60岁的时候(平均提名年龄之上的一个标准差)被提名的,那么这一概率会降至7%。

表8.6 对成为一位海选竞争者概率的Logit回归分析(1930—2009)

自变量	(1)	(2)
Age at Appointment	−0.014**	−0.015
	(4.91)	(4.56)
Year Confirmed	−0.012**	−0.011**
	(5.60)	(4.77)
President (1 = 共和党总统)	0.109**	0.106**
	(3.97)	(3.63)
Law School (1 = 哈佛或耶鲁)	0.076**	0.067**
	(2.84)	(2.92)
Senatorial Courtesy Score	0.200	0.174
	(1.91)	(1.87)

[13] 我们用表8.6中的回归方程式(2)来计算在正文中报告的概率估计值。回归方程式(1)生成的结果几乎是一样的。

续表

自变量	(1)	(2)
Sex（1 = 女性）	0.208 * (4.17)	0.203 ** (3.44)
Nonwhite（1 = 非洲裔、西班牙裔或亚裔）	0.198 ** (4.15)	0.188 ** (3.87)
Former District or State Judge	0.002 (0.04)	0.013 (0.26)
Federal Government	0.125 * (2.47)	0.107 (1.72)
State Government	-0.049 (0.43)	-0.032 (0.28)
Law Professor	0.082 (1.40)	0.079 (1.09)
D.C. Circuit	—	0.128 ** (5.59)
Second Circuit	—	0.087 ** (6.25)
Fifth Circuit	—	0.095 ** (6.62)
观测量	582	582

说明：1. 所有的回归系数都已经转换为了边际效应。

2. 观测量的数值为582，而非585，这是因为我们不知道其中3位法官的意识形态得分。

3. 方程式(1)中的标准误都已经以司法巡回区为单位进行了群聚处理。

我们发现，*Year Confirmed* 这一变量的回归系数为负值，且具有显著性。一位更早被提名任职的法官在法院已经服务了更多的年份，因此进入可能获得晋升的人选范围的机会也就更多，留在这个人选库内的时间也就更长。354
当然了，*Year Confirmed* 这一变量最终可能失去所有的解释力，比方说在提名获得通过30年之后，某位法官可能因为年龄太大而被排除在可能获得晋升的人选范围之外。为了解释超龄效应,对于在 1979 年或在此之前提名获得通过的法官,我们赋予其 *Year Confirmed* 变量的值为 1979;对于在 1979 年之后提名获得通过的法官,我们赋予其 *Year Confirmed* 变量的值为提名获得通过的实际年份。由此,在回归分析(2)中,在 1980 年之前获得提名通过的法官中(占我们样本中法官人数的 57.6%),有 23% 的概率进入可能获得晋升的人选范围;对于在 1990 年获得提名通过的法官,他们的这一概率降至 10%;而对于在 2000 年获得提名通过的法官来说,这一概率仅为 5%。在 1971 年(我们的样本中法官提名获得通过的平均年份)获得提名通过的法官有 16% 的概率进入可能获得晋升的人选范围;当法官是在 1947 年(平均值之下的一个标准差)获得提名通过的,那么这一概率升至 22%;当法官是在 1995 年(平均值之上的一个标准差)获得提名通过的,那么这一概率则降至 11%。

对于共和党总统提名任职的法官来说,他们进入可能晋升的人选范围的概率显著地更高,达到了 21%,相比之下民主党总统提名任职的法官只拥有 12% 的概率。这也部分地反映了在 1933 年至 2009 年期间,共和党总统比民主党总统提名了更多的联邦上诉法院法官到联邦最高法院任职。在这一时间区间内,共和党总统提名的 17 位大法官人选中有 12 位是联邦上诉法院法官(占 71%)。不过,民主党总统提名至联邦最高法院任职的联邦上诉法院法官人数更多,在总共 39 位被提名人中,有 21 位是联邦上诉法院法官(占 54%)。这可能意味着,联邦上诉法院法官中的 *D* 比 *R* 有更大的激励参与海选竞争。

法官多元化的考量对可能获得晋升的人选范围的构成有显著的影响。在 1980 年,仅有 8% 的在任联邦上诉法院法官是女性,仅有 11% 是非白人。而截至 2010 年,这一数据升至了 30% 和 20.5%。当其他变量保持不变的前提下,白人男性法官进入可能获得晋升的人选范围的概率为 12%,非白人男性法官为 37%,白人女性法官则为 39%。由于法官的多元化考量是最近才出现的,我们对 1970 年而非 1930 年以来联邦上诉法院的在任法官(共计 429 位,而非 582 位)重新进行了回归估算。不过回归结果是十分类似的,这是因为在 1970 年以前,女性法官和非白人法官的人数非常少。

较之其他法学院的毕业生,哈佛大学和耶鲁大学法学院的毕业生有显
355 著更高的概率进入可能获得晋升的人选范围(分别是 14% 和 21%)。这样来检验精英教育的影响力并非是一种好的方法,因为还有其他的精英法学

院,不过这样来检验就读于哈佛或耶鲁法学院所产生的影响力却是很好的方法。由于在美国法律教育历史上的领先地位,外行的社会公众,以及可能还有的许多国会议员会将这两所法学院的文凭视为在最高法院任职的资格条件,尽管这不是唯一的资格条件。此外,这两所法学院拥有大量有影响力的校友(在首都的或者不在首都的),对于寻求晋升机会的法官来说,他们可以借此获得高层人脉关系。

四个关于先前职业经历的变量(缺省项为私人部门)中,有三个变量对于预测法官是否能够成为海选竞争者不具有显著性。不过在方程式(1)中,我们可以看到,曾经在联邦政府中从事非司法工作的联邦上诉法院法官有显著更多的机会进入可能获得晋升的人选范围。在方程式(2)中,代表哥伦比亚特区司法巡回区的虚拟变量反映了先前职业经历的影响,这一司法巡回区的法官较之其他司法巡回区的法官有显著更多的机会进入可能获得晋升的人选范围(分别是27%和14%),并且这一司法巡回区中31%的法官曾经在联邦政府中从事非司法工作,而其他司法巡回区中上诉法官的这一比例仅为6%。第二和第五司法巡回区的法官也拥有显著更高的进入可能获得晋升的人选范围的概率,分别为21%和23%,而除了这两个司法巡回区以及哥伦比亚特区司法巡回区之外其他司法巡回区法官的这一比例为12%。

比较从未有过司法工作经历的联邦上诉法院法官和曾经担任州法官或者联邦地区法院法官的联邦上诉法院法官这两类人,我们发现他们在成为海选竞争者的可能性方面并无显著差异。参议员礼遇得分的绝对值对于能否成为海选竞争者也不具有显著的影响;是否担任过州法官或者联邦地区法院法官也同样如此。

回归分析的价值在于,我们可以区分海选竞争者和非海选竞争者的特征差异。我们名单上的122位海选竞争者平均起来有0.38的预计概率进入可能获得晋升的人选范围,而其他460位样本法官的这一概率为0.16,其中仅有9%的法官进入可能获得晋升的人选范围的预计概率与我们名单上的海选竞争者的预计概率是同样高的。

我们的这一模型还能很好地预计那些更有可能进入可能获得晋升的人选范围的法官同样也有更多的机会晋升至最高法院任职。在我们的样本中,有19位法官是由联邦上诉法院晋升而来的,其中17位是直接晋升的,有 356
2位(文森和马歇尔)是辞去联邦上诉法院职务之后获得晋升的。这19位法官中的某一位成为海选竞争者的平均预计概率为0.50,而最终没有获得晋升的海选竞争者的这一概率为0.36。成为海选竞争者的预计概率每增加10%，被提名至最高法院任职的概率就会上升5.8%。[14]

在1950年之后被提名至联邦上诉法院任职的法官中，进入可能获得晋升的人选范围的概率最高的13位法官中（概率范围为77%至94%，平均为84%），有5位（金斯伯格、肯尼迪、斯卡利亚、索托马约尔和托马斯）最终成为大法官；有一位（道格拉斯·金斯伯格）获得了提名，不过该提名被迫撤回了；另有一位（肯尼斯·斯塔尔）在1989年因为没有获得大法官的提名而从联邦上诉法院辞职了，不过在此之前他一直是排名靠前的候选人；另有其他3人（伊迪丝·琼斯、阿玛莉亚·基尔斯以及帕特里夏·瓦尔德）曾经属于可能获得晋升的人选范围，但现在已经年纪太大了；余下的其他法官（哈里·爱德华兹、卡洛琳·金以及迪内尔·塔查）未曾进入可能获得晋升的人选范围，由于年龄的问题，在未来他们也不大可能进入这个人选范围了。

我们的研究所覆盖的时间阶段中，有19位联邦上诉法院法官被提名至联邦最高法院任职，其中有7位法官获得提名的预计概率在12.7%（惠特克）至26.1%（明顿），其他人还有布莱克门、哈伦、罗伯茨、苏特和史蒂文斯，平均算起来是19.1%。那我们怎么解释这7位被提名至联邦最高法院任职的法官呢？众所周知的是，在明顿、布莱克门、史蒂文斯和苏特获得提名的过程中，人际关系起到了至关重要的作用：明顿曾与杜鲁门共同在参议院工作，他们是很好的朋友关系，提名明顿任职的正是杜鲁门，而杜鲁门因为提名亲信担任高级官员而受到了声誉上的损失。布莱克门是首席大法官伯格
357 的朋友，是伯格要求尼克松提名布莱克门任职的。史蒂文斯曾经的大学室友，参议员珀西是一位很有影响力的共和党人物（提名史蒂文斯到联邦最高法院任职的是福特总统）。苏特是新罕布什尔州参议员拉德曼的门生，后者游说他的朋友、担任老布什总统幕僚长的约翰·苏努努，从而让老布什总统提名了苏特。

在哈伦和惠特克获得提名过程中起到重要作用的人际关系就不那么为人所知了。哈伦与艾森豪威尔的司法部长小赫伯特·布朗内尔关系密切，

---

[14] 这是通过Logit回归分析而计算出来的。在回归分析中，如果联邦上诉法院法官晋升至联邦最高法院，那么因变量的值为1，否则就为0，自变量为成为海选竞争者的预计概率，数值来自表8.6中的方程式(2)。获得晋升的概率增加5.8%（或者说0.58的弹性）是这么计算出来的：边际回归系数0.09乘以成为海选竞争者的平均概率与晋升至联邦最高法院的概率的比值（0.2096/0.0325=6.449）。

对于他所获得的大法官职位提名，人们认为是“[艾森豪威尔]把提名权力给了[他的]司法部长，让司法部长根据个人喜好来作出决定”[15]。惠特克拥有“一位对有权提名他任职的人可以产生足够影响力的支持者”[16]，这位支持者就是罗伊·罗伯茨(Roy Roberts)，此人与艾森豪威尔关系密切，无论是在选举之前，选举过程之中，还是选举之后，他是深得艾森豪威尔信赖的政治顾问之一。也请注意的一点是，艾森豪威尔(在提名沃伦担任首席大法官之后)挑选大法官的人选范围较之通常情况会比较窄，这是因为他把选择的范围限于现任的法官，而哈伦和惠特克正好就是。哈伦后来成为一名杰出的联邦最高法院大法官；而惠特克干得一团糟，由于心理上的原因无力应对联邦最高法院的工作，任职五年之后就由于神经衰弱而辞职了。

现任的首席大法官约翰·罗伯茨并不符合这一模式。他成为海选竞争者的预期概率相对较低(0.23)，这是由于他被提名为联邦上诉法院法官的年头不长(2003年)，而表8.6的回归分析中 *Year Confirmed* 这一变量是具有高度显著的负效应的。他之所以获得提名，原因可能包括：曾经就读于哈佛法学院，曾经在行政部门工作，曾经在哥伦比亚特区司法巡回区担任法官。除了这些因素之外，还有一些我们还没有进行量化处理的因素，包括：出色的学术成就、担任联邦最高法院辩护律师期间所取得的极大成功、毋庸置疑的保守派立场以及他的个人魅力。 358

联邦最高法院海选竞争者的投票行为

如果我们进行一个合理的假设，即在可能获得晋升的人选范围之内的大多数法官都希望能够到联邦最高法院任职，那么他们会参加海选竞争，也就是说他们(或者他们之中的一些人)会为了增加被提名到联邦最高法院任职的概率而做一些事情吗？海选竞争者可能会做的一件事情就是，在某些案件的投票中刻意地迎合现任或者未来的总统，迎合现任或者未来的那些对联邦最高法院大法官提名有影响力的政府官员或者决策者。对于法官来说，要评估特定案件的裁决对其获得晋升机会的影响，这是有难度的。不过

---

⑮ Craig Alan Smith, *Failing Justice: Charles Evans Whittaker on the Supreme Court* 86(2005). Also see id., at 78.

⑯ Id., at 44－45.

自20世纪60年代之后，犯罪率在一段时期内急速上升，联邦最高法院却作出了一系列支持刑事案件被告的裁决，这些裁决降低了联邦最高法院的声望，因此保护刑事被告权利的做法并不得人心。[17] 针对沃伦法院赋予刑事案件被告和监狱囚犯的各项权利，联邦最高法院和国会试图予以限缩。对此做法，无论是共和党人，还是民主党人（最著名的就是克林顿总统）都表示支持。自卡特总统开始，没有任何一位总统呼吁废除死刑；尽管保留死刑的支持率在最近几年下降了，但仍有64%的美国人支持死刑的保留；[18]同时还有82%的美国人认为法官对待罪犯"还不够严厉"。[19]

若被贴上"对犯罪行为手软"标签的话，这毫无疑问会降低该名法官获得联邦最高法院大法官提名的机会；一些在人选库中的法官清楚地知道这一点，因此会在刑事案件中改变其投票行为。我们根据更新之后的桑斯坦数据库来检验上述假设。[20] 不过，桑斯坦数据库是以民事案件为主的，其所包含的刑事案件有两类：一类是死刑判决的上诉案件；另一类是第三、第四
359 以及哥伦比亚特区巡回上诉法院的所有刑事上诉案件（和数据库中的其他案件一样，这些案件的裁决书是在1995年至2008年期间公开的）。我们把第二类案件又区分为两种，一种是普通案件（街头犯罪案件），另一种是白领犯罪上诉案件。这样，我们一共有了三类案件：

> 死刑判决上诉案件。这一类别的案件来自于12个司法巡回区中的11个（哥伦比亚特区司法巡回区没有死刑案件），共314个案件，942项投票记录。排除联邦地区法院法官或者其他委任的法官（即访问法官），这样还余下926项投票记录。
>
> 普通（"街头犯罪"）刑事上诉案件。这一类别包括了1274个刑事上诉案件，主要涉及持有和交易毒品、抢劫以及非法持有枪

---

[17] See William J. Stuntz, The Collapse of American Criminal Justice, ch. 8(2011).

[18] See Frank Newport, "In U. S. 64% Support Death Penalty in Cases of Murder: Half Say Death Penalty Not Imposed Often Enough," Nov. 8, 2010, www.gallup.com/poll/144284/Support-Death-Penalty-Cases-Murder.aspx(visited Jan. 5, 2012).

[19] James A. Davis, Tom W. Smith, and Peter v. Marsden, *GSS*(*General Social Survey*) *Update* 1972–2010, www.norc.uchicago.edu/GSS + Website/(visited Jan. 5, 2012). 在备忘索引中，相关变量为"COURTS"。

[20] 参见本书第四章。我们排除了那些被委任到联邦上诉法院开庭的联邦地区法院法官的投票。

械，不过只限于上述3个司法巡回区的案件。排除掉委任的法官进行的投票之后，还余下3542项投票记录。

"白领犯罪"刑事上诉案件。这一类别也仅限于上述3个司法巡回区的案件，包括了468个白领犯罪（欺诈、贿赂、洗钱、逃税、侵占等）的案件[21]，从中产生了1298项联邦上诉法院法官的投票记录（同样的，我们在这里也排除了访问法官进行的投票）。

美国人被认为相信"街头犯罪是最严重的社会问题，而公司犯罪不如街头犯罪那样严重，对社会危害没有那么大"[22]。与上述看法一致的是，2005年一项全国性民意调查显示了，大多数的美国人认为"暴力犯罪者应当比白领犯罪者接受更为严厉的处罚"[23]。这让我们怀疑是否存在海选竞争者效应。如果这一效应是存在的，那么在上述第（3）类案件中的该效应会小于第（1）和第（2）类案件。的确，这一民意调查是在发生了麦道夫案件、内幕交易以及其他近年来的公司丑闻之前进行的，而这些丑闻是有可能改变公众对于两类犯罪案件的相对观感的；不过，我们研究所使用的数据（截至2008年年底）也是在这些丑闻发生之前收集的。 360

我们对海选竞争者名单进行了调整，排除了那些超过60岁的法官所进行的投票行为，除非这些法官是被与现任总统同一党派的总统提名而任职的。在后面一种情况下，我们把合格年龄扩展至62岁。1945年之后获得提名的29位大法官中，仅有一位被提名时超过了62岁，他就是鲍威尔，那时他64岁（他之前不是法官，所以即便不考虑年龄因素，他也不会被列入我们的海选竞争者名单）。有另外4位大法官（沃伦、伯格、布莱克门以及金斯伯格）在获得提名时的年龄是在60岁至62岁。

名单经过调整之后，我们就可以列出一组前海选竞争者（ex-auditioner）的名单。这些法官曾经具有海选竞争者的身份，但是他们在进行一些司法投票行为时，因为已经年龄太大而不适合被纳入关于海选竞争者群体的数

---

[21] 关于白领犯罪的种类列表，可以参见 Cornell University Law School, Legal Information Institute, "White-Collar Crime: An Overview," http://topics.law.cornell.edu/wex/White-collar_crime (visited Dec. 9, 2011)。

[22] David M. Newman, *Sociology: Exploring the Architecture of Everyday Life* 113 (2010).

[23] Kristy Holtfreter et al., "Public Perceptions of White-Collar Crime and Punishment," 36 *Journal of Criminal Justice*, 50 (2008).

据来源。例如,在桑斯坦数据库中,第四巡回上诉法院的威尔金森法官作为海选竞争者一共进行了 113 次投票,作为前海选竞争者进行了 24 次投票,而法官威尔金斯(他也来自第四巡回上诉法院)作为海选竞争者一共进行了 98 次投票,作为前海选竞争者进行了 26 次投票。前海选竞争者的样本让我们可以去检验另一项假设,即那些不大愿意投票支持刑事案件被告人的法官更有可能在一开始就被挑选出来作为海选竞争者。原因在于,如果上述假设成立的话,我们会发现海选竞争者和前海选竞争者的投票行为是没有差异的。

表 8.7 显示了较之前海选竞争者或非海选竞争者,海选竞争者不大愿意在死刑案件和街头犯罪案件中投票支持被告人。对于白领犯罪案件而言,他们的投票行为没有显著区别。因为在这类案件中,民众不会因为裁决或量刑被推翻而变得激动。

表 8.7　在刑事上诉案件中法官投票反对被告人立场的比例

(桑斯坦数据库,1995—2008)(括号中为投票次数)

法官的类型	死刑案件	街头犯罪案件	白领犯罪案件
非海选竞争者	0.662**	0.634**	0.605
	(678)	(2562)	-979
海选竞争者	0.796	0.714	0.592
	(157)	(685)	(223)
前海选竞争者	0.659*	0.667	0.573
	(91)	(295)	(96)

说明:星号表明海选竞争者与非海选竞争者之间或者海选竞争者与前海选竞争者之间存在统计学上显著的差异。

回归分析让我们可以检验出,当其他变量被我们控制了之后,这些结论
361 是否仍然成立。我们的预期是,法官的意识形态(用提名其任职的总统所属的党派来代表)、法庭的意识形态(用法庭的多数法官是由民主党总统还是由共和党总统提名任职的来代表)以及法官所属司法巡回区的意识形态(用共和党总统所提名的在任法官的比例来代表)会影响法官的投票行为。在关于死刑案件的回归分析中,我们需要明确,较低层级法院的裁决是支持还是反对给被告人定罪,以此来对联邦上诉法院维持原审裁决的偏好这一变量进行控制。

对于其他两类案件而言,这样的调整是不必要的,因为这些案件中提起上诉的几乎都是被告一方。由于街头犯罪案件和白领犯罪案件这两大类型只覆盖了三家联邦上诉法院的法官投票,因此我们通过引入关于司法巡回区的虚拟变量(哥伦比亚特区司法巡回区作为缺省项)来控制这些司法巡回区之间的意识形态差异和其他差异。我们引入了性别和种族变量,另外还有一个变量是关于法官在被提名至联邦上诉法院任职之前是否曾经担任过政府律师。

表 8.8 列出的我们所作的回归分析是 Logit 回归,这是由于因变量(法官投票是否支持给被告人定罪)是一个二分变量。在关于死刑案件和街头犯罪案件的回归分析中,较之非海选竞争者或者前海选竞争者,海选竞争者显著地更加倾向于投票支持给被告人定罪(非海选竞争者或者前海选竞争者的立场差不多是一半对一半)。回归系数表明了,当其他条件都相同的情况下,在被告人提起上诉之后,海选竞争者在死刑案件中支持对被告人定罪的概率是 81%,而对非海选竞争者和前海选竞争者来说,这一比例是 71%。若提起上诉的是政府,海选竞争者投票支持驳回案件,也就是支持政府立场的概率为 65%,而对于前海选竞争者和非海选竞争者来说,这一比例分别为 51% 和 52%。在街头犯罪案件中,海选竞争者也更加倾向于维持原审裁决——这么做的预期概率为 64%,而对于前海选竞争者和非海选竞争者来说,这一比例分别为 51% 和 50%。不过在白领犯罪案件中,我们没有发现海选竞争者、前海选竞争者以及非海选竞争者之间的投票行为差异。

表 8.8　对刑事上诉案件中法官投票支持政府立场的回归分析
(桑斯坦数据库,1995—2008)

	死刑案件	街头犯罪案件	白领犯罪案件
	(1)	(2)	(3)
海选竞争者	0.122*	0.054**	-0.058
	(2.06)	(2.40)	(1.48)
前海选竞争者	0.004	0.009	-0.078
	(0.05)	(0.27)	(1.38)
Lower Court Decision (1 = 支持被告方)	0.185**	—	—
	(4.01)		

续表

	死刑案件	街头犯罪案件	白领犯罪案件
	(1)	(2)	(3)
President (1 = 共和党总统)	0.108 *	0.021	0.068
	(2.23)	(1.01)	(1.89)
Panel Majority (1 = 民主党总统提名的法官占多数)	-0.055	-0.078 **	-0.023
	(0.82)	(3.89)	(0.67)
Former Government Attorney	-0.019	-0.007	0.032
	(0.65)	(0.38)	(1.11)
Nonwhite	-0.013	-0.035	-0.051
	(0.23)	(1.31)	(1.09)
Sex (1 = 女性法官)	-0.081	0.029	0.078 *
	(1.39)	(1.43)	(2.25)
Fraction Republican	0.457 *	—	—
	(1.52)		
Third Circuit		-0.024	-0.036
		(1.08)	(0.93)
Fourth Circuit		0.048 *	0.070
		(2.25)	(1.77)
观测数量	926	3542	1298

说明:1. 因变量为法官是否投票反对被告方的立场(反对 =1;支持 =0)。

2. 所有的回归分析都已经转换为了边际效应。

3. 在关于死刑案件的回归分析中,我们以司法巡回区为单位对标准误进行了群聚处理,该回归分析覆盖了除哥伦比亚特区之外的所有司法巡回区的数据。

4. 我们在第(2)栏和第(3)栏中使用了稳健标准误,其中的回归方程式仅限于对第三、第四和哥伦比亚特区司法巡回区法官投票行为的分析。

在关于街头犯罪的回归分析中,有关司法巡回区的变量中,唯一具有显著性的是 *Fourth Circuit* 变量。在刑事上诉案件中,较之第三巡回上诉法院和哥伦比亚特区巡回上诉法院的法官,第四巡回上诉法院的法官更倾向于

支持政府的立场；对应的预期概率分别为 0.62、0.64 和 0.69。这些结果与 362
人们普遍持有的看法是一致的，即在奥巴马总统行使提名权之前，第四巡回上诉法院是最具保守立场的联邦上诉法院之一。而奥巴马总统行使提名权之后的情况还没有反映在我们的数据中。

我们的分析结果表明了那些非常有机会成为联邦最高法院大法官的联邦上诉法院法官会改变其司法行为以增加其获得提名的机会，不过这只是一种平均意义上的趋势。我们并没有说联邦上诉法院法官中所有可能晋升至联邦最高法院任职的海选竞争者都会这么做。 363

联邦上诉法院法官职位的海选

如果要把联邦地区法院法官中所有可能晋升至联邦上诉法院任职的海选竞争者全部列在一个名单上，这是不可能的，因为我们没有总统提名的候选名单，也没有足够的关于联邦地区法院的媒体报道和学术分析（仅有一些不常见的例外）。[24] 为了解决这一问题，我们进行了如下的回归分析：其中因变量为联邦地区法院法官是否获得了联邦上诉法院法官职位的提名。回归分析的目的是找出那些可以解释法官之所以获得晋升的特征因素。而从理论上来讲，其他同样具有这些特征因素的法官获得晋升的概率应当是差不多的，这足以激励他们去寻求增加晋升的机会，只要他们希望晋升至联邦上诉法院任职（并不是所有法官都希望这样的）。例如，联邦地区法院法官中的海选竞争者也许会给予刑事被告人更重的量刑；之前的研究表明了，在裁决中认可 1984 年《量刑改革法案》合宪性的联邦地区法院法官比那些认为该法案违宪的联邦地区法院法官有更大的机会被提名至联邦上诉法院任职。[25] 1984 年《量刑改革法案》缩减了法官在量刑过程中的自由裁量权，并且同时得到了民主党和共和党议员们的支持。

表 8.9 比较了在 1981 年至 2010 年这段期间内，成功晋升至联邦上诉法院和没有能够晋升至联邦上诉法院的两类联邦地区法院法官的特征因素。

㉔ *Picking Federal Judges*，本章前文脚注⑩是一个例外。该书包含了关于联邦上诉法院法官职位提名情况的一系列的案例研究。不过，这项研究只是提供了例证，而非系统性的。

㉕ Cohen，"Explaining Judicial Behavior or What's 'Unconstitutional' about the Sentencing Commission，"本章前文脚注③。

这些特征因素与我们在预判谁能够进入联邦最高法院职位人选库时所使用的特征因素是相同的。回想一下表8.7所告诉我们的,第二、第五和哥伦比亚特区巡回上诉法院中进入联邦最高法院大法官人选库的法官尤其多。与之相反的是,进入联邦上诉法院法官人选库的法官集中地来自第一、第二、第三和第四司法巡回区。上述人选范围中共有73位联邦地区法院法官,其中35位(48%)来自这些司法巡回区的地区法院,而这些地区法院的法官只占1981年之后提名获得通过的法官总数的32%。对此,我们无法给出
364 解释。

表8.9 比较晋升至联邦上诉法院和没能晋升至联邦上诉法院的联邦地区法院法官(1981—2010)

	未获晋升的人数	获得晋升的人数	获得晋升的人数百分比
所有的法官	975	73	6.97
(联邦地区法院所属的)司法巡回区			
第一	36	3	7.69
第二	94	11	10.48
第三	89	13	12.75
第四	80	8	9.09
第五	105	5	4.55
第六	94	6	6
第七	68	5	6.85
第八	68	5	6.85
第九	172	9	4.97
第十	57	2	3.39
第十一	91	5	5.21
哥伦比亚特区	21	1	4.55
属性特征			
获得提名时的平均年龄	50.28	44.93	—
提名获得通过的年份	1995.26	1988.04	—

续表

	未获晋升的人数	获得晋升的人数	获得晋升的人数百分比
由共和党总统提名至联邦地区法院任职	642	57	8.15
由民主党总统提名至联邦地区法院任职	333	16	4.58
女性	198	21	9.59
男性	777	52	6.27
白人	809	59	6.8
非白人	166	14	7.78
美国律师协会的评价:优秀	599	35	5.52
美国律师协会的评价:合格	370	37	9.09
美国律师协会的评价:不合格	6	1	14.29
毕业于哈佛或者耶鲁法学院	95	12	11.21
毕业于其他法学院	880	61	6.48
参议员礼遇得分的绝对值的平均值	0.34	0.31	—
获得晋升之前所从事的职业			
担任不适用《宪法》第三条的法官或者州法官的职务	445	25	5.32
联邦政府雇员	89	11	11
州政府雇员	34	3	8.11
担任法学教授	12	5	29.41
在私人部门工作	395	29	6.84

说明:有三位在 2006 年之后获得提名的法官的参议员礼遇得分情况(参见 http://clboyd.net/ideology.html)是没有办法获得的。

平均起来,晋升至联邦上诉法院的联邦地区法院法官在获得提名时的年龄要比其他联邦地区法院法官年轻 5 岁(分别是 44.9 岁和 50.3 岁)。与之类似的情况时,进入联邦最高法院大法官人选库的上诉法院法官要比那些没有进入这一人选范围的联邦上诉法院法官年轻(分别是 48.6 岁和

53.8 岁)。

上述两组可能获得晋升机会的人选范围的另一相似之处在于,共和党总统提名任职的法官更有可能进入这一人选范围。自 1981 年之后提名获得通过的联邦地区法院法官中,共和党总统提名的占了 67%(699/1048),但晋升至联邦上诉法院的联邦地区法院法官中,由共和党总统提名任职的占到了 78%(73 位获得晋升的联邦地区法院法官中,57 位是共和党总统提名的)。较之男性法官和白人法官,女性法官和非白人法官获得晋升的比率要更高,但这一差异不具有统计学上的显著性。

之前的研究发现了,对于在 1946 年至 1995 年期间获得提名而任职的法官来说,美国律师协会对其的评价越好,他获得晋升的概率就越大,但是这一结论并不适用于在 1981 年至 1995 年期间获得提名而任职的法官。[26] 在我们的数据库中(1981—2010),仅有 7 位法官获得的评价是“不合格”,其中仅有 1 位获得了晋升,就是大卫·汉密尔顿(David Hamilton),他被提名至第七巡回上诉法院任职。[27] 另外两种评价分别是“合格”与“优秀”,但古怪的是,获得“合格”评价的法官较获得“优秀”评价的法官更有可能获得晋升。这可能是反映了共和党总统对美国律师协会评级的不信任(这种不信任最初来自于 1987 年围绕着罗伯特·伯克(Robert Bork)的大法官提名而展开的争斗)。共和党总统(或其顾问)也许认为美国律师协会给保守派法官的评价不会超过“合格”,因此获得“优秀”评价的联邦地区法院法官可能是隐秘的自由派法官。

同晋升至联邦最高法院的情况相同,曾经就读于哈佛或者耶鲁法学院的联邦地区法院法官较之其他联邦地区法官更有可能晋升至联邦上诉法院。同样的,获得晋升的法官的参议员礼遇得分的绝对值也相对较低(分别是 0.31 和 0.34),这意味着他们与其他法官相比在意识形态方面的色彩较
366 弱,但是这一差异不具有统计学上的显著性。

曾经担任过治安法官、破产法官或者州法官的联邦地区法官获得晋升的比例是最低的(曾经担任这三类职务的法官一共是 470 名,晋升比例是 5.3%)。曾经担任全职教授的联邦地区法院法官得以晋升至联邦上诉法院的比例是最高,但人数却十分少(总共 17 人中的 5 人获得了晋升)。

---

[26] Elisha Carol Savchak et al. ,“Taking It to the Next Level:The Elevation of District Court Judges to the U. S. Court of Appeals,”50 *American Journal of Political Science*,478,486(2006).

[27] 他是一位获得极高评价的法官,可见美国律师协会的评价功能也不过尔尔。

表 8.10　对 1981—2010 年晋升至联邦上诉法院任职的法官的 Logit 回归分析

	方程式(1)	方程式(2)
获得提名时的年龄	-0.004**	-0.003**
	(4.57)	(4.08)
提名获得通过的年份	-0.006**	-0.004**
	(5.44)	(6.1)
提名法官的总统所属党派（1 = 共和党总统）	-0.015	-0.013
	(1.16)	(1.45)
美国律师协会的评价(1 = 优秀)	0.0005	0.001
	(0.05)	(0.11)
毕业的法学院(1 = 毕业于哈佛或耶鲁法学院)	0.013	0.009
	(0.90)	(0.90)
参议员礼遇得分的绝对值	-0.01	—
	(0.33)	
性别(1 = 女性)	0.025*	0.018*
	(2.45)	(2.44)
非白人(1 = 非洲裔、西班牙裔或者亚裔)	0.015	0.011
	(1.21)	(1.21)
曾经担任法官	0.0001	0.0001
	(0.01)	(0.01)
曾经为联邦政府雇员	0.004	0.003
	(0.25)	(0.24)
曾经为州政府雇员	0.002	0.001
	(0.11)	(0.09)
曾经担任法学教授	0.049	0.035
	(1.83)	(1.77)

续表

	方程式(1)	方程式(2)
第一司法巡回区	0.005 (0.24)	0.003 (0.21)
第二司法巡回区	0.025 (1.59)	0.020 (1.76)
第三司法巡回区	0.044 ** (2.88)	0.032 ** (2.90)
第四司法巡回区	0.019 (1.23)	0.014 (1.21)
观测数量	930	1048

说明:1. 标准误具有稳健性。

2. 关于法官的先前职业类别,私人部门工作为缺省项。

表8.10列出了得以晋升至联邦上诉法院概率的Logit回归分析结果。方程式(1)是基于930位法官的数据,并包含了两个意识形态变量:提名法官任职的总统所属党派以及法官的参议员礼遇得分的绝对值,不过这一方程式只适用于在2006年之前获得提名的法官。方程式(2)是基于1048位法官的数据;此处覆盖的法官数量更多,这是因为该方程式没有将参议员礼遇得分纳入,因此使得在2006年以后获得提名的法官得以适用。

表8.10中的4项变量对于晋升概率的预测具有显著的作用。年轻程度就是其中之一。若一位法官是在50岁的时候被提名至联邦地区法院任职的,那么他获得晋升的预期概率仅为0.02;若他是在60岁获得提名的,那预期概率将大幅度下降,趋近于零(0.007);而如果他获得提名时的年龄是40岁,那么获得晋升的概率将是0.08。就任联邦地区法院法官时的年纪越轻,那么在超出人选库的年龄上限之前,他为联邦地区法院服务的年限会越长,因此期间获得晋升的概率也就越大。对于在1982年被提名至联邦地区法院任职的法官来说,其获得晋升的预期概率为0.20;对于在1992年或2002年被提名至联邦地区法院任职的法官来说,其获得晋升的预期概率分别仅为0.04和0.01。如果我们把上述法官获得提名的年龄和获得提名的年份这两个因素结合起来看的话,会发现对于一位在1982年获得

提名，且当时为40岁的法官来说，其获得晋升的预期概率为0.46；如果其获得提名的年份是在1992年或2002年的话，其获得晋升的预期概率分别为0.13和0.02（获得提名时的年龄都是40岁）。对于一位获得提名时年龄为50岁的法官来说，对应于1982年、1992年或2002年这3个提名年份的预期晋升概率数据分别为0.19、0.04和0.007；而对于一位获得提名时年龄已经为60岁的法官来说，如果实在1982年任职的，那么预期晋升概率为0.06，如果在1992年或2002年任职的，那分别对应的预期晋升概率为0.01和0.002。

女性的联邦地区法院法官比男性法官获得晋升的概率更大，分别是4%和2%。一位女性法官如果是在1982年当她的年龄为40的时候获得提名的，那么她的预期晋升概率为0.61；而相同情况下的男性法官的概率值则为0.42。

在1981年至2010年期间晋升至联邦上诉法院的73位法官的预期晋升 367
概率为0.22，而其他法官为0.06。12位地区法院法官的预期晋升概率在0.50以上，其中有7位最终获得了晋升，而预期晋升概率在0.02以下的法官中仅有2位获得了晋升。这两人为诺曼·斯特尔（Norman Stahl）和查尔
斯·皮克林（Charles Pickering）。斯特尔在获得晋升时已经61岁了；皮克林 368
在66岁的时候以休会任命（recess appointment）的方式获得了晋升，而后来在确认了参议院结束休会之后不会通过他的任职提名之后，皮克林决定退休了。

联邦上诉法院海选竞争者的投票行为

为了判断进入上诉法院法官人选库的联邦地区法院法官是不是会像那些进入联邦最高法院大法官人选库的联邦上诉法院法官那样，较之非海选竞争者或者前海选竞争者会更加严厉地对待刑事案件被告人，我们创建了一个数据库，其中涵盖了在1981年至2010年期间被提名至联邦地区法院任职，后来又晋升至联邦上诉法院的所有法官，另外我们还从那些在同一时间阶段被提名至联邦地区法院任职，但后来未能晋升至联邦上诉法院的样本法官中随机抽取了10%纳入数据库。对于在联邦地区法院服务超过了16年的法官，我们区分了他们所服务的前16年以及之后的阶段，原因是即便曾经拥有很高晋升概率的法官在服务了16年之后也不大可能再参与海选了，

因为这时候他晋升的机会已经很小了，要知道被提名到联邦地区法院任职的法官平均年龄是50岁。但这并不意味着一旦在联邦地区法院的服务期限超过16年就完全没有获得晋升的可能性了；在我们的数据库中，有三位法官是在超过这一服务期限之后被提名至联邦上诉法院的[他们是吉本斯(Gibbons)、普拉多(Prado)和汀德(Tinder)]。但是这种情况十分罕见。联邦地区法院法官在获得晋升之前的平均服务年限为7.4年，标准差为5年；在服务了16年之后获得晋升意味着超出平均年限两个标准差。参议院不会愿意通过这项提名的。

在本章的第一部分中，我们设定的因变量是被联邦上诉法院推翻的刑事案件比例。通常，那些量刑更加严厉的法官所作出的裁决更有可能被推翻，这是因为绝大多数的刑事案件上诉是由刑事被告人提起的，而非由政府提起的，而大多数联邦刑事案件的被告人所要挑战的要么是有利于政府的裁决，要么是法官决定的量刑幅度(常常是两者兼而有之)，显然基于刑事被告人的上诉而推翻原审裁决是有利于刑事被告人的。[28] 我们会把那些刑事案件裁决经常被推翻的法官称为"严酷量刑人"(harsh sentencer)，不过这只是描述那些法官作出的裁决十分有利于政府，而并不只是局限于说他们的量刑很重。

369 （原书页码）

我们的数据来源限于那些经历了上诉并被收入万律的案件。但是，正是在这些案件中，联邦地区法院法官最有可能展开海选竞争，因为这些案件有更高的关注度。不过，我们要提及的一个重要条件是，如果案件裁决被推翻的比例很高的话，这可能并不反映该联邦地区法院法官对待犯罪的严厉态度，而是反映了他是一位差劲的法官，或者是以上两重原因兼而有之。如果后者的因素占了主导，那么用案件裁决被推翻的比例来代表联邦地区法院法官在刑事案件量刑中的严厉程度就不是一个很好的方法了。的确，如果差劲的法官不大可能获得晋升，并且案件裁决被推翻的比率主要反映了其较差的裁决质量，那么获得晋升的法官或者更有可能获得晋升的法官在刑事案件中裁决被推翻的比例应该更低，而不是

[28] 在2010财政年度，12,026起由刑事被告人提起量刑上诉的案件涉及了适用《联邦量刑指南》的争议点，而由美国政府提起的这类上诉案件仅有156起。Sentencing Commission, 2010 *Sourcebook of Federal Sentencing Statistics*, www.ussc.gov/Data_and_Statistics/Annual_Reports_and_Sourcebooks/2010/Table57.pdf and Table58.pdf(visited Dec. 9, 2011).

更高。

尽管我们的原始样本覆盖了73位成功晋升至联邦上诉法院的法官以及98位未能获得晋升的法官，但是我们无法在我们对案件裁决被推翻比例的分析中使用所有这些法官的信息，这是因为，根据万律所收录的内容，某些法官所裁决的案件并没有上诉的信息（73位获得晋升的法官中有12位法官没有所裁决案件的上诉信息；98位没能获得晋升的法官中有1位法官没有所裁决案件的上诉信息）。对于其他法官来说，有记录可查的被上诉的案件裁决数量从1起到295起，平均数为30.7起，标准差为36.5起。我们计算了案件裁决被推翻的平均比例，在计算的过程中我们基于被上诉的案件裁决数量对每个法官所裁决案件被推翻的比例进行了加权，以避免扭曲平均值。

为了检验如下的假设，即对待犯罪人更加严厉的联邦地区法院法官有更大的机会获得晋升，我们把所有的法官（既包括获得晋升的法官，也包括没能获得晋升的法官）分为3组。第一组是严酷量刑人，指的是那些所裁决案件被推翻的比例超过平均值一个标准差或更多的法官；第二组是温和量刑人，指的是那些所裁决案件被推翻的比例偏离平均值一个标准差之内的法官；第三组是宽容量刑人，指的是那些所裁决案件被推翻的比例低于平均值一个标准差或更多的法官。由于案件裁决被推翻的加权平均比例是0.30，标准差为0.11，因此对于一位严酷量刑人来说，他的这一比例≥0.41； 370
对于宽容量刑人来说，这一比例≤0.19；而对于温和量刑人来说，这一比例在0.19和0.41之间。

表8.11比较了上述每一组法官的预期晋升概率［数据来源于表8.10中的回归方程式（2）］。表格显示了，严酷量刑人总是有最高的平均晋升概率，其后的排序要么是温和量刑人在前，宽容量刑人在后（基于加权平均数据），要么是宽容量刑人在前，温和量刑人在后（基于未加权平均数据）。不过上述这些差异都不具有统计学上的显著性。

表 8.11　严酷量刑人、温和量刑人和宽容量刑人晋升至联邦上诉法院任职的预期概率

海选竞争者获得晋升的平均预期概率(仅统计法官任职期间的前 16 年)	严酷量刑人	温和量刑人	宽容量刑人
经过加权的概率（权重为案件数量和法官人数）	0.088	0.074	0.05
	(40)	(85)	(33)
未经加权的概率	0.167	0.115	0.137
	(40)	(85)	(33)

说明:1. 括号中为联邦地区法院法官的人数。

2. 因为我们的统计覆盖了所有获得晋升的法官,而对于其他法官,则只统计了其中 10% 的样本,因此表格中的第一行数据是经过了对第二组法官赋予 10 倍于第一组法官的权重之后而得出的。表 8.11 中第二行是未经加权处理法官获得晋升的平均预期概率。

在表 8.12 中,我们用了另一种方法来对数据进行分析。这里我不再希望了解更加严厉的量刑人是否拥有更高的晋升概率,而是首先想知道,那些获得晋升的法官较之那些没有获得晋升的法官在量刑时是否更为严厉,此处我们用案件裁决被推翻的比例来判断量刑的严厉程度;其次,我们想知道,没有获得晋升但其晋升概率排在前 25% 的法官较之那些晋升概率排在后 75% 的法官在量刑时是否更为严厉;再次,我们还想知道,从未获得晋升但在联邦地区法院服务超过 16 年的法官在其前 16 年的服务期内(假定参加海选竞争的年份)较之在其后的年份里(假定他们已经转化为了前海选竞争者)是否会更加严厉地量刑。㉙

㉙　在这里,我们并没有针对那些已经获得晋升的法官来做类似的检验,原因是在我们的数据中,只能针对两位法官来比较服务满 16 年之前和服务满 16 年之后的案件裁决被推翻比例。

表 8.12　获得晋升的法官、没有获得晋升的法官、海选竞争者以及非海选竞争者所作案件裁决被推翻的比例

		没有获得晋升的法官		
			晋升的概率	
案件裁决被推翻的平均比例	获得晋升的法官	所有的	>0.10	≤0.10
海选竞争者（即在法院服务不满 16 年的法官）	0.273 （61）	0.308 （97）	0.32 （25）	0.30 （72）
在法院服务超过 16 年的法官	—			
前 16 年的服务期期间	—	0.316 （37）	0.31 （18）	0.33 （19）
16 年的服务期之后	—	0.288 （37）	0.24 （18）	0.35 （19）

说明：1. 括号中为联邦地区法院法官人数。
2. 我们以上诉案件的数量为权重对每一位法官所作案件裁决被推翻的比例进行了加权处理。

分析结果是不统一的。与我们的假设相反，那些获得晋升的法官较之那些 371
没有获得晋升的法官拥有更低的案件裁决被推翻的比例（0.27 对0.31）。尽管这一差异不具有统计学上的显著性，但也说明了，法官晋升之路上最主要的因素还是案件裁判的质量（用裁决被推翻的比例来衡量），而不是刑罚的严厉性。

至于那些没有获得晋升的法官，拥有更高晋升概率的法官所作裁决被推翻的比例也会更高（分别为 0.32 和 0.30），其在法院服务前 16 年里的案件裁决被推翻的比例要高于之后年份的比例（分别为 0.32 和 0.29）。而对于那些拥有很高晋升概率的法官来说，这一差异会更加明显（分别为 0.31 和 0.24）；不过，对于那些晋升概率不高的法官来说，情况是相反的（比例分别是 0.33 和 0.35）。上述结果都不具有统计学上的显著性。

我们可以通过回归分析来检验以下假设，即获得晋升的联邦地区法院法官或者拥有更高晋升概率的联邦地区法院法官属于严酷量刑人。不过，我们没有详细列出回归分析的结果，原因是我们发现关于法官晋升的变量和其他关于法官特性的变量都不具有显著效应。

因变量为案件裁决被推翻的比例（我们用其代表量刑的严厉程度），而自变量包括法官是否获得了晋升、法官晋升的概率、法官是否进入了可能获得晋升的人选范围以及涉及白领犯罪的案件比例。在一些回归分析中,我
372 们从表 8.10 中补充了一些变量(比如之前的职业经历、性别、提名任职的总统所属党派),还增加了代表特定司法巡回区的虚拟变量。除了这些虚拟变量之外(它们具有联合显著性),其他的自变量都不具有统计学上的显著性。简言之,引入大量的自变量并不会改变结论,即严厉的量刑行为和获得晋升或者拥有较高的预期晋升概率这两者之间并不存在稳定的关系。正如前文所提及的,原因可能在于,较高的案件裁决被推翻的比例并不是反映了量刑者的严厉性,而是反映了法官比较差劲,或者两种因素兼而有之;而就反映了法官比较差劲的这一方面而言,晋升的概率其实是会降低的。

量刑行为的严厉程度揭示了法官参与海选竞争的行为,为了更加深入地理解这一点,我们可以使用最近从交易记录信息获取中心(TRAC,参见本书第五章)采集来的数据(关于个体法官的量刑数据)来替代之前被用来判断量刑严厉程度的数据。一开始,我们使用这些数据来检验以下假设,即当一位法官在联邦地区法院服务超过 16 年之后,他裁决的监禁刑期长度会降低,这是因为服务超过 16 年之后,他获得晋升的机会微乎其微,我们预期他不再会有参与海选竞争的行为(比如对被告人特别严苛),关于这一点我们之前已经分析过了。

同第五章的分析一样,我们在 TRAC 数据中采集了 4 个最大类别的犯罪数据,分别是有组织的毒品犯罪、其他毒品犯罪、枪械犯罪以及移民犯罪。为了实现更加精确的比较,我们先是把分析限于布克案裁决之后(2006 年至 2011 年)的量刑行为,这样就将 16 位排除在外了,他们此前被晋升至了联邦上诉法院,但在上述时间段里没有量刑的行为记录。结果列在表 8.13 和表 8.14 中;后者列出的是回归分析结果。

表 8.13　不同任职时间长度的联邦地区法院法官所裁判的监禁刑期长度(2006—2011)(括号中为量刑次数)

	任职时间长度（年份）					
监禁刑期长度(月份)	1 - 5	6 - 10	11 - 15	16 - 20	21 - 25	>25
所有的法官						
有组织的毒品犯罪	103.98 (3677)	103.97 (7978)	96.75 (7148)	97.83 (6260)	99.94 (3449)	102.33 (3449)
其他毒品犯罪	72.08 (12,426)	66.52 (24,577)	72.16 (17,285)	78.54 (14,123)	76.10 (7664)	84.84 (9158)
枪械犯罪	85.45 (5630)	82.70 (9027)	79.44 (8076)	82.00 (7610)	82.43 (4236)	79.25 (4668)
移民犯罪	19.81 (17,347)	17.13 (45,014)	20.59 (19,635)	20.26 (16,066)	20.63 (7876)	19.11 (16,242)
所有犯罪	53.81 (39,080)	45.98 (86,596)	57.24 (52,144)	60.63 (44,059)	61.99 (23,225)	54.08 (33,567)
R 法官						
有组织的毒品犯罪	104.84 (3595)	107.25 (5659)	98.75 (451)	101.59 (4131)	99.94 (3449)	106.96 (1966)
其他毒品犯罪	72.05 (12,157)	63.18 (19,799)	91.72 (984)	83.33 (9605)	76.10 (7664)	89.38 (4850)
枪械犯罪	86.62 (5455)	82.31 (6843)	105.79 (505)	84.75 (5515)	82.43 (4236)	79.30 (2331)
移民犯罪	19.92 (16,921)	16.32 (39,409)	19.27 (895)	23.48 (9526)	20.63 (7876)	19.34 (8169)
所有犯罪	54.09 (38,128)	42.73 (71,710)	72.47 (2835)	66.41 (28,777)	61.98 (23,225)	56.97 (17,316)

续表

监禁刑期长度(月份)	任职时间长度(年份) 1-5	6-10	11-15	16-20	21-25	>25
D 法官						
有组织的毒品犯罪	66.2	95.98	96.61	90.53	—	96.39
	(82)	(2319)	(6697)	(2129)	(0)	(1533)
其他毒品犯罪	73.81	80.34	70.98	68.37	—	79.74
	(269)	(4778)	(16,301)	(4518)	(0)	(4308)
枪械犯罪	49.04	83.92	77.68	74.77	—	79.20
	(175)	(2184)	(7571)	(2095)	(0)	(2337)
移民犯罪	15.56	22.84	20.65	15.56	—	18.87
	(426)	(5605)	(18,740)	(6540)	(0)	(8073)
所有犯罪	42.53	61.65	56.36	49.74	—	50.99
	(952)	(14,886)	(49,309)	(15,282)	(0)	(16,251)

表 8.14　对不同任职时间长度的联邦地区法院法官所裁判的监禁刑期长度的回归分析(2006—2011)(括号中为 t 统计量)

	有组织的毒品犯罪	其他毒品犯罪	枪械犯罪	移民犯罪
任职时间长度(1≤15 年；0>15 年)	4.15**	-2.06**	3.35**	-0.72**
	(2.73)	(2.99)	(3.14)	(5.09)
提名法官任职的总统所属党派(1=*R*；0=*D*)	7.12**	4.41**	4.04**	0.96**
	(4.53)	(6.4)	(3.54)	(6.73)
是否经过了开庭审理程序(1=经过了开庭审理程序；0=未经开庭审理程序)	220.43**	162.21**	130.00**	34.32**
	(71.55)	(96.52)	(65.53)	(47.58)

续表

	有组织的毒品犯罪	其他毒品犯罪	枪械犯罪	移民犯罪
联邦上诉法院法官中的 *R*s 比例	56.06^{**} (3.81)	46.30^{**} (6.41)	18.56 (1.82)	10.90^{**} (6.52)
代表联邦地区法院的虚拟变量	Yes	Yes	Yes	Yes
常量	65.87^{**} (6.04)	63.30^{**} (9.63)	45.12^{**} (5.31)	1.25 (0.80)

表8.13中未经加工的量刑数据并不能反映出这样的趋势，即当联邦地区法官的年龄超出了可能获得晋升的人选范围的年龄上限之后，他所作的量刑裁决会变轻。不过，在表8.14的回归分析中，当我们让其他可能影响量刑行为的变量保持恒定的情况下，法官服务年限对所有四类犯罪案件量刑的影响都具有统计学上的显著性。然而，尽管在两类案件中（有组织的毒品犯罪和枪械犯罪），和我们假设的情形相同，联邦地区法院法官在其服务的前16年里的量刑要更加严厉，但是在另外两类案件中，联邦地区法院法官在其服务的前16年里的量刑却会更加宽松。和我们的预期一样，如果审理案件的法官是由共和党总统提名任职的，或者案件经历了开庭审理，则量刑会 373
更重；同样的，当联邦上诉法院中由共和的总统提名任职的法官人数比例越大，则量刑也会更重。上述这些联系都具有统计学上的显著性，而一个例外情况就是，上诉法院中 *R* 法官的人数比例对枪械犯罪案件的量刑影响不具有显著性。

此方法的一个不足之处在于，同时也是对量刑严厉程度与法官服务年限这两者之间不具有稳定联系的一个解释在于，我们隐含地假定了所有的联邦地区法院法官都在可能获得晋升的人选范围之内，除非他们服务满16年。这一假定是不成立的。有一些联邦地区法院法官并不想成为联邦上诉法院法官（他们会认为出任联邦上诉法院法官是一件非常无聊的事）。联邦地区法院的庭审较之上诉审的辩论更加令人激动，并且在初审阶段的诉讼中，法官有机会与律师、陪审员以及证人进行互动，一些法官会觉得这样比较有趣，跟充满学术气息的上诉审程序相比也不会过度用脑。另外还有其他一些法官即便希望获得晋升,但基于各种原因(例如,不具备有力的政治关系或者有竞争力的学历背景)知道自己不会被提名至联邦上诉法院,因此会觉得参加海选竞争纯粹浪费时间。正是由于无论年龄多大,并非所有的联邦地区法院法官都是潜在的海选竞争者,所以我们先前是把那些被提名至联邦上诉法院任职的联邦地区法院法官作为我们的海选竞争者样本。

因此我们现在就用 TRAC 的数据来进行分析。我们在表 8.15 中列出了结果。我们的数据并不限于布克案裁决之后的时期,而是把布克案裁决之前的数据单独列在一行里。由于间隔的时间比较短,因此在 2005 年之后获得晋升的法官不大可能已经作出了大量的量刑裁决。TRAC 的数据回溯至 2003 年,通过纳入 2005 年之前的数据,我们扩大了样本的规模,并且不会对海选竞争者和非海选竞争者之间的比较形成严重的扭曲,这是因为即使是在布克案裁决之前,法官们也有量刑的自由裁量权力,尽管这个权力不如布克案裁决之后那么大。

我们的比较限于同一联邦地区法院的海选竞争者和非海选竞争者之间,以纠正可能存在的不同联邦地区法院之间的量刑严厉程度差异。比如说,这样的差异可能来源于犯罪行为在各个地区的危害程度有所不同。

表 8.15 显示了,较之被我们归类为海选竞争者的法官,那些被我们归类
376 为非海选竞争者的法官一直量刑较轻,并且这一差异具有统计学上的显著性。这也就证明了海选竞争行为的存在,但是这并非是那么确定的,因为被我们称为非海选竞争者的法官其实就是那些没有晋升至上诉法院的法官。他们原先可能是希望获得晋升的,或者是他们曾经是海选竞争者,只是还没有获得晋升。除非年龄太大,否则他们仍旧是海选竞争者。之前两个表格中,我们所划定的可能获得晋升的人选范围也许纳入了一些甚至很多非海选竞争者(比如服务期未满 16 年但不想晋升至联邦上诉法院任职的法官);类似地,在表 8.15 中,我们所划定的不可能获得晋升的人选范围也许同样纳入了一些甚至很多海选竞争者。

表 8.15　同一联邦地区法院中进入晋升人选库的法官与未进入晋升人选库的法官（即海选竞争者和非海选竞争者）所裁判的监禁刑期长度（2003—2011）

	海选竞争者	非海选竞争者	非海选竞争者且量刑时在法院服务的年限已经达到或超过了 16 年	非海选竞争者且量刑时在法院服务的年限未到 16 年
联邦地区法院法官中的 *D*				
平均的监禁刑期长度（以月为单位）	65.39 （4325）	56.41** （3351）	58.95* （2692）	46.07** （659）
2005 年之后的平均监禁刑期长度（以月为单位）	65.28 （3008）	57.14** （2652）	60.80 （1993）	46.07** （659）
联邦地区法院法官中的 *R*				
平均的监禁刑期长度（以月为单位）	87.51 （1218）	74.40** （7246）	76.50** （4180）	71.52** （3066）
2005 年之后的平均监禁刑期长度（以月为单位）	85.29 （861）	73.34** （5297）	75.97* （3004）	69.88** （2293）

说明：1. 统计学上的比较都是针对海选竞争者而进行的。

2. 在海选竞争者中间，有 12 位是由民主党总统任职的，有 6 位是由共和党总统提名任职的。

3. 在非海选竞争者中间，有 63 位是由民主党总统任职的，有 43 位是由共和党总统提名任职的。

总结起来说，本章给出的证据可以证明（尽管不是结论性的），一些法官确实是为了增加获得晋升的机会而改变了他们的行为。这些证据可以支持“视法官为劳动者”的现实主义法官行为模型，因为渴望获得晋升就是劳动力市场中的典型行为。379

附录:联邦最高法院大法官人选库中的联邦上诉法院法官(1930—2010)

	被提名至联邦上诉法院任职时的职位	提名该法院任职的总统	提名获得通过的年份
第一司法巡回区(3/23 =13.0%)(司法巡回区中进入人选库的法官人数/司法巡回区中的在任法官人数,计算得出前者占后者的百分比)			
Breyer, Stephen G.	教授	卡特	1980
Souter, David H.	州法官	老布什	1990
Woodbury, Peter	州法官	小罗斯福	1941
第二司法巡回区(15/56 =26.8%)			
Cabranes, Jose Alberto	联邦地区法院法官	克林顿	1994
Chase, Harrie Brigham	州法官	柯立芝	1929
Friendly, Henry	私人执业	艾森豪威尔	1959
Hand, Learned	联邦地区法院法官	柯立芝	1924
Harlan, John Marshall	私人执业	艾森豪威尔	1954
Kaufman, Irving R.	联邦地区法院法官	肯尼迪	1961
Kearse, Amalya Lyle	私人执业	卡特	1979
Marshall, Thurgood	全国有色人种协进会	肯尼迪	1962
Miner, Roger J.	联邦地区法院法官	里根	1985
Mulligan, William H.	教授	尼克松	1971
Newman, Jon O.	联邦地区法院法官	卡特	1979
Oakes, James L.	联邦地区法院法官	尼克松	1971
Patterson, Robert Sr.	联邦地区法院法官	小罗斯福	1939
Sotomayor, Sonia	联邦地区法院法官	克林顿	1998

续表

	被提名至联邦上诉法院任职时的职位	提名该法院任职的总统	提名获得通过的年份
Winter, Ralph K.	教授	里根	1981
第三司法巡回区(10/56=17.9%)			
Adams, Arlin M.	私人执业	尼克松	1969
Alito, Samuel A., Jr.	政府律师	老布什	1990
Biddle, Francis	私人执业	小罗斯福	1939
Chertoff, Michael	司法部官员	小布什	2003
Davis, John Warren	联邦地区法院法官	威尔逊	1920
Goodrich, Herbert	教授	小罗斯福	1940
Hastie, William H.	美属维尔京群岛总督	杜鲁门	1950
Higginbotham, A. Leon	联邦地区法院法官	卡特	1977
Jones, Charles Alvin	私人执业	小罗斯福	1939
Lewis, Timothy K.	联邦地区法院法官	老布什	1992
第四司法巡回区(8/38=21.1%)			
Chapman, Robert F.	联邦地区法院法官	里根	1981
Haynsworth, Clement	私人执业	艾森豪威尔	1957
Luttig, J. Michael	司法部官员	老布什	1991
Parker, John Johnston	私人执业	柯立芝	1925
Widener, Hiram	联邦地区法院法官	尼克松	1972
Wilkins, William W.	联邦地区法院法官	里根	1986
Wilkinson, J. Harvie, III	教授	里根	1984
Williams, Karen J.	私人执业	老布什	1992

续表

	被提名至联邦上诉法院任职时的职位	提名该法院任职的总统	提名获得通过的年份
第五司法巡回区(18/74 =23%)			
Bell, Griffin	州官员	肯尼迪	1962
Benavides, Fortunato	私人执业	克林顿	1994
Carswell, George H.	联邦地区法院法官	尼克松	1969
Clark, Charles	私人执业	尼克松	1969
Clement, Edith Brown	联邦地区法院法官	小布什	2001
Garza, Emilio M.	联邦地区法院法官	老布什	1991
Higginbotham, Patrick	联邦地区法院法官	里根	1982
Hutcheson, Joseph	联邦地区法院法官	胡佛	1931
Johnson, Frank M.	联邦地区法院法官	卡特	1979
Jones, Edith H.	私人执业	里根	1985
Owen, Priscilla	州法官	小布什	2005
Prado, Edward	联邦地区法院法官	小布什	2003
Roney, Paul H.	私人执业	尼克松	1970
Sibley, Samuel Hale	联邦地区法院法官	胡佛	1931
Smith, Jerry	地方检察官	里根	1987
Thornberry, William	联邦地区法院法官	约翰逊	1965
Tjoflat, Gerald B.	联邦地区法院法官	福特	1975
Tuttle, Elbert P.	财政部总法律顾问	艾森豪威尔	1954
第六司法巡回区(10/58 =17.2%)			
Allen, Florence	州法官	小罗斯福	1934
Batchelder, Alice M.	联邦地区法院法官	老布什	1991
Combs, Bert T.	私人执业	约翰逊	1967
Daughtrey, Martha	州法官	克林顿	1993
Hickenlooper, Smith	联邦地区法院法官	柯立芝	1928

续表

	被提名至联邦上诉法院任职时的职位	提名该法院任职的总统	提名获得通过的年份
Kennedy, Cornelia	联邦地区法院法官	卡特	1979
McCree, Wade H.	联邦地区法院法官	约翰逊	1966
Merritt, Gilbert S.	私人执业	卡特	1977
Ryan, James L.	州法官	里根	1985
Stewart, Potter	私人执业	艾森豪威尔	1954
第七司法巡回区(8/45 = 17.8%)			
Easterbrook, Frank H.	教授	里根	1985
Lindley, Walter	联邦地区法院法官	杜鲁门	1949
Minton, Sherman	国会议员	小罗斯福	1941
Posner, Richard A.	教授	里根	1981
Stevens, John Paul	私人执业	尼克松	1970
Tone, Philip W.	联邦地区法院法官	尼克松	1974
Williams, Ann	联邦地区法院法官	克林顿	1999
Wood, Diane P.	教授	克林顿	1995
第八司法巡回区(7/48 = 14.6%)			
Arnold, Richard S.	联邦地区法院法官	卡特	1980
Blackmun, Harry	私人执业	艾森豪威尔	1959
Bowman, Pasco M.	教授	里根	1983
Kenyon, William Squire	国会议员	哈定	1922
Stone, Kimbrough	州法官	Wilson	1916
Webster, William H.	联邦地区法院法官	尼克松	1973
Whittaker, Charles	联邦地区法院法官	艾森豪威尔	1956

续表

	被提名至联邦上诉法院任职时的职位	提名该法院任职的总统	提名获得通过的年份
第九司法巡回区(15/87 = 17.2%)			
Callahan, Consuelo	州法官	小布什	2003
Denman, William	私人执业	小罗斯福	1935
Fernandez, Ferdinand	联邦地区法院法官	老布什	1989
Goodwin, Alfred T.	联邦地区法院法官	尼克松	1971
Hall, Cynthia H.	联邦地区法院法官	里根	1984
Hufstedler, Shirley	州法官	约翰逊	1968
Kennedy, Anthony	教授	福特	1975
Kozinski, Alex	其他联邦法官	里根	1985
McKeown, M. Margaret	私人执业	克林顿	1998
Rawlinson, Johnnie B.	联邦地区法院法官	克林顿	2000
Rymer, Pamela A.	联邦地区法院法官	老布什	1989
Sneed, Joseph T.	司法部官员	尼克松	1973
Wallace, J. Clifford	联邦地区法院法官	尼克松	1972
Wardlaw, Kim	联邦地区法院法官	克林顿	1998
Wiggins, Charles E.	私人执业	里根	1984
第十司法巡回区(5/38 = 13.2%)			
Bratton, Sam Gilbert	国会议员	小罗斯福	1933
McConnell, Michael W.	教授	小布什	2002
McWilliams, Robert H.	州法官	尼克松	1970
Phillips, Orie Leon	联邦地区法院法官	胡佛	1929
Seymour, Stephanie	私人执业	卡特	1979

续表

	被提名至联邦上诉法院任职时的职位	提名该法院任职的总统	提名获得通过的年份
第十一司法巡回区（3/24 = 12.5%）			
Johnson, Frank M.	联邦地区法院法官	卡特	1979
Roney, Paul H.	私人执业	尼克松	1970
Tjoflat, Gerald B.	联邦地区法院法官	福特	1975
哥伦比亚特区司法巡回区（23/51 = 45.1%）			
Arnold, Thurman	司法部官员	小罗斯福	1943
Bork, Robert	私人执业	里根	1982
Brown, Janice Rogers	州法官	小布什	2005
Buckley, James L.	自由欧洲电台	里根	1985
Burger, Warren Earl	司法部官员	艾森豪威尔	1956
Danaher, John A.	私人执业	艾森豪威尔	1954
Fahy, Charles	私人执业	杜鲁门	1950
Garland, Merrick	司法部官员	克林顿	1997
Ginsburg, Douglas, H.	司法部官员	里根	1986
Ginsburg, Ruth Bader	教授	卡特	1980
Groner, Duncan	联邦地区法院法官	胡佛	1931
Mikva, Abner J.	国会议员	卡特	1979
Roberts, John G, Jr.	私人执业	小布什	2003
Rutledge, Wiley Blount	教授	小罗斯福	1939
Scalia, Antonin	教授	里根	1982
Silberman, Laurence H.	私人执业	里根	1985
Starr, Kenneth W.	司法部官员	里根	1983
Stephens, Harold	司法部官员	小罗斯福	1935

续表

	被提名至联邦上诉法院任职时的职位	提名该法院任职的总统	提名获得通过的年份
Tatel, David Stephen	私人执业	克林顿	1994
Thomas, Clarence	公平就业机会委员会主席	老布什	1990
Vinson, Frederick	国会议员	小罗斯福	1937
Wald, Patricia M.	司法部官员	卡特	1979
Wilkey, Malcolm R.	私人执业	尼克松	1970

说明:1. 在第五和第十一司法巡回区中,有3位法官(约翰逊、罗尼和乔弗拉特)在被提名至第五司法巡回区任职之后又被重新被提名至第十一司法巡回区任职,因此我们在这两个司法巡回区名单中都列上了他们。我们没有在第十一地方巡回区中列上塔特尔法官,这是因为他获得再次任命时已经是一位资深法官了。

2. 关于司法巡回区中的在任法官数量计算,有两位法官(约翰·考特尔和罗伯特·李维斯)在被提名至第八司法巡回区任职之后又重新被提名至第十司法巡回区任职。由于他们是在1930年之前获得第二次提名的,因此我们把他们算作是第十司法巡回区,而非第八司法巡回区的在任法官。有1位法官(Julian Mack)在1930年之前任职于第六和第七司法巡回区,在1930年之后任职于第二司法巡回区,我们把他算在第二司法巡回区的名单上。有18位法官从第五司法巡回区转至第十一司法巡回区任职,但其中有5位(琼斯、摩根、里夫斯、辛普森和塔特尔)在获得重新提名之前已经进入了资深状态,因此我们不把他们计算在内。

3. 有一些法官在最初进入总统的提名候选名单中的时候从事的是别的职业。例如当里根总统考虑提名帕梅拉·瑞莫尔(Pamela Rymer)接替鲍威尔的大法官职位时,她是联邦地区法院的法官(而不是联邦上诉法院的法官)。在晋升至联邦上诉法院之后,她仍然在共和党提名大法官人选的范围内。

4. 斜体的名字表明获得了联邦最高法院大法官职位的提名。

5. 政府律师(U. S. Attorney)指的是联邦地区的首席联邦检察官,更确切地说,是派驻该地区的高级司法部官员。这里的联邦地区与任命联邦地区法官所对应的区域是相同的。

结论　未来研究的展望

我们已经尝试着把与日俱增的关于法官行为的知识，尤其是关于适用《宪法》第三条的联邦法官（即联邦地区法院法官、联邦上诉法院法官和联邦最高法院大法官）行为的知识纳入到本书之中。为了实现这一目标，我们主要通过使用统计学的方法对来源于劳动力市场的法官效用函数假设进行检验，而这一效用函数是对法官的偏好和厌恶进行了加权汇总。我们的研究显示了，意识形态会对联邦司法体系中的各个层级都产生影响。并且，我们相信我们的研究较之以往的研究更具综合性。至于意识形态的影响大小，这并不是均等的（例如，我们发现了，随着司法层级的降低，这一影响力会逐渐变弱），并且它也不会使得关于司法决策的传统原则（即我们所称的“法条主义”）的影响力消失；联邦法官并不仅仅是穿着法袍的政客，尽管在部分意义上他们的确是这样的（公平地讲，他们并非政客，因为很少有法官会加入政党），而这是因为许多案件是无法用法条主义分析来解决的。

此外，意识形态和对法条主义的坚守（尽管是有限的）并非构成了法官效用函数的全部内容。我们发现，法官和其他的劳动者一样，在其司法行为中会有偏好闲暇的一面，并且还存在一种不仅包含而且超越闲暇偏好的 385
因素，即惰怠，比如说当某位上诉法院法官与他的同事观点不一致时，他常常会迁就同事的观点，而不是每次都坚持发表不同意见；或者是当法院的案件出现数量增加的时候，他会更少地发表不同意见。一个进一步的例证就是限制联邦法院受理案件的诉讼资格规则。从法学研究和司法推理中仍占主导的法条主义分析的观点来看，这些规则是《宪法》第三条所确立的。但实际上，宪法文本和 18 世纪在这一方面的法律实践并不是起决定性作用的；相反，法官们期望控制其自身工作量的意愿应当被看作是促成诉讼资格规则出现的最主要动机。与之类似的还有，法官们希望去限制那些可能与其自身意识形态立场相冲突的案件进入法院。我们还列出了证据，证明了许多法官和其他的劳动者一样，会谋求晋升的机会，还有一些法官则是追求个人的名声。我们还证明了，在言词辩论程序中向律师发问这样的一种常见司法行为的背后有着法官的个人原因，而不仅仅是他们为了适用“法律”而作出的行为。

先前的许多研究，无论是政治学家所作的研究还是法学教授所作的研究，无论是从现实主义的视角还是从法条主义的视角，都暗含了这么一个假设，即法官的表决行为是无成本的，因此他们总是可以按照自己希望看到的案件结果来进行投票。这也就解释了为什么不同意见的存在对于法条主义者来说是一种尴尬的情形（为什么法官们无法在绝大多数案件中通过法律推理来得出同样的案件裁判结果呢?），尽管一致意见裁决的存在对于现实主义者来说也是一种尴尬的情形，尤其是在众所周知的意识形态倾向对立的法院（比如美国联邦最高法院）中出现的一致意见裁决。美国联邦最高法院超过 30% 的裁决是以一致同意的方式作出的，不过同样的，超过 60% 的案件中出现了不同意见，除了意识形态因素之外，我们认为没有别的解释，除非有人天真地以为不同的大法官所采纳的不同方法论（例如原旨主义和“积极自由”）尽管在内容上是不一致的，但至少都是意识形态中立的。

解决上述疑惑的关键在于我们把惰怠的因素（也就是说法官们具有规避发表不同意见的行为倾向）考虑进来。这样一来就强化了现实主义的进路，因为它解释了为什么理性自利的法官尽管有不同的观点却仍然会保持缄默，尤其是当该案件的意识形态成分比较小的时候（正如我们在本书第三章中所指出的，他们甚至在大量联邦最高法院的案件中都是这样行为
386 的）。

尽管本书充满了关于司法行为的统计学研究（我们相信这本书是仅有的分析了全部三个层级的联邦司法机构以及它们之间关系，并且通盘地基于法官行为的激励和约束这一现实主义概念而进行研究的著作），但我们也知道这样的研究不可避免地远未达到全面的程度。为此，我们希望在本书的结论部分可以讨论一些有价值的潜在研究领域。我们的讨论将会限于与本书主题有直接关联的领域，即联邦法官的行为，所以会跳过关于其他司法制度及其裁决过程的许多有意思的，也具有重要价值的话题。

这里暂且先把我们之后要谈的下一步具体的工作计划放一边。就书中提及的我们所使用的关于法官行为的数据库而言，我们认为它们对于未

来进一步的研究具有很高的价值，所以推荐其他学者也使用这些数据库。为了要收集研究所必需的数据，我们对关于法官投票行为的两个最常用的数据库进行了修正，这两个数据库就是美国联邦最高法院数据库（斯佩思数据库）以及美国联邦上诉法院数据库（桑格数据库）。我们对另外两个数据库进行了更新处理，其中一个是由卡斯·桑斯坦和他的同事们开发的关于联邦上诉法院的数据库（我们还扩充了这一数据库的覆盖范围），另一个则是由蒂莫西·约翰逊和他的同事们开发的关于美国联邦最高法院言词辩论程序的数据库。我们还全新地创建了两个关于联邦地区法院的数据库（参见本书第五章）。

此外，基于现有的关于法官的档案资料，再加上其他通过各种途径收集而来的信息（其中包括了获得联邦法官职位提名的候选人被要求填写的调查问卷，而问卷填写是参议院审核提名程序的一部分），我们创建了关于联邦法官的数据库，其中包含了从1789年至2010年获得提名的并且适用《宪法》第三条的法官的档案信息数据库。另外还有其他的一些关于法官档案信息的数据库，其中之一是覆盖了从1789年至2000年范围内任职的联邦地区法院法官的数据库，①另一个则是覆盖了所有在2000年之前获得提名的联邦上诉法院法官的数据库，②第三个数据库则是关于联邦最高法院大法官的档案信息。③ 联邦司法中心则提供了所有曾任或现任联邦法官 387
的在线名录资料，④不过其中的信息是非常有限的。我们的法官档案信息数据库把许多的法官个人信息、职业信息（包括担任法官之后和之前的信息）、联邦法官所获得提名的相关特征信息（比如参议院当时的结构组成）进行了量化处理。在本书第四章中，我们根据一个新的数据库列出了研究结果，这一新的数据库是我们根据联邦最高法院大法官和联邦上诉法院法官在获得提名时的意识形态倾向而创建的。正如我们在本书引论部分提及的，所有我们的这些数据库信息都可以在网站上进行查询，⑤是向公众开

---

① "District Courts Attributes Data," www. cas. sc. edu/poli/juri/attributes. htm.

② "Appeals Courts Attributes Data," www. cas. sc. edu/poli/juri/attributes. htm.

③ "U. S. Supreme Court Justices Database," http://epstein. law. usc. edu/research/justicesdata. html. Also see Lee Epstein et al. , *The Supreme Court Compendium*(2011).

④ Federal Judicial Center, "Biographical History of Federal Judges," www. fjc. gov/public/home. nsf/hisj(visited Dec. 9,2011).

⑤ http://widefeetdesigns. com/client/epsteinBook/.

放的。

不过我们在书中还经常性地提及了由于数据的局限性,使得我们本想进行的一些研究受到了阻碍。回想一下,在本书第六章关于法官发表不同意见行为的研究中,平均每位法官要处理的案件量是一个重要的自变量,但我们真正需要的是平均每位法官的**工作量**,而这是需要用处理案件的时间周期和难易程度来对平均案件量进行调整的。要作出这样的调整是非常困难的,[⑥]但如果要严谨地研究法官的惰怠倾向,这却是必须要做的。我们指出了,如果案件数量的增加是由于出现了大量完全没有法律根据的诉讼案件的话,那么不同意见比例的下降可能并非反映了法官的惰怠倾向,而仅仅是因为这些案件不大可能引发法官的不同意见,而几乎总是以一致同意的方式获得裁决的。

我们在本书第四章中提到了《联邦司法年鉴》,[⑦]其中包含了大量关于所有联邦地区法院和联邦上诉法院法官以及许多破产法官和治安法官的信息。如果能够把这些信息量巨大的原始资料进行编码处理的话,那将是极具意义的事情。

另外一项有一定难度且耗费时间,但也极具意义的工作就是对斯佩思数据库和桑格数据库进行重新编码。这些数据库中间包含了错误的内容,尤其是桑格数据库,而我们只对其中的一部分内容进行了更正。较之联邦最高法院的司法意见书,联邦上诉法院的司法意见书更不容易被拿来进行编码处理,这是因为联邦上诉法院处理的事项范围更广,涉及的法律领域
388 也更多。联邦上诉法院的司法意见书在数量上也要超过联邦最高法院,而桑格数据库平均起来只是覆盖了每位法官投票记录中的一小部分样本数据。要对这些数据库进行重新编码,这需要由法学院的优等生在法学教授们细致的指导之下来完成。

我们现在就来讨论未来的研究选题,其中也包括了对本书已经进行的特定研究的扩展。例如,尽管我们在本书第四章中详细地讨论了联邦上诉法院法官的意识形态化的投票行为,但是我们并没有考虑这样一个令人吃惊的统计数据所代表的含义,即在 1960 年至 2010 年期间,联邦最高法院

---

⑥ See Richard A. Posner, *The Federal Courts: Challenge and Reform*, 59 - 79 (1996).

⑦ Aspen Publishers Editorial Staff, *Almanac of the Federal Judiciary*(两卷本的活页书,每半年更新一次).

所审查的联邦上诉法院裁决的比例从1.6%跌至了0.14%。[⑧] 有人可能认为，在这段时间范围内，由于联邦上诉法院受到的约束越来越少了，它们因此会变得更加的意识形态化，在进行裁决的时候更加不讲究法条分析了。这一假设来源于如下的观念，即对分散于各处的本人(principal)——“政府”或者“人民”——而言，法官并非完美的代理人(agent)。上述假设还需要得到验证。此外，有人可能会认为，联邦上诉法院通过满席审理的方式对案件进行复审变得更为频繁了，尽管与此同时联邦最高法院对案件的审查比例变小了。对于不同意法庭裁决的联邦上诉法院法官来说，为了推翻原先的裁决，他更有可能把满席审理当作最后一根稻草。

在对联邦上诉法院进行分析的时候，除了那些处于常规任职期间内的法官之外，我们基本上忽视了在法院审理案件的其他三种类型法官。所有的联邦上诉法院都有已经进入资深状态的法官，但他们中的一些、甚至许多人仍然会作为三人法庭的成员而参与案件的审理工作。对于这些法官来说，他们的工作量可以降低，不用主持言词辩论的程序，也不会负责分配司法意见书的撰写工作，他们不会对是否启动满席审理程序的决议进行投票，也不会参与这类重审程序(除非他本来就是该案件的三人法庭成员之一)。此外，不少联邦上诉法院都会指派(本司法巡回区或者其他司法巡回区)的联邦地区法院的在任法官或者(尤其是)资深法官来开庭审案，类似的还有来自其他司法巡回区的访问法官(他们主要是联邦上诉法院或者联邦地区法院的资深法官)。人们可能希望知道，当这些联邦上诉法院的外 389
部法官作为法庭成员之一参与案件审理时，他们是否会表现出不同的行为特征。比方说，较之联邦上诉法院的本院法官，访问法官是否更加不愿意发表不同意见或者投票推翻原审裁决？访问法官是否会倾向于尊重法院常任法官的看法？(有一项研究发现，组成成员中包含了一位联邦地区法院法官的法庭相比较全部由联邦上诉法院法官组成的法庭，更有可能维持案件的原审裁决；[⑨]但是另一项研究发现这一效应不具有统计学上

---

⑧ See U. S. Courts, “Federal Court Management Statistics, 2010,” www. uscourts. gov/viewer. aspx? doc =/cgi-bin/cmsa2010Sep. pl); U. S. Supreme Court, “Granted/Noted Cases List,” www. supremecourt. gov/oral_arguments/oral_arguments. aspx(both visited Dec. 9, 2011).

⑨ Justin J. Green and Burton M. Atkins, “Designated Judges: How Well Do They Perform?” 61 *Judicature*, 358(1978).

的显著性[10]）。既然资深法官的平均年龄要超过在任法官，那么他们是否会表现出一些与年龄相关联的行为特征（在本书第六章的最后部分，我们对这一问题进行了初步的讨论）？上述问题都是非常重要的，这是因为无论在联邦地区法院还是在联邦上诉法院层面，资深法官分担了相当一部分的案件审理的工作量，联邦上诉法院大约四分之一的审判法庭中有资深法官的身影，[11]因此这些问题确实是值得研究的。

我们并没有针对联邦上诉法院法官彼此之间发表不同意见比例的差异进行讨论，但这种差异是非常可观的。我们只是在本书第六章中简要讨论了法官年龄和法官资深状态在这个问题上的影响。比如，联邦第七巡回上诉法院的不同意见比例非常低，该法院法官的投票表决中仅 2% 的比例为反对票，单个法官发表不同意见的比例是 1% 到 5%。如果不考虑作为意识形态少数派这一原因，为什么有的法官发表不同意见的比例会五倍于其他法官呢？意识形态的原因也许是主要的原因，但肯定不是唯一的原因。联邦第七巡回上诉法院的法官间的差异情况不是完全可以用意识形态来解释的。曾经从事学术工作的法官会更多地发表不同意见，这是由于他们有更多的写作经验吗？或者，曾经担任政客的法官会更少地发表不同意见，这是因为他们善于妥协，而不愿意做事情的时候“原则性”太强吗？在这方面，曾经因为选举而出任公职的法官与曾经因为被任命担任公职的法官之间是否存在差别呢？在法官决定是否要发表不同意见的时候，他的
390 个性因素是否在其中起到了作用呢？所以，一个咄咄逼人的法官是不是就比一个腼腆羞怯的法官有更大的可能去发表不同意见？或者反过来说，腼腆羞怯的法官是不是更可能展现出被动攻击性（passive aggressive）的行为，从而更多地发表不同意见呢？此外，若法官的说服能力越强，那是不是他发表不同意见的可能性就越小？假定有一位法官 X 和一位法官 Y，他们都是由民主党总统提名的，且他们任职的法院中多数法官是由共和党总统提名任职的。当 X 法官与两位 *Rs* 一同组成法庭审理案件时，法庭的裁决是保守主义立场的，不过 X 法官经常发表不同意见；然而，当 Y 法官与两位

---

⑩ Susan B. Haire, Donald R. Songer, and Stefanie A. Lindquist, “Appellate Court Supervision in the Federal Judiciary: A Hierarchical Perspective,” 37 *Law and Society Review*, 143 (2003).

⑪ “Federal Court Management Statistics 2009: Courts of Appeals: U. S. Court of Appeals—Judicial Caseload Profile,” www. uscourts. gov/cgi-bin/cmsa2009, p. 1 (visited Dec. 9, 2011).

Rs 一同组成法庭审理案件时,法庭的裁决结果却是自由主义立场的,这是因为 Y 法官的说服能力很强,即便他的同事是 *R* 法官的时候,而 X 法官却不具备这一能力,这样一来 Y 法官就不用发表不同意见了。一个比较复杂的问题在于,一个说服能力更强的法官很有可能也是一位出色的法官,而一位出色的法官有着较少的避免发表不同意见的行为倾向,因此撰写不同意见书的工作对他来说成本不那么大;这样的法官可能还有更快的写作速度,这就进一步降低了其发表不同意见的边际成本。基于同样的原因,他们若威胁投反对票,则更具可信度,而且法庭中的多数派法官也有避免发表不同意见的行为倾向,因此若少数派法官能够发出可置信的威胁,说他会投反对票,那么较之那些无法发出可置信威胁的法官们来说,他们更容易得到希望的裁决结果。

我们在本书第四章中提及,联邦上诉法院中存在法庭组成效应,这是可以十分肯定的,但这也可能表明了,如果我们把提名法官任职的总统所属的党派作为法官意识形态的代理变量的话,也许是不够精确的。我们的推测是,法庭组成效应之所以存在,可能要归因于许多法庭中都有"摇摆"法官的存在。这些法官尽管被推定是属于保守主义阵营的(因为他们是由共和党总统提名而任职的)或者是属于自由主义阵营的(因为他们是由民主党总统提名而任职的),但事实上他们却不是。他们可能从来就不是;或者,他们的投票立场可能与人们根据这些法官在获得提名而到法院任职之时的意识形态倾向而作出的预期不相符合。我们在本书第四章中可以看到,这一现象其实是比较常见的。

但是,我们没有打算根据每一位法官的事后意识形态来对法庭组成效应进行调整,进而界定谁是摇摆法官。如果要这样做的话,我们需要回溯特定法庭中的法官行为,由此带来的工作量是巨大的,却十分有意义。这就需要我们去考察某个司法巡回区(原则上我们应当考察所有的司法巡回区)的情况,根据联邦上诉法院法官的投票行为来把他们归类为保守主义的或者自由主义的。这样做的理论基础在于,法官通过其投票行为而表现出来的政治偏好(也就是事后意识形态,而非事前意识形态)可以最好地被我们用来判断他究竟是自由主义者还是保守主义者。假定有一个法庭是由两位 *Rs* 和一位 *D* 组成的,但实际上两位 *Rs* 都是自由主义者。这样的话,他们二人投票支持法庭作出自由主义的裁决并不意味着是受到了那位 *D* 的影响。类似地,若法庭仍然是由两位 *Rs* 和一位 *D* 组成的,但其中一位 391

R 实际上是自由主义者，另一位 *R* 是保守主义者，*D* 是自由主义者，那么属于少数派的那位持保守主义立场的 *R* 可能就会不情愿发表不同意见，如果他不希望太费时费力的话。同样的，这样的裁判结果并非是由于受到了那位 *D* 的影响。这样的一种研究结论可能会告诉我们，法庭组成效应实际上并不重要。

另一项有价值的研究可能就是，联邦上诉法院法官意识形态的改变与本书第八章中所讨论的海选竞争行为之间的关联。我们的预期是，对于海选竞争的参加者来说，较之非海选竞争者或者前海选竞争者，他们不大会改变其意识形态。对于一位联邦上诉法院法官来说，如果他的意识形态没有和提名他任职的总统推定他所具有的意识形态相比发生重大转变的话，那么他是非常有机会获得该总统或者未来某位同一党派的总统的提名，从而成为联邦最高法院的大法官。原因在于，意识形态偏好的转变可能会持续存在，以至于被法官带到联邦最高法院去，就像布莱克门那样（他是被共和党总统提名的，但却令共和党人大失所望）。其他的例子还有沃伦、布伦南以及苏特。不过，与这些人不同的是，布莱克门是经过一段时间之后才开始让共和党人失望的。

在关于联邦最高法院法官的意识形态改变的问题方面，还有许多值得研究的地方。一个有意思的问题是，这样的一种意识形态改变主要是指法官从一种意识形态立场变化为另一种意识形态立场（比如说，从保守主义的变化为自由主义的），还是从某种意识形态立场变化为法条主义的立场，也就是说在意识形态问题上较之任职之前保持更加中立的姿态，尤其是该大法官之前从事的是非司法工作（也就是说他之前没有在别的法院工作过，所以他有可能在被提名至联邦最高法院任职时已经拥有了某种司法哲学）。另一件有意义的工作就是，我们可以尝试着把意识形态改变与本书第八章中所讨论的前海选竞争者效应区隔开来。一旦某位联邦上诉法院法官成为了联邦最高法院的大法官，他就不再是一位海选竞争者了，除非他还想成为首席大法官。关于这一点，近年来是没有出现过例外的。如果法官的行为改变与我们针对前海选竞争者而作出的预期和发现的事实相符合的话（也就是说，当他不再是海选竞争者的时候，他对罪犯的量刑变得宽松了），那么这就可以证明他之前在作为联邦上诉法院法官时确实是为了成为大法官而参与了海选竞争。本书第三章中提及了如下的事实，即意识形态改变的现象在大法官被提名任职之后不久就会出现（我们的研究发现,在分析大法官的第二个开庭期开始之后的意识形态变化问题时,其在第一个开庭期展现出来的意识形态差异可以作为高度显著的预测因子), 392
而由此可以被视为前海选竞争者效应的一个例子。大法官变得更加自我,这是因为他没有必要再去巴结总统和他的幕僚们了。

本书第一章和第七章讨论了联邦最高法院大法官们在工作之余的活动,但是很简略。大法官们工作之余的活动正变得更加频繁,变得多种多样,变得越来越显而易见,并且引致了越来越多的批评和关注(不过大法官们对此嗤之以鼻)。大法官们的这些活动值得我们去做系统性的研究,对于海选竞争者工作之余的活动来说也同样如此。

关于联邦上诉法院法官是否会为了被提名为大法官而展开海选竞争,与之相关的一个线索就是考察法官们在司法裁判的过程中是如何对待新闻报道的,或者更加宽泛地说,他们是如何对待媒体的。可能的情况是,一位海选竞争者会小心谨慎地对待媒体,他会认为在公众是否能够接受一项有争议的高级职务提名的问题上,媒体是可以施加影响力的。一种可能的情况是,海选竞争者会减少其学术写作或者其他的非司法活动中的写作工作。这一现象是从罗伯特·伯克开始的。他是美国现代历史上最符合联邦最高法院大法官职位要求的人选之一,但最终未能如愿,部分原因在于他的论文涉及了一些法律和公共政策领域的争议性话题。[12]

一位法官的非司法活动在某种程度上是他或者她处理公共关系策略的一部分,[13]或者是作为其为获得晋升的机会而付出的努力,而这是某种程度上的消费行为,类似自我表达、追求声誉地位、偏好闲暇或者工作惰怠。一位法官可以面对数千充满崇敬之心的拥趸们来主持一场对加略人犹大(Judas Iscariot)*的模拟审判,从而协助或者支持模拟法庭作出裁判,但这位法官却不愿意在工作中花时间认真地阅读法庭的诉讼文件。

联邦最高法院大法官们越来越多地,并且越来越明显地参与各种非司法性质的公众活动,包括演讲、辩论、媒体采访、出版自传或授权他人出版传记、参加国际会议、参与对历史人物和虚构人物的模拟审判活动(比如,

---

⑫ See D. Scott Gaille, "Publishing by United States Court of Appeals Judges: Before and After the Bork Hearings," 26 *Journal of Legal Studies*, 371(1997).

⑬ Jeffrey K. Staton, *Judicial Power and Strategic Communication in Mexico*(2010).

* 加略人犹大是耶稣的十二个门徒之一,他后来因为三十个银币而出卖了耶稣。——译者注

393 牛津伯爵是不是莎士比亚戏剧的真正作者，这是一个异想天开的主题，但却有两位大法官支持这一模拟审判活动）。这一现象毫无疑问是与联邦最高法院大法官工作量的减少密切相关的。而导致工作量减少的原因包括法院由更多的、经验丰富的工作人员、便捷的法律资料电子检索系统、评议小组工作的创新（法官助理们为绝大多数大法官而不仅仅是他们所服务的大法官撰写关于调卷令申请的备忘录，这样就减少了重复劳动，使得助理们可以有更多的时间来为大法官撰写或者协助他们撰写司法意见书）以及发出调卷令的案件数量的减少。除此之外的原因还有全社会的名人文化的兴起，而这与互联网所带来的媒体扩张是有关系的。机会成本的降低使得大法官们成为名人的欲望增加了，而媒体的扩张则为大法官们提供了更大的表现舞台。

如果要更进一步地对法官参与非司法活动的动机、范围和效果进行学术研究，那么我们需要收集并分析关于这些活动的系统性数据。我们在第一章中开了个头，根据联邦最高法院大法官们在公开文件中所申报的财务信息而制作了关于他们参加非司法活动情况的表格。不过，在这个领域，需要开展的研究工作还有很多。

关于联邦地区法院法官，还有很多研究可以进行。我们的研究聚焦于他们对可能引发争议的案件（经过了上诉审之后司法意见书公开的案件）的裁决以及对驳回案件动议的裁决，而这类动议通常是基于联邦民事程序规则而提起的，目的是希望阻止进入庭前证据开示程序，令案件在一开始就被终止。对于联邦地区法院来说，对这些动议进行裁判是其“看门人”职责的一个重要方面，而法院的看门人职责是相当重要的，同时也容易受到法官惰怠因素和意识形态偏见的影响。联邦上诉法院和联邦最高法院也都承担着“看门人”的职责。学术文献已经大量关注了联邦最高法院的调卷令决定，[14]但是关于在各个司法层级中法院以其他形式承担的看门人角色的经验研究还比较匮乏。

另一个值得大力研究的问题就是联邦法院中的工作人员的作用，尽管这项研究很难。这一研究主要指向法官助理，不过在联邦上诉法院层面还
394 包括了法院的内部律师（staff attorney），这些人是整个法院的助理，而不是由某个特定法官聘任的，或者指定给某个特定法官使用的。在有些联邦上

---

⑭ 参见本书第二章附录部门所引用的文献。

诉法院中,内部律师有时候有着非常大的自主权,会处理该法院中绝大多数的案件(很多联邦上诉法院和联邦地区法院还使用了非常多的法学院实习生,他们常驻或者非常驻在法院开展工作)。关于法官对法院工作人员的使用,现在这是一个越来越重要的话题,原因在于相对于法官的人数,法院工作人员的规模和质量都在增长。[15] 法官的惰怠倾向意味着有些人会把工作任务过分地委托给法官助理,使得这些法官助理事实上成为了助理法官。此外,在雇用法院工作人员时存在着不恰当的标准,例如根据个人关系和对机构(例如法官的母校或当地社区)的忠诚度来挑选人,这毫无疑问是对法官职务终身制的滥用。

如果我们把联邦最高法院大法官发表不同意见书或协同意见书的频率与法院案件数量的变化以及法院工作人员的规模和质量联系在一起进行研究,这将是非常有趣的一件事。一个相关的问题就是,当意识形态分界线两边的大法官人数不那么对等时,联邦最高法院的不同意见数量是不是就会比较少。假定联邦最高法院由 8 位自由派法官和 1 位保守派法官构成,这样一来的话,如果那位保守派法官要对每一项自由主义的裁决发表不同意见的话,那么他的工作量就会非常大。我们也可以针对联邦上诉法院进行类似的研究。在这两个司法层级中,法院工作人员的规模和质量可能是具有决定性的因素:由于拥有人数足够且素质优异的法院工作人员,上述例子中的那个孤独的保守主义法官就能够很容易地写出大量的不同意见书。

法院工作人员人数对法官人数比率的持续增加(在一个典型的联邦上诉法院中,包括内部律师在内的法官助理人数对法官人数的比率约为 5∶1;而在 20 世纪 60 年代后期,这一比率为 1∶1,那时候根本就没有内部律师)的一个重要意义在于,它标志着司法机构的工作环境中出现了一种具有主导性的管理模式。这一模式十分契合现代法律行业,这是因为除非大法官来自学界,否则他们之前都工作于日益科层化的法律机构,例如大型律师事务所和政府机构(主要是检察官办公室)。在这些机构中,法律文件的第一稿起 395

---

[15] 在关于法院工作人员的学术研究中,大多数是关注联邦最高法院的法官助理。例如,参见 Todd C. Peppers, *Courtiers of the Marble Palace* (2006); Artemus Ward and David L. Weiden, *Sorcerers' Apprentices*: 100 *Years of Law Clerks at the United States Supreme Court* (2006). See also Richard A. Posner, "The Courthouse Mice" (针对 Peppers 和 Ward-Weiden 著作而撰写的书评), *New Republic*, June 5 and 12, 2006, p. 32。

草是由非常资浅的法律工作人员完成的，然后再由资深的工作人员来进行编辑。[16] 在这里，文化起到了非常重要的作用。在美国，士人文化（literary culture）已经不再流行，人们对写作的能力不会表达艳羡，不会期待重要的人物会亲自撰写以他们名义发表的文字内容，只有对学者和职业作家是例外。

在一位法律人出任联邦法官的时候，他可能距离亲自撰写、签署的法律文件已经过去很多年了。所以非常自然地，他会把法官当作一个管理性的工作角色。大量的上诉法官在工作中采用了"Becker 模式"（这是用已故的联邦第三巡回上诉法院爱德华·贝克法官的名字来命名的）或者与之类似的模式来组织法院的工作人员。在这一模式下，法官会聘请一位拥有其他法律从业经验的前法官助理来担任他的资深助理。这位资深助理负责根据他对其他法官助理优缺点的了解来向他们分派司法意见书的撰写、编辑和其他工作；而其他的法官助理则向这位资深助理报告工作而不是法官来，事实上法官同这些法官助理们只有很少的工作上的接触，或者甚至没有接触。法官的工作人员中还有一部分是常驻法院或者不常驻法院的实习生，他们不领取薪水，向法官助理报告工作。有时候，资深助理是长期任职的，而资浅的法官助理通常只为法官服务一年；不过也有时候，一些，甚至全部的法官助理都是长期任职的。

随着这样的一种法官管理模式的兴起并成为了主导性的工作模式，只有一部分的法官还会亲自撰写他们的司法意见书。这一事实会影响司法意见书的特征，也会影响法官职位的提名。不擅长进行法律分析的法律工作者却可以成为合格的法官，因为他们不必论证其作出的裁决（法官助理们会替代法官完成这项工作）。由此会导致法院政治化程度的加深以及司法体系质量的降低。解决这一问题的部分方案就是，行使提名权的机关在作为私人部门的律师协会的帮助下，更加谨慎地和彻底地对候选人进行筛选。事实上，对联邦法官被提名人的筛选正变得越来越谨慎和彻底。

---

[16] 在 Steven V. Armstrong and Timothy P. Terrell, *Thinking Like a Writer: A Lawyer's Guide to Effective Writing and Editing*（3rd ed. 2009）这本关于法律写作的著名书籍中，编写者非常强调的一点是，资深律师或法官仅仅只是一位编辑者而非作者。法官助理的工作指南则假定司法意见书是由法官助理来起草的。例如，参见 Aliza Milner, Judicial Clerkships: *Legal Methods in Motion*（2011）；Mary L. Dunnewold, Beth A. Honetschlager, and Brenda L. Tofte, *Judicial Clerkships: A Practical Guide*, 91（2010）。

在现代的法院运作模式下，法官是作为管理者来管理那些作为工蚁(worker ants)的法官助理，这替代了以往法院中法官在其他人的协助之下亲 396
自完成工作的运作模式。这是司法体系中非常重要的发展变化，但是对此进行的系统性深入研究还不够。

本书研究领域的一大限制在于我们把分析的对象限定为美国的联邦法官，甚至可以说是限定为这些联邦法官中的一部分人而已。我们忽略了不适用《宪法》第三条的联邦法官，其中不仅包括破产法官和治安法官，另外还包括了税务法庭的法官。此外，我们也忽略了行政法官和其他没有"法官"头衔的联邦司法机构的官员以及适用《宪法》第三条的一家重要的联邦法院的法官，这家法院就是美国联邦巡回上诉法院。[17]

由于不考虑其他这些联邦司法人员，我们减少了数据中的方差(例如，不适用《宪法》第三条的司法官员无法获得适用《宪法》第三条的法官所享有的终身任职的资格)，也因此限定了可以经由关于司法行为的劳动力市场理论来获得验证的假设性命题的范围。我们研究范围的另一个限制在于忽略了州法官和外国法官，这类法官的职业结构与适用美国《宪法》第三条的法官截然不同。绝大多数州法官是经过选举而任职的，并非因为获得提名而任职的(尽管通常他们需要先获得提名，任职之后才面临留任选举的程序)，并且他们中几乎所有的人都要适用强制退休制度。这些也是适用《宪法》第三条的法官与适用《宪法》第一条的司法官员之间的主要差别所在。

外国法官，尤其但不限于欧洲大陆国家和日本(这些国家都是民法法系国家，与盎格鲁－撒克逊传统的普通法国家不一样)的法官职业结构与美国的州法官截然相反(但宪法法院除外，不过这是"二战"之后才有的法院)。他们也与适用美国《宪法》第三条的法官有很大的区别。适用美国《宪法》第三条的法官大致位于光谱的中间位置，而这条光谱的一端是美国的州法官，
而另一端则是民法法系国家的法官。民法法系国家的法官在从事法律职业 397
之初就成为法官，他们与传统的公务员非常类似。他们的职业生涯从司法

⑰ 相关的经验研究包括 Lawrence Baum, *Specializing the Courts*(2011); Robert M. Howard, *Getting a Poor Return: Courts, Justice, and Taxes*(2009); Lee Petheridge and R. Polk Wagner, "The Federal Circuit and Patentability: An Empirical Assessment of the Law of Obviousness," 85 *Texas Law Review*, 2051(2007); Leandra Lederman and Warren B. Hrung, "Do Attorneys Do Their Clients Justice? An Empirical Study of Tax Court Litigation," 41 *Wake Forest Law Review*, 1235(2006)。

层级的底端开始起步,并且贯穿其职业生涯始终都能够抱有“不变的期望”去晋升到一个更好的职位。[18] 这些国家法官的职业生涯都要从司法阶层的底部开始,这就不同于美国司法体系的横向进入模式;不仅如此,这些国家的司法体系会包含更多的层级。以日本法官为例,他们可以历经超过 20 个层级的薪酬等级。[19] 在其他问题上,外国的法院于本书所研究的法院有着系统性的区别,比如他们更具专业性。

法官的行为毫无疑问会受到美国律师协会的影响。例如,联邦最高法院收到的法庭之友陈述书的数量已经有了显著的增加。[20] 这些法庭之友陈述书能够向法院提供关于案件的更多信息,因此有助于法院裁决的作出和司法意见书的撰写,所以这会减少法院的工作量;或者,法庭之友陈述书增加了大法官们认为需要阅读的文件的数量,这会导致法院工作量的上升。[21] 前一种效应可能是占主导的,原因在于大法官们事实上并不会阅读大部分的法庭之友陈述书;这项工作是由法官助理们完成的。不过,我们仍然需要系统性地研究法庭之友参与司法程序对联邦最高法院的影响。

这方面的研究并不限于那些提交给联邦最高法院的法庭之友陈述书。更多的研究还有助于我们在评估意识形态在司法裁判中的作用时解决一些关于编码的难题。斯佩思数据库中关于经济和劳工案件的分类(参见本书第三章)过于宽泛,以至于我们没有办法从中稳健地推断出联邦最高法院大法官的经济意识心态立场。商业案件很难被归类为自由主义的或者保守主
398 义的,尤其是诉讼两造都有公司企业,而不是一方为企业,另一方为消费者、工会、政府机构或者其他当事方的情况。类似地,对于劳工案件来说,若诉讼两造中都有工会,或者一方是工会,另一方是国家劳工关系委员会(National Labor Relations Board),那么这些案件也很难进行编码处理。在商

---

[18] Bernard Schwartz, *French Administrative Law and the Common-Law World*, 30(2006).

[19] J. Mark Ramseyer and Eric B. Rasmusen, “Why Are Japanese Judges So Conservative in Politically Charged Cases?” 95 *American Political Science Review*, 331(2001).

[20] 在 20 世纪 40 年代,在超过 3/4 的联邦最高法院案件中并不存在法庭之友陈述书。而到了 20 世纪 90 年代,这一比例只有 1/10 了。Paul M. Collins, *Friends of the Supreme Court: Interest Groups and Judicial Decision Making*, 46(2008).

[21] See James F. Spriggs and Paul J. Wahlbeck, “Amicus Curiae and the Role of Information at the Supreme Court,” 50 *Political Research Quarterly*, 365(1997); Karen O'Connor and Lee Epstein, “Court Rules and Workload: A Case Study of Rules Governing Amicus Curiae Participation,” 8 *Justice System Journal*, 35(1983).

业案件中，区分自由主义和保守主义的主要标准不在于自由主义者不喜欢公司企业，而保守主义者喜欢公司企业；而在于当案件双方分别是一家小企业和一家大企业的时候，自由主义者支持小企业，而保守主义者支持大企业。在劳工案件中，意识形态立场的对立主要发生在作为一方当事人的企业和作为另一方当事人的工会、雇员或政府机构之间，而不会存在于两个工会之间或者工会和雇员之间。有清晰意识形态色彩的法庭之友的立场（例如美国商会的立场或者商业期刊关于两家企业之间争议案件的评论）可以告诉我们，案件的裁判结果应该被记作自由主义的还是保守主义的。鉴于有越来越多的人认为联邦最高法院正变得更加“偏袒企业”，[22]这是未来一个重要的研究领域。

为了让读者大致地了解这样的研究可以揭示什么问题，我们在表 C.1 中列出了试验性研究的结果。这一研究是基于对斯佩思数据库中经济案件类型的一个细分类别，即 1946 年至 2009 年开庭期范围内由雇员、工会、国家劳工关系委员会或者其他政府机构针对一家或多家公司企业或者商会提起的诉讼案件。在这段开庭期范围内的 2971 项经过言词辩论程序的劳工案件的投票记录中，65% 的案件是属于一方是公司企业，另一方是工会、雇员、国家劳工关系委员会或者其他政府机构。

表 C.1　各位首席大法官任职期间内联邦最高法院对争议发生在企业和工会、雇员、国家劳动关系委员会或者其他政府机构之间的劳工案件的表决情况（1946—2009 开庭期）

	企业作为申请方或答辩方	
首席大法官	企业胜诉的比例（%）	投票次数
文森	45.7	768
沃伦	16.4	315
博格	41.8	569
伦奎斯特	50.2	251
罗伯茨	50.0	36

---

[22] Adam Liptak, "Justices Offer a Receptive Ear to Business Interests," *New York Times*, December 18, 2010, p. A1; "Corporations and the Court: America's Supreme Court Is the Most Business-Friendly for Decades," *Economist*, June 23, 2011, www.economist.com/node/18866873 (visited Dec. 9, 2011).

续表

企业作为申请方或答辩方		
首席大法官	企业胜诉的比例（%）	投票次数
全部	33.6	1939
企业作为申请方		
	企业胜诉的比例(%)	投票次数
文森	33.3	108
沃伦	22.5	160
博格	55.0	338
伦奎斯特	57.1	126
罗伯茨	50.0	36
全部	45.3	768
企业作为答辩方		
	企业胜诉的比例(%)	投票次数
文森	52.2	207
沃伦	14.8	608
博格	22.5	231
伦奎斯特	43.2	125
罗伯茨	—	—
全部	26.0	1171
其他劳工案件		
	申请方胜诉的比例（%）	投票次数
文森	50.0	54
沃伦	70.7	369
博格	54.7	375
伦奎斯特	43.4	207
罗伯茨	66.7	27
全部	58.2	1032

请读者注意，在沃伦法院期间公司企业被法院罚得多么惨。我们不仅可以通过比较伦奎斯特法院和罗伯茨法院的情况可以看出来，并且通过比较伯格法院的情况也可以看出来，尽管差异的程度相对较轻（伯格法院较之后来的联邦最高法院，其保守主义程度相对较轻），当然通过比较文森法院的情况我们也可以看出来。在文森法院的那个时代，新政改革中推行的有利于工会的政策受到了极大的挑战，并最终出台了1948年《塔夫脱—哈特 399
莱法》。当企业是作为案件申请方的时候，他们的结果稍微好一点，因为我们知道，联邦最高法院会更多地推翻而不是维持原审裁决。不过，和通常情况下高达60%的案件裁决被推翻的比率比起来，企业一方的诉讼结果并不乐观。另外请注意沃伦法院极高的案件数量比率（表格第三栏），企业一方作为答辩方的案件是608个，而企业一方作为申请方的案件是160个。那时候法院更愿意接受较低层级法院所裁判案件中败诉的非企业当事方（后来的联邦最高法院案件的申请方）而不是企业当事方的申请来决定发出调卷令。最后请注意的是，在没有企业当事方的劳工案件中（比如，这样的案件可能是雇员提起的对工会的诉讼，或者政府机构提起的对工会的诉讼），案件申请方的胜诉比例为58.2%，这和联邦最高法院所有案件中申请方胜诉的平均比例是接近的。

似乎看起来，任职之前拥有在商业体系中进行法律执业的丰富经验的联邦法官（尤其是在联邦上诉法院和联邦最高法院层面）的比例越来越低。对商业活动理解能力的下降会对这一领域的司法裁判产生什么影响？这是另一个在未来值得研究的关于法官行为的主题。

关于进一步研究，我们的最后一个建议是，把计算机化的"情感分析"（也可称为"内容分析""文本分析"或"观点挖掘"）㉓应用于对司法意见书的内容分析。计算机检索的方法可以用来统计字数、定位特定的单词、计算被引用的次数以及辨别或列举司法意见书中的其他"客观"成分（我们在本书中就使用了这些检索方法），或者甚至可以帮助我们确定司法意见书是由法官本人撰写的，还是说法官仅仅是编辑了法官助理所撰写的司法意见书草

㉓ See Bing Liu, "Sentiment Analysis: A Multi-Faceted Problem," *IEEE Intelligent Systems* (forthcoming); Bo Pang and Lillian Lee, "Opinion Mining and Sentiment Analysis," 2 *Foundations and Trends in Information Retrieval*, 1 (2008).

稿,[24]这没有什么新鲜的。对司法意见书进行手工编码,从而确定诸如意识形态这样的主观特征,[25]这也没有什么新鲜的。对联邦最高法院言词辩论程
401 序中的记录文本进行内容分析(我们在本书第七章中引用了相关内容)就使用了手工编码的方法。不过我们还可以进行更多的研究工作。比如说,马修·史蒂芬孙(Matthew Stephenson)就曾经提及,工作量的负担使得法官更愿意基于"普通词义"来裁判成文法案件(statutory cases),这样对于法官来说工作负担较小,因为他不需要去深挖表面文本背后的东西来论证以某种方式而不是另一种方式解释法律的目的或者可能的结果。[26] 要验证这一假设,我们需要观察法官的工作量与诸如"普通词义"的法律文本导向的术语出现在司法意见书中的频率之间的关系。

新鲜的地方在于使用计算机来判断司法意见书所要表达的观点或态度。[27] 不过,这方面的研究目前只是应用于消费者对其在网上所购买商品的评论,这可以帮助销售者进行市场推广。学者目前则通过挖掘博客的内容来判断诸如公众对政治候选人的态度这样的问题。[28]

情感分析似乎非常合适被用来梳理司法意见书中难以捕捉的意识形态信号,以及被用来界定其他的态度立场(可能存在一种有别于通常含义中"保守主义"或"自由主义"的意识形态)、心理特质(某些法官可能具有专制人格,以至于他们倾向于对任何违反规则的行为施以严厉的惩罚)[29]或者智力特征,比如说法官词汇量的多寡。一份司法意见书表明了一种裁决结果,这就好比消费者对商品的评价可能就说明了他到底是喜欢还是不喜欢这项

---

[24] Jeffrey S. Rosenthal and Albert H. Yoon, "Detecting Multiple Authorship of United States Supreme Court Legal Decisions Using Function Words" (University of Toronto, May 2010).

[25] Lee Epstein, William M. Landes, and Richard A. Posner, "Judicial Opinions as Text as Data" (Dec. 20, 2010)一文讨论了其中的一些研究。

[26] Matthew C. Stephenson, "Legal Realism for Economists," *Journal of Economic Perspectives* 191, 205 (Spring 2009).

[27] 我们只发现了有一项研究试图这么做,那就是:Kevin T. Mc Guire et al., "Measuring Policy Content on the U. S. Supreme Court," 71 *Journal of Politics*, 1305 (2009)。不过,Ryan C. Black et al., "Emotions, Oral Arguments, and Supreme Court Decision Making," 73 *Journal of Politics*, 572 (2011)一文研究了联邦最高法院大法官在言词辩论环节中的发问,以寻找线索来判断大法官们的立场与其发问时使用的友好的或者不友好的语言之间的关系。

[28] See Daniel Hopkins and Gary King, "A Method of Automated Nonparametric Content Analysis for Social Science," 54 *American Journal of Political Science*, 229 (2010).

[29] See Richard A. Posner, How Judges Think, 98 - 105 (2008).

商品。情感分析要做的事情就是要挖掘消费者或法官所作“裁决”背后的东西,从而找到裁决的原因以及司法意见书撰写者的个性特征。司法意见书的读者当然也可以做这些事情,但在这个过程中会受到偏见的影响;而对于计算机来说,除非程序设计者把偏见因素引入进来,否则它不会存在这个问 402
题,而且我们可以通过查看程序的内容来判断其是否存在偏见因素。

截至目前,我们在结论部分所关注的问题和贯穿本书之前章节的关注问题是一样的,即法官行为的实证分析。我们并没有提出任何关于法律制度改革的建议。但显而易见的是,对法官的现实主义理解至少可以激发起法律教育的变革,其中就包括了法律继续教育(可能尤其是法官的继续教育);也可以激发起法律实践操作方面的变革,其中关键的是关于准备庭审程序和上诉程序的法律实践操作。法律实践业务中,参与诉讼是非常重要的一个部分。如果用案件的重要性程度来对案件数量分别进行加权的话,我们可以说联邦法院的案件较之州法院的案件对美国社会有更为重大的影响力,尽管州法院的案件数量要多得多。在联邦诉讼程序中,联邦法官扮演了决策者的角色,而对于诉讼律师以及他们的委托人来说,一个核心问题就是要精确地理解联邦法官的行为。

此外,既然本书所讨论的激励和制约联邦法官行为的因素所产生的结果并非一种社会最优的状态,那么对于规范分析来说,一个更具深度的,也是至关重要的任务就是对司法体系的制度结构提出可行的改革方案,具体包括:决定谁会被提名为联邦法官的制度结构;如何给予法官回报并对其进行行为约束(法官的奖惩机制);法官的激励是如何与他们所代理的那些非常分散的本人(我们在第一章中讨论了这个话题)保持一致(或者无法保持一致)的;以及法官是如何获得晋升的,彼此之间是如何协调关系的。我们之前提及了联邦最高法院工作量的减少与其拥有的人力资源的增加这两者之间的反常关系。那么,这是否就说明了在司法体系和政府行政分支一样,也存在不计后果的官僚机构长期膨胀的趋势?这一趋势的推动者可能就是官僚阶层自身,而在本书的情境中指的就是最大化自身效用的法官们。

有效的改革离不开经验研究的基础,而我们所做的就是运用社会科学的方法来扩展和强化这样的研究;在这个过程中,我们主要是使用了经济学的理论和统计学的分析方法,但这并非是排他性的研究方法。

关于法官行为的社会科学研究催生了大量的数据库以及基于这些数据 403
库所进行的分析。我们希望本书也一定程度上作了这方面的贡献。不过研究法官行为的好日子还在后面。量化研究的分析视角和分析工具正在得到不断的精练,政治学领域(对法官进行系统性研究是从这个领域开始的)之外的经济学家和其他的社会科学家(包括法律学者)对法官行为研究的兴趣
404 日益增加,创建数据库的技术正在进步,上述这些因素都使得我们在强化对法官行为的理解过程中可以看到更为远大的前景。

致　　谢

本书中部分章节的内容来源于我们先前发表的一些论文，不过在撰写本书的时候我们对这些论文的内容进行了大幅度的修订。这些论文具体包括：与第一章相关的 Richard A. Posner，“Some Realism about Judges：A Reply to Edwards and Livermore，”59 *Duke Law Journal*，1177（2010）以及“Realism about Judges，”105 *Northwestern University Law Review*，577（2011）；与第三章和第四章相关的 William M. Landes and Richard A. Posner，“Judicial Behavior：A Statistical Study，”1 *Journal of Legal Analysis*，775（2009）以及 Lee Epstein，Landes，and Posner，“Unanimous Decisions in the Supreme Court，”*Northwestern University Law Review*（forthcoming）；与第六章相关的 Epstein，Landes，and Posner，“Why（and When）Judges Dissent：A Theoretical and Empirical Analysis，”3 *Journal of Legal Analysis*，101（2011）；以及与第七章相关的 Epstein，Landes，and Posner，“Predicting the Winner：Does the Number of Questions at Oral Argument Matter？”39 *Journal of Legal Studies*，433（2010）。

我们要感谢西北大学法学院塞尔法律、规制和经济增长研究中心和芝加哥大学法学院所联合举办的法官行为研究工作坊的参与者，他们针对本书部分书稿内容给出了有益的评论。我们还要感谢在哥伦比亚大学、哈佛 405
大学、女王大学、南方卫理公会大学、布法罗大学、宾夕法尼亚大学和南加利福尼亚大学举行的研究工作坊的参与者。

我们要感谢以下来自芝加哥大学法学院、南加利福尼亚大学法学院和西北大学法学院的学生们为我们提供的研究助理工作和引证资料检查工作，他们分别是芝加哥大学的 Clara Berestycki、Samuel Boyd、Elizabeth Chao、Ralph Dado、Gary DeTurck、Benjamin Foster、Adina Goldstein、Mark Jackson、Michael Kenstowicz、Sonia Lahr-Pastor、Xingxing Li、Ruoke Liu、

Emily Rush、Linda Shi、James Shliferstein、Adam Solomon、Nathan Viehl、Steven Weisman、Li Zheng 和 Michael Zhu；来自南加利福尼亚大学的 Graeme Waller 和 Colin Shaff；以及来自西北大学的 Laura Baca、Rebecca Bact、Dana Brusca、Irisa Chen、Allan Chorney、Adair Crosley、Justin Ekwall、Rami Fakhouri、Zach Getzelman、Katherine Hayes、Des Kidney、Sue Landsittel、Martin Lewis-Gonzales、Angelica Lopez、Ross Neihaus、Elise Nelson、Nicole Sorell 和 Brian Tweedie。

我们要感谢 Micheal Giles、Linda Greenhouse、Dennis Hutchinson、Adam Liptak、Andrew Martin、Jeffrey Segal、Carolyn Shapiro、Nancy Staudt、Jed Stiglitz，Thomas Walker、Corey Yung、哈佛大学出版社邀请的一位匿名审稿人以及前面我们提及的法官行为研究工作坊的参与者们。感谢他们对本书不同章节内容的建议和观点。我们要特别感谢 William Hubbard，他阅读了本书的全部书稿并给出了详尽的评论，这促使我们对本书的分析做了大量修改，并增添了不少的内容。

最后，我们要感谢以下的学者向我们提供了数据并允许我们在统计分
406 析中使用这些数据，他们是：Christina Boyd 和 Marcus Hendershot（关于联邦地区法院法官）；Paul Collins（关于法庭之友参与法院程序）；Gerard Grysk、Gary Zuk 和 Sheldon Goldman（关于联邦地区法院法官的特征）；Kendall Hannon（关于书状）；Timothy Johnson（关于言词辩论）；Kirk Randazzo（关于联邦地区法院法官）；Jeffrey Segal（关于联邦最高法院）；Harold J. Spaeth（同上）；Charles Shipan（关于联邦法院法官职位的提名）；Don Songer、Ashlyn Kuersten 和 Susan Haire（关于联邦上诉法院）；Cass Sunstein（关于联邦上诉法院）；Chad Westerland（关于联邦最高法院大法官职位的提名）；以及 Gary Zuk、Deborah Barrow 和 Gerard Gryski（关于联邦最高法院）。此外，爱波斯坦要感谢美国国家科学基金会对此项研究的支持。

索　　引

索引中数字指中译本正文部分的边码，即英文原本的页码。

B

D

E

F

I

N

Q

R

S

U

V

Z

译后记：司法改革能为法官做什么及其他

一、芝加哥之行

将《法官如何行为》一书翻译为中文，引荐给中国读者的最初想法来自译者在2012年夏季的芝加哥大学之行。那年，芝加哥大学法学院首次开设了专门面向中国学者的法律经济学暑期学校课程（Summer School in Law and Economics）。对译者来说，参与这次暑期学习的一大收获就是获悉了 *The Behavior of Federal Judges* 一书即将于第二年出版。威廉·兰德斯教授在暑期学校的午餐演讲环节介绍了他同理查德·波斯纳法官以及李·爱泼斯坦教授合著的以美国联邦法官行为为实证研究对象的新书。作为一名金融法的研习者，译者并非专攻司法制度，尤其是美国的司法制度，但这本书的内容之所以立即引发了译者的兴趣，主要原因在于译者2010年完成的博士学位论文《中国金融法制变迁过程的法院角色》[①]。该论文即是从法院和法官行为的视角来展开对中国金融法制发展脉络的研究。这使得兰德斯教授在对《法官如何行为》一书的研究思路和主要章节内容的介绍让我体会到了某种"亲切感"，以至于我当下即对同行者说一定要争取把这本书翻译成中文，算是对博士学位论文研究的"另类延续"。在四年之后的今日，本书中译本的顺利面世也可看作完成了译者对当年芝加哥之行的有形纪念。

译者一直认为，一本外文法学著作之所以有必要被译成中文，一定要有其对本土法学界和法律界的充分意义。《法官如何行为》一书的内容是"纯美国的""纯联邦体制的"，而中美两国的司法制度和法官职业环境差

① 译者的博士学位论文经过修订之后以《公共政策法院——中国金融法制变迁的司法维度》为题于2013年10月在法律出版社出版。

异巨大，在准入机制、评价方式、薪酬标准、晋升通道乃至司法与政治结构中其他分支（包括政党）之间的关系等方面几乎没有相类似的状况。《法官如何行为》一书中的美国法官和我们所研究的中国法官之间虽然在名义上是相同的职业，但实际上可以说扮演了大相径庭的社会角色。[②] 在波斯纳法官接受译者的邀请为本书的中国读者撰写中译本序言之前，也曾经直言不讳地说："我也不知道这本书对中国读者的意义是什么。"其实，《法官如何行为》这本书对中国的意义绝不在于我们可以从美国司法制度的既往发展中借鉴甚至移植某个具体方面的规则（考虑到"橘生淮北为枳"，这种制度"搬运"工作其实没有太大意义），而在于它的研究进路，即从法官个体的行为着手去发现一个国家司法制度为什么是这样运行的，而不是那样运行的。对于当下的中国来说，译者认为这本书对中国法学界、法律界的影响可能表现为两个方面：一是对中国目前的司法改革以及相关的司法改革研究提供思考路径上的某种启示（或者暗示）；二是对中国法学界"轰轰烈烈"的实证研究提供了研究方法上的示范。

二、司法改革能为法官做什么？

在我国法学界，司法制度研究历来属于"显学"范畴，尤其是随着近年来新一轮司法改革的启动和实施，各路知名或不知名人士纷纷成为意见市场的卖家，竞相角逐司法改革的"高层智囊"甚至"国师"的名头。然而，在这热闹景象的背后，大量的中国司法制度研究者热衷于顶层设计，以至于陷入了只见森林不见树木的尴尬境地，一幅一幅理想主义的画卷中充斥着的只是空中楼阁般的理想（或者幻想）图景。

对司法制度的研究（包括研究司法制度的改革）离不开对法官个体行为的研究。这不仅是因为"法院是法律帝国的首都，法官是这个帝国的王侯"[③]，更重要的原因在于司法制度都是要通过个体的行为来产生一系列的

---

② 一个十分有意思但似乎从未见诸文字的小花絮是，译者在北京大学求学期间，曾听得法学院某位早年专攻欧洲中世纪教会法律制度，后来转而研究当代中国司法制度的老师开玩笑地说，我们在翻译的时候，其实不应该把中国的法院译为 court，而是建议直接按照拼音译为 Fa Yuan，以免对中国司法制度外行的国际友人误以为这是两种类似的制度。译者认为此言虽有玩笑成分，但还是有几分道理的（至少台湾地区的司法院就是翻译成 Judicial Yuan）。

③ 德沃金：《法律帝国》，李常青译，中国大百科全书出版社 1996 年版，第 361 页。

社会效果的，包括司法制度在内的所有制度指向的期望结果都不是政治权威或者意见领袖公开宣布该项制度的实施就能够得以实现的。简言之，制度不过是一套激励和约束机制，是激励并约束个体行为者（代理人）朝着某个方向行为（或者不行为）的规则体系。如果在这套规则体系下，个体行为者的行为方向是组织或群体（委托人）所期待的，那就说明这一制度实现了激励兼容（incentive compatibility）[④]的效果。换句话说，检验司法制度是否契合特定社会的需要，检验司法改革方案是否能够实现卡尔多－希克斯效率，光看制度和改革的文本主张、倡导以及宣传了什么是没有太大学术价值和现实价值的（也许有政治价值），关键看这样的制度和制度改革为个体行为者（法官自然是最重要的个体行为者之一）提供了什么样的激励和约束。也就是说，任何离开了对法官个体行为的司法制度和司法改革研究都是“浮云”，正如我们现在已经知道要评判当下中国的司法改革，认真收听新闻联播中主播所念的通稿是不够的，还要去观察、总结和解释法官的种种个体行为现象，因为只有法官个体才是对这些改革方案精神领会得最为深刻的群体，不论他是积极地申请入额，还是下定决心辞职走人，他们都不是那些阅读和传达中央文件时声音最为洪亮的人。

1978 年之后的中国国家和社会的改革经验告诉我们，其实在最初我们不是那么确定我们所希望实现的彼岸世界是什么样的，这和目标坚定且明确的共产主义革命理想是完全不同的一种探索方式，以“摸着石头过河”为注册商标的经验主义的、实用主义的、自下而上的、渐进改革替代了“宁要社会主义的草，不要资本主义的苗”那种黑白分明的理想主义情怀。回想当年安徽凤阳小岗村村民们冒着巨大的风险秘密签署的“生死盟约”，这种行为背后就是一个最简单的动机：不挨饿，活下去。那时候的农民们难道是在所谓的华盛顿共识和北京共识之间进行选择（他们连华盛顿在哪儿都

---

④ 由于代理人和委托这两者的目标函数不一致，且由于存在不确定性和信息不对称的状况，代理人的行为有可能偏离委托人的目标函数，而委托人又难以观察到这种偏离，无法对其进行有效监管和约束，从而会出现代理人损害委托人利益的现象，这会造成逆向选择和道德风险的后果，由此产生了“委托—代理问题”（principal-agent problem）。而激励兼容指的是一项机制可以使得每一个代理人都确信自己的最优策略都是遵守规则，无论其他代理人选择如何行为。激励兼容是一种人们所期待的状态，因为它有助于群体目标的实现。See Ledyard, John O., “incentive compatibility”, “The New Palgrave Dictionary of Economics”, Eds. Steven N. Durlauf and Lawrence E. Blume, Palgrave Macmillan, 2008, The New Palgrave Dictionary of Economics Online, Palgrave Macmillan. 26 September 2016, DOI:10.1057/9780230226203.0769.

不知道）？难道是在判断中国模式和新自由主义道路哪个更好？这些意识形态的话语就好比一个人成名了之后人们绘声绘色地说起他（她）出生的时候天空中所出现的异象。中国的改革其实就是对民众个体行为的制度性确认，改革成功之处的秘诀很简单，那就是因势利导，更直接地说就是：把激励搞对！而不是什么理想社会的顶层设计或者伟大事业的奋斗情怀。当下中国的司法改革自然是三十多年来中国国家和社会改革的一部分和自然延续，以往改革成功的经验和失败的教训对于司法部门来说恰恰是最重要的无形资源。

不少时候，我们总是对法治发达国家的法官们保持着一种“过度的”尊敬。一方面，这是由于在那些国家，长期以来司法较之于行政和立法带有明显的神秘色彩（不过本书也揭示了近年来美国大法官们参加社会活动频率增加的现实）；另一方面，在客观上比较中国的司法环境，在那些国家也确实没有出现包括最高法院大法官锒铛入狱在内的司法腐败现象。然而这说明了什么？是说要建成高度发达的法治国家，我们就需要有一批“特殊材料做成的”法官吗？

《法官如何行为》一书始终在告诉我们，美国的联邦法官绝对不是“特殊材料做成的”，较之常人和普通的法律职业者，他们通常情况下具有了超过平均水平的能力和资质因而被遴选出来，但就道德情操和思想境界而言，他们与常人无异，他们也都是在一定约束条件下追求自身利益最大化的理性个体。《法官如何行为》一书传递给我们的信息是，美国联邦法官所要最大化的自身利益也许并不在于追求更高薪酬和更大的法官内部管理权威（这可能是中美两国法官最大的区别），但他们会在乎法官的社会地位以及由此给他带来的内心满足感、在乎自己撰写的判决书获得了同行以及学界多少的引证，在乎能否有机会被提名为更高司法层级的法官，在乎避免与法院同侪发生“冲突”，在乎判决是否被上级法院推翻，也会在乎避免承受更大的工作负担，尽管所有的法官行为都会用许多光鲜亮丽的法治词汇来包装，例如美国联邦司法体系中的一项重要的上诉审查标准就是要求联邦上诉法院尊重联邦地区法院的裁决，尤其在事实问题上，而在本书作者看来，这些标准可能在很大程度上要归因于法官规避发表不同意见的行为倾向，因为这样一来就减少了一个上诉法官在大多数案件上所耗费的时间。[5]

《法官如何行为》一书的理论模型是非常明确、直白的,作者在法官行为的劳动力市场理论(即把法官视为劳动力市场中的劳动者)基础上给出了美国联邦法官的效用函数,也就是 $U=U(S(t_j),EXT(t_j,t_{nj}),L(t_l),W,Y(tnj),Z)$。[6] 全书对美国联邦法官行为的理解都是从这一效用函数出发的。可以说,美国联邦司法制度之所以是我们现在看到的样子来运行的,其背后的逻辑就是联邦法官的效用函数。那么对于中国来说,由于司法环境的迥然差异(即约束条件大不相同),中国法官的效用函数自然会与美国联邦法官不尽相同,甚至大相径庭,比如中国法官会非常在乎法官职位给他带来的货币收入(显性收入和隐性收入)的多寡(美国联邦法官因为是横向进入的,所以在成为法官时已经基本上实现财务自由了),在乎能否在科层制的司法体制结构中获得更多的晋升机会(这里的晋升不一定指像美国联邦法官那样获得更高层级法院法官职位的提名,更多的还是在同一法院内获得开会时坐在更加前排位置的资格)。

把建立公正、高效、权威的司法制度作为中国司法改革的目标,这没有任何问题。但同时我们一定要想清楚实现这一目标的可行且有效的路径是什么?这几年来,司法界、学术界和社会公众对司法改革的未来成果寄予了很大的希望,翘首期待法官员额制(竞争上岗)、司法责任制("绩效"考核)、去地方化(财权上收)的改革能够提升现有和未来法官的司法能力和水平。然而,在关心"法官能为司法改革做什么"的同时,我们是不是也应该思考一下,司法改革能为法官做些什么?

一直以来,我国的大众媒体和司法系统在宣传先进法官、优秀法官的事迹时往往着重强调其道德模范的一面,例如已故的邹碧华法官就被形象地称为"燃灯者"。[7] 不可否认,道德素养对于优秀法官的造就至少具有催化剂的功能,但是当我们呼吁全国的法官都学习邹碧华,甘当"燃灯者"的时候,为什么还是有大量的优秀法官选择离开司法系统,去律师事务所、金融机构、大型企业任职呢?是这些法官道德上还不够优秀吗?我曾听闻在

---

⑤ 参见本书第197页。

⑥ 关于这一效用函数中自变量的解释,参见本书第44~50页。

⑦ 参见《习近平对邹碧华同志先进事迹作出重要批示》,http://news.xinhuanet.com/politics/2015-03/02/c_1114491850.htm。

某些发达地区的法院,35 岁至 45 岁的男性法官已十分稀缺,这难道是因为这部分法官群体的道德素养整体滑坡了? 显然这不是答案。原因其实很简单,这部分法官的人力资本市场价值最高,而法院无法提供与之匹配甚至接近的回报(货币的和非货币的)。

话说回来,如果真的靠法官个体的大公无私、甘于奉献的精神就可以解决激励问题,那司法改革不用实施就已经成功了。然而现实不是这样的,选择成为法官或者选择放弃法官职业其实都是劳动力市场中个体的理性选择。[⑧] 曾经在网上流传的一份北京某城区基层法院"关于辞去公职的有关要求"让人们大致了解了成为该法院的法官所可以获得的非货币化收入,其中包括了解决配偶进京落户、解决子女入托和入学问题、享受住房分配、家属随调、公派出国、公费深造、挂职交流等待遇。这说明我们的制度实践者绝没有天真到以为法官是"特殊材料做成的"。

当然,这并不是说司法改革就简单地等同于增加法官的各种收入和福利以及配备更好的工作环境,从而让最优秀的社会人才选择法官职业(当然这么做大致上并不错,如果可以不考虑财政预算约束的话),其实我们还有很多办法可以强化这一职业的激励,比如提升法官职业的超然社会地位(不是简单地通过"加官进爵"的方式,这其实适得其反,强化了法官职业的"官"的色彩,而不是专业属性);通过司法程序设计降低法官的工作负担(不要打着"人民司法"的旗号让法院成为敞开的社会矛盾回收站,进行诸如"让每一个老百姓打得起官司"这样的廉价宣传);防止媒体和舆论过度介入和干预,维持法官的职业尊严(避免法官被迫成为镁光灯前的"演员",而让媒体和"键盘党"自我赋予了"人民导演"的角色)。司法改革之所以不是一朝一夕就能够完成的,那是因为任何改革不可能去改变人的内心,而制度调整的成败与否则在很大程度上取决于能否顺应人的内心,这就是中国改革的经验:把激励做对。

肯尼迪总统在 1961 年就职时说了一句后来被广为援引的名言:"不要

---

⑧ 本书作者就认为,为了符合人们的期望,司法体系假装自己是一种高承诺文化(指的是常规激励和约束机制不起作用时用来刺激代理人的手段,采用这种手段的目的是让代理人认同其肩负的使命,最典型的就是职业军队)。在这一点上,中外倒是常常一致的,比如英格兰的法官用貂皮点缀他们的长袍以示纯洁,意为貂宁可死去也不愿意让它心爱的白色皮毛受到玷污。参见原书第 34 页。

问国家为你做了什么，要问你为这个国家做了什么”。⑨ 我想，如果美国的联邦法官们要真是这么想、这么做的话，那么本书的所有实证研究结果都要被重新地、彻底地改写了，这意味着美国的法官们不会让意识形态影响案件的裁判，不会担心案件工作量的过大，不会有惰怠的行为，不在乎外界的评价，遭受同事的白眼也不会产生心理波动，对于能否晋升也一定是抱着“为人民服务不分职位高低贵贱”的无私心理……然而事实完全不是这样的。如果中国法官是这么想、这么做的话，那我们的司法改革早就召开胜利完成的庆祝大会了，我们不会面临优秀法官流失的问题，不必担心公众对司法的不信任，邹碧华法官也不会累得倒下了……然而事实也并不是这样的。一句话来总结：先不要问法官能为司法改革做什么，先说说司法改革能为法官（现任以及将来的法官）做些什么。

三、实证研究的一个范例

本书可以说是美国联邦法官行为实证研究的经典之作，固然美国法官行为的研究和中国法官行为的研究在本质上并不具有太多的可对比性，但在研究方法方面，尤其是定量研究的方法方面，本书可以为中国学者提供一个范例。这个范例不是指在定量研究过程中指导我们如何选取样本、如何设定变量、如何进行回归分析这些技术性问题，而是让我们看到了最优秀的学者是如何为法官行为的研究进行定位的以及如何开展这样的研究的。

关于实证研究的定位，本书作者在引论部分很明确地告诉了读者，他们的直接目的是更好地理解法官之所以这样行为，而不是扮演司法体系中医生的角色来开出药方，尽管他们也不否认对法官行为的科学理解有助于制度的改进。作者这样说道：

> 我们所做的研究是严格的实证分析。我们不会问，法官应当如何针对案件作出裁决；我们会问的是，法官是怎么作出决定的。从更宽泛的意义上来说，我们要问的是，法官是如何从事司法工

⑨ “Ask Not What Your Country Can Do For You”，John F. Kennedy's Inaugural Address，January 20，1961，available at http://www.ushistory.org/documents/ask-not.htm.

> 作的(这就不仅限于在个案中进行表决了)。这并不是说我们写这本书纯粹出于学术兴趣。如果我们能够更好地理解法官,那么法律人在从事案件诉讼和预测案件结果方面将变得更有效率。对案件结果的预测同样是非常重要的,因为这样可以避免诉讼的发生或者让争议在初始阶段就得到解决。如果一个法官能够理解自身和其他法官的行为动机,那么他的工作也可能变得更有效率。对法官的现实主义理解也会起到改进法律教育的作用,并有助于针对既有的司法教育以及司法改革提出有现实意义的设计方案。⑩

换句话说,在本书作者看来,实证研究的目的不在于如何给出改造世界的方案,而在于如何有效解释现实世界的运行;只不过,如果经验研究能够对实然状态给出具有说服力的解释的话,那也许其中就暗含着如何进行制度改进的政策建议。

自20世纪70年代末期中国法学研究恢复之后的很长时期内(甚至可以说持续到现在),法学研究者的一个主要任务(即是外界设定的任务,也是自我设定的任务)就是为立法活动、行政执法活动、司法活动提供学理上的依据,所以大大小小的学术论文常常以最后提出立法建议、行政执法建议以及法院适用法律的建议为结论和归宿。此模式(或者说"套路")当然是有特定的时空背景为依托的,它满足了中国国家和社会在转型过程中对法治治理技术的最基本需要,但由此也使得中国的法学研究在译者看来始终由于过于"入世过深"而冲淡了学术研究的味道,以至于"法学的幼稚"在各个场合被不断地提起。这样一种把法学研究作为解决现实中国法治问题的路径在研究者"经邦济世,强国富民""学得文武艺,货与帝王家"的自我角色扮演的心理暗示之下被不断强化,以至于中国的法学学者更加热衷于为立法者、执法者、司法者出谋划策,更加乐于充当制度设计和制度改革的智囊,更加频繁地参与"权威机构"主办的各种论证会和座谈会……

然而,这样的一种"改造现实世界"的愿望却不可避免地冲淡了学术研究在最本源意义上的"阐述并解释现实世界"的功能,所以当法学家们基于某种理念上的或者舶来的参照系大谈我们应当如何立法、应当如何施行法

---

⑩ 参见本书第5~6页。

律、应当如何适用法律的时候,我们甚至还不知道,至少不那么清楚地知道现实中国实际起作用的法律规则是哪些以及它们是以什么样的方式被施行和适用的。而要改变这种状况,实证研究的提倡毫无疑问是必须的,正如有学者所主张的:如果你认为你说出的理论很特别,那你最好先说出新发现的事实——这种新的事实应该是规范的研究程序运作的结果,并得到规范的描述和展示。[11] 所以在译者看来,实证研究在中国法学研究领域中的价值绝不是什么引入了新的研究方法这样的一层意义,而是让法学研究有机会做得像学术研究,而不是政策(对策)研究。正如本书作者所说的,"我们不会问,法官应当如何针对案件作出裁决;我们会问的是,法官是怎么作出决定的"。如果这样的一种研究的态度能够在中国的法学学术界被普遍认可,而不是被质疑为什么没有向立法、行政和司法部门提出政策建议的话,那才可以说实证研究真正地在中国被接受了。

在实证研究的技术层面,本书给我们提供了一个极佳的示范,从原始数据的获取和加工、样本范围的确定、变量的选取、因果关系的判定等问题上都展现了作者们极高的社会科学研究功底。需要强调的一点是,作者在一开始就强调了,"在我们的体制下,法官被允许以神秘的方式存在,而大多数法官也的确非常神秘。为了理解他们的行为,我们因此必须采用间接的方式。"[12]译者认为这句话对中国司法制度的研究者有极大的启发意义,因为在各个国家,为了维护和提升司法的权威性(这样可以降低司法运行的社会成本),各项司法制度设计和主流意识形态都会(至少会试图去)把法官的工作赋予某种区别于其他工作的特殊含义,甚至是神圣化的含义,让他们扮演现实世界中蒙着双眼、手持天平的正义女神或者自带"辨是非曲直、识善恶忠奸"功能的独角兽獬豸。而法官身上的这一圈光环其实是会给司法的实证研究带来现实障碍的,本书的作者很清晰地意识到了这一点,并且明确地说明他们对于法官行为的理解是以"间接"的方式来进行的,即从无数的联邦法院法官个体信息和个案裁决信息中来"提取"能够说明法官行为特征的"信号",而没有采用任何与法官直接进行交流对话或者问卷调查的方式,尽管后者是一种"直接"的方式,在这个过程中研究者可

---

⑪ 白建军:《少一点"我认为",多一点"我发现"》,载《北京大学学报(哲学社会科学版)》2008年第1期。

⑫ 参见本书第1页。

以直接询问法官,他们是如何行为的。显然本书作者在这一问题上是不相信法官的,他们不认为法官会是诚实的人(这里并没有道德否定的含义),正如本书所举例的,罗伯茨、阿利托、索托马约尔在大法官提名确认程序中都称自己不会做造法者,而是会坚守法律适用者的“本分”。[13] 然而事实上,如果美国联邦最高法院大法官都不能被称为造法者的话,那我们可能根本就不知道美国的法律在哪儿了。

相比较美国的情况,中国的研究者并没有如此丰富的、现成的、覆盖极长时间跨度的司法数据库可供使用,量化实证研究一定会难度更大,因此不少学者自然而然地选择了一些问卷调查、调研座谈、个别对话的研究技术。这些方法自然是有其价值的,它让研究者和研究对象面对面,可以帮助研究者尽快地了解其所要研究的对象,但在译者看来使用这些“直接”的方法存在一个必然的风险,即法官出于各种动机并不一定会真实、完整地表达其内心想法,甚至还有可能的情形是,法官所表达出来的想法其实是已经经过某种(符合其自我价值定位和社会期望的)法学理论加工之后的产物。这就加大了实证研究者进行信息筛选和甄别的难度。另一种情形则是,由于我国裁判文书上网公开的工作还处于起步阶段,研究者不可能像身处美国司法环境中的本书作者那样可以很便捷地使用那些跨越多个历史阶段的各级法院裁判数据,因此通过一些特定的内部渠道去法院进行案卷的调阅成为不少中国研究者的次优选择。这一信息获取的间接方法的使用当然可以补充同法官进行口头交流的不足,甚至有些时候可以成为研究者得出某些研究结论的白纸黑字的依据,但这个过程同样是有极大风险的。以前曾有一位法官以非常微妙的语气和我说:如果法院同意你去看它的案卷的话,那你要记住,它让你看到的当然可能是一些比较重要的案件的资料,但你永远要记住的是,它不让你看到的一定是那些最为重要的案件的资料。

本书是三位学者合作的产物,非常有意思的是,这三位学者分别是法学家兼联邦法官波斯纳、经济学家兰德斯以及政治学家爱泼斯坦,这样的一个组合其实反映了在法律实证研究领域不同学科、不同学科研究者互补的重要性(实际上,波斯纳和兰德斯是芝加哥大学法学院的老搭档了,两人曾经合作完成了多部法律经济学的作品)。在译者看来,无论在美国还是

---

[13] 参见本书第97页。

在中国,对于法律问题的研究,法学研究者自然是有先天优势的,他们对什么是重要的问题,什么是值得研究的问题具有更强的敏锐度,这是法学研究者长期同法律以及法律人打交道之后的必然结果,但是法学研究者常常未必掌握或者熟练运用社会科学的分析方法和工具(包括定性的方法和定量的方法);而在另一边,经济学等社会科学的研究者却在研究方法和技术的使用上有着一定的优势,毕竟这些社会科学的学科训练本身就早已包含了上述内容,然而他们的短板是无法敏锐地感知真正有研究价值的法律命题,在选择变量时也可能不会像法学研究者那样直觉性地找到某些"关键点"。译者以往在一些有法学研究者和经济学研究者共同参加的法律经济学的研讨活动中发现存在这样的现象:法学研究者所选择的研究课题往往比经济学研究者更贴近中国法律运行的现实,而由于对中国法律制度运行特点的不了解,有一些经济学界的法律经济学研究者甚至会模仿美国学者的选题思路以及研究方案来研究中国法律问题,结果却被发现其所研究的法律世界是一个并不存在的法律世界;反之,法学研究者的法律经济学研究往往缺乏规范化、形式化的论证,尤其是对于量化分析工具的使用非常粗糙,甚至有不少明显的漏洞,与之对比经济学研究者在这方面的基本功显然更为扎实,技术的运用更为"娴熟"。而本书的三位作者由于来自不同的学科研究领域,因此看待同一的法律现象(美国联邦法官的行为)可能是有不同的主观感知的。尽管作者没有明确交代他们的研究分工,我们仍可以很自然地推断出,作为政治学家的爱泼斯坦教授和作为经济学家的兰德斯教授对于本书的贡献可能偏重于量化实证研究方法和工具的使用,而作为法学家和联邦法官的波斯纳教授则毫无疑问会告诉他的合作者,联邦法官的哪些行为是值得特别研究的;(比如,法官在法庭上的发问是不是仅仅反映了法官希望获得案件事实的信息?)联邦法官的行为可能受到什么样的因素影响(比如,希望获得职务晋升的联邦法官的行为是否会为了实现这一目的而对自己的行为进行调整);而联邦法官又会因为什么样的原因没有表现出人们所期待的行为(比如,法官会不会因为惰怠而不愿意发表反对意见)……

四、致谢

本书的出版得到了上海交通大学 SMC 晨星学者奖励计划的资助,法律出版社吕丽丽编辑在本书的版权引进和编辑出版过程中倾注了高度的工作热情(尤其考虑到本书是一本量化实证研究的译著,编辑的工作量其实是成倍增加的),北京大学法学院陈若英教授为了联系波斯纳法官为本书中文版撰写序言而不辞辛劳,上海交通大学凯原法学院的硕士研究生高雅雯、孔颖琳和陈伟铭在图表和索引的翻译工作方面提供了不可或缺的技术性支持,在此译者一并表达由衷感谢。同时,也要特别感谢波斯纳法官在百忙中为本书的中译本出版撰写序言。最后还是要一如既往地感谢读者,没有你们,学术著作翻译的工作将彻底失去意义。

黄　韬

二零一六年十二月十日于交大法学院

图书在版编目(CIP)数据

法官如何行为:理性选择的理论和经验研究 / (美)李·爱泼斯坦,(美)威廉·M. 兰德斯,(美)理查德·波斯纳著;黄韬译. —北京:法律出版社,2016.8

书名原文:The Behavior of Federal Judges:A Theoretical & Empirical Study of Rational Choice

ISBN 978-7-5118-9770-1

Ⅰ.①法… Ⅱ.①李…②威…③理…④黄… Ⅲ.①法官—工作—美国 Ⅳ.①D971.262

中国版本图书馆 CIP 数据核字(2016)第 171272 号

策划编辑/吕丽丽
责任编辑/吕丽丽
装帧设计/乔智炜

出版/法律出版社
总发行/中国法律图书有限公司
责任校对/杜 进
印刷/三河市龙大印装有限公司
编辑统筹/市场研发部
经销/新华书店
责任印制/吕亚莉

开本/720 毫米×960 毫米 1/16
版本/2017 年 3 月第 1 版
印张/31.25 **字数**/470 千
印次/2017 年 3 月第 1 次印刷

法律出版社/北京市丰台区莲花池西里 7 号(100073)
网址/www. lawpress. com. cn
投稿邮箱/info@ lawpress. com. cn
举报维权邮箱/jbwq@ lawpress. com. cn
销售热线/010-63939792/9779
咨询电话/010-63939796

中国法律图书有限公司/北京市丰台区莲花池西里 7 号(100073)
全国各地中法图分、子公司销售电话:
统一销售客服/400-660-6393
第一法律书店/010-63939781/9782
西安分公司/029-85330678
重庆分公司/023-67453036
上海分公司/021-62071010/1636
深圳分公司/0755-83072995

书号:ISBN 978-7-5118-9770-1 **定价**:95.00 元

(如有缺页或倒装,中国法律图书有限公司负责退换)